高职高专法律专业课教材及辅导丛书

行政法与行政诉讼法习题集

孙启河　孙江森　主编

中国人民公安大学出版社
·北　京·

图书在版编目（CIP）数据

行政法与行政诉讼法习题集/孙启河，孙江森主编．--北京：中国人民公安大学出版社，2022.11

ISBN 978-7-5653-4585-2

Ⅰ.①行… Ⅱ.①孙…②孙… Ⅲ.①行政法-中国-高等职业教育-习题集②行政诉讼法-中国-高等职业教育-习题集 Ⅳ.①D922.104②D925.304

中国版本图书馆 CIP 数据核字（2022）第 158695 号

行政法与行政诉讼法习题集

孙启河　孙江森　主编

出版发行：中国人民公安大学出版社
地　　址：北京市西城区木樨地南里
邮政编码：100038
经　　销：新华书店
印　　刷：涿州市新华印刷有限公司

版　　次：2022 年 11 月第 1 版
印　　次：2022 年 11 月第 1 次
印　　张：20.75
开　　本：787 毫米×1092 毫米　1/16
字　　数：420 千字

书　　号：ISBN 978-7-5653-4585-2
定　　价：70.00 元

网　　址：www.cppsup.com.cn　www.porclub.com.cn
电子邮箱：zbs@cppsup.com　zbs@cppsu.edu.cn

营销中心电话：010-83903991
读者服务部电话（门市）：010-83903257
警官读者俱乐部电话（网购、邮购）：010-83901775
法律图书分社电话：010-83905745

本书编写分工

主　　编　孙启河　孙江森

副 主 编　苗朝霞　裴晓玉

编写人员　(按撰写章节先后为序)

孙启河　孟　珂　裴晓玉　孙江森

苗朝霞

编写说明

根据2018年河南司法警官职业学院（以下简称我院）向河南省教育厅申报建设省级优质高等职业院校方案中的“司法保障专业群”建设要求和2019年我院获批的河南省教育厅立项“法律事务专业”建设要求，以及我院精品资源课程建设安排，要针对法律事务专业开发具有针对性和实用性的教材及辅导丛书。根据以上要求，全体参编人员共同努力，在大量研读、借鉴现有本科、高职高专行政法与行政诉讼法教材的基础上，结合《公务员法》《行政许可法》《行政处罚法》《行政强制法》《行政诉讼法》及相关司法解释等，编写完成本书。本书具有以下特点：

第一，针对性强。本书编写者长期工作在教学第一线，能真切地感受到学生较强的求知欲及进一步提升学历的渴望。但受制于与学生见面时间有限，教师的课下答疑只能针对个别同学进行。而目前已有的行政法与行政诉讼法习题大多针对的是本科生或法律职业资格考试，专科法律专业的学生学习起来会觉得有难度。为了使学生都有学习和提高的机会，本书在编撰过程中，注重针对专科学生的学习特点和需求编写，使其更加具有针对性。

第二，难易适度。本书在选题上既考虑到了每章重难点知识的覆盖，又兼顾了基础知识点的切入，做到了难易结合。为了更好地让学生对每章的重难点有更好的理解和把握，本书编写者在答案解析中尽量做到分析透彻，表述清晰。

第三，注重借鉴新观点。行政法与行政诉讼法作为一门专业学科，一门发展相对较晚的学科，在一些重难点问题上经常会有不一致的理论观点和学说。面对这种情况，学生在做题时往往面临很大的困惑，不能确定到底该运用哪种理论方法。为了消除学生的疑虑，我们特意编撰出最新题型，并进行细致解析，为学生答疑解惑。

本书由我院法律系教师撰写，由主编统改定稿。按照章节顺序具体分工为：孙启河：第一、三章；孟珂：第二章；裴晓玉：第四、七、十二章；孙江森：第五、六章；苗朝霞：第八、九、十、十一章。

在本书的编写出版过程中，我们得到了学院、法律系领导和同事以及中国人民公安大学出版社编辑老师的大力支持和帮助，在此一并表示感谢！

孙启河

2022 年 7 月

目 录

第一章　行政法概述

一、知识导图

第一节 行政
- 含义：是指国家行政机关进行的组织、管理、决策与调控活动，同时也包括国家行政机关进行的准立法与准司法活动
- 特征：1. 国家意志性；2. 执行性；3. 法律性；4. 国家强制性

第二节 行政法
- 含义：调整因行政主体行使行政权而产生的特定社会关系的法律规范的总称
- 特征：内容上：领域极为广泛；具有易变性；实体性程序与程序规范相交织并共存于一个法律文件之中

第三节 行政法律关系
- 概念：是指为行政法所调整的，具有行政法上的权利与义务内容的各种社会关系
- 特征：（1）必有一方是行政主体；（2）权利和义务由行政法律规范预先规定；（3）关系具有不对等性；（4）所引起的争议，在解决方式及程序上有其特殊性
- 构成要素：
  - 行政法律关系主体：行政主体；行政相对人
  - 行政法律关系客体：物；行为；精神财富
  - 行政法律关系内容：权利与义务的总和
- 产生：（1）有行政法律规范存在；（2）具有导致行政法律关系发生的法律事实
- 变更：
  - 主体变更
  - 客体变更
  - 内容变更
- 消灭：一方或双方当事人消灭；行政法律关系的全部内容因被撤销或履行而不复存在

第四节 行政法的渊源与分类
- 渊源：（1）宪法；（2）法律；（3）行政法规；（4）地方性法规；（5）自治条例和单行条例；（6）行政规章；（7）法律解释；（8）我国参加或者批准的国际条约与协定
- 分类：
  - 以调整对象的范围为标准：一般行政法与特别行政法
  - 以行政法规范的性质为标准：实体行政法与程序行政法
  - 以行政法的作用为标准：行政组织法、行政行为法、行政监督法和行政救济法等
  - 以国家行政管理部门或行政管理领域的划分为标准：经济行政法、军事行政法、民政行政法、卫生行政法等

第五节 行政法的基本原则

- 含义：指指导和规范行政机关的立法、执法以及行政争议的处理活动的最主要、最具有普遍价值的原则
- 特征：普遍性；基础性；特定性
- 合法性原则
  - 含义：指行政权存在、行使必须依据法律，符合法律，不得与法律相抵触
  - 具体要求
    - （1）行政职权必须基于法律的设定和授权才能存在
    - （2）行政职权必须依据行政法律规范行使
    - （3）行政授权、行政委托必须有行政法律规范的依据，必须符合行政法律规范的要求
- 合理性原则
  - 含义：指行政主体不仅应当按照行政法律规范所规定的条件、种类和幅度范围作出行政行为，而且要求行政行为的内容符合立法精神和目的，符合公平正义等法律理性
  - 具体要求
    - （1）行政行为的动因应符合立法目的
    - （2）行政行为应建立在正当考虑的基础上，不得考虑不相关因素，适用法律规范平等，不得对相同事实给予不同对待
    - （3）行政行为的内容合乎情理

二、单项选择题

1. 下列社会关系中属于行政法调整范围的是（ ）。

A. 各社会组织内部的管理关系

B. 行政机关缔结买卖合同而形成的关系

C. 法律法规授权的组织行使某一行政管理权所发生的社会关系

D. 行政机关与行政相对人之间发生的民事关系

2. 行政法调整的核心内容是（ ）。

A. 司法权　B. 行政权　C. 立法权　D. 公民权

3. 以下选项中不属于行政法渊源的是（ ）。

A. 宪法　B. 法律　C. 行政法规和规章　D. 道德

4. 以下关于行政法特点的叙述中说法正确的是（ ）。

A. 行政法可以很容易制定一部完整、统一的法典

B. 行政法规范赖以存在的法律文件是分散的和大量的

C. 行政法和一般法律规范一样具有较强的稳定性

D. 行政法中的程序法和实体法分别独立成为不同的法律部门

5. 王某在菜市场卖菜时使用不符合标准的计量器，被计量检查员李某在例行检查中发现。李某与王某为邻居，两人一直不和，于是李某借此机会在法定的处罚幅度内对王某进行了过重的罚款。此种行为主要违反了行政法的（ ）。

A. 责任行政原则　　　　　　B. 行政合法性原则
C. 行政合理性原则　　　　　D. 程序正当原则

6. 关于行政法律关系的特点，以下说法正确的是（　）。
A. 行政法律关系双方当事人中，必有一方是普通公民
B. 行政法律关系双方当事人的权利义务由双方协商拟定
C. 行政法律关系具有不对等性
D. 行政法律关系中的行政主体的权利与义务不具有统一性

7. 在行政法律关系中产生的争议，不可以通过以下何种途径解决？（　）
A. 行政复议　B. 行政裁决　C. 行政诉讼　D. 民事调解

8. 关于行政法律关系双方当事人的描述，以下说法正确的是（　）。
A. 行政相对人必不可少　　　B. 必有一方是行政主体
C. 必有一方是国家行政机关　D. 权利义务是对等的

9. 下列选项中不是行政立法机关的是（　）。
A. 国家商务部　　　　　　　B. 河南省人民政府办公厅
C. 深圳市人民政府　　　　　D. 国家税务总局

10. 下列哪些活动形成的关系不属于行政法律关系？（　）
A. 公安局给予所属工作人员纪律处分
B. 税务局干部上街宣传税法
C. 财政局取消不合法的收费项目
D. 人民法院审查公安局处罚决定

三、多项选择题

1. 下列关于国家行政权力的认识选项中，正确的是（　）。
A. 国家行政权力是一种可以强制他人服从的力量
B. 国家行政权力是职权与职责的统一
C. 行政机关必须享有行政权力
D. 国家行政权力是一种必须加以控制的权力

2. 行政权力具有（　）等特点。
A. 法定性　B. 公益性　C. 专属性　D. 国家意志性

3. 行政法的正式渊源有（　）。
A. 法律　B. 社会团体的章程　C. 法规　D. 乡规民约

4. 下列哪些是行政法的渊源？（　）
A. 国务院某部委的会议纪要
B. 某市政府关于征收过桥费的通知
C. 最高人民法院关于执行行政诉讼法若干问题的解释

D. 深圳经济特区市政府的规范性文件

5. 下列关于行政法所规范的“行政”的正确说法是（　）。

A. 企业单位对其内部人事和生产等活动的组织管理行为

B. 行政法所规范的行政是指公共行政，即国家行政机关对公共事务的组织和管理等活动

C. 行政法所规范的行政泛指由行政机关所实施的一切活动

D. 行政法上的行政包括形式意义上的行政和实质意义上的行政

6. 张某为某市集团公司的保安员（正式员工），2020 年 8 月 5 日由于其擅离职守造成公司部分财物被盗，公司经研究作出扣除张某该月奖金的处罚决定。张某遂产生报复念头，于是在 8 月 6 日晚，趁值夜班之机，将公司的生产用电变压器加以破坏，使正常的生产受到影响。次日公司发觉后遂向市公安局报案，公安机关查明上述事实后，依法作出对张某拘留 15 日、罚款 100 元的治安行政处罚裁决，同时责令张某赔偿公司的部分损失。上述案例中属于行政法调整领域的行为有哪些？（　）

A. 集团公司对张某扣除奖金的处罚决定

B. 市公安机关作出的对张某拘留 15 日的处罚

C. 市公安机关作出的对张某罚款 100 元的处罚

D. 市公安机关责令张某赔偿集团公司的部分损失

7. 某县林业局与本局王某等 5 名干部家属，签订了承包该局所管辖的某乡林业检查站的合同。合同规定：工资自付，全奖全罚。王某等承包人私印收费凭证，对当事人乱收、滥罚，某县林业局遂决定废止合同。王某等人不服，诉至法院。法院判决合同无效，追缴罚款。请问王某败诉的原因何在？（　）

A. 因违反合同规定而败诉

B. 因行政权是职权与职责的统一体，故承包合同无效

C. 因国家行政权不能承包，合同因此无效

D. 因混淆了民事和行政两类性质不同的行为

8. 下列表述哪些是行政合理性原则的内在含义？（　）

A. 行政行为必须具有合理的动机

B. 行政行为必须考虑相关的因素

C. 行政行为必须符合法律的目的和精神

D. 行政行为必须符合公正法则

9. 下列表述哪些是行政合法性原则的内在含义？（　）

A. 行政活动只能在法定的范围内，依照法律规定进行

B. 行政行为的内容必须符合法律

C. 行政行为的程序必须符合法律

D. 行政行为必须符合公正原则

10. 行政法基本原则的主要功能有（　）。

A. 引导行政法的发展　　B. 指导行政立法

C. 指导行政法的实施　　D. 指导行政救济

四、不定项选择题

1. 行政机关在下列哪些情形中的做法是法律允许的？（　）

A. 某公安机关根据举报对某歌厅实施突击检查

B. 张某半夜拎着手提电脑从居民区出来，被巡警发现，张某拒绝解释，于是巡警将其带至某派出所进行讯问

C. 李某在体检时被发现患有急性肝炎，某卫生主管机关没有征得李某同意，就将其带至隔离室，并不允许李某与家人接触

D. 某企业因违反价格管理条例的规定，被某物价检查机构处以没收非法所得，但某企业拒绝缴纳，于是某物价检查机构通知某企业的开户银行将其应缴的非法所得划拨到指定账户

2. 下列何项能引起行政法律关系的发生、变更和消灭？（　）

A. 行政机关作出的行政处罚决定

B. 行政机关作出的行政许可决定

C. 行政机关租借办公用品的行为

D. 行政机关拒不履行法定职责的行为

3. 袁某代表所在公安机关，对殴打公民乙的公民甲处以拘留5日的处罚。在本案中，下列何项可能属于行政法律关系？（　）

A. 公安机关与甲的关系　　B. 公安机关与乙的关系

C. 袁某与甲、乙的关系　　D. 公安机关与袁某的关系

4. 根据我国《宪法》和《立法法》的规定，有权制定规章的有（　）。

A. 北京市人大及其常委会　　B. 汕头市政府

C. 大连市政府　　D. 云南迪庆藏族自治州人民政府

5. 依法行政是法治国家对政府行政活动提出的基本要求，而合法行政则是依法行政的根本。下列哪些做法违反了合法行政的要求？（　）

A. 因蔬菜价格上涨销路看好，某镇政府要求村民拔掉麦子改种蔬菜

B. 为解决残疾人就业难问题，某市政府发布《促进残疾人就业指导意见》，对录用残疾人达一定数量的企业予以奖励

C. 孙某受他人胁迫而殴打他人致轻微伤，某公安局决定对孙某从轻处罚

D. 某市政府发布文件规定，外地物流公司到本地运输货物，应事前得到当

地交通管理部门的准许，并缴纳道路特别通行费

6. 合理行政是依法行政的基本要求之一。下列哪些做法体现了合理行政的要求？（ ）

A. 行政机关在作出重要决定时充分听取公众的意见

B. 行政机关要平等对待行政管理相对人

C. 行政机关行使裁量权所采取的措施符合法律目的

D. 非因法定事由并经法定程序，行政机关不得撤销已生效的行政决定

7. 程序正当原则是行政法的基本原则之一，下列选项中没有体现这一原则要求的是（ ）。

A. 公安局鉴于小明制作和传播不健康小视频已是三年前，依法不予处罚

B. 国家税务总局在制定某规定时，在网站上向社会公开征求意见

C. 某市场监督管理局在对潘女士的企业进行检查时，执法员王某因利害关系回避

D. 城管执法人员老王、老李在处理占道经营时，听取当事人的陈述申辩

8. 下列关于我国行政法渊源说法正确的有（ ）。

A. 虽然宪法在我国人民法院的判决中不宜直接引用，但是，宪法是我国行政法的渊源

B. 我国虽然不是判例法国家，但是最高人民法院在《最高人民法院公报》上发布的判例，下级法院应当参照，因此，这些判例具有准法源的作用

C. 宪法是我国的根本大法，具有最高的法律效力，是行政法的渊源

D. 国务院关于法律具体应用的解释是行政解释，只对下级行政机关具有拘束力，因此不是行政法的渊源

9. 行政机关公开的信息应当准确，是哪一项行政法原则的要求？（ ）

A. 合理行政　B. 高效便民　C. 诚实守信　D. 程序正当

10. 权责一致是社会主义法治理念的要求，也是行政法的基本原则。下列哪些做法是权责一致的直接体现？（ ）

A. 某住房和城乡建设局发现其作出的行政决定违法后，主动纠正错误并赔偿当事人损失

B. 某镇政府定期向公众公布本镇公款接待费用情况

C. 某自然资源和规划局局长因违规征地受到行政记过处分

D. 某政府召开座谈会听取群众对政府的意见

五、填空题

1. 从行政所管理和执行事务的对象上可将行政分为____和私人行政。

2. 在行政法律关系当事人中，必有一方是____。

3. 行政法律关系当事人的权利与义务是由____预先规定的。

4. 行政法律关系的产生还必须具有两个基本的条件：______；具有导致行政法律关系发生的法律事实。

5. 行政法的法律渊源主要有：宪法、法律、____、____、自治条例和单行条例、____、法律解释、我国参加或者批准的国际条约与协定。

6. 根据《立法法》第 82 条的规定，设区的市、自治州的人民政府制定地方政府规章，限于____、____、____等方面的事项。

六、判断题

1. 行政即指行政机关的所有活动。(　)

2. 行政权不仅具有维护社会秩序、增进公共利益及保障公民、法人或其他组织的合法权益的积极作用，而且还具有消极的甚至破坏的作用：侵犯相对方的合法权益、损害公共利益、破坏社会秩序。(　)

3. 没有统一、完整的法典，构成行政法在形式上的一大特点。(　)

4. 行政法规是国家行政机关根据宪法和法律制定的关于行政管理的规范性文件的总称。(　)

5. 一切国家权力都直接或间接来源于公民权利，权力是权利的一种特殊形式。(　)

6. 行政法基本原则在行政法体系中具有重要地位和价值。(　)

7. 行政法基本原则具有维护行政法制的统一和协调的作用。(　)

8. 行政法基本原则由某一个或某几个具体法律、法规所特别规定。(　)

9. 同等地对待相对人是行政公正原则的重要内容。(　)

10. 为解决交通拥堵问题，某市政府发布《机动车限号行驶的指导意见》，鼓励市民乘坐公共交通工具，市政府的做法符合行政合法性原则的要求。(　)

七、名词解释

1. 行政法上的行政

2. 行政法

3. 行政法规

4. 自治条例、单行条例

5. 行政法律关系

八、简答题

1. 行政的特征有哪些?

2. 行政法的特点有哪些?

3. 简述行政法律关系的特点。

4. 简述行政法的渊源。

5. 简述行政合法性原则的含义和具体要求。

6. 简述行政合理性原则的含义和具体要求。

九、案例分析题

李某系从事饮食业的个体工商户，出售自制的蛋糕，李某自制的蛋糕未经有关部门检验。这一行为被某市场监督管理局查获。根据当时实施的相关部门规章的规定，对此类违法行为，应予以警告、没收违禁食品和违法所得，并处以违法所得1倍以上5倍以下罚款；没有违法所得的，处以1万元以下罚款；情节严重的，可责令停业整顿或者吊销其营业执照。在某市场监督管理局查获前李某出售蛋糕共获利800元。根据上述有关规定，某市场监督管理局没收了李某尚未出售的蛋糕，没收其违法所得800元，并且某市场监督管理局认为李某曾因故意伤害罪而被判刑3年，一年前刚出狱，因此要重罚，又处以李某2000元的罚款。

问题：某市场监督管理局对李某的违法行为进行的行政处罚是否合法适当，是否符合行政法的基本原则？

参考答案与解析

二、单项选择题

1. 答案：C。解析：行政法上的行政通常指公共行政，即国家行政机关或者法律法规授权行使行政职能的组织、具有公共职能的社会组织对国家和公共事务的组织、管理、决策与调控等活动，同时也包括国家行政机关所进行的准立法与准司法活动。本题中 A 项属于私行政，BD 属于平等主体之间形成的民事法律关系，C 项是法律法规授权组织行使国家行政权力而形成的行政法律关系，属于行政法调整的范围。

2. 答案：B。解析：行政法调整的是因行政主体行使行政权而产生的特定社会关系的法律规范的总称，因此行政权是行政法调整的核心内容。

3. 答案：D。解析：行政法的渊源是行政法的外部表现形式，也是行政法的效力来源。宪法是国家的根本大法，是一切法律制定的前提和基础，因此宪法是行政法的渊源，A 项正确。行政活动的基本要求是依法行政，这里的依“法”，狭义上讲指的就是全国人大及其常委会制定的法律，是行政法非常重要的渊源，B 项正确。行政管理活动中，存在大量的行政法规和行政规章，是常见的行政法的渊源，C 项正确。而道德不具有法律上的约束力，不是行政法的渊源，D 项错误。

4. 答案：B。解析：行政法涉及的内容非常丰富，而且不同的行政行为之间差异较大，难以抽象出共同的规则，所以很难制定一部完整、统一的法典，因此 A 项不对。行政法规范数量庞大，而行为社会现实在不断发生变化，相应的行政法律规范也要不断发生变动，与其他法律规范相比，行政法律规范易于变动，与政策相比，行政法律规范仍然具有较强的稳定性，因此 C 项错误。行政法中程序性规范和实体性规范往往并存于一个法律文件之中，以《治安管理处罚法》为例，第三章违反治安管理的行为和处罚，第四章处罚程序，因此 D 选项不对。行政法规范数量多，居各部门法之首，制定主体多元，因此行政法律规范数量多且分散，B 选项正确。

5. 答案：C。解析：行政合法性原则是指行政权的存在、行使必须依据法律，符合法律，不得与法律相抵触。本题中是在法定处罚幅度内作出的处罚，并不违反行政合法性原则，B 项不对。

行政合理性原则是指行政主体不仅应当按照行政法律规范所规定的条件、种类和幅度范围作出行政行为，而且要求行政行为的内容符合立法精神和目的，符合公平正义等法律理性。行政合理性原则产生的主要原因，是行政自由裁量权的存在。本题中就是自由裁量权的滥用，违反了行政合理性原则，因此 C 项符合题干要求。

责任行政原则是指国家行政机关必须对自己所实施的行政活动承担责任，整个行政活动应处于一种负责任的状态，不允许行政机关只实施行政活动，而可以对自己的行为不承担责任，本题中并未考查责任承担问题，A 项不对。

程序正当原则是指行政机关作出影响行政相对人权益的行政行为，必须遵循正当法律程序，包括事先告知相对人，向相对人说明行为的根据、理由，听取相对人的陈述、申辩，事后为相对人提供相应的救济途径等，D 选项不对。

6. 答案：C。解析：行政法律关系双方当事人中，必有一方是行政主体，运用行政职权导致法律关系的产生、变更与消灭，而不是必有一方是普通公民，A 项不对。行政法律关系双方当事人的权利义务往往是由法律预先规定的，而不是由双方协商确定的，比如偶然所得如何缴税是《个人所得税法》规定好的，B 项不对。行政法律关系中行政主体的权利和义务具有统一性，比如对赌博案件的查处既是公安机关的权力也是公安机关的义务，D 项不对。在行政法律关系中，双方当事人的地位是不对等的，行政主体可以单方面作出行政行为，C 项正确。

7. 答案：D。解析：行政法律关系产生的争议通过与行政有关的途径解决：行政复议、行政诉讼、行政裁决等，民事调解是解决民事争议主要、常见的方式，D 项不能用来解决行政法律关系产生的争议。

8. 答案：B。解析：抽象行政行为没有具体的行政相对人，A 项错误。行政关系主体可能是国家行政机关，也可能是法律、法规授权的组织等。C 项错误。行政法律关系具有不对等性，D 项错误。在行政法律关系当事人中，必有一方是行政主体。B 项正确。

9. 答案：B。解析：行政立法包括制定行政法规和行政规章，行政法规的制定主体是国务院，行政规章分为部门规章和地方政府规章，部门规章的制定主体是国务院部门和国务院直属机构，地方政府规章的制定主体是省、自治区、直辖市人民政府和设区的市人民政府，本题中河南省人民政府办公厅不具有规章制定权。

10. 答案：B。解析：公安局给予所属工作人员纪律处分形成的是内部行政法律关系。税务局干部上街宣传税法是行政事实行为，没有增加或者减损相对人的权利、义务，不属于行政法律关系。C 项财政局取消以往不合法的收费项目，增加了相对人的权利，产生行政法律关系。D 项属于行政诉讼，是司法权对行政权的监督。

三、多项选择题

1. 答案：ABCD。解析：行政权力是政治权力的一种，它是国家行政机关依靠特定的强制手段，为有效执行国家意志而依据宪法原则对全社会进行管理的一种能力。行政权力具有公益性、优益性、强制性、单方面性、不可处分性、广泛性等特点，是职权和职责的统一，也是一种必须加以控制的权力。ABCD 选项均对。

2. 答案：ABCD。解析：任何一个组织的行政职权都是法定的，A 项正确。行政职权的拥有和行使旨在谋求和保护国家、集体、社会的公共利益，B 项正确。行政职权的归属，在主体上有专属性，即只属于行政主体，C 项正确。行政职权本身的性质和内容是国家意志的体现，D 项正确。

3. 答案：AC。解析：行政法的渊源有：宪法、法律、行政法规、地方性法规、自治条例和单行条例、行政规章、法律解释、我国参加或者批准的条约与协定。社会团体的章程是社会团体进行自我管理的行为规则，是进行自我约束的文件，B 项不是行政法的渊源。乡规民约是中国由乡村群众集体制订，进行自我约束，自我管理，并自觉自愿履行的民间公约，D 项不是行政法的渊源。

4. 答案：CD。解析：会议纪要是在会议记录的基础上经过加工、整理形成的一种记叙性和介绍性的文件，包括会议的基本情况、主要精神及中心内容，便于向上级汇报或向有关人员传达及分发。整理加工时或按会议程序记叙，或按会议内容概括出来的几个问题逐一叙述，因此 A 项不是行政法的渊源。某市政府关于征收过桥费的通知是行政规范性文件，这是国家行政机关为执行法律、法规和规章，对社会实施管理，依据法定权限和法定程序发布的规范，是一种特殊政令，不属于行政法的渊源，B 项不对。C 项是司法解释，属于行政法的渊源；D 项是地方政府规章，属于行政法的渊源。

5. 答案：BD。解析：我们将行政分为公共行政和私行政，行政法上研究的行政指的是公共行政，主要指国家行政机关对社会公共事务的组织和管理等活动，企业单位对其内部人事和生产等活动的组织管理活动属于私行政，因此 A 项属于私行政，B 项属于公共行政。行政法律关系双方当事人必有一方是行政主体，因此并不是行政机关的所有活动都是行政活动，C 项不对。形式意义上的行政是指国家行政机关行使传统行政管理的权力，实质意义上的行政是行政机关不仅行使行政管理权，而且还可以行使行政立法权、行政复议权，从现代实际来看，行政法上的行政不仅包括形式意义上的行政，而且包括实质意义上的行政，D 项正确。

6. 答案：BCD。解析：行政法调整的是在行政活动中发生的各种社会关系，因此必须符合行政法律关系的特点。A 项中没有行政主体，不属于行政法律关系，因此错误。BCD 均属于行政处罚，因此正确。

7. 答案：BCD。解析：行政权力的行使具有公共性，必须由行政机关等在法定范围内行使，无法定的授权不得转让给其他组织行使，亦不能成为民事合同的标的，故 BCD 正确。

8. 答案：ABCD。解析：行政合理性原则是约束和评价行政机关裁量活动是否合法的基本原则，其目的是防止行政机关对自由裁量权限的滥用，禁止行政决定的武断专横和随意，体现了行政行为符合并体现法律授权的目的，不得背离立法的实质要求；行政行为建立在对相关要素的正当考虑基础之上，不得考虑不相关因素；行政行为还应符合行政法上的正当程序和最一般法律正义的要求，因此 ABCD 都正确。

9. 答案：ABC。解析：行政合法性原则指行政权的存在、行使必须依据法律，符合法律，不得与法律相抵触，此外，行政合法性原则不仅指合乎实体法，也指合乎程序法。D 选项属于行政合理性原则的要求，因此 ABC 正确。

10. 答案：ABCD。解析：行政法的基本原则为行政合法性原则和行政合理性原则。这两个原则对行政规范和行政管理活动，具有指导作用，因此 ABCD 均正确。

四、不定项选择题

1. 答案：ABCD。解析：本题中 ABC 选项所涉的行为符合行政合法性、合理性或者应急原则。D 项也属于合法的做法，根据国务院《价格管理条例》，物价管理机关可以通知银行强制划拨企业拒绝缴纳的非法所得和罚款。

2. 答案：ABD。解析：C 选项不属于行政法律关系，错误。ABD 三种行为均为行政法律关系的产生。

3. 答案：ABD。解析：行政法律关系由行政法律关系主体、客体和内容三大要素组成。此案例中行政法律关系主体是公安机关、甲、乙。ABD 均有体现，C 选项不符合要求。

4. 答案：BCD。解析：A 选项可以制定的是法律，BCD 可以制定地方政府规章。规章分为部门规章和地方政府规章。部门规章是国务院各部委及具有行政管理职能的直属机构，根据法律和国务院的行政法规、决定、命令，在本部门权限范围内，依照法定程序制定的规范性文件的总称。地方政府规章是指省、自治区、直辖市人民政府及设区的市的人民政府，根据法律、行政法规和本区域的地方性法规，依法制定的规范性文件的总称。

5. 答案：ACD。解析：行政合法性原则是行政法治的核心内容。要求行政职权必须基于法律设定和授权才能存在，行政职权必须依据行政法律规范行使。ACD 均不符合合法行政要求。

6. 答案：BC。解析：合理行政是指行政行为的动因应符合立法目的；建立在正当考虑的基础上，适用法律规范平等，不得对相同事实给予不同对待；行政行为内容合乎情理。BC 均属于行政合理性原则。A 选项未体现，D 选项体现的是行政合法性原则。

7. 答案：A。解析：BCD 正确，程序正当是当代行政法的主要原则之一。要求行政机关实施具体行政行为时依法定程序进行，包括以下原则：第一，行政公开原则。第二，公众参与原则。第三，回避原则。A 项属于合法性原则，不选。

8. 答案：ABC。解析：有权机关对法律、法规、规章所作的解释，包括立法解释、司法解释、行政解释，这些解释都是行政法的渊源，国务院的行政解释属于行政法的渊源，因此 D 选项错误，ABC 均为正确选项。

9. 答案：C。解析：诚实守信原则要求行政机关公开信息应当准确。因此 C 选项正确。

10. 答案：AC。解析：本题考核权责一致原则，其包括两个方面内容：一是行政效能原则；二是行政责任原则，即行政机关违法或不当行使职权，应当依法承担法律责任。AC 均符合该原则。B 选项属于程序正当中的行政公开原则。D 选项属于程序正当中的公众参与原则。

五、填空题

1. 公共行政

2. 行政主体

3. 行政法律规范

4. 行政法律规范的预先存在

5. 行政法规　地方性法规　行政规章

6. 城乡建设与管理　环境保护　历史文化保护

六、判断题

1. 错。从行政所管理和执行事务的对象上可将行政分为“公共行政”与“私人行政”两种，行政法上的行政通常指公共行政，而不是行政机关的所有活动。

2. 对。此表述正确。

3. 对。行政法形式特点：行政法没有完整、统一的行政法典；行政法有统一的行政程序法典。

4. 错。行政法规是国务院为了实现对国家的政治、经济、教育、科技、文化、外事等各项事务的管理，依据宪法和法律制定的规范性文件的总称。

5. 对。此表述正确。

6. 对。行政法基本原则是指导和规范行政机关立法、执法以及行政争议的处理活动的最主要、最具有普遍价值的原则，因此在行政法体系中具有重要地位和价值。

7. 对。此表述正确。

8. 错。行政法的基本原则是指指导和规范行政机关的立法、执法以及行政争议的处理活动的最主要、最具有普遍价值的原则。

9. 对。行政公正原则要求同等对待相对人。

10. 对。本题中某市政府发布《机动车限号行驶的指导意见》符合行政合法性原则的要求。

七、名词解释

1. 行政法上的行政通常指公共行政，即国家行政机关或者法律法规授权行使行政职能的组织、具有公共职能的社会组织对国家和公共事务的组织、管理、决策与调控等活动，同时也包括国家行政机关所进行的准立法与准司法活动。

2. 行政法是法的一个独立部门，是调整因行政主体行使行政权而产生的特定社会关系的法律规范的总称。

3. 行政法规是指国务院为了实现对国家的政治、经济、教育、科技、文化、外事等各项事务的管理，依据宪法和法律制定的规范性文件的总称。

4. 自治条例、单行条例是我国自治区、自治州、自治县的人民代表大会，依照当地民族的政治、经济和文化特点，经法律程序制定的，在本自治地方有效的规范性法律文件。

5. 行政法律关系是指为行政法所调整的，具有行政法上的权利（力）与义务内容的各种社会关系。

八、简答题

1. 答：行政的特征有国家意志性、执行性、法律性、国家强制性。

2. 答：第一，内容上的特点。(1) 行政法涉及的领域极为广泛，内容非常丰富。(2) 行政法规范具有易变性。需要注意的是，行政法的易变性是相对于其他法律部门而言的，作为法律规范，它仍然具有相对稳定性。(3) 实体性规范与程序性规范相交织并共存于一个法律文件之中。

第二，形式上的特点。(1) 行政法没有完整、统一的行政法典。(2) 行政法有统一的行政程序法典，这是行政法在形式上的重要特点之一。

3. 答：(1) 在行政法律关系当事人中，必有一方是行政主体。(2) 行政法律关系当事人的权利（力）与义务是由行政法律规范预先规定的。(3) 行政法律关系具有不对等性。一是行政法律关系双方主体的地位不平等。二是行政法律关系的产生、变更不以双方主体的意思表示一致为必要条件，行政主体可以单方面地设定或变更行政法律关系，而无须征得相对人的同意。(4) 行政法律关系所引起的争议，在解决方式及程序上有其特殊性。

4. 答：宪法、法律、行政法规、地方性法规、自治条例和单行条例、行政规章、法律解释、我国参加或者批准的国际条约与协定。

5. 答：第一，行政合法性原则的含义。行政合法性原则是行政法治的核心内容。它是指行政权的存在、行使必须依据法律，符合法律，不得与法律相抵触。行政合法性原则不仅指合乎实体法，也指合乎程序法。

第二，行政合法性原则的具体要求。（1）行政职权必须基于法律的设定和授予才能存在。（2）行政职权必须依据行政法律规范行使。（3）行政授权、行政委托必须有行政法律规范的依据，必须符合行政法律规范的要求。

6. 答：行政合理性原则是指行政主体不仅应当按照行政法律规范所规定的条件、种类和幅度范围作出行政行为，而且要求行政行为的内容符合立法精神和目的，符合公平正义等法律理性。行政合理性原则产生的主要原因，是行政自由裁量权的存在。

行政合理性原则的具体要求：（1）行政行为的动因应符合立法目的。（2）行政行为应建立在正当考虑的基础上，不得考虑不相关因素，适用法律规范平等，不得对相同事实给予不同对待。（3）行政行为的内容合乎情理。

九、案例分析题

答案：某市场监督管理局作出的行政处罚行为是合法的，但不合理，违背行政合理的原则。主要表现在对李某的罚款行为上。

行政法的基本原则主要有行政合法性原则与行政合理性原则。合法性原则是指行政权力的设定、行使必须依据法律、符合法律、不能与法律相抵触。合理性原则是指行政决定的内容要客观、适度、符合理性，即合理行使行政自由裁量权。合理性原则的具体要求是行政行为的动因应符合行政目的；行政行为应建立在正当考虑的基础上；行政行为的内容应合乎理性。本案中，在法定的幅度内，其行为没有超越法律，不与法律相抵触，是合法的。但某市场监督管理局在法定幅度内的自由裁量权行使不恰当，对李某的罚款处罚，除以其违法事实情节等为依据外，还考虑了李某曾经有过的犯罪行为，是出于一种不正当的考虑而作出的行政处罚行为，违背了行政合理性原则的要求，属于不合理的行为。

第二章　行政主体

一、知识导图

- 第一节 行政主体概述
  - 行政主体
    - 含义：指享有国家行政权力，能以自己的名义从事行政管理活动，并独立承担由此产生的法律责任的组织
    - 特征
      - （1）行政主体是享有国家行政权力的组织
      - （2）行政主体是能够以自己的名义行使行政权力的组织
      - （3）行政主体是能够独立对外承担其行为所产生的法律责任的组织
  - 相关概念
    - 行政主体与行政机关
    - 行政主体与公务员
    - 行政主体与行政法律关系主体
  - 行政主体的分类
    - 根据行政主体实施职权的范围：外部行政主体与内部主体
    - 根据行政主体的职权范围：中央行政主体与地方行政主体
    - 根据行政主体职权的性质与法律来源：职权行政主体与授权行政主体
    - 根据行政主体管辖对象：地域性行政主体与公务性行政主体

- 第二节 行政机关
  - 概念：行政机关是指一个国家的统治阶级根据其统治意志，依照宪法和有关法律的规定，行使国家权力、组织管理国家行政事务的机关
  - 特征
    - （1）行政机关是国家机关，是由国家设置、代表国家行使国家职能的机关
    - （2）行政机关是行使国家行政职能的国家机关
    - （3）行政机关是依照宪法和组织法的规定而设置的行使国家行政职能的国家机关
  - 分类
    - 中央行政机关和地方行政机关
    - 一般权限行政机关与部门权限行政机关
    - 外部管理行政机关与内部管理行政机关
    - 派出机关与派出机构

- 第三节 被授权的组织和受委托的组织
  - 法律法规授权的组织
    - 含义：指依照法律、法规、规章授权而行使特定行政职权的非国家机关组织
    - 范围
      - 行政机构
      - 企业组织
      - 事业组织
      - 社会团体、群体性自治组织等
    - 法律主体
      - 行政主体
      - 非行政主体
  - 受行政机关委托的组织
    - 含义
    - 受委托组织的范围及委托规则
    - 法律地位
  - 被授权的组织与受委托的组织的区别
    - 性质不同
    - 产生的依据不同
    - 行为的后果不同

- 第四节 公务员
  - 概述
    - 概念：指依法履行公职、纳入国家行政编制、由国家财政负担工资福利的工作人员
    - 分类
    - 法律身份
  - 法律关系
    - 公务员法律关系中的主体双方具有特定性
    - 公务员法律关系中，机关总是居于主导地位
    - 公务员法律关系本质上是一种国家委托关系
  - 法律关系的
    - 产生
    - 变更
      - （1）职务晋升
      - （2）降职
      - （3）转任
      - （4）撤职
    - 消灭
      - （1）辞去公职
      - （2）辞退
      - （3）退休
      - （4）罢免
      - （5）开除
      - （6）死亡
      - （7）丧失国籍

第五节 行政相对人

- 概念：是指在行政法律关系中与行政主体相对应的另一方当事人，是其权益受行政主体的行政行为影响的个人或组织
- 特征
  - （1）行政相对人是指被管理一方，不具有行政管理权
  - （2）行政相对人既可以是组织，也可以是个人
  - （3）行政相对人具有相对性
- 权利
  - （1）提出申请的权利
  - （2）参与行政管理的权利
  - （3）听证的权利
  - （4）知情权
  - （5）申请行政救济的权利
- 义务
  - （1）服从行政管理的义务
  - （2）协助行政主体执行公务的义务
  - （3）遵循法定程序要求的义务
- 范围
  - （1）依照法律、法规的规定，公民、法人和其他组织能够成为行政相对人
  - （2）在特殊情况下，在我国的外国人、无国籍人、外国组织也可成为行政相对人

二、单项选择题

1. 下列不属于职权行政主体的是（　）。

A. 市公安局　B. 县政府　C. 卫生健康委员会　D. 居民委员会

2. 行政主体合法的唯一依据是（　）。

A. 行政公正　B. 行政适当　C. 程序合法　D. 法律授权

3. 某县政府所属林业局在某林区设立木材检查站，对过往木材进行检查，并委托其行使处罚权，木材检查站应当以谁的名义行使处罚权？（　）

A. 县林业局　B. 林业木材检查站　C. 县人民政府　D. 县政府法制办

4. 下列各项中，不具有行政主体资格的是（　）。

A. 乡、镇人民政府　B. 公安派出所　C. 街道办事处　D. 国务院办公厅

5. 受行政机关委托的组织实施行政处罚的法律后果由以下哪个机关承担？（　）

A. 受委托组织　B. 委托的行政机关

C. 委托行政机关的上一级行政机关　D. 行政复议机关

6. 以下各项中，不属于公务员的是（　）。

A. 国务院总理　B. 北京市东城区公安局局长

C. 桂林市市场监督管理局局长　D. 广州市消费者协会会长

7. 某县市场监督管理局将没收的假药卖给当地某医药经销商店。在医药经销商店出售此假药时，被某县卫生健康委员会发现，经查实对某县市场监督管理

局和医药经销商店分别给予处罚。在这一行政处罚管理活动中，谁具有行政主体资格？（　）

A. 某县市场监督管理局　　B. 某医药经销商店

C. 某县卫生健康委员会　　D. 某县人民政府

8. 在下列哪项情形下辞退公务员是合法的？（　）

A. 某县市场监督管理局办公室科员张某在 2019 年和 2021 年两次年度考核中均被认定为不称职

B. 某派出所户籍室女民警李某在怀孕 3 个月后，上班经常迟到早退

C. 某县生态环境局法制科科员王某经常在单位散布对局领导不满的言论

D. 某市税务局员工赵某利用到外地出差的机会，在结束公务后瞒着单位领导同事参加一个旅行团，时间长达 20 天

9. 国家行政机关对其系统内部违法失职的公务员实施的惩罚措施是（　）。

A. 行政处罚　B. 行政处分　C. 行政强制　D. 行政司法

10. 下列关于行政主体的表达中，正确的是（　）。

A. 行政主体是指享有行政职权，实施行政活动，承担行政责任的组织

B. 行政主体是指行政法律关系的主体

C. 行政主体是指具有行政职权的行政机关

D. 行政主体是指行政机关

11. 关于国务院议事协调机构，下列哪一说法是正确的？（　）

A. 撤销由国务院机构编制管理机关决定

B. 可以规定行政措施

C. 议定事项经国务院同意，由有关的行政机构按各自的职责负责办理

D. 可以设立司、处两级内设机构

12. 根据行政法规规定，县级以上地方各级政府机构编制管理机关应当评估行政机构和编制的执行情况。关于此评估，下列哪一说法是正确的？（　）

A. 评估应当定期进行

B. 评估具体办法由国务院制定

C. 评估结果是调整机构编制的直接依据

D. 评估同样适用于国务院行政机构和编制的调整

13. 我国国务院各部、委的设立、撤销或者合并，依法应由（　）。

A. 全国人民代表大会决定　　B. 国务院全体会议决定

C. 国务院常务会议决定　　D. 国务院总理决定

14. 国家税务总局为国务院直属机构，就其设置及编制，下列哪一说法是正确的？（　）

A. 设立由全国人大及其常委会最终决定

B. 合并由国务院最终决定

C. 编制的增加由国务院机构编制管理机关最终决定

D. 依法履行国务院基本的行政管理职能

15. 甲市某县生态环境局与水利局对职责划分有异议，双方协商无法达成一致意见。关于异议的处理，下列哪一说法是正确的？（　）

A. 提请双方各自的上一级主管机关协商确定

B. 提请某县政府机构编制管理机关决定

C. 提请某县政府机构编制管理机关提出协调意见，并由该机构编制管理机关报某县政府决定

D. 提请某县政府提出处理方案，经甲市政府机构编制管理机关审核后报甲市政府批准

16. 关于国家机关公务员处分的做法或说法，下列哪一选项是正确的？（　）

A. 张某受记过处分期间，因表现突出被晋升一档工资

B. 孙某撤职处分被解除后，虽不能恢复原职但应恢复原级别

C. 童某受到记大过处分，处分期间为 24 个月

D. 田某主动交代违纪行为，主动采取措施有效避免损失，可以减轻处分

17. 对具有职位特殊性的公务员需要单独管理的，可以增设《公务员法》明确规定的职位之外的职位类别。下列哪一机关享有此增设权？（　）

A. 全国人大常委会　　B. 国务院

C. 中央公务员主管部门　　D. 省级公务员主管部门

18. 关于公务员录用的做法，下列哪一选项是正确的？（　）

A. 某县公安局经某市公安局批准，简化程序录用一名特殊职位的公务员

B. 某区财政局录用一名曾被开除过公职但业务和能力优秀的人为公务员

C. 某市生态环境局以新录用的公务员李某试用期满不合格为由，决定取消录用

D. 国务院卫生健康委员会规定公务员录用体检项目和标准，报中央公务员主管部门备案

19. 王某经过考试成为某县财政局新录用的公务员，但因试用期满不合格被取消录用。下列哪一说法是正确的？（　）

A. 对王某的试用期限，由某县财政局确定

B. 对王某的取消录用，应当适用辞退公务员的规定

C. 王某不服取消录用向法院提起行政诉讼的，法院应当不予受理

D. 对王某的取消录用，在性质上属于对王某的不予录用

20. 根据《公务员法》的规定，下列哪一选项不是公务员应当履行的义务？（　）

A. 公道正派　B. 忠于职守　C. 恪守职业道德　D. 参加培训

三、多项选择题

1. 孙某为某行政机关的聘任制公务员，双方签订聘任合同。下列哪些说法是正确的？（　）

A. 对孙某的聘任须按照公务员考试录用程序进行公开招聘

B. 该机关应按照《公务员法》和聘任合同对孙某进行管理

C. 对孙某的工资可以按照国家规定实行协议工资

D. 如孙某与该机关因履行聘任合同发生争议，可以向人事争议仲裁委员会申请仲裁

2. 根据《公务员法》的规定，下列哪些选项属于公务员交流方式？（　）

A. 调任　B. 转任　C. 挂职锻炼　D. 接受培训

3. 关于公务员的辞职和辞退，下列哪些说法是正确的？（　）

A. 重要公务尚未处理完毕的公务员，不得辞去公职

B. 领导成员对重大事故负有领导责任的，应引咎辞去公职

C. 对患病且在规定的医疗期内的公务员，不得辞退

D. 被辞退的公务员，可根据国家有关规定享受失业保险

4. 某市教育局和某市某区某街道办事处均属（　）。

A. 地域性行政主体　　B. 公务性行政主体

C. 授权行政主体　　D. 职权行政主体

5. 下列可以成为行政主体的是（　）。

A. 公务员　　B. 接受行政委托的组织

C. 法律、法规授权的组织　　D. 行政机关

6. 行政主体一般具备的资格条件是（　）。

A. 一定的人事处置权　　B. 独立的财务管理权

C. 必须是行政机关　　D. 具有独立的法律行为能力

7. 我国公务员权利义务的特点是（　）。

A. 公务员的义务同时又都是权利

B. 公务员享有一些普通公民所不能享有的权利

C. 公务员的权利因公职而受到一定限制

D. 公务员的义务与其职业道德规范有密切联系

8. 关于受委托组织的表述，下列选项中正确的是（　）。

A. 受委托组织不是国家机关

B. 受委托组织仅能根据委托行使一定的行政职权，而不能行使一般的行政

职权

C. 受委托组织行使一定的行政职权是基于行政机关的委托，而非基于法律、法规的授权

D.《行政处罚法》中规定的受委托组织必须是依法成立的管理公共事务的事业组织

9. 下列有关公务员的说法，正确的是（　）。

A. 公务员的公务活动应以行政机关的名义进行

B. 公务员只要是以其机关的名义进行活动，都视其为公务行为，应由其所在机关承担责任

C. 公务员只要是不以执行公务为目的，无论以何种名义而为的行为都是个人行为

D. 行政机关对其公务员在执行公务上的行为承担责任

10. 对公务员的行政处分分为警告、记过、记大过、（　）和开除。

A. 降级　B. 降职　C. 撤职　D. 罚款

四、不定项选择题

1. 下列选项中，具有行政主体资格的是（　）。

A. 公路收费站　B. 市卫生健康委员会　C. 乡政府　D. 公安局法制科

2. 关于聘任制公务员，下列做法正确的是（　）。

A. 某县保密局聘任两名负责保密工作的计算机程序员

B. 某县财政局与所聘任的一名精算师实行协议工资制

C. 某市林业局聘任公务员的合同期限为十年

D. 某县公安局聘任网络管理员的合同需经上级公安机关批准

3. 公务员法律关系的变更主要包括（　）。

A. 晋升　B. 降职　C. 转任　D. 挂职锻炼

4. 引起公务员法律关系消灭的有（　）。

A. 辞职　B. 辞退　C. 撤职　D. 退休

5. 下列何种情形不符合法律、法规有关公务员任职和辞职的规定？（　）

A. 李副市长兼任某市公安局局长

B. 某市经济委员会张主任兼任某投资公司董事长

C. 某县教育局高副局长辞职一年后到教育局所属的教育培训中心担任主任

D. 某市政府批准办公厅机要处王处长辞职出国

6. 根据行政法学对行政机关的分类理论，下列哪些选项是正确的？（　）

A. 乡政府是一般权限行政机关　B. 地区行署是省政府的派出机关

C. 审计局是专业性行政机关　D. 国家税务总局是国务院的工作部门

7. 关于行政机关和机构的设立，下列哪些说法是不正确的？（ ）

A. 经国务院批准，省人民政府可以设立行政公署

B. 经市公安局批准，县公安局可以设立派出所

C. 经全国人大常委会批准，国务院可以设立直属机构

D. 经市人民政府批准，县人民政府可以设立区公所

8. 行政主体并不限于行政机关，在以下的企业、事业单位和群众团体中哪些可能在行政法上具有行政主体资格？（ ）

A. 现代足球俱乐部　　B. 中国人民大学

C. 注册会计师协会　　D. 卫生防疫站

9. 下列有关国家公务员法律地位的论述，哪些是正确的？（ ）

A. 在行政管理法律关系中，国家公务员不具有一方当事人的资格

B. 在行政诉讼法律关系中，国家公务员不具有诉讼当事人的地位

C. 国家公务员可以以行政相对人的身份作为外部行政法律关系的一方主体

D. 在内部行政法律关系与行政法制监督关系中，国家公务员可以成为一方当事人

10. 关于行政主体下列说法正确的是（ ）。

A. 行政机关都是行政主体

B. 行政职权只有行政机关才能行使

C. 并非所有的行政机关都能成为行政主体

D. 行政机关在从事任何活动时都是行政主体

五、填空题

1. 国家实行公务员交流制度，交流方式包括调任、转任和______。

2. 根据行政主体实施行政职权的范围，行政主体可分为______和______。

3. 根据行政主体的职权范围的不同，行政主体可分为______和______。

4. 根据行政主体职权的性质与法律来源的不同，行政主体可分为______和______。

5. 公务员是指______、______、由国家财政负担工资福利的工作人员。

6. 对公务员的行政处分分为______、______、______、降级、撤职和开除。

7. 法律法规授权组织的范围包括______、______、______、______、______。

8. 受行政机关委托的组织在委托的行政职权范围内，只能以______的名义行使行政职权，也由______承担由此产生的法律责任。

9. 公务员职位类别按照公务员职位的性质、特点和管理需要，划分为______、______、______等。

10. 聘任制公务员，聘任合同期限为1年至______年。聘任合同可以约定试用期，试用期为1个月至______个月。聘任制公务员实行______工资制，具体办法由中央公务员主管部门规定。聘任制公务员与所在机关之间因履行聘任合同发生争议的，可以自争议发生之日起______日内申请仲裁。

六、判断题

1. 行政主体就是行政法律关系主体。( )
2. 行政主体必定是行政法主体。( )
3. 行政主体主要是组织也包括个人。( )
4. 任何情况下行政主体必定是行为主体。( )
5. 行政主体就是行政机关。( )
6. 在行政法律关系中，行政主体通常恒定为一方主体。( )
7. 行政主体必须是行政机关。( )
8. 受行政机关委托行使一定行政权的组织是行政主体。( )
9. 行政主体是行政法律关系主体的一方。( )
10. 所谓行政受益权即行政主体有从其行政活动中获得物质利益的权利。( )

七、名词解释

1. 公务员
2. 派出机关
3. 派出机构
4. 行政主体
5. 行政相对人

八、简答题

1. 简述法律法规授权的组织与受行政机关委托组织的区别。
2. 简述行政相对人的特征。
3. 简述公务员的义务有哪些。
4. 简述行政主体的特征。
5. 简述行政相对人的权利和义务。

九、案例分析题

原告：邓某

被告：某市城市管理监察大队某区中队

邓某于2019年7月向某城郊某村申请建房，经同意在该村的地界上修建了一层两间20平方米的砖木结构平房做经营饮食场地。同年8月，某区自然资源和规划局、某乡政府等有关人员在现场责令邓某予以拆除。事后，邓某未拆除。

某市城市管理监察大队某区中队在无确定依据的情况下，认定该违章建筑为邓某的亲戚刘某所修建，将有关处理决定下达刘某。2019 年 10 月 30 日上午 10 时许，区城管中队带领十余名工人将邓某修建的两间平房强行拆除。在实施强行拆除时，又未通知邓某将屋内财产搬出，致使邓某部分合法财产受到损失。邓某于 2019 年 12 月 1 日向其所在地的区人民法院起诉，要求确认某区城管中队的上述行为违法并赔偿经济损失 9484 元。

1. 某区城管中队是否具有行政主体资格？为什么？

2. 人民法院应如何处理此案？

参考答案及解析

二、单项选择题

1. 答案：D。解析：居民委员会，是居民进行自我教育、自我管理、自我建设、自我服务的基层群众性自治组织。它在基层政权或者其派出机关的指导下开展工作。故本题选 D。

2. 答案：D。解析：行政法的首要原则是依法行政，强调“无法律无行政”。依法行政的基本要求包括行政合法，行政合法包括行政主体合法、行政行为合法、行政内容合法以及程序合法。法律授权是行政主体合法的唯一依据。行政公正和行政适当是行政法的基本原则。ABC 错误。故本题选 D。

3. 答案：A。解析：木材检查站行使检查权和处罚权是受县林业局的委托，而不是基于法律、法规的授权，因此其是以委托行政机关县林业局的名义行使职权的。

4. 答案：D。解析：乡政府是一级政府，具有行政主体资格。A 项不当选。公安派出所对于警告和 500 元以下罚款具有处罚权，作出此决定时具有行政主体资格。B 项不当选。街道办事处是区政府的派出机关，具有行政主体资格。C 项不当选。国务院办公厅是国务院的办事机构，不具有行政主体资格。D 应选。

5. 答案：B。解析：根据《行政处罚法》第 20 条第 1、3 款规定，行政机关可以将某些行政处罚权委托给具备法定条件的其他组织实施，受委托组织实施行政处罚应以委托行政机关的名义进行，并接受委托行政机关的监督，委托行政机关对受委托组织实施处罚行为的法律后果负责。

6. 答案：D。解析：本题涉及公务员的范围。消费者协会是民间社团。故应选 D。

7. 答案：C。解析：在某县卫生健康委员会的行政处罚管理活动中，没有某县人民政府的参与，某县人民政府不与本行政处罚管理活动发生直接关系，故 D 项应该首先排除；在某县卫生健康委员会的行政处罚管理活动中，某县市场监督管理局、某医药经销商店均为行政管理相对方，故 A、B 项也应排除。

8. 答案：D。解析：年度考核中，连续 2 年被确定为不称职的，应予辞退。A 项年度考核不称职分别为 2019 年与 2021 年，并非连续 2 年，而是中间隔了 1 年。故 A 项不当选。女性公务员在孕期、产假、哺乳期内的不得辞退。B 项不当选。C 项不属于予以辞退事项。D 项属于旷工或者因公外出、请假期满无正当理由逾期不归连续超过 15 天，或者一年内累计超过 30 天的情形。D 项当选。

9. 答案：B。解析：行政处分是指国家行政机关依照行政隶属关系给予有违法失职行为的国家机关公务人员的一种惩罚措施，包括警告、记过、记大过、降级、撤职、开除。针对行政主体的内部人员，属于内部行政行为。行政处罚、行政强制、行政司法均是行政机关作为整体对外部公民、法人或者其他组织作出的外部行政行为，属于具体行政行为。行政主体与行政相对人之间不存在隶属关系。

10. 答案：A。解析：行政主体是指依法取得行政职权，能以自己名义独立进行行政管理活动，作出影响相对人权利、义务的行政行为，并承担由此产生的法律后果的行政组织。行政主体是作为一个集体组织出现的，行政机关工作人员实质上仍是以所在单位的名义进行活动。此外，要特别注意区分行政主体和行政法主体。行政法主体是指行政法律关系中的双方，包括行政主体和行政相对人。因此本题选 A。

11. 答案：C。解析：选项 A 错误，《国务院行政机构设置和编制管理条例》第 11 条规定，国务院议事协调机构的设立、撤销或者合并，由国务院机构编制管理机关提出方案，报国务院决定。选项 B 错误，选项 C 正确。《国务院行政机构设置和编制管理条例》第 6 条第 7 款规定，国务院议事协调机构承担跨国务院行政机构的重要业务工作的组织协调任务。国务院议事协调机构议定的事项，经国务院同意，由有关的行政机构按照各自的职责负责办理。在特殊或者紧急的情况下，经国务院同意，国务院议事协调机构可以规定临时性的行政管理措施。选项 D 错误。《国务院行政机构设置和编制管理条例》第 13 条规定，国务院办公厅、国务院组成部门、国务院直属机构、国务院办事机构在职能分解的基础上设立司、处两级内设机构；国务院组成部门管理的国家行政机构根据工作需要可以设立司、处两级内设机构，也可以只设立处级内设机构。据此可知，可以设立司、处的机构不包括国务院议事协调机构。

12. 答案：A。解析：《地方各级人民政府机构设置和编制管理条例》第 24 条规定，县级以上各级人民政府机构编制管理机关应当定期评估机构和编制的执行情况，并将评估结果作为调整机构编制的参考依据。评估的具体办法，由国务院机构编制管理机关制定。故 A 选项表述正确，应选。B、C 选项表述错误，不选。国务院行政机构的设立和编制的调整适用《国务院行政机构设置和编制管理条例》的有关规定，而不适用《地方各级人民政府机构设置和编制管理条例》。

13. 答案：A。解析：《国务院组织法》第 8 条规定，国务院各部、各委员会的设立、撤销或者合并，经总理提出，由全国人民代表大会决定；在全国人民代表大会闭会期间，由全国人民代表大会常务委员会决定。

14. 答案：B。解析：选项 A 错误。选项 B 正确，根据《国务院行政机构设置和编制管理条例》第 8 条的规定，国务院直属机构、国务院办事机构和国务院组成部门管理的国家行政机构的设立、撤销或者合并由国务院机构编制管理机关提出方案，报国务院决定。选项 C 错误，根据《国务院行政机构设置和编制管理条例》第 19 条规定，国务院行政机构增加或者减少编制，由国务院机构编制管理机关审核方案，报国务院批准。选项 D 错误，根据《国务院行政机构设置和编制管理条例》第 6 条规定，国务院行政机构根据职能分为国务院办公厅、国务院组成部门、国务院直属机构、国务院办事机构、国务院组成部门管理的国家行政机构和国务院议事协调机构。国务院办公厅协助国务院领导处理国务院日常工作。国务院组成部门依法分别履行国务院基本的行政管理职能。国务院组成部门包括各部、各委员会、中国人民银行和审计署。国务院直属机构主管国务院的某项专门业务，具有独立的行政管理职能。国务院办事机构协助国务院总理办理专门事项，不具有独立的行政管理职能。国务院组成部门管理的国家行政机构由国务院组成部门管理，主管特定业务，行使行政管理职能。国务院议事协调机构承担跨国务院行政机构的重要业务工作的组织协调任务。国务院议事协调机构议定的事项，经国务院同意，由有关的行政机构按照各自的职责负责办理。在特殊或者紧急的情况下，经国务院同意，国务院议事协调机构可以规定临时性的行政管理措施。据此可知，国务院直属机构具有独立的行政管理职能，并不履行基本的行政管理职能。

15. 答案：C。解析：根据《地方各级人民政府机构设置和编制管理条例》第 10 条第 2 款规定，行政机构之间对职责划分有异议的，应当主动协商解决。协商一致的，报本级人民政府机构编制管理机关备案；协商不一致的，应当提请本级人民政府机构编制管理机关提出协调意见，由机构编制管理机关报本级人民政府决定。本题只有 C 当选，ABD 错误。

16. 答案：D。解析：根据《政务处分法》第 19 条规定："公务员以及参照《中华人民共和国公务员法》管理的人员在政务处分期内，不得晋升职务、职级、衔级和级别；其中，被记过、记大过、降级、撤职的，不得晋升工资档次。被撤职的，按照规定降低职务、职级、衔级和级别，同时降低工资和待遇。"选项 A 中，张某受记过处分，不得晋升工资档次，故 A 项错误。根据《政务处分法》第 26 条第 2 款规定："公职人员受到开除以外的政务处分，在政务处分期内有悔改表现，并且没有再发生应当给予政务处分的违法行为的，政务处分期满后自动解除，晋升职务、职级、衔级、级别、岗位和职员等级、职称、薪酬待遇不再受原政务处分影响。但是，解除降级、撤职的，不恢复原职务、职级、衔级、级别、岗位和职员等级、职称、薪酬待遇。"选项 B 中，孙某被解除撤职处分后，不视为恢复原级别、原职务，故 B 项错误。根据《政务处分法》第 8 条规定："政务处分的期间为：（一）警告，六个月；（二）记过，十二个月；（三）

记大过，十八个月；（四）降级、撤职，二十四个月。”选项 C 中，童某受记大过处分，处分期间应为 18 个月，故 C 项错误。根据《政务处分法》第 11 条第 1 款的规定，主动交代本人应当受到政务处分的违法行为的；可以从轻或者减轻给予政务处分。故 D 项正确。

17. 答案：B。解析：《公务员法》第 16 条第 2 款规定，公务员职位类别按照公务员职位的性质、特点和管理需要，划分为综合管理类、专业技术类和行政执法类等类别。根据该法，对于具有职位特殊性，需要单独管理的，可以增设其他职位类别。各职位类别的适用范围由国家另行规定。

18. 答案：C。解析：《公务员法》第 33 条规定，录用特殊职位的公务员，经省级以上公务员主管部门批准，可以简化程序或者采用其他测评办法。故 A 选项表述错误，不选。《公务员法》第 26 条规定：“下列人员不得录用为公务员：(一) 因犯罪受过刑事处罚的；(二) 被开除中国共产党党籍的；(三) 被开除公职的；(四) 被依法列为失信联合惩戒对象的；(五) 有法律规定不得录用为公务员的其他情形的。”故 B 选项表述错误，不选。《公务员法》第 34 条规定，新录用的公务员试用期为一年。试用期满合格的，予以任职；不合格的，取消录用。故 C 选项表述正确，应选。《公务员法》第 31 条规定，招录机关根据考试成绩确定考察人选，并对其进行报考资格复审、考察和体检。体检的项目和标准根据职位要求确定。具体办法由中央公务员主管部门会同国务院卫生健康委员会规定。故 D 选项表述错误，不选。

19. 答案：C。解析：选项 A 错误。《公务员法》第 34 条规定：“新录用的公务员试用期为一年。试用期满合格的，予以任职；不合格的，取消录用。”据此可知，对王某的试用期法律规定为一年，而不能由某县财政局自主确定。选项 B 错误。《公务员法》第 88 条规定：“公务员有下列情形之一的，予以辞退：(一) 在年度考核中，连续两年被确定为不称职的；(二) 不胜任现职工作，又不接受其他安排的；(三) 因所在机关调整、撤销、合并或者缩减编制员额需要调整工作，本人拒绝合理安排的；(四) 不履行公务员义务，不遵守法律和公务员纪律，经教育仍无转变，不适合继续在机关工作，又不宜给予开除处分的；(五) 旷工或者因公外出、请假期满无正当理由逾期不归连续超过十五天，或者一年内累计超过三十天的。”据此可知，对王某的取消录用，不属于辞退公务员的法定事由，不应当适用辞退公务员的规定。选项 C 正确。《新录用公务员试用期管理办法（试行）》第 24 条规定，新录用公务员对取消录用决定不服的，可以依照有关规定申请复核或者提出申诉。复核或者申诉期间不停止取消录用决定的执行。选项 D 错误。取消录用是新录用以后，因试用期满不合格被取消录用，不同于不予录用。

20. 答案：D。解析：根据《公务员法》第 14 条规定："公务员应当履行下列义务：（一）忠于宪法，模范遵守、自觉维护宪法和法律，自觉接受中国共产党领导；（二）忠于国家，维护国家的安全、荣誉和利益；（三）忠于人民，全心全意为人民服务，接受人民监督；（四）忠于职守，勤勉尽责，服从和执行上级依法作出的决定和命令，按照规定的权限和程序履行职责，努力提高工作质量和效率；（五）保守国家秘密和工作秘密；（六）带头践行社会主义核心价值观，坚守法治，遵守纪律，恪守职业道德，模范遵守社会公德、家庭美德；（七）清正廉洁，公道正派；（八）法律规定的其他义务。本题中，公道正派、忠于职守和恪守职业道德都属于公务员应当履行的义务，参加培训不属于公务员应当履行的义务。" 所以 D 当选。

三、多项选择题

1. 答案：BCD。解析：《公务员法》第 101 条第 1 款规定："机关聘任公务员可以参照公务员考试录用的程序进行公开招聘，也可以从符合条件的人员中直接选聘。" 据此，A 项 "须按照" 说法错误。《公务员法》第 102 条第 1 款规定："机关聘任公务员，应当按照平等自愿、协商一致的原则，签订书面的聘任合同，确定机关与所聘公务员双方的权利、义务。聘任合同经双方协商一致可以变更或者解除。" 据此，B 项正确。《公务员法》第 103 条第 3 款规定："聘任制公务员实行协议工资制，具体办法由中央公务员主管部门规定。" 故 C 项正确。《公务员法》第 105 条第 1 款、第 3 款规定："聘任制公务员与所在机关之间因履行聘任合同发生争议的，可以自争议发生之日起六十日内申请仲裁。" "当事人对仲裁裁决不服的，可以自接到仲裁裁决书之日起十五日内向人民法院提起诉讼。仲裁裁决生效后，一方当事人不履行的，另一方当事人可以申请人民法院执行。" 据此，D 项正确。

2. 答案：ABC。解析：《公务员法》第 69、70 条规定，交流的方式包括调任、转任和挂职锻炼。

3. 答案：CD。解析：根据《公务员法》第 86 条规定："公务员有下列情形之一的，不得辞去公职：（一）未满国家规定的最低服务年限的；（二）在涉及国家秘密等特殊职位任职或者离开上述职位不满国家规定的脱密期限的；（三）重要公务尚未处理完毕，且须由本人继续处理的；（四）正在接受审计、纪律审查、监察调查，或者涉嫌犯罪，司法程序尚未终结的；（五）法律、行政法规规定的其他不得辞去公职的情形。" 本题中，重要公务尚未处理完毕的公务员且该公务必须由其本人继续处理的，才不得辞去公职，所以 A 错误。根据《公务员法》第 87 条第 3 款规定，领导成员因工作严重失误、失职造成重大损失或者恶劣社会影响的，或者对重大事故负有领导责任的，应当引咎辞去领导职务。本题中，领导成员对重大事故负有领导责任的，应引咎辞去公职与法条规定的引咎辞去领导职务不符，所以 B 说法错误。根据《公务员法》第 89 条规定："对有下列情形之一的公务员，不得辞退：（一）因公致残，被确认丧失或者部分丧失工作能力的；（二）患病或者负伤，在规定的医疗期内的；（三）女性公务员在孕期、产期、哺乳期内的；（四）法律、行政法规规定的其他不得辞退的情形。"本题中，对患病且在规定的医疗期内的公务员，不得辞退，C 项说法正确。根据《公务员法》第 90 条第 2 款规定，被辞退的公务员，可以领取辞退费或者根据国家有关规定享受失业保险。本题中，被辞退的公务员，可根据国家有关规定享受失业保险，说法正确，所以 D 正确。

4. 答案：AD。解析：行政主体的分类包括：外部行政主体与内部行政主体、中央行政主体与地方行政主体、授权行政主体与职权行政主体、地域性行政主体与公务性行政主体。其中，授权行政主体与职权行政主体是根据行政主体职权的性质与法律来源的不同所做的划分，地域性行政主体与公务性行政主体则是根据行政主体管辖的对象不同所做的划分。

5. 答案：CD。解析：行政主体包括两类，即行政机关和被授权组织，受委托组织不能成为行政主体，其行为的法律责任由委托组织承担。公务员也不能成为行政主体。

6. 答案：ABD。解析：行政主体包括行政机关以及法律法规授权的组织，因此 C 项错误。

7. 答案：BCD。解析：A 项错误。公务员的义务是其必须履行的职责，而不是权利。

8. 答案：ABCD。解析：选项 D 可见《行政处罚法》第 20 条、第 21 条。《行政处罚法》第 20 条规定："行政机关依照法律、法规、规章的规定，可以在其法定权限内书面委托符合本法第二十一条规定条件的组织实施行政处罚。行政机关不得委托其他组织或者个人实施行政处罚。委托书应当载明委托的具体事项、权限、期限等内容。委托行政机关和受委托组织应当将委托书向社会公布。委托行政机关对受委托组织实施行政处罚的行为应当负责监督，并对该行为的后果承担法律责任。受委托组织在委托范围内，以委托行政机关名义实施行政处罚；不得再委托其他组织或者个人实施行政处罚。"第 21 条规定："受委托组织必须符合以下条件：（一）依法成立并具有管理公共事务职能；（二）有熟悉有关法律、法规、规章和业务并取得行政执法资格的工作人员；（三）需要进行技术检查或者技术鉴定的，应当有条件组织进行相应的技术检查或者技术鉴定。"

9. 答案：AC。解析：本题涉及公务员个人行为和公务行为的区分。公务员的含义包括：（1）公务员是行政机关中的工作人员；（2）公务员是执行行政公务的工作人员；（3）公务员是行政机关的代表，以行政机关的名义执行公务，实施行政行为。在本题中，公务员假借行政机关的名义进行活动的行为，应是个人行为，由此产生的法律后果不应归属于行政机关，故 B 项不正确；如果公务员是以个人的名义执行公务的，则只能独立实施其个人行为，由此产生的后果由其个人承担，故 D 项的说法错误。

10. 答案：AC。解析：《公务员法》第 62 条规定："处分分为：警告、记过、记大过、降级、撤职、开除。"

四、不定项选择题

1. 答案：BC。解析：行政主体是指享有国家行政权力，能够以自己的名义作出行政行为，并能独立承担法律责任的组织。市卫生健康委员会是市政府的工作部门，有行政主体资格，B 项正确。地方机关与机构中，各级人民政府都是行政主体，C 项正确。公路收费站分两种情况，还贷性的收费主体属于政府，通常委托高速公路管理局来处理，属于行政主体。经营性的收费主体属于企业，通常是某高速公路管理公司，不属于行政主体。所以公路收费站是否有行政主体资格不能一概而论。公安局法制科是公安局的内设机构，不具有行政主体资格，他们所实施的行为都代表公安局，其行为的全部责任都由公安局承担。故本题选 BC。

2. 答案：B。解析：根据《公务员法》第 100 条规定："机关根据工作需要，经省级以上公务员主管部门批准，可以对专业性较强的职位和辅助性职位实行聘任制。前款所列职位涉及国家秘密的，不实行聘任制。"故对于负责保密工作的计算机程序员不可以聘任，选项 A 错误。根据《公务员法》第 103 条第 3 款规定："聘任制公务员实行协议工资制，具体办法由中央公务员主管部门规定。"故选项 B 正确。根据《公务员法》第 103 条第 2 款规定："聘任合同期限为一年至五年。聘任合同可以约定试用期，试用期为一个月至十二个月。"故选项 C 错误。根据《公务员法》第 102 条第 2 款规定："聘任合同的签订、变更或者解除，应当报同级公务员主管部门备案。"可知聘任合同应当报同级公务员主管部门备案，无须经上级机关批准，故选项 D 错误。

3. 答案：ABCD。解析：公务员法律关系的变更主要包括：第一，晋升，是指由低一级职位提升为高一级职位。第二，降职，是指由高一级职位变为低一级职位。第三，转任，是指公务员因工作需要或者其他正当理由在国家行政机关内部或者跨地区、跨部门的平级调动。第四，挂职锻炼，指国家行政机关有计划地选派公务员在一定时间内到下级机关或者上级机关担任一定职务。

4. 答案：ABD。解析：引起公务员法律关系消灭的有：第一，辞职，这是指公务员因公辞职、引咎辞职、责令辞职或者自愿辞职，不再担任公务员。第二，辞退。国家公务员有违纪、违法行为等法定事由，行政机关依法予以解除行政职务。第三，退休。这是指国家公务员因达到法定年龄或者符合法定事由而离职休息。第四，开除。国家公务员因违纪、违法而受到行政处分。第五，解除聘任合同。因聘任合同期满或因其他事由而解除行政机关与公务员的聘任合同。第六，丧失国籍。因为担任中国公务员必须具有中国国籍，丧失国籍必然丧失公务员职务。第七，判处刑罚。因公务员违法受到刑事处罚。第八，死亡。

5. 答案：BD。解析：根据《公务员法》第 44 条规定，公务员因工作需要在机关外兼职，应当经有关机关批准，并不得领取兼职报酬。A 项正确，不选。根据《公务员法》第 59 条第 16 项规定，公务员不得违反有关规定从事或者参与营利性活动，在企业或者其他营利性组织中兼任职务。故 B 项错误，应选。根据《国家公务员暂行条例》第 73 条规定，国家公务员辞职后，二年内到与原机关有隶属关系的企业或者营利性的事业单位任职，须经原任免机关批准。C 项中，某县教育局高副局长在辞职一年后到教育局所属的教育培训中心担任主任，符合有关规定。故 C 项正确，不选。《公务员法》第 86 条规定："公务员有下列情形之一的，不得辞去公职……（二）在涉及国家秘密等特殊职位任职或者离开上述职位不满国家规定的脱密期限的……"故 D 项错误，应选。

6. 答案：AB。解析：行政机关的分类：（1）根据行政机关权限的性质，行政机关分为一般权限行政机关与部门权限行政机关。一般权限行政机关的权限是全方位的，涉及各个行政领域和各种行政事务，如国务院和地方各级人民政府，而部门行政机关的权限是局部性的，仅涉及特定行政领域和特定行政事项，如国务院各部委，地方人民政府的各工作部门。所以选项 A 正确。（2）地方行政机关包括地方各级人民政府及其工作部门。地方行政机关一般分为三级：省、自治区、直辖市的人民政府；县、自治县、县级市人民政府；乡、民族乡、镇人民政府。在某些地方，省级地方行政机关与县级地方行政机关之间还设有一级人民政府，即自治州人民政府、设区的市和市管县的市的人民政府，这些地方的行政机关即为四级而不是三级。至于在省、自治区人民政府之下设立的地区行署，在县、自治县人民政府之下设立的区公所，在市、市辖区人民政府之下设立的街道办事处，它们均不是一级地方行政机关，而只是相应的地方人民政府的派出机关。此外，我国地方行政机关还包括特别行政区政府，如香港特别行政区政府。所以选项 B 正确。（3）根据行政机关管理的客体和内容，行政机关分为职能性行政机关和专业性行政机关。职能性行政机关管理的客体和内容是综合性的、跨部门的、跨行业的，如市场监督管理、税务、统计、生态环境、财政、人事、计划、审计、监察等机关，专业性行政机关管理的客体和内容是专门性的、部门性的、行业性的，如电子、机械、石油、煤炭、农业、林业、矿产、水电等行政管理机关。故选项 C 错误。（4）国家税务总局是国务院的直属机构，而国务院各部委才是国务院的工作部门。故选项 D 错误。

7. 答案：BCD。解析：本题考查行政机关和行政机构的设立。《地方各级人民代表大会和地方各级人民政府组织法》（2022 修正）第 85 条第 1 款规定："省、自治区的人民政府在必要的时候，经国务院批准，可以设立若干派出机关。"而行政公署正是省政府的派出机关。故选项 A 正确，不当选。派出机构是由政府的工作部门根据行政管理的需要在一定行政区域内设立管理某项行政事务的机构。在我国派出机构种类较多，如公安派出所、税务所等。县公安局依法可以在辖区内设立公安派出所，不须经市公安局批准。故 B 选项不对。依《国务院组织法》第 11 条的规定，国务院设立直属机构无须经全国人大常委会的批准，故选项 C 错误。《地方各级人民代表大会和地方各级人民政府组织法》第 85 条第 2 款规定："县、自治县的人民政府在必要时，经省、自治区、直辖市的人民政府批准，可以设立若干区公所，作为它的派出机关。"所以选项 D 错误。应选 BCD。

8. 答案：BCD。解析：法律、法规、规章授权的组织，是指依据法律、法规的授权而取得行政主体的资格，并能行使行政职权的非国家行政机关。其种类包括：（1）事业单位，主要是指一些具有专门性知识、专门技能的单位。就其性质而言，事业单位不是行政机关，不具有行政主体地位，但更多的情况下是接受法律、法规的授权，实施某项行政活动，此种组织即为具有行政主体地位的事业单位。（2）企业单位，主要是指行政性公司，也就是说是以公司的形式成立或由原来的行政机关改变成为企业单位的，从事经济活动，同时又承担某一方面或某一部分行政职能的组织。当法律、法规、规章授予其某些行政职权时，它就因此而取得行政主体地位。（3）社会团体，虽然不是行政机关，但是法律、法规、规章往往授权它们行使某些行政职能，例如，各种行业协会，它们有的依法律、法规的授权管理本行业的行政事务。（4）基层群众性自治组织，是指城市和农村按居民居住的地区设立的居民委员会和村民委员会。

9. 答案：ABCD。解析：在行政法律关系中，行政主体是一方当事人，公务员行使职务的行为法律后果归属于行政主体，因此 A、B 正确。公务员只有当他行使职务行为时才具有公务身份，他也可以作为公民而成为行政相对人，故 C 项正确。在内部行政法律关系和行政法制监督关系中，国家公务员可以成为监督的对象，故 D 项正确。

10. 答案：C。解析：本题考核行政主体的特征。国家行政机关是最主要的行政主体但并非所有的行政机关都能成为行政主体。行政机关只有具备一定的条件才能成为行政主体。因此某个政府机构可能是行政机关但不一定是行政主体。故 A 项错误，C 项正确。行政职权除由国家行政机关行使外其他非国家行政机关的组织经法律、法规、规章授权或行政机关的委托也可以行使一定行政职权。故B项错误。行政机关在从事民事活动时，其他社会组织在行使内部管理权或从事民事活动时不是行政主体。故D项错误。

五、填空题

1. 挂职锻炼
2. 外部行政主体、内部行政主体
3. 中央行政主体、地方行政主体
4. 职权行政主体、授权行政主体
5. 依法履行公职、纳入国家行政编制
6. 警告、记过、记大过
7. 行政机构、企业组织、事业组织、社会团体、群众性自治组织等
8. 委托的行政机关、委托的行政机关
9. 综合管理类、专业技术类、行政执法类
10. 5年　12个月　协议　60

六、判断题

1. 错。解析：该说法虽然在法学界存在争议，但是通常认为它们是不同的。行政主体与行政法律关系主体的概念外延不同。行政法律关系主体中包括行政主体，行政主体是行政法律关系中特殊的一方主体。故本题说法错误。

2. 对。解析：行政主体是指享有国家行政权力，能以自己的名义从事行政管理活动，并独立承担由此产生的法律责任的组织。在我国，行政主体包括国家行政机关和法律、法规授权的组织。行政主体是行政法主体的一种。

3. 错。解析：行政主体是指享有国家行政权力，能以自己的名义从事行政管理活动，并独立承担由此产生的法律责任的组织。

4. 错。解析：行政主体是指享有国家行政权力，能以自己的名义从事行政管理活动，并独立承担由此产生的法律责任的组织。行政主体可以委托其他组织进行行政行为，所以并不是任何情况下行政主体都是行为主体。

5. 错。解析：行政主体包括行政机关但并不限于行政机关。

6. 对。解析：略

7. 错。解析：行政主体不等于行政机关，除行政机关外，法律、法规、规章授权的组织也可成为行政主体。

8. 错。解析：受行政机关委托行使一定行政权的组织，不是以自己的名义行使行政权，亦不承担因此而产生的相应法律责任，则不是行政主体。

9. 对。解析：略

10. 错。解析：行政受益权是行政相对人通过行政主体的积极行为而获得各

种利益及利益保障的权利，是行政相对人获益而不是行政主体获得物质利益，故错。

七、名词解释

1. 公务员是指依法履行公职、纳入国家行政编制、由国家财政负担工资福利的工作人员。

2. 派出机关是指各级人民政府派出的代表该级人民政府进行管理的行政机关。在我国派出机关有行政公署、区公所、街道办事处。

3. 派出机构是指由各级人民政府职能部门派出的代表该职能部门进行管理的行政机关。

4. 行政主体是指享有国家行政权力，能以自己的名义从事行政管理活动，并独立承担由此产生的法律责任的组织。

5. 行政相对人是指在行政法律关系中与行政主体相对应的另一方当事人，是其权益受行政主体的行政行为影响的个人或组织。

八、简答题

1. 答：法律法规授权的组织与受行政机关委托组织的区别：（1）性质不同。被授权的组织享有法律、法规、规章所授予的特定的行政职权，属于行政主体。受委托的组织不具有法律、法规、规章所授予的职权，不是行政主体，只能以委托的行政主体的名义作出行政行为。（2）产生的依据不同。被授权的组织的行政主体资格由法律、法规、规章的授权而产生。受委托的组织的权限、范围，只能依行政主体的行政委托行为产生。（3）行为的后果不同。被授权的组织对其行为后果独立承担法律责任。受委托的组织行为后果的法律责任，由行使委托权的行政主体承担，如在行政复议和行政诉讼中被申请人或被告是行使委托权的行政主体，而不是被委托的组织。

2. 答：行政相对人的特征：（1）行政相对人是指被管理一方，不具有行政管理职权。（2）行政相对人既可以是组织，也可以是个人。（3）行政相对人具有相对性。

3. 答：（1）忠于宪法，模范遵守、自觉维护宪法和法律，自觉接受中国共产党领导；（2）忠于国家，维护国家的安全、荣誉和利益；（3）忠于人民，全心全意为人民服务，接受人民监督；（4）忠于职守，勤勉尽责，服从和执行上级依法作出的决定和命令，按照规定的权限和程序履行职责，努力提高工作效率和质量；（5）保守国家秘密和工作秘密；（6）带头践行社会主义核心价值观，坚守法治，遵守纪律，恪守职业道德，模范遵守社会公德，家庭美德；（7）清正廉洁，公道正派；（8）法律规定的其他义务。

4. 答：行政主体的特征：（1）行政主体是享有国家行政权力、从事行政管理活动的组织。(2) 行政主体是能够以自己的名义行使行政权力的组织。(3) 行政主体是能够独立对外承担其行为所产生的法律责任的组织。

5. 答：第一，行政相对人的权利：(1) 提出申请的权利。(2) 参与行政管理的权利。(3) 听证的权利。(4) 知情权。(5) 申请行政救济的权利。

第二，行政相对人的义务：(1) 服从行政管理的义务。(2) 协助行政主体执行公务的义务。(3) 遵循法定程序要求的义务。

九、案例分析题

1. 答案：某区城管中队不具有行政主体资格。在大、中城市，为了城市管理的需要，一般都设有城市管理监察队伍。这支队伍是不是国家行政机关，法律、法规也没有明确授权，因而不具有行政主体资格，他们所进行的处理或处罚，只能是受主管行政机关的委托，以委托机关的名义进行。其行为效力归属于委托的机关，由委托的行政机关对其行为负责，由其在行政诉讼中作为被告。

2. 答案：行政职权必须由行政机关、法律、法规、规章授权的组织即行政主体或行政机关委托的组织行使。非行政机关的组织没有法律、法规、规章授权和行政机关的委托而行使行政职权是非法的，不具有行政主体资格，从而也不能作为适格被告，城管机构的法律地位应通过立法予以明确。

第三章　行政行为概述

一、知识导图

- 第一节 行政行为的含义和特征
  - 概念：行政行为是指行政主体行使行政职权作出的能够产生行政法律效果的行为
  - 特征
    - （1）行政行为是执行法律的行为
    - （2）行政行为具有一定的裁量性
    - （3）行政主体在实施行政行为时具有单方意志性
    - （4）行政行为是以国家强制力为保障实施的，带有强制性

- 第二节 行政行为的分类
  - （1）依据实施行政行为时所形成的法律关系不同，分为行政立法行为、行政执法行为和行政司法行为
  - （2）依据行政行为是否具备一定的法定形式为标准，分为要式行政行为和不要式行政行为
  - （3）依据行政行为实施的对象及适用力的不同，分为抽象行政行为和具体行政行为
  - （4）依据行政行为的实施是否必须有行政相对人的申请为标准，分为依职权行政行为和依申请行政行为
  - （5）依据决定行政行为时参与意思表示的当事人数目的不同，分为单方行政行为、双方行政行为与多方行政行为
  - （6）依据行政机关在作出行政行为时能否进行主观判断为标准，分为羁束行政行为和裁量行政行为
  - （7）几种特殊的行政行为
    - 行政终局裁决行为
    - 国家行为

- 第三节 行政行为的内容与效力
  - 行政行为的内容：行政行为的内容是指某个行政行为对行政相对人的权利、义务等产生的具体影响。包括：赋予权益和剥夺权益；科以义务或免除义务；确认法律事实与确认法律地位
  - 行政行为的法律效力
    - 确定力
    - 拘束力
    - 执行力

- 第四节 行政行为的成立、合法要件及生效时间
  - 行政行为的成立
    - (1) 主体条件：必须是拥有行政职权的国家行政机关的公务人员，或者法律法规授权组织的工作人员，或者是接受行政主体委托的组织的工作人员
    - (2) 主观条件：行政行为的作出主体主观上有凭借行政职权产生、变更或消灭某种行政法律关系的意图，并且显露出达到该种效果的意思表示
    - (3) 客观条件：客观上有行使行政职权的行为，并通过一定的外部行为方式表现出来
    - (4) 法律效果条件：行政行为作出后能够产生一定直接或间接的法律效果，使某种行政法律关系产生、变更或消灭，使行政相对人的权利义务因此受到影响
  - 行政行为的合法要件
    - (1) 主体合法：能够成为行政主体的应当是依法设置的行政机关或依法被授予行政职权的组织
    - (2) 内容合法
      - ①行为有确凿的证据证明，有充分的事实依据
      - ②行为有明确的法律依据，正确适用了法律、法规、规章，以及其他规范性文件
      - ③行为必须公正、合理，符合立法目的和立法精神
    - (3) 程序合法：行政行为符合行政程序法所确定的基本原则和制度；行政行为应当符合法定的步骤和顺序
  - 行政行为的生效时间
    - (1) 即时生效：行政行为一经作出即对相对人产生法律效力
    - (2) 受领生效：行政行为须为相对人受领才开始生效
    - (3) 告知生效：行政机关将行政行为的内容采取公告或宣告等有效形式，使相对人知悉、明了行政行为的内容，该行政行为相对人才能开始生效
    - (4) 附条件生效：行政行为的生效附有一定的期限或其他条件，在所附期限来到或条件消除时，行政行为才开始生效

- 第五节 行政行为的无效、撤销与废止
  - 行政行为的无效
    - 含义：行政行为有明显或重大违法情形，自始至终不产生法律效力
    - 原因
      - (1) 行政行为有特别重大的违法情形
      - (2) 行政行为具有明显的违法情形
      - (3) 行政主体不明确或明显超越职权的行为
      - (4) 行政主体受胁迫所为的行政行为
      - (5) 没有可能实施的行政行为
      - (6) 行政行为的实施将导致犯罪
    - 后果
      - (1) 行政行为被确认无效后即自始至终不发生法律效力
      - (2) 行政相对人可不受该行为之约束，自行决定不履行该行为所规定的义务，而不承担法律责任
      - (3) 被确认为无效的行政行为没有失效的限制，有权的国家机关可在任何时候宣布其无效
      - (4) 行政行为被宣布无效后，行政主体因此所得到的一切利益应返还给对方，而对相对人因此所受到的损失应予以赔偿
  - 行政行为的撤销
    - 含义：是指对已经发生法律效力的行政行为，如发现其违法或不当，由有权的国家机关予以撤销，使其失去法律效力
    - 原因：一般是由于行政行为本身含有违法或不当的因素
    - 后果
      - (1) 行政行为自作出之日起失去法律效力
      - (2) 行政行为因行政主体或行政相对人的不同过错而有不同的责任后果
  - 行政行为的废止
    - 含义：指已经发生法律效力的行政行为，因某种法定情形而依法宣布失去法律效力
    - 原因：法律、法规、规章或政策被修改、废止或撤销；国家形势发生重大变化；原定任务已经执行完毕
    - 后果：自废止之日起行政行为失去法律效力；因行政行为废止给相对人带来损失的，行政主体予以适当的补偿

二、单项选择题

1. 下列不属于具体行政行为的是（　）。

A. 医院开具《死亡医学证明》　　B. 市场监督管理局吊销营业执照

C. 交警开具违章罚单　　D. 民政局颁发社团登记证书

2. 抽象行政行为不能成为行政诉讼的直接对象，这是抽象行政行为的（　）。

A. 不可诉性　B. 准立法性　C. 对象的普遍性　D. 效力的普遍性和持续性

3. 下列不属于行政行为的是（　）。

A. 征税　B. 吊销许可证　C. 制定规章　D. 发布天气预报

4. 行政行为一经作出即具有被推定为合法、有效的法律效力，未经法定程序变更或撤销前，公民和组织不得否认行政行为的效力，这体现了行政行为的（　）。

A. 拘束力　B. 公定力　C. 确定力　D. 执行力

5. 人民法院审理行政案件，是审查行政行为的（　）。

A. 合法性　B. 合理性　C. 合规性　D. 合法性与合理性

6. 下列不属于具体行政行为的是（　）。

A. 某公司产品不符合产品质量标准，被市场监督管理局吊销营业执照

B. 某超市出售变质产品，被食药监局处以 1000 元的罚款

C. 某省人民政府发布《关于建立政府法律顾问制度的意见》

D. 某铝厂因超标排放污染物，被生态环境局责令停止生产

7. 根据行政行为是否具有主动性，可将行政行为分为（　）。

A. 抽象行政行为与具体行政行为

B. 依职权行政行为与依申请行政行为

C. 单方行政行为与双方行政行为

D. 要式行政行为与不要式行政行为

8. 行政行为相对于民事行为，不具有的特征是（　）。

A. 从属法律性　B. 裁量性　C. 等价有偿性　D. 单方性

9. 下列不属于具体行政行为的是（　）。

A. 某县林业局对乱砍滥伐树木的行为进行处罚

B. 某区市场监督管理部门向申请人颁发营业执照

C. 某公安机关对违法的公民进行治安处罚

D. 某市政府出台一项关于治理市区临街非法建筑的政府规章

10. 下列属于抽象行政行为的是（　）。

A. 某市场监督管理局对某企业的处罚决定

B. 某行政机关购买办公用品

C. 某县级人民政府制定规范性文件

D. 某人民法院适用行政法规作出判决

11. 下列何项属于行政行为？（　）

A. 某县卫生健康委员会租用办公用房的行为

B. 某县民政局起诉某建筑公司违法的行为

C. 某县民政局越权处罚违法的某建筑公司的行为

D. 某县民政局依建筑合同奖励某建筑公司的行为

12. 某市场监督管理局任意改变了其所颁发的营业执照中所确定的营业范

围。从行政法理论上说，该市场监督管理局违反了行政行为效力的哪个方面？（ ）

A. 确定力 B. 拘束力 C. 执行力 D. 公定力

13. 某生态环境局对超标排放污染物质的某造纸厂作出了罚款的处理决定，在某造纸厂履行了该罚款决定3个月后，某生态环境局又以同一事实对该厂作出吊销排污许可证的处罚决定，此行为违反了下列何项原理？（ ）

A. 确定力 B. 拘束力 C. 公定力 D. 执行力

14. 吴某于2019年3月欲将自己所有的两间西房改建为北房，与北邻赵某达成协议，并报所在地的某区自然资源和规划局审批。某区自然资源和规划局审查后批示："同意调向建北房三间，东墙做天沟，向东流水。"5月初，吴某按批示在新建北房后檐下用白铁做了一条长6.35米的水槽。后某区自然资源和规划局于5月20日通知吴某应改在西墙做天沟，否则按违章建筑处理。某区自然资源和规划局的（后一）行为应如何认定？（ ）

A. 某区自然资源和规划局的行为属于行使自由裁量权的行为

B. 某区自然资源和规划局的行为违反了行政行为确定力的性质

C. 某区自然资源和规划局的行为违反了行政行为拘束力的性质

D. 某区自然资源和规划局的两次行政行为都应当被看作无效的

15. 大兴手套厂系国有企业红旗机械厂为安置待业人员创办的集体企业，后两厂因隶属关系发生纠纷，市国有资产管理局以国资字第6号文的形式对两厂产权作出界定。国资字第6号文件属于什么种类的行政行为？（ ）

A. 抽象行政行为 B. 具体行政行为 C. 内部行政行为 D. 行政强制措施

16. 下列哪一行为不是具体行政行为？（ ）

A. 某公安局对殴打他人的张某作出拘留10日的处罚

B. 某市场监督管理局向拟办理工商登记的李某提供建议

C. 某林业和草原局责令砍伐林木的田某补种树木50棵

D. 某卫生健康委员会对患有传染病的黄某强制隔离

17. 某乡政府根据张某的申请，依法向其发放《农村五保户证明书》和一定的救济金。下列说法正确的是（ ）。

A. 发放《农村五保户证明书》和发放救济金的行为均属于行政许可行为

B. 发放救济金的行为属于依职权的行政行为

C. 发放救济金的行为属于双方行政行为

D. 发放《农村五保户证明书》的行为属于依申请的行政行为

18. 下列属于具体行政行为的是（ ）。

A. 某交通运输局对于政审不合格的李某作出的取消录用的决定

B. 某交通运输局对于试用期不合格的公务员杨某作出的取消录用的决定

C. 某县公安局致函某县交通运输局要求对专车司机田某进行调查

D. 某市政府开会形成会议纪要，要求该市交通运输局负责对黑车进行查处

19. 下列有关无效具体行政行为的说法正确的是（ ）。

A. 无效行政行为的表现形式是确定的

B. 任何机关可以在任何时间宣布无效具体行政行为无效

C. 无效具体行政行为与可撤销的具体行政行为的法律缺陷程度差异不大

D. 对无效具体行政行为，当事人不受它约束

三、多项选择题

1. 合法行政行为必须具备的法定条件包括（ ）。

A. 行政主体合法 B. 行政内容合法 C. 行政目的合法 D. 行政形式合法

2. 一般来说，行政行为的主要特征包括（ ）。

A. 基于法律的国家强制性 B. 单方意志性 C. 效力先定性 D. 羁束性

3. 下列不属于行政法所规范的行政行为的是（ ）。

A. 全国人大常委会制定《行政许可法》的行为

B. 某人民法院对行政处罚的合法性进行审查的行为

C. 某公安机关勘查犯罪现场的行为

D. 某教育行政部门购买电脑的行为

4. 下列关于抽象行政行为正确的说法是（ ）。

A. 抽象行政行为一般以不特定的人和事为调整对象

B. 抽象行政行为向后发生效力，不具有溯及力

C. 抽象行政行为一般能够反复适用

D. 抽象行政行为和行政立法这两个概念的内涵和外延都是相同的

5. 下列哪些行为属于具体行政行为？（ ）

A. 某市人民政府针对社会治安问题作出的具体规定

B. 某乡政府作出的责令王某退还非法占用土地的决定

C. 某区人民政府对某家长不送适龄子女入学的行为进行通报批评

D. 某税务机关向某人收取个人所得税

6. 依照有关法律规定，设立股份有限公司，董事会应当于创立大会结束后30日内向市场监督管理机关申请设立登记。市场监督管理机关收到提交的全部文件后向其发送《公司登记受理通知书》。自发出《公司登记受理通知书》之日起30日内，作出核准登记或者不予登记的决定。核准登记属于哪些性质的行为？（ ）

A. 依职权行政行为 B. 要式行政行为

C. 单方行政行为　　　　　　　　　D. 授益行政行为

7. 下列哪些选项是具体行政行为的成立要件？（　）

A. 行为主体必须是行政主体

B. 行为内容是行使行政权力进行管理

C. 行为必须采用书面形式

D. 行政行为已经作出并为行政相对人所知晓

8. 下列有关行政行为成立和生效的说法，不正确的是（　）。

A. 只有合法的行政行为才能成立、生效

B. 行政行为的拘束力针对的是行政法律关系的双方当事人

C. 行政行为的确定力指的是该行为一旦生效就不得再行争议，权利义务不再改变

D. 行政行为的执行力指的是行政机关拥有强制执行行政行为的权力

9. 具体行政行为，是国家行政机关依法就特定事项对特定的公民、法人和其他组织权利义务作出的单方行政职权行为，下列关于具体行政行为的说法正确的是（　）。

A. 未经送达领受程序的具体行政行为，不发生法律效力

B. 如果具体行政行为被撤销或者废止，当事人基于该行政行为取得的利益均不受保护

C. 无效具体行政行为不产生执行力，但是具有拘束力和确定力

D. 实施者不具有行政主体资格，这是导致具体行政行为不成立的独立理由

10. 行政行为无效的法律后果体现在哪些方面？（　）

A. 司法机关可以不受时效限制审查该行为

B. 行政机关应当将行政行为实施取得的利益返还

C. 行政行为自宣布无效之日起失去法律效力

D. 行政相对人可以自行决定不履行该行为设定的义务

四、不定项选择题

1. 下列关于具体行政行为的说法不正确的是（　）。

A. 具体行政行为是指行政主体针对特定的对象，就特定的事项作出的处理决定

B. 具体行政行为所涉及的是少数人的权利和义务

C. 具体行政行为既有单方行政行为，也包括双方行政行为

D. 具体行政行为在一般意义上属于对抽象行政行为的具体执行

2. 行政行为的内容包括（　）。

A. 剥夺权益　B. 确认法律事实　C. 科以义务　D. 免除义务

3. 下列关于具体行政行为确定力的理解正确的是（ ）。

A. 相对人不得擅自改变具体行政行为

B. 行政主体非经法定程序不得任意改变或撤销具体行政行为

C. 相对人必须遵守和实际履行具体行政行为规定的义务

D. 具体行政行为在行政复议或行政诉讼期间不停止执行

4. 具体行政行为一般意义上属于对抽象行政行为的具体实施。下列关于二者说法正确的是（ ）。

A. 二者调整的范围不同

B. 能否反复适用不同

C. 二者影响相对人权利义务的方式不同

D. 行为的程序不同

5. 具体行政行为可以因下列哪些情形而无效？（ ）

A. 具体行政行为所依据的法律规范或国家政策发生了变化

B. 实施具体行政行为的主体不明确

C. 具体行政行为是受相对人的欺骗或贿赂作出的

D. 具体行政行为不具有实施的可能性

6. 下列关于行政行为从属性的理解正确的是（ ）。

A. 行政行为的实施必须有法律依据

B. 行政行为必须在行政首长指令的范围内实施

C. 行政行为一经作出，相对人必须遵守和服从

D. 行政行为是受法律约束的行为

7. 有关具体行政行为的效力和合法性，下列说法正确的是（ ）。

A. 具体行政行为一经成立即生效

B. 具体行政行为违法是导致其效力终止的唯一原因

C. 行政机关的职权主要源自行政组织法和授权法的规定

D. 滥用职权是具体行政行为构成违法的独立理由

五、填空题

1. 行政行为是指______行使行政职权作出的能够产生行政法律效果的行为。

2. 以行政权作用的表现方式和实施行政行为所形成的法律关系为标准，行政行为可分为______、______、______。

3. 以行政行为是否具备一定的法定形式为标准，行政行为可以分为______和______。

4. 根据行政行为实施的对象及适用力的不同，行政行为可以分为______和______。

5. 以行政行为的实施是否必须有行政相对人的申请为标准，将行政行为划分为______和______。

6. 根据决定行政行为时参与意思表示的当事人数目的不同，行政行为可分为______、______和______。

7. 以行政机关在作出行政行为时能否进行主观判断为标准，行政行为可分为______和______。

8. 行政行为的效力有______、______和______。

9. 行政行为的合法要件包括：______、______和______。

10. 行政行为的生效时间有：即时生效、______、______和______。

六、判断题

1. 可撤销的具体行政行为在被撤销之前，当事人应受其约束。(   )

2. 行政行为的实施必须有法律依据。(   )

3. 行政行为必须在行政首长指令的范围内实施。(   )

4. 行政行为一经作出，行政相对人必须遵守和服从。(   )

5. 行政行为是受法律约束的行为。(   )

6. 所有具体行政行为都是要式的。(   )

7. 未经送达领受程序的具体行政行为，不发生法律效力。(   )

8. 确定力是指具体行政行为不再争议、不得更改的效力。(   )

9. 无效具体行政行为不产生拘束力和确定力。(   )

10. 行政主体非经法定程序不得任意改变或撤销具体行政行为。(   )

七、名词解释

1. 行政行为

2. 行政行为的内容

3. 行政行为的确定力

4. 具体行政行为

5. 抽象行政行为

八、简答题

1. 简述行政行为的分类。

2. 简述行政行为的内容。

3. 简述行政行为的效力。

4. 简述抽象行政行为与具体行政行为的区别。

5. 简述行政行为无效的原因。

6. 简述行政行为成立的条件。

九、案例分析题

A 市政府为了繁荣商业市场，计划在该市的某繁华地区建设一条步行商业街，为此 A 市政府于 2019 年 8 月 10 日颁布了《关于拆迁某地区房屋有关问题的规定》，与某房地产公司签订合同由该房地产公司负责开发建设，并于当日发布了拆迁公告。某房地产公司分别与该地区居民就拆迁补偿形式和补偿金额、安置用房面积和安置地点、搬迁过渡方式和过渡期限等问题进行协商并签订协议，其中 14 户居民因为在此地区有店铺，认为 A 市政府的决定直接影响了他们的利益，为了弥补损失，从而在与某房地产公司的谈判中对补偿费等事项产生了较大的分歧。某房地产公司与这 14 户居民向房屋拆迁主管部门申请裁决。A 市房屋拆迁主管部门裁决房地产公司一次性补偿一定数额的拆迁费，某房地产公司对此有异议，14 户居民也认为补偿还是不合理。于是均向人民法院提起诉讼。

（1）这 14 户居民能对 A 市政府的《关于拆迁某地区房屋有关问题的规定》提起诉讼吗？为什么？

（2）A 市房屋拆迁主管部门的行为属于何种行为？

（3）某房地产公司对 A 市房屋拆迁主管部门的裁决有异议时，应提起何种诉讼？

参考答案及解析

二、单项选择题

1. 答案：A。解析：具体行政行为是由行政机关作出的，医院不属于行政机关，故其所作的相应行为也不属于具体行政行为。BCD 三项都属于具体行政行为。故本题选 A。

2. 答案：A。解析：抽象行政行为不能成为行政诉讼的直接对象。如果相对方对抽象行政行为有异议，认为它们侵犯了自己的合法权益，向人民法院起诉的，人民法院不予受理。这是抽象行政行为的不可诉性。故本题选 A。

3. 答案：D。解析：行政行为是指行政主体行使行政职权，作出的能够产生行政法律效果的行为。天气预报只是对天气的预测，没有产生行政法律效果。故本题选 D。

4. 答案：B。解析：行政行为的法律效力包括四个方面：公定力、确定力、拘束力和执行力。其中公定力是指，行政行为一经作出即具有被推定为合法、有效的法律效力，未经法定程序变更或撤销前，公民和组织不得否认行政行为的效力。故本题选 B。

5. 答案：A。解析：《行政诉讼法》第 6 条规定，人民法院审理行政案件，对行政行为是否合法进行审查。故选项 A 正确。

6. 答案：C。解析：具体行政行为，是指国家行政机关和行政机关工作人员、法律法规授权的组织、行政机关委托的组织或者个人在行政管理活动中行使行政职权，针对特定的公民、法人或者其他组织，就特定的具体事项，作出的有关该公民、法人或者其他组织权利义务的单方行为。具体行政行为有四个要素：一是行政机关实施的行为，这是主体要素。二是行使行政权力所为的单方行为，这是成立要素。三是对特定的公民、法人或者其他组织作出的，这是对象要素。四是作出有关特定公民、法人或者其他组织的权利义务的行为，这是内容要素。A 项吊销营业执照、B 项罚款以及 D 项责令停止生产都是具体行政行为。发布《关于建立政府法律顾问制度的意见》并不是对特定的公民、法人或者其他组织作出的，并不属于具体行政行为，故本题选 C。

7. 答案：B。解析：根据行政行为针对对象是否特定，可将行政行为分为抽象行政行为和具体行政行为；根据行政行为的成立是否需要行政相对人的意思表示，可将行政行为分为单方行政行为和双方行政行为；根据行政行为的成立是否需要特定的形式，可将行政行为分为要式行政行为和不要式行政行为；根据行政行为是否具有主动性，可将行政行为分为依职权行政行为和依申请行政行为，本题正确答案为B。

8. 答案：C。解析：行政行为以无偿为原则，以有偿为例外。民事主体之间的行为则强调平等主体之间的等价性、有偿性。从属法律性是指行政行为必须从属于《宪法》和法律。裁量性是指拥有自由裁量权的行政机关，在法律允许的范围内，自由作出裁量行为。单方性是指行政行为不受行政相对人的意志限制，其作出无须与相对人商量。四个选项中，只有C项是行政行为相对于民事行为不具有的特征。

9. 答案：D。解析：具体行政行为，是指行政机关行使行政权力，对特定的公民、法人和其他组织作出的有关权利义务的单方行为。D项政府规章属于抽象行政行为。

10. 答案：C。解析：A选项，“某企业”说明是针对特定的主体作出的，属于具体行政行为；B选项，某行政机关购买办公用品的行为，是基于民事法律关系在平等的关系中形成的法律行为，属于民事行为；D选项，某人民法院不属于行政主体，其作出判决的行为不属于行政行为。（考点）抽象行政行为与具体行政行为的区别：（1）对象不同：抽象行政行为是指行政主体非针对特定人、事与物作出的具有普遍约束力的行政行为。包括：行政法规、行政规章、规范性文件等。具体行政行为指行政主体在国家行政管理活动中行使职权，针对特定的行政相对人，就特定的事项，作出有关该行政相对人权利义务的单方行为。包括：行政许可、行政强制措施、行政处罚、行政强制执行等。（2）救济途径不同：抽象行政行为不可复议，不可诉讼；具体行政行为可复议可诉讼。（3）产生法律效力的次数不同：抽象行政行为可以产生多次法律效力，可以反复适用；具体行政行为只能产生一次法律效力。

11. 答案：C。解析：ABD选项不是行政主体行使职权、履行行政职责的行为。注意成为行政主体的各组织并非任何情况下都是行政主体，其从事的活动行为也不会都是行政行为，如某行政机关购买办公用品或租用办公用房的行为。其判断的关键是行使职权及履行行政职责。

12. 答案：A。解析：具体行政行为的确定力是指具体行政行为不再争议、不得更改的效力，具体行政行为因此取得不可撤销性。具体行政行为的效力一般认为有三方面：拘束力、确定力和执行力。拘束力是指行为一旦生效，行政机关和对方当事人都必须遵守，其他国家机关和社会成员必须予以尊重的效力。执行力指使用国家强制力迫使当事人履行义务或者以其他方式实现具体行政行为权利义务安排的效力。

13. 答案：A。解析：对行政主体来说，确定力的表现为非依法定理由和程序，不得随意改变其行为内容，或就同一事项重新作出行政行为。

14. 答案：B。解析：具体行政行为根据受法律约束的程度不同，分为羁束行为和自由裁量行为，某区自然资源和规划局的行为为羁束行为。具体行政行为的效力为：确定力、拘束力、执行力。确定力是指具体行政行为生效后，非因法定事由和依法定程序不得随意变更、撤销。拘束力是指具体行政行为一经作出，就事先假定其符合法律规定，在没有被有权机关变更、撤销之前，对行政机关、相对人和其他国家机关都有约束力。某区自然资源和规划局的行为违反了确定力的性质。因此，B 为本题的正确答案。

15. 答案：B。解析：考查抽象行政行为的概念。选项 A 错误。抽象行政行为一般在两种意义上使用：一是静态意义上的抽象行政行为，指行政机关制定的具有普遍约束力的规范性文件；二是动态意义上的抽象行政行为，指行政机关制定具有普遍约束力的规范性文件的活动。选项 B 正确。具体行政行为是行政主体针对特定的对象，就特定的事项作出的处理决定。选项 C 错误。内部行政行为是行政主体对系统内部的行政机构和公务员所实施的行政行为。选项 D 错误。行政强制措施是临时性的处置措施。

16. 答案：B。解析：考查具体行政行为的定义和构成。选项 ACD 中的行为，分别是行政处罚、科以义务的处理决定和行政强制措施，均符合具体行政行为的条件。选项 B 为行政指导，行政指导不是具体行政行为。

17. 答案：D。解析：考查具体行政行为的分类。发放救济金属于行政给付行为，某乡政府发放《农村五保户证明书》和发放救济金的行为均属于依申请的行政行为和单方行政行为。

18. 答案：A。解析：具体行政行为是行政主体为了管理外部公共事务针对外部对象而作出的行为。外部性的特征使具体行政行为与内部行政行为区别开来。内部行政行为，指的是行政主体为了管理内部事务，对其内部组织或个人实施的行为。内部行政行为可以被区分为针对内部组织的行为和针对内部个人的行为：（1）针对组织的内部行为。行政机关在作出某项重大的行政决定之前，下级向其上级行政机关请示，上级机关对下级作出的答复、批复、意见，平级行政机关之间相互抄告、通报的信息等。（2）针对公务员的内部行为。行政机关对公务员的奖惩、任免、培训、辞职等事项的内部管理行为。对于内部行为的把握，最好用的判断方法为："内外看身份"。如果行为对象具有内部身份，那么该行为是内部行为；但如果行为对象具有普通公民、法人或其他组织的外部身份，那么该行为是外部行为。对于本题，某交通运输局对于试用期不合格的公务员杨某作出的取消录用的决定、某县公安局致函某县交通运输局要求对专车司机田某进行调查、某市政府开会形成会议纪要要求该市交通运输局负责对黑车进行查处，这三个行为是内部行为，因为这三个行为针对的对象均为行政机关中的其他机构或公务员等“自己人”。而A选项的李某并不具有“自己人”身份，李某政审不合格，没有资格成为公务员，所以该取消录用行为是针对普通外部公民的具体行政行为。

19. 答案：D。解析：考查具体行政行为的无效。无效具体行政行为可以表现为许多具体情形，不能作一次性穷尽列举。有权国家机关可在任何时候宣布该具体行政行为无效，具体行政行为有严重和明显的法律缺陷，方构成无效。

三、多项选择题

1. 答案：ABD。解析：合法行政行为必须主体合法、内容合法、形式合法。而目的合法则不是合法行政行为的必要条件。故本题应选ABD。

2. 答案：ABC。解析：行政行为的基本特征有：（1）国家强制性。行政行为是执行法律的行为。任何行政行为都必须有法律根据。依法行政是现代民主和法治的基本要求。依法作出的行政行为因其法律根据而具有国家强制性。行政行为由国家强制力来保障其实施。这种国家强制力也是行政权的基本属性。（2）自由裁量性。由于立法技术的局限性和现代国家行政管理的专业性、技术性、复杂性及多变性等特点，立法机关在立法时总是给行政主体留下相当广泛的裁量余地，以确保行政主体有效地实施国家行政管理，更好地保护和创造国家和社会的利益。行政机关应当在法律许可的范围内，积极、灵活地执行和适用法律，发挥自己的能动性，以提高行政效率和效益。（3）单方意志性。行政主体实施行政行为，只要是在行政组织法或法律、法规授权范围之内，就无须与行政相对人协商，不必征得行政相对人的同意，而是根据法律规定的标准和条件，自行决定是否作出某种行为，并可以直接实施该行为。（4）效力先定性。行政行为一经作出，在没有被有权机关宣布撤销或变更之前，对行政主体和行政相对人以及其他国家机关都具有拘束力，任何团体和个人都必须遵守和服从。要否定行政行为的效力，需要经过有权机关依职权和法定程序审查决定。（5）无偿性。行政行为以无偿为原则，以有偿为例外。行政主体所追求的是国家和社会公共利益，其对公共利益的维护和分配，应当都是无偿的。故本题选ABC。

3. 答案：ABCD。解析：行政行为指行政主体行使行政职权对相对人产生法律效果的行为。行政行为的概念包括以下几层含义：（1）行政行为是行政主体所为的行为。（2）行政行为是行使行政职权，进行行政管理的行为。（3）行政行为是行政主体实施的能够产生行政法律效果的行为。可见，行政行为要具备几个要件：“行政主体”“行政职权”“行政管理”“产生行政法律效果”。A项，全国人大常委会是国家最高权力机关常设机构，不是行政主体。B项，某人民法院是司法机关，在行使审判权。C项，作为人民政府的重要组成部分，某公安机关是国家的行政机关；同时它又担负着刑事案件的侦查任务，因而又是国家的司法机关之一。“勘查犯罪现场的行为”是某公安机关在行使司法权。D 项，“某教育行政部门购买电脑的行为”不产生行政法律效果。故本题选 ABCD。

4. 答案：ABC。解析：考查抽象行政行为的概念。抽象行政行为是个学理概念，动态意义上是指行政主体针对不特定对象制定具有普遍约束力且可以反复适用的规范性文件的行为，静态意义上是指以此所形成的规范性文件，如各种行政法规、规章。抽象行政行为一般不具有溯及既往的效力，只对其生效后所发生的事项具有约束力。

5. 答案：BCD。解析：考查具体行政行为的定义和构成。A 项是针对不特定对象所作的决定。属于抽象行政行为。B 项是某乡政府根据《土地管理法》的规定针对王某占用土地的行为实施的具体行政行为。C 项是某区政府根据《义务教育法》的规定针对特定事项所为的具体行政行为。D 项的税收行为也属于具体行政行为。

6. 答案：BCD。解析：考查具体行政行为的分类。（1）根据行政主体行使职权是否需要相对人的申请，可以将行政行为分为依申请的行政行为和依职权的行政行为。本题中市场监督管理机关的核准行为是以相对人的申请为前提条件的，因此属于依申请的行政行为。（2）以行政行为是否必须具备法定的形式为标准，行政行为可分为要式行政行为和不要式行政行为。本题中市场监督管理机关的核准行为要以发放营业执照的形式作出，因此属于要式行政行为。（3）按照作出行政行为的意思表示，行政行为可以分为单方行政行为与双方行政行为。核准登记由市场监督管理部门单方作出，因此属于单方行政行为。（4）按照具体行政行为与当事人之间的权益关系，行政行为可以分为授益行政行为和负担行政行为。本题中的核准行为属于授益行政行为。

7. 答案：ABD。解析：考查具体行政行为的成立。行政行为的成立要件是指行政行为具备哪些要件，才能对外发生法律效力。ABD 三项为行政行为成立所必须具备的条件。行政行为大部分采用书面形式，也有不采用书面形式的行为，故 C 项并不是具体行政行为成立的必需要件。

8. 答案：ABCD。解析：（1）违法行为分为无效（明显重大违法）和可撤销（一般违法）两种类型。无效的具体行政行为自作出之时就没有任何法律约束力，因此当事人不受它的拘束，但是可撤销的具体行政行为在有权机关将具体行政行为撤销前，依然会产生法律效力，只是在撤销后，才会溯及既往失去效力。所以，A 选项表述错误。（2）拘束力是指具体行政行为一经生效，行政机关和对方当事人都必须遵守，其他国家机关和社会成员必须予以尊重的效力。①对于已经生效的具体行政行为，当事人应当接受并履行义务。②作出具体行政行为的行政机关不得随意更改，此乃信赖利益保护原则的根源。③其他国家机关也不得以相同的事实和理由再次受理和处理该同一案件。其他社会成员也不得对同一案件进行随意干预。可见行政行为的拘束力除了可以针对行政法律关系的双方当事人，还可以针对其他的国家机关和社会成员，B 选项表述错误。(3) 确定力是指具体行政行为不再争议、不得更改的效力，具体行政行为因此取得不可撤销性，所以，确定力又被称为“不可争力”，意味着当行政行为过了救济期限，行为就确定下来，不可再通过争讼的救济途径将行政行为予以更改、撤销。但 C 选项表述为行为一旦生效就不得再行争议是错误的，是过了法定救济期限才不可以再行争议。(4) 执行力是指使用国家强制力迫使当事人履行义务或者以其他方式实现具体行政行为权利义务安排的效力，这是具体行政行为具有国家意志性的体现。如果当事人不能自动履行这些义务，具体行政行为所规定的权利和义务无法实现，具体行政行为的执行力就可以发生作用。有关机关可以根据法律的规定依职权或者申请法院采取行政强制执行手段，用国家强制力实现具体行政行为的权利义务安排。可见，除了行政机关可以自行强制执行外，也可以申请人民法院强制执行，这都是执行力的表现，D 选项表述错误。

9. 答案：AD。解析：A 选项，行政主体必须按照法定的期限和方式将具体行政行为的内容送达给行政相对人，具体行政行为才成立。成立是生效的前提。故 A 选项正确。B 选项，具体行政行为被废止后，废止之前的效力仍然有效，行政主体废止之前通过相应行为已给予行政相对人的利益、好处不再收回；行政相对人依原行为已履行的义务不得要求行政主体予以补偿。故 B 选项错误。C 选项，无效具体行政行为，自始无效、全部无效、当然无效，所以不具有拘束力和确定力。故 C 选项错误。D 选项，具体行政行为的成立条件之一是必须是享有行政职权的行政主体实施的行为。若不满足此条件，具体行政行为就不成立。故 D 选项正确。

10. 答案：ABD。解析：本题考查行政行为无效的法律后果。需要指出的是 D 项，在可撤销的行政行为中，在行政行为没有被撤销之前，行政相对人不可以自行决定不履行该行为设定的义务，否则要承担相应的法律后果，这也是无效的行政行为和可撤销的行政行为的一个区别。

四、不定项选择题

1. 答案：B。解析：本题考查具体行政行为的概念。ACD 项均属于对具体行政行为特征的正确理解，具体行政行为所涉及的特定对象的权利和利益，并不以对象的多少而论。

2. 答案：ABCD。解析：考查具体行政行为的定义和构成。行政行为的内容是指一个行政行为对相对方在权利、义务上产生的具体影响，亦即对相对方的权利、义务作出某种具体处理和决定。行政行为的内容具有复杂性和多样性，难以逐项列举说明。根据各类行政行为对相对方的权利、义务产生的影响及其引起的法律效果的不同，将行政行为的内容概括为：赋予权益或科以义务、剥夺权益或免除义务、变更法律地位、确认法律事实与法律地位。

3. 答案：AB。解析：行政行为的确定力是指行政行为一经作出并发生法律效力，非经法定程序，行政机关和相对人不得任意改变或者撤销。

4. 答案：ABCD。解析：从概念考查二者间的区别。抽象行政行为以不特定的人和事为调整对象，能反复适用且对相对人权利产生间接性的影响。抽象行政行为的产生接近于立法程序，一般要求征求意见程序和公布程序。具体行政行为以特定的人和事为调整对象，仅对本次事项的处理具有效力，不能反复适用且对相对人的权利和义务产生直接的影响。在程序上则强调调查程序和听证程序。

5. 答案：BCD。解析：行政行为的无效指行政行为自始不发生法律效力，对相对人无约束力。

6. 答案：AD。解析：行政行为的从属性表现为：（1）行政行为的实施有法律依据。（2）必须在法律规定的时间和空间范围内实施。（3）任何违法、越权的行为都是无效或可撤销的行为。

7. 答案：CD。解析：选项 A 错误。具体行政行为的成立是生效的前提，但并非一经成立即生效。存在已成立但不能生效的无效行政行为，以及暂不生效的附条件、附期限的行政行为。选项 B 错误。导致具体行政行为效力终止的原因，可以分为没有违法因素的和有违法因素的两类情形。没有违法因素的情形有：具体行政行为为其设定专属权益或者义务的自然人死亡或自然人放弃赋予其的权益；具体行政行为规定的法律义务已经履行完毕或者有关客观事实已经消失等。选项 C 正确。具体行政行为的合法要件之一为不得超越职权和滥用职权，而行政机关的职权范围主要由行政组织法和授权法规定。选项 D 正确。判断具体行政行为违法性要素之一为明显不合理，又称显失公正、滥用职权、畸轻畸重。任一具体行政行为的违法性要素均是构成行为违法的独立理由。

五、填空题

1. 行政主体
2. 行政立法行为、行政执法行为、行政司法行为
3. 要式行政行为、不要式行政行为
4. 抽象行政行为、具体行政行为
5. 依职权行政行为、依申请行政行为
6. 单方行政行为、双方行政行为、多方行政行为
7. 羁束行政行为、裁量行政行为
8. 确定力、执行力、拘束力

9. 主体合法、内容合法、程序合法

10. 告知生效、受领生效、附条件生效

六、判断题

1. 对。解析：这是行政行为的拘束力效力的体现。行政行为一经生效，行政机关和对方当事人都必须遵守，其他国家机关和社会成员必须予以尊重。当事人应当接受并履行义务。

2. 对。解析：考查具体行政行为的定义和构成。行政行为的从属性表现为：（1）行政行为的实施有法律依据；（2）必须在法律规定的时间和空间范围内实施；（3）任何违法、越权的行为都是无效或可撤销的行为。

3. 错。解析：《公务员法》第60条规定，公务员执行公务时，认为上级的决定或者命令有错误的，可以向上级提出改正或者撤销该决定或者命令的意见；上级不改变该决定或者命令，或者要求立即执行的，公务员应当执行该决定或者命令，执行的后果由上级负责，公务员不承担责任；但是，公务员执行明显违法的决定或者命令的，应当依法承担相应的责任。由此看出，当遇到明显违法的决定或者命令时，公务员基于自身利益的考虑，应当拒绝。

4. 错。解析：行政行为因存在明显或者重大违法而导致无效，并不是所有的行政行为一经作出都是有效成立的。

5. 对。解析：行政行为的从属性表现为：（1）行政行为的实施有法律依据；（2）必须在法律规定的时间和空间范围内实施；（3）任何违法、越权的行为都是无效或可撤销的行为。

6. 错。解析：具体行政行为按照是否需要法定形式，可以分为要式具体行政行为和非要式具体行政行为。

7. 对。解析：行政主体必须按照法定的期限和方式将具体行政行为的内容送达给行政相对人，具体行政行为才成立。成立是生效的前提。

8. 对。解析：确定力是指具体行政行为经过一定期限和程序被最终地、实质性地确定下来，不可再争议、不得再更改的效力。

9. 对。解析：无效行政行为自始无效、当然无效、绝对无效。

10. 对。解析：考查具体行政行为的效力。行政行为的确定力是指行政行为一经作出并发生法律效力，非经法定程序，行政机关和相对人不得任意改变或者撤销。

七、名词解释

1. 行政行为是指行政主体行使行政职权作出的能够产生行政法律效果的行为。

2. 行政行为的内容是指某个行政行为对行政相对人的权利、义务等产生的具体影响。

3. 行政行为的确定力是指行政行为成立后具有不可变更力，非经法定程序不得任意变更或撤销。

4. 具体行政行为是指国家行政主体针对特定的行政管理对象实施的行政行为，包括行政许可、行政强制、行政处罚等行为，通常以具体、完整的行政决定的形式表现出来。

5. 抽象行政行为是指行政主体针对特定的事项而对不特定的相对人实施的行政行为，包括行政主体制定行政法规和规章的行为，也包括行政主体制定行政措施和发布行政命令、通知、通告、决议、决定的行为。

八、简答题

1. 答：行政行为的分类：（1）以行政权作用的表现方式和实施行政行为所形成的法律关系为标准，行政行为可分为行政立法行为、行政执法行为与行政司法行为。（2）以行政行为是否具备一定的法定形式为标准，行政行为可分为要式行政行为和不要式行政行为。（3）根据行政行为实施的对象及适用力的不同，行政行为可以分为抽象行政行为和具体行政行为。（4）以行政行为的实施是否必须有行政相对人的申请为标准，行政行为可分为依职权行政行为与依申请行政行为。（5）根据决定行政行为时参与意思表示的当事人数目的不同，行政行为可分为单方行政行为、双方行政行为与多方行政行为。（6）以行政机关在作出行政行为时能否进行主观判断为标准，行政行为可分为羁束行政行为和裁量行政行为。

2. 答：行政行为的内容主要包括：（1）赋予权益和剥夺权益。赋予权益是指赋予行政相对人法律上的权能、权利或利益。剥夺权益是指剥夺行政相对人已有的法律上的权能、权利或利益。（2）科以义务或免除义务。科以义务是指行政主体使行政相对人承担某种作为或不作为义务，免除义务是指行政主体免除行政相对人原有的义务。（3）确认法律事实与法律地位。确认法律事实是指行政主体依法确认对某个法律关系有重大影响的事实是否存在。确认法律地位是指行政主体对某个法律关系中的当事人的权利义务是否存在以及存在的范围加以确定。

3. 答：行政行为的效力包括：（1）确定力。确定力是指行政行为成立后具有不可变更力，非经法定程序不得任意改变或撤销。（2）拘束力。拘束力是指行政行为成立后即对有关组织或个人产生法律上的约束效力，不能再作出与该行为相抵触或违反该行为的相关要求的行为。（3）执行力。执行力是指行政行为成立后，行政相对人必须自觉履行行政行为所设定的义务，否则，行政主体依法有权采取一定的手段，使行政行为的内容得以实现的效力。

4. 答：适用的相对人是否具有特定性，抽象行政行为所针对的相对人是不特定的，而具体行政行为所针对的相对人则是特定的。

5. 答：主要原因有：(1) 行政行为有特别重大违法情形；(2) 行政行为具有明显的违法情形；(3) 行政主体不明确或明显超越职权的行为；(4) 行政主体受胁迫所为的行政行为；(5) 没有可能实施的行政行为；(6) 行政行为的实施将导致犯罪。

6. 答：行政行为发生法律效力是以其成立为前提的，所谓行政行为的成立，是指行政行为的形成或作出。包括以下条件：(1) 主体条件。行政行为的作出主体必须是拥有行政职权的国家行政机关的公务人员，或者法律、法规授权的组织的工作人员，或者是接受行政主体委托的组织的工作人员。(2) 主观条件。行政行为的作出主体主观上有凭借行政职权产生、变更或消灭某种行政法律关系的意图，并且显露出达到该种效果的意思表示。(3) 客观条件。行政行为的作出主体客观上有行使行政职权的行为，并通过一定的外部行为方式表现出来。(4) 法律效果条件。行政行为作出后能够产生一定直接或间接的法律效果，使某种行政法律关系产生、变更或消灭，使行政相对人的权利义务因此受到影响。

九、案例分析题

答案：(1) 这 14 户居民不能对 A 市政府的《关于拆迁某地区房屋有关问题的规定》提起诉讼。市政府的《关于拆迁某地区房屋有关问题的规定》是具有普遍约束力的规范性文件，属于抽象行政行为的范畴。根据《行政诉讼法》的规定，人民法院不能直接对抽象行政行为进行审查，所以不能对其提起诉讼。(2) A 市房屋拆迁主管部门的行为属于行政裁决行为。行政裁决是行政机关依法居间解决与行政管理事项有关的民事纠纷的行为，是一种行政司法活动。本案中，某房地产公司与 14 户居民因房屋拆迁补偿协议发生的纠纷属于民事纠纷，依照法律规定，这一纠纷可以由行政机关裁决，它符合行政裁决的主要特征，属于行政裁决行为。(3) 某房地产公司可提起行政诉讼。行政裁决不同于行政仲裁与行政调解，它是一种具体行政行为，一旦作出，则产生法律效力，非经法定程序不得随意更改或撤销。因此，某房地产公司对行政裁决不服，应当就 A 市房屋拆迁主管部门的行政裁决行为向人民法院提起行政诉讼，由人民法院对行政机关的补偿决定的合法性加以审查、作出裁判，并可一并要求人民法院解决双方当事人之间就拆迁补偿问题引起的民事纠纷。

第四章　行政程序（含政府信息公开）

一、知识导图

- 行政程序
  - 行政程序概述
    - 概念：指行政主体在行使职权、实施行政管理活动过程中所应遵循的方式、步骤、次序以及时限的总和
    - （1）行政权的运转过程；（2）动态过程；（3）具有形式性；（4）参与性；（5）法定性
    - 种类
      - 根据所规范行政行为的效力范围，分为内部行政程序和外部行政程序
      - 根据行政行为的时间位置，分为事前行政程序和事后行政程序
      - 根据行政行为对象的不同特点，分为抽象行政程序和具体行政程序
      - 根据行政程序的环节，分为普通程序和简易程序
    - 价值
      - （1）规范和制约行政权合法行使，体现法治政府和文明政府的理念
      - （2）为维护相对人的法律地位和人格尊严提供程序性保障
      - （3）促进行政权合理行使，提高行政效率
  - 行政程序的基本原则
    - 行政民主原则
      - 行政程序的民主参与机制：信息公开制度、听证制度、咨询制度
      - 行政程序的民主保障机制：有效约束国家行政权力、使公民权利与行政权力取得平衡
      - 行政程序的民主监督机制：主要通过民主参与和行政救济体现
    - 行政法治原则
      - 指行政程序必须贯穿法治精神，实行依法行政。分为行政程序合法原则和行政程序合理原则
      - 行政程序对行政法治的作用：是行政法治的核心
    - 行政公平原则：通过回避、听证、告示、职能分离、防止偏见等实现
    - 行政效率原则：通过时效、代理、不停止执行、紧急处置等制度实现
    - 行政公开原则
      - 含义：是指重要的行政行为、与公民权利义务直接相关的行政行为，要通过一定的行政程序让公民了解
      - 内容：行政立法公开、行政程序公开等
  - 行政程序的基本制度
    - 信息公开制度
    - 职能分离制度
    - 听证制度

二、单项选择题

1\. 在行政程序中，执法人员与案件有（　）或者其他关系可能影响公正执法的，应当回避。

A. 直接利害关系　　　　B. 利害关系

C. 近亲属关系　　　　　　　　　D. 法律上的利害关系

2. 在行政处罚的听证程序中，当事人要求听证的，应当在行政机关告知后（　）内提出。

A. 5 日　B. 7 日　C. 10 日　D. 15 日

3. 行政机关在调查或者进行检查时，执法人员不得少于（　），并应当向当事人或者有关人员出示证件。

A. 五人　B. 三人　C. 两人　D. 四人

4. 下列哪一项不是行政听证主持人的权力？（　）

A. 决定在何时、何地举行听证，中止听证及终止听证的权力，并将有关的通知及其附属材料及时送达给当事人和其他有关人员

B. 根据听证的证据，依据事实、法律、法规，对案件独立、客观、公正地作出判断

C. 传唤证人，传唤与案件的处理有利害关系的第三人，更换当事人

D. 就案件的事实或与之相关的法律进行询问、发问

5. 听证制度是行政程序的一种重要制度，根据《行政许可法》的规定，申请人或利害关系人申请听证的，行政机关组织听证的时限是（　）。

A. 10 个工作日　B. 5 个工作日　C. 20 个工作日　D. 30 个工作日

6. 下列说法符合《政府信息公开条例》的是（　）。

A. 行政机关不需要每年都公布本行政机关的政府信息公开工作年度报告

B. 公民、法人或者其他组织认为行政机关在政府信息公开工作中侵犯其合法权益的，可以依法申请行政复议或者提起行政诉讼

C. 公民、法人或者其他组织认为行政机关在政府信息公开工作中的具体行政行为侵犯其合法权益的，在提起行政诉讼前应申请行政复议

D. 行政机关可以通过声讯台以有偿方式为公民提供政府信息

7. 下列哪一项信息是县级和乡（镇）人民政府均应重点主动公开的政府信息？（　）

A. 征收或征用土地、房屋拆迁及其补偿、补助费用的发放、使用情况

B. 社会公益事项、市政建设情况

C. 政府集中采购项目的目录、标准及实施情况

D. 宅基地使用情况审核

8. 刘某系某工厂职工，该厂经某区政府批准后改制。刘某向某区政府申请公开该厂进行改制的全部档案、拖欠原职工工资如何处理等信息。某区政府作出拒绝公开的答复，刘某向人民法院起诉。下列说法正确的是（　）。

A. 某区政府在作出拒绝答复时，应告知刘某并说明理由

B. 刘某向人民法院起诉的期限为两个月

C. 此案应由某区政府所在地的某区人民法院管辖

D. 因刘某与所申请的信息无利害关系，某区政府拒绝公开答复是合法的

9. 某区房管局向某公司发放房屋拆迁许可证。被拆迁人王某向某区房管局提出申请，要求公开某公司办理拆迁许可证时所提交的建设用地规划许可证，某区房管局作出拒绝公开的答复。对此，下列说法正确的是（　）。

A. 王某提出申请时，无须出示有效身份证件

B. 因王某与申请公开的信息无利害关系，某区房管局拒绝公开是对的

C. 因某区房管局不是所申请信息的制作主体，拒绝公开是对的

D. 拒绝答复应自收到王某申请之日起一个月内作出

10. 沈某以生活需要为由，向某省财政厅申请公开 2017 年某省某县农耕退还补贴信息，该财政厅以本信息不存在为由决定不公开，沈某遂向人民法院提起诉讼，下列说法正确的是（　）。

A. 申请公开需要说明申请公开的用途

B. 沈某应先申请复议再起诉

C. 诉讼中沈某提供该信息由某省财政厅制作和保存线索的，可申请人民法院调取证据

D. 人民法院应判某省财政厅公开

11. 田某为在校大学生，以从事研究为由向某市场监督管理局提出申请，要求公开该局 2020 年度作出的所有行政处罚决定书，该局拒绝公开。田某不服，向法院起诉。下列说法正确的是（　）。

A. 因田某不具有申请人资格，拒绝公开合法

B. 因行政处罚决定为重点公开的政府信息，拒绝公开违法

C. 田某应先申请复议再向人民法院起诉

D. 田某的起诉期限为 6 个月

12. 某乡属企业多年未归还方某借给的资金，双方发生纠纷。方某得知某乡政府曾发过 5 号文件和 210 号文件处分了该企业的资产，遂向某乡政府递交申请，要求公开两份文件。某乡政府不予公开，理由是 5 号文件涉及第三方，且已口头征询其意见，其答复是该文件涉及商业秘密，不同意公开，而 210 号文件不存在。方某向人民法院起诉。下列说法正确的是（　）。

A. 方某申请时无须出示有效身份证明或者证明文件

B. 对所申请的政府信息，方某不具有申请人资格

C. 某乡政府不公开 5 号文件合法

D. 方某能够提供210号文件由某乡政府制作的相关线索的，可以申请人民法院调取证据

13. 乙镇政府向甲县政府提交李家村旧宅改造方案，村民李某申请信息公开，乙镇政府以该方案属于内部信息为由拒绝公开，李某遂提起行政复议。下列说法正确的是（　）。

A. 乙镇政府拒绝合理

B. 李某申请复议的时间为60日

C. 李某提交该信息应当证明与自己生活、生产有利害关系

D. 提起行政复议时间需与乙镇政府协商确定

14. 下列哪一事项不属于政府信息公开工作机构的职责？（　）

A. 维护和更新本行政机关公开的政府信息

B. 建立健全政府信息公开工作考核制度、社会评议制度和责任追究制度

C. 组织开展对拟公开政府信息的审查

D. 组织编制本行政机关的政府信息公开指南、政府信息公开目录和政府信息公开工作年度报告

15. 某环保公益组织以某企业造成环境污染为由提起环境公益诉讼，后因诉讼需要，向某县生态环境局申请公开该企业的环境影响评价报告、排污许可证信息。某县生态环境局以该组织无申请资格和该企业在该县有若干个基地，申请内容不明确为由拒绝公开。下列说法正确的是（　）。

A. 该组织提出申请时无须出示其负责人的有效身份证明

B. 该组织与所申请信息之间存在利害关系，故某县生态环境局认为其无申请资格不成立

C. 对该组织的申请内容是否明确，某县生态环境局的认定和处理是对的

D. 该组织所申请信息属于依法应当公开的信息

16. 甲公司与乙公司发生纠纷向某市场监督管理局申请公开乙公司的工商登记信息。该局公开了乙公司的名称、注册号、住所、法定代表人等基本信息，但对经营范围、从业人数、注册资本等信息拒绝公开。甲公司向法院起诉，法院受理。关于此事，下列说法正确的是（　）。

A. 甲公司应先向某市场监督管理局的上一级市场监督管理局申请复议，对复议决定不服再向法院起诉

B. 某市场监督管理局应当对拒绝公开的依据以及履行法定告知和说明理由义务的情况举证

C. 本案审理不适用简易程序

D. 因相关信息不属政府信息，拒绝公开合法

三、多项选择题

1. 下列关于行政程序法基本制度的说法正确的是（　）。

A. 信息公开制度是行政公开原则的重要体现和必要保障

B. 听证程序只适用于具体行政行为

C. 告知制度的形式是书面形式或口头形式

D. 行政机关的告知义务只能是在作出具体行政行为之前

2. 下列属于内部行政程序的是（　）。

A. 听证程序

B. 税务机关调查漏税、偷税事实的程序

C. 行政系统内公文办理程序

D. 行政首长签署程序

3. 下列说法不符合行政程序中的职能分离制度的特征的是（　）。

A. 从事裁决和正式听证的机构或者人员，不能从事与裁决和听证行为不相容的活动

B. 在行政程序中，案件事实的调查和裁决可以集中于一个人

C. 职能分离是大陆法系的传统制度

D. 确立职能分离制度，是为了保证裁决的公正

4. 对下列哪些拟作出的决定，行政机关应告知当事人有权要求听证？（　）

A. 某税务局扣押不缴纳税款的某企业价值 100 万元的商品

B. 某交通运输局吊销某运输公司的道路运输经营许可证

C. 某自然资源和规划局发放的建设用地规划许可证，直接涉及申请人与附近居民之间的重大利益关系

D. 某区公安局对刘某处以行政拘留 10 天的行政处罚

5. 某市卫生健康委员会经调查取证，认定某公司实施了未经许可擅自采集血液的行为，依据有关法律和相关规定，决定取缔该公司非法采集血液的行为，同时没收 5 只液氮生物容器。下列说法正确的是（　）。

A. 某市卫生健康委员会在调查时，执法人员不得少于两人，并应当向当事人出示证件

B. 若某市卫生健康委员会当场作出决定，某公司不服申请复议的期限应自决定作出之日起计算

C. 若某公司起诉，某市卫生健康委员会向法院提供的现场笔录的效力，优于某公司的证人对现场的描述

D. 没收 5 只液氮生物容器属于保全措施

6. 下列哪些事项不属于政府信息公开年度报告应载明的内容？（　）

A. 主动公开政府信息情况　　B. 政府信息公开指南

C. 政府信息公开目录　　D. 因政府信息公开申请行政复议情况

7. 沈某向某住建委申请公开某企业向该委提交的某危改项目纳入危改范围的意见和申报材料。该委以信息中有某企业联系人联系电话和地址等个人隐私为由拒绝公开，沈某起诉，法院受理。下列说法正确的是（　）。

A. 在作出拒绝公开决定前，某住建委无须书面征求某企业联系人是否同意公开的意见

B. 本案的起诉期限为 6 个月

C. 某住建委应对拒绝公开的根据及履行法定告知和说明理由义务的情况举证

D. 某住建委拒绝公开答复合法

8. 因一高压线路经过某居民小区，该小区居民李某向某市自然资源和规划局申请公开高压线路图。下列说法正确的是（　）。

A. 李某提交书面申请时应出示本人有效身份证明

B. 李某应说明申请信息的用途

C. 李某可以对公开信息方式提出自己的要求

D. 某市自然资源和规划局公开信息时，可以向李某依法收取相关成本费

9. 法院应当受理下列哪些对政府信息公开行为提起的诉讼？（　）

A. 黄某要求某市政府提供公开发行的 2010 年市政府公报，遭拒绝后向法院起诉

B. 某公司认为某市场监督管理局向李某公开的政府信息侵犯其商业秘密向法院起诉

C. 村民申请某乡政府公开财政收支信息，因某乡政府拒绝公开向法院起诉

D. 甲市居民高某向乙市政府申请公开该市副市长的兼职情况，乙市政府以其不具有申请人资格为由拒绝公开，高某向法院起诉

10. 田某认为某区人力资源和社会保障局记载的有关他的社会保障信息有误，要求更正，该局拒绝。田某向人民法院起诉。下列说法正确的是（　）。

A. 田某应先申请行政复议再向法院起诉

B. 某区人力资源和社会保障局应对拒绝更正的理由进行举证和说明

C. 田某应提供某区人力资源和社会保障局记载的有关他的社会保障信息有误的事实根据

D. 人民法院应判决某区人力资源和社会保障局在一定期限内更正

四、不定项选择题

1. 宋某连续 66 次向某镇政府申请防汛信息公开。2019 年 6 月 15 日又向某

镇政府申请信息公开，某镇政府下列做法正确的是（ ）。

A. 要求宋某说明理由

B. 收取相应的信息处理费

C. 以宋某不具有申请人资格为由不予提供

D. 以宋某此前多次重复申请为由不予处理

2. 关于申请政府信息公开，下列说法错误的是（ ）。

A. 要求税务机关公开本人缴纳个人所得税情况的信息需要提供身份证明

B. 要求区政府公开该区受理和审理行政复议案件的信息无需提供身份证明

C. 要求县卫生健康委员会公开本县公共卫生费用使用情况的信息无需提供身份证明

D. 要求市公安局公开办理养犬证收费情况的信息无需提供身份证明

3. 某镇政府主动公开一胎生育证发放情况的信息。下列说法正确的是（ ）。

A. 该信息属于某镇政府重点公开的信息

B. 某镇政府可以通过设立的信息公告栏公开该信息

C. 在无法律、法规或者规章特别规定的情况下，某镇政府应当在该信息形成之日起3个月内予以公开

D. 某镇政府应当及时向公共图书馆提供该信息

4. 2019年，甲乙两村发生用地争议，某县政府召开协调会并形成会议纪要。2021年12月，甲村一村民向某县政府申请查阅该会议纪要。下列选项正确的是（ ）。

A. 该村民可以口头提出申请

B. 因会议纪要形成于《政府信息公开条例》实施前，故不受该条例规范

C. 因会议纪要不属于政府信息，某县政府可以不予公开

D. 如某县政府提供有关信息，不得向该村民收取检索、复制、邮寄等费用

五、填空题

1. 以行政程序所适用的______的不同为标准，行政程序可以分为行政立法程序、行政执法程序和行政司法程序。

2. 在听证程序中，行政主体应当告知行政相对人______和______。行政相对人可向行政主体陈述意见、提供证据。

3. ______是全国政府信息公开工作的主管部门，负责推进、指导、协调、监督全国的政府信息公开工作。

4. 行政机关制作的政府信息，由______的行政机关负责公开。

5. 对涉及______、需要______或者______的政府信息，行政机关应当主动

公开。

6. 属于主动公开范围的政府信息，应当自该政府信息形成或者变更之日起______工作日内及时公开。

7. 申请人通过互联网渠道或者政府信息公开工作机构的传真提交政府信息公开申请的，以______为收到申请之日。

8. 行政机关的内部事务信息，包括______、______、______等方面的信息，可以不予公开。

9. 行政机关可以根据需要设立______、______、______等场所、设施公开政府信息。

10. 行政机关收到政府信息公开申请，能够当场答复的，应当当场予以答复。行政机关不能当场答复的，应当______之日起______内予以答复。

六、判断题

1. 公民、法人和其他组织无权对行政机关的政府信息公开工作进行监督，并提出批评和建议。(　)

2. 行政机关应当将所有行政行为实施的依据、过程和结果依法公开。(　)

3. 因公共利益或者其他法定事由必须撤销或者变更行政决定的，应当依照法定权限和程序进行，并对当事人因此遭受的财产损失依法予以赔偿。(　)

4. 县级以上人民政府作出重大行政决策后，应当依照政府信息公开的有关规定，自作出决定之日起 30 日内向社会公布。(　)

5. 县级以上人民政府法制机构应当依法确认本级行政区内行政机关的行政执法主体资格，并向社会公布。(　)

6. 对涉及公众利益调整、需要公众广泛知晓或者需要公众参与决策的政府信息，行政机关应当主动公开。(　)

7. 行政机关公开政府信息，采取主动公开的方式。(　)

8. 行政机关公开政府信息，应当坚持以公开为例外、不公开为常态，遵循公正、公平、合法、便民的原则。(　)

9. 涉及商业秘密、个人隐私等公开会对第三方合法权益造成损害的政府信息，行政机关不得公开。(　)

10. 行政机关在履行行政管理职能过程中形成的讨论记录、过程稿、磋商信函、请示报告等过程信息以及行政执法案卷信息，可以不予公开。(　)

七、名词解释

1. 行政程序

2. 听证程序

3. 行政合理性原则

4. 行政公开原则

5. 政府信息公开

八、简答题

1. 简述行政程序的分类。

2. 行政程序的基本原则。

3. 政府信息公开的范围。

4. 政府信息主动公开的条件。

5. 政府信息主动公开的方式。

九、案例分析题

（一）案情介绍

某市市场监督管理局在对辖区的超市进行质量检查时，发现一超市的存货严重过期，决定给予该超市 1000 元的行政罚款，并适用简易程序当场收缴了罚款。

要求：根据以上情况和有关法律规定，回答下列问题：

1. 本案中某市市场监督管理局适用简易程序是否正确？

2. 行政处罚程序的内容包括哪些？

3. 简易程序的相关法律规定有哪些？

（二）案情介绍

《政府采购法》规定，对属于地方预算的政府采购项目，其集中采购目录由省、自治区、直辖市政府或其授权的机构确定并公布。张某在浏览某省财政厅网站时未发现该省政府集中采购项目目录，在通过各种方法均未获得该目录后，于 2020 年 2 月 25 日向某省财政厅提出公开申请。某省财政厅答复，政府集中采购项目目录与张某的生产、生活和科研等特殊需要没有直接关系，拒绝公开。张某向某省政府申请行政复议，要求认定某省财政厅未主动公开目录违法，并责令其公开。某省政府于 4 月 10 日受理，但在法定期限内未作出复议决定。张某不服，于 6 月 18 日以某省政府为被告向人民法院提起诉讼。

要求：根据以上情况和有关法律规定，回答下列问题：

1. 某省财政厅拒绝公开政府集中采购项目目录的理由是否成立？为什么？

2. 某省政府在受理此行政复议案件后应当如何处理才符合《行政复议法》和《政府信息公开条例》的规定？

3. 对于行政机关应当主动公开的信息未予公开的，应当如何监督？

4. 如果张某未向某省财政厅提出过公开申请，而以某省财政厅未主动公开政府集中采购项目目录的行为违法直接向人民法院提起诉讼，人民法院应当如何处理？

参考答案及解析

二、单项选择题

1. 答案：A。解析：根据《行政处罚法》第 43 条规定："执法人员与案件有直接利害关系或者有其他关系可能影响公正执法的，应当回避。当事人认为执法人员与案件有直接利害关系或者有其他关系可能影响公正执法的，有权申请回避。当事人提出回避申请的，行政机关应当依法审查，由行政机关负责人决定。决定作出之前，不停止调查。"据此可知，A 选项正确。

2. 答案：A。解析：根据《行政处罚法》第 64 条第 1 项规定："当事人要求听证的，应当在行政机关告知后五日内提出。"据此可知，A 选项正确。

3. 答案：C。解析：根据《行政处罚法》第 42 条规定，行政处罚应当由具有行政执法资格的执法人员实施。执法人员不得少于两人，法律另有规定的除外。执法人员应当文明执法，尊重和保护当事人合法权益。故 C 选项正确。

4. 答案：B。解析：听证主持人在听证方面拥有以下权力：（1）决定在何时、何地举行听证，中止听证及终止听证的权利，并将有关的通知及其附属材料及时送达给当事人和其他有关人员；（2）有权传唤证人，传唤与案件的处理有利害关系的第三人，更换当事人；（3）有权就案件的事实或与之相关的法律进行询问、发问；（4）有权维护听证的秩序，对违反听证的人员进行警告或处理；（5）有权调查取证等。听证主持人的职责与义务主要有：（1）将与听证有关的决定、通知及有关材料依法及时送达给当事人及其他有关人员；（2）做好听证笔录；（3）根据听证的证据，依据事实、法律、法规，对案件独立、客观、公正地作出判断。由此可知，B 项是行政听证主持人应承担的一项义务，而不是权力。

5. 答案：C。解析：根据《行政许可法》第 47 条规定，行政许可直接涉及申请人与他人之间重大利益关系的，行政机关在作出行政许可决定前，应当告知申请人、利害关系人享有要求听证的权利；申请人、利害关系人在被告知听证权利之日起 5 日内提出听证申请的，行政机关应当在 20 日内组织听证。申请人、利害关系人不承担行政机关组织听证的费用。同时，根据该法第 82 条规定，该法规定的行政机关实施行政许可的期限以工作日计算，不含法定节假日。据此可知，C 选项正确。

6. 答案：B。解析：根据《政府信息公开条例》第 49 条第 1 款规定："县级以上人民政府部门应当在每年 1 月 31 日前向本级政府信息公开工作主管部门提交本行政机关上一年度政府信息公开工作年度报告并向社会公布。"因此，A 项错误。

根据《政府信息公开条例》第 51 条规定：“公民、法人或者其他组织认为行政机关在政府信息公开工作中侵犯其合法权益的，可以向上一级行政机关或者政府信息公开工作主管部门投诉、举报，也可以依法申请行政复议或者提起行政诉讼。”据此可知，B 项正确，C 项错误。

根据《政府信息公开条例》第 42 条规定：“行政机关依申请提供政府信息，不收取费用。但是，申请人申请公开政府信息的数量、频次明显超过合理范围的，行政机关可以收取信息处理费。行政机关收取信息处理费的具体办法由国务院价格主管部门会同国务院财政部门、全国政府信息公开工作主管部门制定。”因此，D 项错误。综上，本题应选 B 项。

7. 答案：A。解析：根据《政府信息公开条例》第 21 条规定：“除本条例第二十条规定的政府信息外，设区的市级、县级人民政府及其部门还应当根据本地方的具体情况，主动公开涉及市政建设、公共服务、公益事业、土地征收、房屋征收、治安管理、社会救助等方面的政府信息；乡（镇）人民政府还应当根据本地方的具体情况，主动公开贯彻落实农业农村政策、农田水利工程建设运营、农村土地承包经营权流转、宅基地使用情况审核、土地征收、房屋征收、筹资筹劳、社会救助等方面的政府信息。”据此规定，征收或征用土地、房屋拆迁及其补偿、补助费用的发放、使用情况属于县、乡两级人民政府均应重点主动公开的政府信息。故 A 项应当选。

根据《政府信息公开条例》第 21 条规定，社会公益、建设情况属于县级人民政府及其部门应重点主动公开的信息。故 B 项不应当选。

根据《政府信息公开条例》第 20 条规定：“行政机关应当依照本条例第十九条的规定，主动公开本行政机关的下列政府信息……（九）政府集中采购项目的目录、标准及实施情况……”C 选项属于县级以上人民政府及其部门应重点主动公开的信息。故 C 项不应当选。

根据《政府信息公开条例》第 21 条规定，D 选项宅基地使用情况审核属于乡（镇）级人民政府重点应主动公开的信息。故 D 项不应当选。

综上所述，本题正确答案是 A 项。

8. 答案：A。解析：依据《政府信息公开条例》第 36 条规定：“对政府信息公开申请，行政机关根据下列情况分别作出答复……（三）行政机关依据本条例的规定决定不予公开的，告知申请人不予公开并说明理由……”故 A 项正确。

依据《行政诉讼法》第 46 条第 1 款规定：“公民、法人或者其他组织直接向人民法院提起诉讼的，应当自知道或者应当知道作出行政行为之日起六个月内提出。法律另有规定的除外。”故 B 项错误。

政府信息公开诉讼的管辖法院之确定，应当遵守行政诉讼关于管辖法院确定的一般规则。依据《行政诉讼法》第 15 条规定："中级人民法院管辖下列第一审行政案件：(一) 对国务院部门或者县级以上地方人民政府所作的行政行为提起诉讼的案件；（二）海关处理的案件；（三）本辖区内重大、复杂的案件；(四) 其他法律规定由中级人民法院管辖的案件。" 本案中某区政府的行政级别为县级，所以应当由某区政府所在地的中级人民法院管辖。故 C 项错误。

《政府信息公开条例》中没有要求政府信息公开的申请人与申请信息有利害关系，所以某区政府拒绝公开答复是不合法的。当事人提起行政诉讼和申请行政复议要求是被诉行政行为的利害关系人，但是政府信息公开保障的是当事人的知情权，不需要与被申请公开的信息之间存在利害关系。故 D 项错误。

综上所述，本题正确答案是 A 项。

9. 答案：C。解析：根据《政府信息公开条例》第 29 条第 2 款规定："政府信息公开申请应当包括下列内容：(一) 申请人的姓名或者名称、身份证明、联系方式……" 故 A 项说法错误。

关于 B 选项，首先，申请政府信息公开并不要求当事人与该信息之间存在利害关系。其次，本案中，某区房管局向某公司发放房屋拆迁许可证，某公司凭借房屋拆迁许可证这一合法凭证即可对王某的房屋实施拆迁行为，这将对王某的生活造成重大影响。如果证明某公司办理房屋拆迁许可证时没有依法提交或者提交的是不合格的建设用地规划许可证，那么即可认定某公司是违法取得房屋拆迁许可证，因此不得对王某的房屋实施拆迁行为。可见，王某要求公开某公司拆迁许可证时所提交的建设用地规划许可证，是与其有重大利害关系的。故 B 项错误。

依据《政府信息公开条例》第 10 条第 1 款规定："行政机关制作的政府信息，由制作该政府信息的行政机关负责公开。行政机关从公民、法人和其他组织获取的政府信息，由保存该政府信息的行政机关负责公开；行政机关获取的其他行政机关的政府信息，由制作或者最初获取该政府信息的行政机关负责公开。法律、法规对政府信息公开的权限另有规定的，从其规定。" 另外，第 36 条规定："对政府信息公开申请，行政机关根据下列情况分别作出答复……（五）所申请公开信息不属于本行政机关负责公开的，告知申请人并说明理由；能够确定负责公开该政府信息的行政机关的，告知申请人该行政机关的名称、联系方式……" 由于建设用地规划许可证并非由房管局制作，按照"谁制作谁公开"的规则，该信息的公开也并不属于某区房管局的职责范围，某区房管局以此为由拒绝王某的申请是正确的。故 C 项正确。

依据《政府信息公开条例》第 33 条第 1 款、第 2 款规定："行政机关收到政府信息公开申请，能够当场答复的，应当当场予以答复。行政机关不能当场答复的，应当自收到申请之日起20个工作日内予以答复；需延长答复期限的，应当经政府信息公开工作机构负责人同意并告知申请人，延长答复的期限最长不得超过20个工作日。”由此可知，行政机关收到政府信息公开申请，应当在20个工作日内予以答复。故D项错误。综上所述，本题答案为C项。

10. 答案：C。解析：依据《政府信息公开条例》第29条第2款规定：“政府信息公开申请应当包括下列内容：（一）申请人的姓名或者名称、身份证明、联系方式；（二）申请公开的政府信息的名称、文号或者便于行政机关查询的其他特征性描述；（三）申请公开的政府信息的形式要求，包括获取信息的方式、途径。”据此可知，当事人的政府信息公开申请书，需要的内容包括申请人的姓名和联系方式、申请的内容、形式要求，不需要说明申请公开的用途。故A选项错误。

根据《行政复议法》第30条第1款规定：“公民、法人或者其他组织认为行政机关的具体行政行为侵犯其已经依法取得的土地、矿藏、水流、森林、山岭、草原、荒地、滩涂、海域等自然资源的所有权或者使用权的，应当先申请行政复议；对行政复议决定不服的，可以依法向人民法院提起行政诉讼。”据此可知，一般情况下，行政复议和行政诉讼是自由选择的关系，当事人对行政行为不服，既可以申请复议，也可以选择提起行政诉讼。只有法律、法规作出了专门的规定，才需要复议前置或复议终局。而《政府信息公开条例》中并没有关于复议前置的规定，所以当事人对行政机关在政府信息公开中作出的行政行为不服的，不需要复议前置，可以直接提起行政诉讼。故B项错误。

根据《最高人民法院关于行政诉讼证据若干问题的规定》第23条第1款规定：“原告或者第三人不能自行收集，但能够提供确切线索的，可以申请人民法院调取下列证据材料：（一）由国家有关部门保存而须由人民法院调取的证据材料；（二）涉及国家秘密、商业秘密、个人隐私的证据材料；（三）确因客观原因不能自行收集的其他证据材料。”本案中，如果沈某能够提供该信息由某省财政厅制作和保存线索的，可申请法院调取证据。故C选项正确。

根据《最高人民法院关于适用〈中华人民共和国行政诉讼法〉的解释》第91条规定：“原告请求被告履行法定职责的理由成立，被告违法拒绝履行或者无正当理由逾期不予答复的，人民法院可以根据行政诉讼法第七十二条的规定，判决被告在一定期限内依法履行原告请求的法定职责；尚需被告调查或者裁量的，应当判决被告针对原告的请求重新作出处理。”可见，本案中人民法院根据不同的审理结果，既可能是判决驳回原告诉讼请求，也可能是判决被告在一定的期限内依法公开政府信息，还可能是因为尚需被告调查或者裁量而判决被告重新作出处理。故D选项错误。

11. 答案：D。解析：关于A选项，《政府信息公开条例》中没有要求政府信息公开的申请人与申请信息有利害关系，田某作为在校大学生，有权向某市场监督管理局提出申请，要求公开该局2020年度作出的所有行政处罚决定书，故A项错误。

依据《政府信息公开条例》第19条规定："对涉及公众利益调整、需要公众广泛知晓或者需要公众参与决策的政府信息，行政机关应当主动公开。"由此可知，主动公开是指行政机关对涉及公民、法人或者其他组织切身利益的，需要社会公众广泛知晓或者参与的，反映本行政机关机构设置、职能、办事程序等情况的信息，不需要当事人申请就积极主动地予以公开。行政处罚决定不属于主动公开的政府信息，故B项错误。

根据《最高人民法院关于审理政府信息公开行政案件若干问题的规定》第1条第1款第1项规定，公民、法人或其他组织认为其向行政机关申请获取政府信息，行政机关拒绝提供或者逾期不予答复的行为侵犯其合法权益，依法提起行政诉讼的，人民法院应当受理。据此可知，《政府信息公开条例》中并没有关于复议前置的规定，所以当事人对行政机关在政府信息公开中作出的行政行为不服的，不需要复议前置，可以直接提起行政诉讼。故C项错误。

依据《行政诉讼法》第46条第1款规定："公民、法人或者其他组织直接向人民法院提起诉讼的，应当自知道或者应当知道作出行政行为之日起六个月内提出。法律另有规定的除外。"因此，田某直接起诉的，起诉期限应当是6个月。故D项正确。综上所述，本题正确答案是D项。

12. 答案：D。解析：《政府信息公开条例》第29条第2款规定："政府信息公开申请应当包括下列内容：（一）申请人的姓名或者名称、身份证明、联系方式；（二）申请公开的政府信息的名称、文号或者便于行政机关查询的其他特征性描述；（三）申请公开的政府信息的形式要求，包括获取信息的方式、途径。"据此可知，方某申请时应当出示有效身份证明或者证明文件。故A项错误。

《政府信息公开条例》中没有规定政府信息公开的申请人与申请信息有利害关系，方某有权向某乡政府提出公开的申请。故B项错误。

《政府信息公开条例》第32条规定："依申请公开的政府信息公开会损害第三方合法权益的，行政机关应当书面征求第三方的意见。第三方应当自收到征求意见书之日起15个工作日内提出意见。第三方逾期未提出意见的，由行政机关依照本条例的规定决定是否公开。第三方不同意公开且有合理理由的，行政机关不予公开。行政机关认为不公开可能对公共利益造成重大影响的，可以决定予以公开，并将决定公开的政府信息内容和理由书面告知第三方。"据此可知，某乡政府口头征询第三方的意见，不符合《政府信息公开条例》的规定，其不公开5

号文件的行为违法。故 C 项错误。

根据《最高人民法院关于审理政府信息公开行政案件若干问题的规定》第 5 条第 5 款规定，被告主张政府信息不存在，原告能够提供该政府信息系由被告制作或者保存的相关线索的，可以申请人民法院调取证据。故 D 项正确。

13. 答案：B。解析：根据《政府信息公开条例》第 16 条第 1 款规定："行政机关的内部事务信息，包括人事管理、后勤管理、内部工作流程等方面的信息，可以不予公开。"据此可知，旧宅改造批复不属于内部信息。故 A 选项错误。

根据《行政复议法》第 9 条第 1 款规定："公民、法人或者其他组织认为具体行政行为侵犯其合法权益的，可以自知道该具体行政行为之日起六十日内提出行政复议申请；但是法律规定的申请期限超过六十日的除外。"故 B 选项正确。

根据《政府信息公开条例》第 29 条规定："公民、法人或者其他组织申请获取政府信息的，应当向行政机关的政府信息公开工作机构提出，并采用包括信件、数据电文在内的书面形式；采用书面形式确有困难的，申请人可以口头提出，由受理该申请的政府信息公开工作机构代为填写政府信息公开申请。政府信息公开申请应当包括下列内容：（一）申请人的姓名或者名称、身份证明、联系方式；（二）申请公开的政府信息的名称、文号或者便于行政机关查询的其他特征性描述；（三）申请公开的政府信息的形式要求，包括获取信息的方式、途径。"据此可知，申请人不需要证明与信息有利害关系。故 C 选项错误。

根据《行政复议法》第 9 条第 1 款规定："公民、法人或者其他组织认为具体行政行为侵犯其合法权益的，可以自知道该具体行政行为之日起六十日内提出行政复议申请；但是法律规定的申请期限超过六十日的除外。"由此可知，行政复议的申请时间为法定的 60 日，不得协商。故 D 选项错误。

14. 答案：B。解析：按照《政府信息公开条例》第 4 条第 2 款规定："政府信息公开工作机构的具体职能是：（一）办理本行政机关的政府信息公开事宜；（二）维护和更新本行政机关公开的政府信息；（三）组织编制本行政机关的政府信息公开指南、政府信息公开目录和政府信息公开工作年度报告；（四）组织开展对拟公开政府信息的审查；（五）本行政机关规定的与政府信息公开有关的其他职能。"该条例第 46 条规定："各级人民政府应当建立健全政府信息公开工作考核制度、社会评议制度和责任追究制度，定期对政府信息公开工作进行考核、评议。"由此可知，B 选项是各级人民政府的职责，故 B 项当选，ACD 项属于政府信息公开工作机构的职责，因此不当选。

15. 答案：D。解析：依据《政府信息公开条例》第 29 条第 2 款规定："政府信息公开申请应当包括下列内容：（一）申请人的姓名或者名称、身份证明、联系方式……”由此可知，A 选项错误。

根据《政府信息公开条例》第 27 条规定：“除行政机关主动公开的政府信息外，公民、法人或者其他组织可以向地方各级人民政府、对外以自己名义履行行政管理职能的县级以上人民政府部门（含本条例第十条第二款规定的派出机构、内设机构）申请获取相关政府信息。”据此可知，申请人并不需要和所申请信息之间存在利害关系，也不需要特殊需要。虽然 B 选项最后的结论是正确的，但是因为其理由是错误的，故其错误。

根据《政府信息公开条例》第 30 条规定：“政府信息公开申请内容不明确的，行政机关应当给予指导和释明，并自收到申请之日起 7 个工作日内一次性告知申请人作出补正，说明需要补正的事项和合理的补正期限。答复期限自行政机关收到补正的申请之日起计算。申请人无正当理由逾期不补正的，视为放弃申请，行政机关不再处理该政府信息公开申请。”可见，如果申请人的申请内容不明确，行政机关应当给予指导和释明，而不是直接拒绝公开。故 C 选项错误。

根据《政府信息公开条例》第 15 条规定：“涉及商业秘密、个人隐私等公开会对第三方合法权益造成损害的政府信息，行政机关不得公开。但是，第三方同意公开或者行政机关认为不公开会对公共利益造成重大影响的，予以公开。”题中某环保公益组织所申请的政府信息并不属于涉及商业秘密或者个人隐私，而属于应当依法公开的信息。故 D 项正确。综上所述，本题正确答案为 D 项。

16. 答案：B。解析：根据《最高人民法院关于审理政府信息公开行政案件若干问题的规定》第 1 条规定：“公民、法人或者其他组织认为下列政府信息公开工作中的具体行政行为侵犯其合法权益，依法提起行政诉讼的，人民法院应当受理：（一）向行政机关申请获取政府信息，行政机关拒绝提供或者逾期不予答复的……”这说明信息公开行为不属于复议前置的情形，法院可以直接受理。故 A 项错误。

该司法解释第 5 条第 1 款规定：“被告拒绝向原告提供政府信息的，应当对拒绝的根据以及履行法定告知和说明理由义务的情况举证。”故 B 项正确。

根据《行政诉讼法》第 82 条规定：“人民法院审理下列第一审行政案件，认为事实清楚、权利义务关系明确、争议不大的，可以适用简易程序：（一）被诉行政行为是依法当场作出的；（二）案件涉及款额二千元以下的；（三）属于政府信息公开案件的。除前款规定以外的第一审行政案件，当事人各方同意适用简易程序的，可以适用简易程序。发回重审、按照审判监督程序再审的案件不适用简易程序。”故 C 项错误。

信息公开案件属于可以适用简易程序的情形。依据《政府信息公开条例》第 2 条规定：“本条例所称政府信息，是指行政机关在履行行政管理职能过程中制作或者获取的，以一定形式记录、保存的信息。”某市场监督管理局在履行行政管理职能过程中获取了乙公司的信息，并且由某市场监督管理局保存了信息，属于政府信息，故 D 项错误。综上所述，本题正确答案为 B 项。

三、多项选择题

1. 答案：AC。解析：听证程序是指国家机关作出决定之前，给利害关系人提供发表意见提出证据的机会，对特定事项进行质证、辩驳的程序，其实质是听取利害关系人的意见。广义上的听证包括立法、司法和行政听证三种形式。由此可知，听证程序不仅适用于具体行政行为，也适用于行政立法、行政决策。故 B 项错误。

行政告知是指行政主体在行使行政权的过程中，应当将应该让行政相对人知晓的事项通过法定的途径和方式告诉相对人的程序制度。根据《行政处罚法》第 44 条规定，行政机关在作出行政处罚决定之前，应当告知当事人拟作出的行政处罚内容及事实、理由、依据，并告知当事人依法享有的陈述、申辩、要求听证等权利。根据《行政处罚法》第 41 条第 3 款规定，行政机关应当及时告知当事人违法事实，并采取信息化手段或者其他措施，为当事人查询、陈述和申辩提供便利。不得限制或者变相限制当事人享有的陈述权、申辩权。又根据《行政复议法》第 17 条第 1 款规定：“行政复议机关收到行政复议申请后，应当在五日内进行审查，对不符合本法规定的行政复议申请，决定不予受理，并书面告知申请人；对符合本法规定，但是不属于本机关受理的行政复议申请，应当告知申请人向有关行政复议机关提出。”由此可知，告知义务是行政机关的法定义务。告知是行政执法过程中的一项重要程序制度，行政主体在作出某项行政行为之前、过程中和之后三个阶段都有告知的义务。故 D 项错误。

综上所述，本题正确答案为 AC 项。

2. 答案：CD。解析：以行政程序适用的范围为标准，行政程序可分为内部行政程序与外部行政程序。所谓内部行政程序，是指行政主体在实施内部行政行为时所必须遵循的程序，即行政机关在内部管理中所采用的程序，如国家公务员的任免程序、报告审批程序、公文处理程序、规章备案程序等。所谓外部行政程序，是指行政主体在实施外部行政行为时所遵循的程序，即行政机关在对外管理中所适用的程序，如行政许可程序、行政处罚程序、行政强制执行程序等。

由此可知，AB 属于外部行政程序。

3. 答案：BC。解析：职能分离是英美普通法上的传统制度。职能分离制度，是指为了防止不公正现象的发生，将审理案件事实与作出最终裁决的人员分离，由不同的执法人员来完成审查与裁判的制度。职能分离制度的重要目的在于避免裁判者在作出决定之前就形成了“成见”，从而影响程序中立。职能分离有两种情况：一是完全的职能分离，即把调查职能、审理职能和裁决职能完全分开，由相互独立的机构行使；二是内容的职能分离，指行政机关的调查、听证和裁决职能由不同的工作人员行使。因此，AD 项符合职能分离制度的规定，BC 项不符合规定。故 BC 项应选。

4. 答案：BC。解析：相关法律法规没有规定扣押的强制措施需要进行听证。故选项 A 错误。

根据《行政处罚法》第 63 条第 1 款规定："行政机关拟作出下列行政处罚决定，应当告知当事人有要求听证的权利，当事人要求听证的，行政机关应当组织听证：（一）较大数额罚款；（二）没收较大数额违法所得、没收较大价值非法财物；（三）降低资质等级、吊销许可证件；（四）责令停产停业、责令关闭、限制从业；（五）其他较重的行政处罚；（六）法律、法规、规章规定的其他情形。"据此可知，某交通运输局吊销某运输公司的道路运输经营许可证应当告知当事人听证权。故选项 B 正确。

根据《行政许可法》第 46 条规定："法律、法规、规章规定实施行政许可应当听证的事项，或者行政机关认为需要听证的其他涉及公共利益的重大行政许可事项，行政机关应当向社会公告，并举行听证。"据此可知，某市自然资源和规划局应当告知申请人、附近居民听证权。故选项 C 正确。

根据《行政处罚法》第 63 条规定，刘某被某区公安局处以行政拘留 10 日，不属于应当告知当事人听证权利的范围，因此某区公安局没有义务告知刘某听证权。故选项 D 错误。

5. 答案：ABC。解析：根据《行政处罚法》第 42 条规定："行政处罚应当由具有行政执法资格的执法人员实施。执法人员不得少于两人，法律另有规定的除外。执法人员应当文明执法，尊重和保护当事人合法权益。"故 A 项正确。

根据《行政复议法实施条例》第 15 条第 1 款第 1 项规定，当场作出具体行政行为的，行政复议申请期限自具体行政行为作出之日起计算。故 B 项正确。

根据《最高人民法院关于行政诉讼证据若干问题的规定》第 63 条的规定，鉴定结论、现场笔录、勘验笔录、档案材料以及经过公证或者登记的书证优于其他书证、视听资料和证人证言。故 C 项正确。

根据《行政诉讼法》第 42 条规定，在证据可能灭失或者以后难以取得的情况下，诉讼参加人可以向人民法院申请保全证据，人民法院也可以主动采取保全措施。没收 5 只液氮生物容器属于行政处罚措施，而不属于保全措施。故 D 项错误。

6. 答案：BC。解析：依据《政府信息公开条例》第 50 条规定："政府信息公开工作年度报告应当包括下列内容：（一）行政机关主动公开政府信息的情况；（二）行政机关收到和处理政府信息公开申请的情况；（三）因政府信息公开工作被申请行政复议、提起行政诉讼的情况；（四）政府信息公开工作存在的主要问题及改进情况，各级人民政府的政府信息公开工作年度报告还应当包括工作考核、社会评议和责任追究结果情况；（五）其他需要报告的事项。全国政府信息公开工作主管部门应当公布政府信息公开工作年度报告统一格式，并适时更新。”由此可知，BC 不属于上述范围，故当选；AD 属于上述范围，故不当选。

7. 答案：BC。解析：根据《政府信息公开条例》第 32 条规定：“依申请公开的政府信息公开会损害第三方合法权益的，行政机关应当书面征求第三方的意见。第三方应当自收到征求意见书之日起 15 个工作日内提出意见。第三方逾期未提出意见的，由行政机关依照本条例的规定决定是否公开。第三方不同意公开且有合理理由的，行政机关不予公开。行政机关认为不公开可能对公共利益造成重大影响的，可以决定予以公开，并将决定公开的政府信息内容和理由书面告知第三方。”可见，如果政府信息涉及个人隐私的，行政机关在作出是否公开决定之前，依法应当书面征求第三方意见，看第三方是否同意公开，如果同意公开的，则予以公开；如果第三方不同意公开，原则上不公开，但是如果不公开将损害公共利益的，则予以公开，并书面告知当事人公开的理由和期限。因此，A 项错误。

根据《行政诉讼法》第 46 条第 1 款规定：“公民、法人或者其他组织直接向人民法院提起诉讼的，应当自知道或者应当知道作出行政行为之日起六个月内提出。法律另有规定的除外。”故 B 项正确。

根据《行政诉讼法》第 34 条第 1 款规定：“被告对作出的行政行为负有举证责任，应当提供作出该行政行为的证据和所依据的规范性文件。”所以 C 项正确。

根据《政府信息公开条例》第 37 条规定：“申请公开的信息中含有不应当公开或者不属于政府信息的内容，但是能够作区分处理的，行政机关应当向申请人提供可以公开的政府信息内容，并对不予公开的内容说明理由。”此为“区分处理”制度。本案中，即使政府信息中包含了某企业联系人的联系电话和地址等个人隐私信息，行政机关也应当将此信息与其他部分区分处理，向当事人公开可以公开部分的政府信息，而不是直接拒绝公开。故 D 选项错误。

综上所述，本题正确答案为 BC。

8. 答案：AC。解析：根据《政府信息公开条例》第 29 条第 2 款规定：“政府信息公开申请应当包括下列内容：（一）申请人的姓名或者名称、身份证明、联系方式……”据此可知，只要申请政府信息公开，就应当提供身份证明。故 A 选项说法正确。

《政府信息公开条例》并未对申请信息的具体用途作出规定。依据《政府信息公开条例》第29条第2款第3项规定，申请公开的政府信息的形式要求，包括获取信息的方式、途径。李某对公开信息的方式可以提出自己的要求，且不必说明用途，故B项错误，不选；C项说法正确，当选。

依据《政府信息公开条例》第42条第1款规定："行政机关依申请提供政府信息，不收取费用。但是，申请人申请公开政府信息的数量、频次明显超过合理范围的，行政机关可以收取信息处理费。"本题中并不存在申请公开信息明显超过合理范围的情况，因而不收取费用，D项错误。

9. 答案：BCD。解析：该题考查的是政府信息公开诉讼的受案范围问题，也是一个直接关系到申请人诉权保护的重要问题。

依据《关于审理政府信息公开行政案件若干问题的规定》第2条规定："公民、法人或者其他组织对下列行为不服提起行政诉讼的，人民法院不予受理：(一) 因申请内容不明确，行政机关要求申请人作出更改、补充且对申请人权利义务不产生实际影响的告知行为；(二) 要求行政机关提供政府公报、报纸、杂志、书籍等公开出版物，行政机关予以拒绝的；(三) 要求行政机关为其制作、搜集政府信息，或者对若干政府信息进行汇总、分析、加工，行政机关予以拒绝的；(四) 行政程序中的当事人、利害关系人以政府信息公开名义申请查阅案卷材料，行政机关告知其应当按照相关法律、法规的规定办理的。"黄某要求某市政府提供公开发行的2018年市政府公报，说明某市政府已经通过政府公报形式公开了相关的政府信息。黄某以提供公报遭拒绝而向法院起诉，人民法院自然是不予受理的。故A项错误。

依据《关于审理政府信息公开行政案件若干问题的规定》第1条规定："公民、法人或者其他组织认为下列政府信息公开工作中的具体行政行为侵犯其合法权益，依法提起行政诉讼的，人民法院应当受理：(一) 向行政机关申请获取政府信息，行政机关拒绝提供或者逾期不予答复的；(二) 认为行政机关提供的政府信息不符合其在申请中要求的内容或者法律、法规规定的适当形式的；(三) 认为行政机关主动公开或者依他人申请公开政府信息侵犯其商业秘密、个人隐私的；(四) 认为行政机关提供的与其自身相关的政府信息记录不准确，要求该行政机关予以更正，该行政机关拒绝更正、逾期不予答复或者不予转送有权机关处理的；(五) 认为行政机关在政府信息公开工作中的其他具体行政行为侵犯其合法权益的。公民、法人或者其他组织认为政府信息公开行政行为侵犯其合法权益造成损害的，可以一并或单独提起行政赔偿诉讼。"故BCD项正确。

10. 答案：BC。解析：复议前置的情形需要法律、法规专门作出规定。对于政府信息公开的案件，法律、法规并没有复议前置的要求，所以A项错误。

根据行政诉讼举证责任分配的一般规则，被告行政机关应当对其作出的行政行为负举证责任。根据《关于审理政府信息公开行政案件若干问题的规定》第5条第3款规定："被告拒绝更正与原告相关的政府信息记录的，应当对拒绝的理由进行举证和说明。"故B项正确。

原告也应当对其诉讼请求的理由进行举证。根据《关于审理政府信息公开行政案件若干问题的规定》第5条第7款规定："原告起诉被告拒绝更正政府信息记录的，应当提供其向被告提出过更正申请以及政府信息与其自身相关且记录不准确的事实根据。"故C项正确。

根据《关于审理政府信息公开行政案件若干问题的规定》第9条第4款规定："被告依法应当更正而不更正与原告相关的政府信息记录的，人民法院应当判决被告在一定期限内更正。尚需被告调查、裁量的，判决其在一定期限内重新答复。被告无权更正的，判决其转送有权更正的行政机关处理。"从本题的题目所给的信息来看，无从判断某区人力资源和社会保障局所记载的有关信息是否有误，因此也就无从判断人民法院究竟应当如何判决。D项说法过于绝对，故错误。

综上所述，本题的正确答案为BC项。

四、不定项选择题

1. 答案：AB。解析：为了防止当事人滥用自己的信息公开的申请权，根据《政府信息公开条例》第35条规定："申请人申请公开政府信息的数量、频次明显超过合理范围，行政机关可以要求申请人说明理由。行政机关认为申请理由不合理的，告知申请人不予处理；行政机关认为申请理由合理，但是无法在本条例第三十三条规定的期限内答复申请人的，可以确定延迟答复的合理期限并告知申请人。"据此可知，该条例对当事人申请数量和频次进行了一定的限制。本案中，宋某在已经连续66次向某镇政府申请防汛信息公开之后，再次申请信息公开，此属于申请频次明显超过合理范围，某镇政府依法可以要求宋某说明理由。故A选项正确。

根据《政府信息公开条例》第42条规定："行政机关依申请提供政府信息，不收取费用。但是，申请人申请公开政府信息的数量、频次明显超过合理范围的，行政机关可以收取信息处理费。行政机关收取信息处理费的具体办法由国务院价格主管部门会同国务院财政部门、全国政府信息公开工作主管部门制定。"本案属于申请频次明显超过合理范围，所以某镇政府可以收取信息处理费。故B选项正确。

根据《政府信息公开条例》第27条规定："除行政机关主动公开的政府信息外，公民、法人或者其他组织可以向地方各级人民政府、对外以自己名义履行行政管理职能的县级以上人民政府部门（含本条例第十条第二款规定的派出机构、内设机构）申请获取相关政府信息。”据此可知，当事人向行政机关申请政府信息公开，保护的是自己的知情权，并不要求是政府信息的利害关系人，不存在不具有申请人资格的说法。所以，某镇政府以宋某不具有申请人资格为由不予提供是违法的。故C选项错误。

根据《政府信息公开条例》第35条规定，行政机关不能以当事人之前多次重复申请为由而直接不受理其再次申请，而是可以要求当事人说明理由，然后根据其说明理由的情况具体处理。故D选项错误。

2. 答案：BCD。解析：依据《政府信息公开条例》第29条规定：“公民、法人或者其他组织申请获取政府信息的，应当向行政机关的政府信息公开工作机构提出，并采用包括信件、数据电文在内的书面形式；采用书面形式确有困难的，申请人可以口头提出，由受理该申请的政府信息公开工作机构代为填写政府信息公开申请。政府信息公开申请应当包括下列内容：（一）申请人的姓名或者名称、身份证明、联系方式；（二）申请公开的政府信息的名称、文号或者便于行政机关查询的其他特征性描述；（三）申请公开的政府信息的形式要求，包括获取信息的方式、途径。”据此可知，申请公开政府信息均需提供身份证明，A项正确，BCD项表述错误。

3. 答案：BD。解析：《政府信息公开条例》第21条规定，乡（镇）人民政府还应当根据本地方的具体情况，主动公开贯彻落实农业农村政策、农田水利工程建设运营、农村土地承包经营权流转、宅基地使用情况审核、土地征收、房屋征收、筹资筹劳、社会救助等方面的政府信息。由此可知，随着我国计划生育工作逐步放开，《政府信息公开条例》并没有将计划生育列入重点公开的范畴，所以A项错误。

依据《政府信息公开条例》第25条第2款规定：“行政机关可以根据需要设立公共查阅室、资料索取点、信息公告栏、电子信息屏等场所、设施，公开政府信息。”故B项正确。

依据《政府信息公开条例》第26条规定：“属于主动公开范围的政府信息，应当自该政府信息形成或者变更之日起20个工作日内及时公开。法律、法规对政府信息公开的期限另有规定的，从其规定。”故C项错误。

依据《政府信息公开条例》第25条第3款规定：“行政机关应当及时向国家档案馆、公共图书馆提供主动公开的政府信息。”故D项正确。

综上所述，本题正确答案为BD项。

4. 答案：AD。解析：依据《政府信息公开条例》第29条第1款规定，公民、法人或者其他组织申请获取政府信息的，应当向行政机关的政府信息公开工作机构提出，并采用包括信件、数据电文在内的书面形式；采用书面形式确有困难的，申请人可以口头提出，由受理该申请的政府信息公开工作机构代为填写政府信息公开申请。故 A 项正确。

根据《政府信息公开条例》第 2 条规定："本条例所称政府信息，是指行政机关在履行行政管理职能过程中制作或者获取的，以一定形式记录、保存的信息。"据此可知，该会议纪要受《政府信息公开条例》规范，故 B 项错误。

依据《政府信息公开条例》第 16 条规定："行政机关的内部事务信息，包括人事管理、后勤管理、内部工作流程等方面的信息，可以不予公开。行政机关在履行行政管理职能过程中形成的讨论记录、过程稿、磋商信函、请示报告等过程性信息以及行政执法案卷信息，可以不予公开。法律、法规、规章规定上述信息应当公开的，从其规定。"据此可知，该会议纪要受《政府信息公开条例》规范，而且并不涉及不予公开的事项，故属于公开范围。故 C 项错误。

依据《政府信息公开条例》第 42 条第 1 款规定，行政机关依申请提供政府信息，不收取费用。但是，申请人申请公开政府信息的数量、频次明显超过合理范围的，行政机关可以收取信息处理费。D 项不得向该村民收取检索、复制、邮寄等费用的表述正确，只是在特殊情形下行政机关可以收取信息处理费，本题并未提及是该特殊情形，故 D 项正确。

五、填空题

1. 行政职能
2. 决定理由、听证权利
3. 国务院办公厅
4. 制作该政府信息
5. 公众利益调整、公众广泛知晓、需要公众参与决策
6. 20 个
7. 双方确认之日
8. 人事管理、后勤管理、内部工作流程
9. 公共查阅室、资料索取栏、电子信息屏
10. 自收到申请、20 个工作日

六、判断题

1. 错。解析：根据《政府信息公开条例》第 9 条规定，公民、法人和其他组织有权对行政机关的政府信息公开工作进行监督，并提出批评和建议。

2. 错。解析：根据《政府信息公开条例》第 15 条规定："涉及商业秘密、个人隐私等公开会对第三方合法权益造成损害的政府信息，行政机关不得公开。但是，第三方同意公开或者行政机关认为不公开会对公共利益造成重大影响的，

予以公开。”据此可知，行政公开不是所有的行政行为都要公开，涉及国家秘密、商业秘密和个人隐私的除外。

3. 错。解析：根据《行政许可法》第 8 条规定，公民、法人或者其他组织依法取得的行政许可受法律保护，行政机关不得擅自改变已经生效的行政许可。行政许可所依据的法律、法规、规章修改或者废止，或者准予行政许可所依据的客观情况发生重大变化的，为了公共利益的需要，行政机关可以依法变更或者撤回已经生效的行政许可。由此给公民、法人或者其他组织造成财产损失的，行政机关应当依法给予补偿。

4. 错。解析：根据《政府信息公开条例》第 26 条规定：“属于主动公开范围的政府信息，应当自该政府信息形成或者变更之日起 20 个工作日内及时公开。法律、法规对政府信息公开的期限另有规定的，从其规定。”

5. 错。解析：根据《政府信息公开条例》第 3 条第 3 款规定：“县级以上地方人民政府办公厅（室）是本行政区域的政府信息公开工作主管部门，负责推进、指导、协调、监督本行政区域的政府信息公开工作。”

6. 对。解析：根据《政府信息公开条例》第 19 条规定：“对涉及公众利益调整、需要公众广泛知晓或者需要公众参与决策的政府信息，行政机关应当主动公开。”

7. 错。解析：根据《政府信息公开条例》第 13 条第 2 款规定：“行政机关公开政府信息，采取主动公开和依申请公开的方式。”

8. 错。解析：根据《政府信息公开条例》第 5 条规定：“行政机关公开政府信息，应当坚持以公开为常态、不公开为例外，遵循公正、公平、合法、便民的原则。”

9. 错。解析：根据《政府信息公开条例》第 15 条规定：“涉及商业秘密、个人隐私等公开会对第三方合法权益造成损害的政府信息，行政机关不得公开。但是，第三方同意公开或者行政机关认为不公开会对公共利益造成重大影响的，予以公开。”

10. 对。解析：根据《政府信息公开条例》第 16 条规定：“行政机关的内部事务信息，包括人事管理、后勤管理、内部工作流程等方面的信息，可以不予公开。行政机关在履行行政管理职能过程中形成的讨论记录、过程稿、磋商信函、请示报告等过程性信息以及行政执法案卷信息，可以不予公开。法律、法规、规章规定上述信息应当公开的，从其规定。”

七、名词解释

1. 行政程序是指行政主体在行使行政职权、实施行政管理活动过程中所遵循的方式、步骤、次序以及时限的总和。

2. 听证程序是指行政机关为了查明案件事实、公正合理地实施行政处罚，在作出行政处罚决定前通过公开举行由有关利害关系人参加的听证会广泛听取意见的程序。

3. 行政合理性原则指的是行政法律关系当事人的行为，特别是行政机关的行为，不仅要合法而且要合理，也就是行政机关的自由裁量行为要做到合情、合理、恰当和适度。

4. 行政公开原则是指将行政权力运行的依据、过程和结果向相对人和公众公开，使相对人和公众知悉。

5. 政府信息公开是指行政机关在履行职责过程中制作或者获取的，以一定形式记录、保存的信息，及时、准确地公开发布。

八、简答题

1. 答：根据不同的标准，可将行政程序作不同的分类：

（1）根据行政程序所规范的行政行为的效力范围，可将行政程序分为内部行政程序和外部行政程序；（2）根据行政行为的时间位置，可将行政程序分为事前行政程序和事后行政程序；（3）根据行政行为对象的不同特点，可将行政程序分为抽象行政程序和具体行政程序；（4）根据行政职能和法律关系的特点，可将行政程序分为行政立法程序、行政执法程序和行政司法程序；（5）其他分类：根据行政程序的环节，可将其分为普通程序和简易程序；根据行政程序的内容，可将其分为听证程序、调查和决定程序、行政执行程序；根据行政程序的时间，可将其分为行政决定程序和行政执行程序。

2. 答：行政程序的基本原则是指贯穿于所有行政程序的基本准则和内在精神。一般情况下，应包括行政民主原则、行政法治原则、行政公平原则、行政效率原则、行政公开原则。

（1）行政民主原则，是指行政程序法必须贯穿民主精神、体现民主意志、符合民主要求。（2）行政法治原则，是指行政程序法必须贯穿法治精神，实行依法行政。（3）行政公平原则，是指行政机关在实施行政行为时要在程序上平等对待行政相对人各方，排除各种可能造成不平等或偏见的因素。行政公平原则是现代行政程序法最基本的原则，是行政民主化的必然要求。与行政公开原则相比，行政公平原则具有较强的实体性和目的性，行政公开原则则具有较强的形式性和手段性。（4）行政效率原则，是指为了保证行政活动的高效率，行政程序的各个环节应当有时间上的限制。（5）行政公开原则，是指对于重要的行政行为、与公民权利义务直接相关的行政行为，要通过一定的行政程序让公民了解。

3. 答：政府信息公开的范围：

（1）绝对不公开：依法确定为国家秘密的政府信息，法律、行政法规禁止公开的政府信息，以及公开后可能危及国家安全、公共安全、经济安全、社会稳定的政府信息，不予公开。

（2）相对不公开：涉及商业秘密、个人隐私等公开会对第三方合法权益造成损害的政府信息，行政机关不得公开。但是，第三方同意公开或者行政机关认为不公开会对公共利益造成重大影响的，予以公开。

（3）可以不予以公开：①内部信息：行政机关内部事务信息，包括人事管理、后勤管理、内部工作流程等方面的信息，可以不予公开。②过程信息：行政机关在履行行政管理职能过程中形成的讨论记录、过程稿、磋商信函、请示报告等过程信息以及行政执法案卷信息，可以不予公开。

4. 答：政府信息主动公开的条件：（1）涉及公民、法人或其他组织切身利益的。（2）需要社会公众广泛知晓或者参与的。（3）反映本行政机关机构设置、职能、办事程序等情况的。（4）其他依照法律、法规和国家有关规定应当主动公开的。

5. 答：政府信息主动公开的方式：（1）行政机关应当建立健全政府信息发布机制，将主动公开的政府信息通过政府、政府网站或者其他互联网政务媒体、新闻发布会以及报刊、广播、电视等途径予以公开。（2）各级政府应当加强依托政府门户网站公开政府信息工作，利用统一的政府信息公开平台集中发布主动公开的政府信息。政府信息公开平台应当具备检索、查阅、下载等功能。（3）通过编制、公共信息公开指南和政府信息公开目录的方式。

九、案例分析题

（一）1. 答案：正确。

简易程序是指行政主体对于事实清楚、情节简单的行政事务，当场给予行政处理的程序。根据《行政处罚法》第 51 条规定，违法事实确凿并有法定依据，对公民处以 200 元以下、对法人或者其他组织处以 3000 元以下罚款或者警告的行政处罚的，可以当场作出行政处罚决定。法律另有规定的，从其规定。本案中，某市市场监督管理局对某超市处以 1000 元罚款，符合行政处罚简易程序的适用条件。

2. 答案：所谓行政处罚的程序，是指由行政处罚法规定的，在行政处罚实施过程中行政机关和当事人必须遵循的行为规范和制度。行政处罚法规定的行政处罚程序主要包括以下内容：

（1）简易程序和一般程序。简易程序是对违法事实确凿且有法定依据、处罚较轻的行为，由执法人员当场作出行政处罚决定。对简易程序，根据《行政处罚法》第 51 条规定，违法事实确凿并有法定依据，对公民处以 200 元以下、对法人或者其他组织处以 3000 元以下罚款或者警告的行政处罚的，可以当场作出行政处罚决定。法律另有规定的，从其规定。对一般程序《行政处罚法》第 54 条规定，除该法第 51 条规定的可以当场作出的行政处罚外，行政机关发现公民、法人或者其他组织有依法应当给予行政处罚的行为的，必须全面、客观、公正地调查，收集有关证据；必要时，依照法律、法规的规定，可以进行检查。符合立案标准的，行政机关应当及时立案。

（2）申辩和听证程序。根据《行政处罚法》第 44 条规定，行政机关在作出行政处罚决定之前，应当告知当事人拟作出的行政处罚内容及事实、理由、依据，并告知当事人依法享有的陈述、申辩、要求听证等权利。又根据《行政处罚法》第 45 条规定，当事人有权进行陈述和申辩。行政机关必须充分听取当事人的意见，对当事人提出的事实、理由和证据，应当进行复核；当事人提出的事实、理由或者证据成立的，行政机关应当采纳。行政机关不得因当事人陈述、申辩而给予更重的处罚。同时根据《行政处罚法》第 63 条规定，行政机关拟作出下列行政处罚决定，应当告知当事人有要求听证的权利，当事人要求听证的，行政机关应当组织听证：（一）较大数额罚款；（二）没收较大数额违法所得、没收较大价值非法财物；（三）降低资质等级、吊销许可证件；（四）责令停产停业、责令关闭、限制从业；（五）其他较重的行政处罚；（六）法律、法规、规章规定的其他情形。当事人不承担行政机关组织听证的费用。

3. 答案：对于情节简单、证据确凿，无须普通程序也可处理的案件，适用简易程序能够提高行政效率，减轻不必要的负担。根据《行政处罚法》第 51 条规定，违法事实确凿并有法定依据，对公民处以 200 元以下、对法人或者其他组织处以 3000 元以下罚款或者警告的行政处罚的，可以当场作出行政处罚决定。法律另有规定的，从其规定。《行政处罚法》第 52 条规定，根据执法人员当场作出行政处罚决定的，应当向当事人出示执法证件，填写预定格式、编有号码的行政处罚决定书，并当场交付当事人。当事人拒绝签收的，应当在行政处罚决定书上注明。前款规定的行政处罚决定书应当载明当事人的违法行为，行政处罚的种类和依据、罚款数额、时间、地点，申请行政复议、提起行政诉讼的途径和期限以及行政机关名称，并由执法人员签名或者盖章。执法人员当场作出的行政处罚决定，应当报所属行政机关备案。

（二）1. 答案：不成立。首先，根据《政府信息公开条例》第 20 条规定："行政机关应当依照本条例第十九条的规定，主动公开本行政机关的下列政府信息……（九）政府集中采购项目的目录、标准及实施情况……"由此可知，政府集中采购项目的目录属于政府主动公开的信息，不是依申请公开的信息。其次，根据《政府信息公开条例》第 27 条规定："除行政机关主动公开的政府信息外，公民、法人或者其他组织可以向地方各级人民政府、对外以自己名义履行行政管理职能的县级以上人民政府部门（含本条例第十条第二款规定的派出机构、内设机构）申请获取相关政府信息。”据此可知，当事人申请政府信息公开不要求该信息与申请人的生产、生活和科研等特殊需要有关，当事人有需要即可申请。

2. 答案：根据《政府信息公开条例》第 47 条第 1 款规定：“政府信息公开工作主管部门应当加强对政府信息公开工作的日常指导和监督检查，对行政机关未按照要求开展政府信息公开工作的，予以督促整改或者通报批评；需要对负有责任的领导人员和直接责任人员追究责任的，依法向有权机关提出处理建议。”由此可见，某省政府应当审查某省财政厅拒绝公开目录的行为是否合法，并在法定期限内作出复议决定。政府集中采购项目的目录属主动公开信息，如某省政府已授权某省财政厅确定并公布，某省政府应责令某省财政厅及时公布；如未授权相关机构确定并公布，某省政府应主动公布。

3. 答案：对于行政机关应当主动公开的信息未予公开的，根据《政府信息公开条例》第 47 条第 2 款规定：“公民、法人或者其他组织认为行政机关未按照要求主动公开政府信息或者对政府信息公开申请不依法答复处理的，可以向政府信息公开工作主管部门提出。政府信息公开工作主管部门查证属实的，应当予以督促整改或者通报批评。”

4. 答案：根据《最高人民法院关于审理政府信息公开行政案件若干问题的规定》第 3 条规定：“公民、法人或者其他组织认为行政机关不依法履行主动公开政府信息义务，直接向人民法院提起诉讼的，应当告知其先向行政机关申请获取相关政府信息。对行政机关的答复或者逾期不予答复不服的，可以向人民法院提起诉讼。”据此可知，人民法院应当告知张某先向行政机关申请获取相关政府信息。对行政机关的答复或者逾期不予答复行为不服的，可以向人民法院提起诉讼。

第五章　抽象行政行为

一、知识导图

- 抽象行政行为
  - 概述
    - 含义：行政主体针对不特定的人和事制定具有普遍约束力的行为规则的行为
    - 特征：行为规范性、对象普遍性、效力的普遍性和持续性、准立法性、不可诉性
    - 种类
      - （1）制定执行性、补充性、创制性行为规则的行为
      - （2）行政立法行为与制定其他规范性文件的行为
  - 行政立法
    - 含义：特定的国家行政机关依法定权限和程序，制定、修改和废止行政法规和规章的活动
    - 特征：（1）主体是特定的行政机关；（2）从属性立法；（3）很强的适应性和计划性；（4）多样性、灵活性
    - 种类：职权立法和授权立法；中央行政立法和地方行政立法；执行性立法、补充性立法和自主性立法
    - 主体：国务院，国务院各部委、直属机构，特定的地方人民政府
    - 基本原则：依法立法，民主立法，效率，加强管理与增进权益相协调
    - 程序
      - 立项→起草→审定→公布→备案
      - 解释；修改与废止
    - 监督：对行政立法的一般限制，权力机关的监督、上级行政机关的监督、人民法院的监督
    - 制定其他规范性文件的行为
      - 含义：行政机关制定除行政法规、规章以外的具有普遍约束力的决定、命令，规定行政措施等其他规范性文件的行为
      - 特征：主体的广泛性，效力的多层级性和从属性，规范性
      - 完善：参照行政立法的程序，健全和完善规划、起草、协商、征求意见、审核等一系列程序
      - 监督：行政监督与司法监督

二、单项选择题

1.《食品卫生法》第27条第1、3款规定："食品生产经营企业和食品摊贩，必须先取得卫生行政部门发放的卫生许可证方可向工商行政管理部门申请登记。未取得卫生许可证的，不得从事食品生产经营活动。""卫生许可证的发放管理办法由省、自治区、直辖市人民政府卫生行政部门制定。"据此，省、自治区、直辖市人民政府卫生行政部门制定卫生许可证的发放管理办法的行为属于下列哪种？（　）

A. 地方政府规章

B. 执行性的抽象行政行为

C. 补充性的抽象行政行为

D. 自主性的抽象行政行为

2.《治安管理处罚法》属于（　）。

A. 宪法　B. 法律　C. 行政法规　D. 地方性法规

3. 设区的市的人民代表大会和常务委员会，在不与宪法、法律、行政法规和本省、自治区的地方性法规相抵触的前提下，可以依照法律规定制定地方性法规（　）。

A. 报全国人民代表大会常务委员会批准后施行

B. 报全国人民代表大会常务委员会备案

C. 报本省、自治区人民代表大会常务委员会备案

D. 报本省、自治区人民代表大会常务委员会批准后施行

4. 下列属于抽象行政行为的是（　）。

A. 市场监督管理局对某企业的处罚决定　　B. 行政机关购买办公用品

C. 县级人民政府制定规范性文件　D. 人民法院适用行政法规作出判决

5. 某市政府作出的在市区内禁止燃放烟花爆竹的决定，此行为属于（　）。

A. 内部行政行为　B. 具体行政行为　C. 行政强制行为　D. 抽象行政行为

6. 行政立法行为属于（　）。

A. 依申请的行为　B. 具体行政行为　C. 内部行政行为　D. 抽象行政行为

7. 根据我国宪法和组织法的规定，国务院制定的关于行政管理的规定性文件，总称为（　）。

A. 行政规章　B. 部门规章　C. 行政法规　D. 地方性法规

8. 有权制定行政法规的主体是（　）。

A. 国务院　B. 全国人大常委会　C. 国务院各部委　D. 省级权力机关

9. 以下关于地方政府规章备案的表述不正确的是（　）。

A. 甘肃省人民政府的规章报国务院和甘肃省人大常委会备案

B. 郑州市人民政府的规章报国务院和河南省人大常委会、河南省政府以及郑州市人大常委会备案

C. 洛阳市人民政府制定的规章报国务院、河南省人大常委会、河南省政府以及洛阳市人大常委会备案

D. 地方政府规章均在 10 日内报有关机关备案

10. 起草部门将一部重要的行政法规送审稿报国务院审查。该送审稿向社会公布，征求意见，应报经下列哪一机关同意？（　）

A. 起草部门　B. 国务院办公厅　C. 国务院法制办　D. 国务院

三、多项选择题

1. 2018 年 2 月 7 日，国务院第 198 次常务会议通过《快递暂行条例》，经国务院总理签署，于 2018 年 3 月 2 日公布，该条例应当在下列哪些载体上刊载？（ ）

A. 国务院公报　　B. 中国政府法制信息网

C. 全国范围发行的报纸　　D. 全国人大常委会公报

2. 根据我国有关法律规定，有权制定地方性法规的是（ ）。

A. 重庆市人大及常委会　　B. 重庆市人民政府

C. 郑州市人大及常委会　　D. 郑州市人民政府

3. 河南省人民政府制定的地方政府规章，下列哪些主体无权签署命令予以公布？（ ）

A. 河南省省长　　B. 河南省人大主席团

C. 河南省人大常委会　　D. 河南省人大常委会主任

4. 下列属于抽象行政行为的是（ ）。

A. 某公安机关立的“禁止通行”标志牌

B. 某市场监督管理局发一文件“取消某市十户个体户的营业执照”

C. 某市政府发布禁止燃放烟花爆竹的规定

D. 一名警察对十个闯红灯的人予以罚款

5. 某市政府发布一项关于整顿城区环境卫生的通知，这一行为属于（ ）。

A. 具体行政行为　B. 抽象行政行为　C 内部行政行为　D 外部行政行为

6. 我国有权制定行政规章的主体有（ ）。

A. 国务院各部、委　　B. 中国人民银行

C. 省级人民政府　　D. 省、自治区所在地的市人民政府

7. 下列机关中，（ ）有权制定地方政府规章。

A. 宁夏回族自治区人民政府　　B. 重庆市人民政府

C. 南京市人民政府　　D. 江苏省公安厅

8. 行政法规的法律地位和法律效力（ ）。

A. 低于法律　　B. 高于地方政府规章

C. 与地方性法规相同　　D. 是最低层级的立法

9. 下列哪些选项的说法正确？（ ）

A. 抽象行政行为可以反复适用，具体行政行为只能适用一次

B. 抽象行政行为具有规范性，具体行政行为具有确定性

C. 抽象行政行为调整不特定的多数人，具体行政行为调整特定的对象

D. 抽象行政行为的主体可诉，具体行政行为的主体无可诉性

10. 下列哪些行为属于抽象行政行为？（　）

A. 某公路局关于高速公路收费的通知

B. 某县级人民政府发布的规范性文件

C. 某区政府对新华小区房屋拆迁所作的行政决定

D. 某市市场监督管理局批准某有限责任公司设立申请的行为

四、不定项选择题

1.《外国人来华登山管理办法》于1991年7月31日经国务院批准，1991年8月29日由国家体育运动委员会发布实施。《外国人来华登山管理办法》属于哪一性质的文件？（　）

A. 行政法规　　B. 国务院发布的决定和命令

C. 部门规章　　D. 其他规范性文件

2. 国务院第193次常务会议通过的《行政区划管理条例》于2018年10月10日公布，自2019年1月1日起施行。关于《行政区划管理条例》的公布形式及备案时间，正确的说法是（　）。

A. 由总理签署，以国务院令公布

B. 由总理签署，以总理令公布

C. 自2018年10月10日起30日内向全国人大常委会备案

D. 自2019年1月1日起30日内向全国人大常委会备案

3. 关于规章的起草和审查，下列哪些说法是正确的？（　）

A. 起草规章可邀请专家参加，但不能委托专家起草

B. 起草单位就规章起草举行听证会，应制作笔录，如实记录发言人的主要观点和理由

C. 起草规章应广泛听取有关机关、组织和公民的意见

D. 如制定规章的基本条件不成熟，法制机构应将规章送审稿退回起草单位

4. 有关规章的决定和公布，下列说法正确的是（　）。

A. 审议规章草案时须由起草单位作出说明

B. 地方政府规章须经政府全体会议决定

C. 部门联合规章须由联合制定的部门首长共同署名公布，使用主办机关的命令序号

D. 规章公布后须及时在全国范围内发行的有关报纸上刊登

5. 下列关于法律规范效力冲突的说法，哪项是正确的？（　）

A. 国务院发布的规范性文件效力高于省级地方人大制定的地方性法规

B. 国务院部门联合制定的规章与省级地方政府规章具有同等效力

C. 旧的法律设定了行政许可，新的行政法规增加了该行政许可的前置条件，

新的行政法规效力优于旧的法律

D. 地方性法规与部门规章之间对同一事项的规定不一致，不能确定如何适用时，由国务院提请全国人大常务委员会裁决

6. 关于行政法规的决定与公布，下列哪一说法是正确的？(　)

A. 行政法规均应由国务院常务会议审议通过

B. 行政法规草案在国务院常务会议审议时，可由起草部门作出说明

C. 行政法规草案经国务院审议报国务院总理签署前，不得再作修改

D. 行政法规公布后由国务院法制办报全国人大常委会备案

7. 按照《立法法》和相关法律的规定，下列哪些机关或者机构具有制定规章的权力？(　)

A. 国务院办公厅　B. 国家体育总局　C. 国务院法制办公室　D. 审计署

8. 某省会城市的市政府拟制定限制电动自行车通行的规章。关于此规章的制定，下列哪些说法是正确的？(　)

A. 应先列入该市政府年度规章制定工作计划中，未列入不得制定

B. 起草该规章应广泛听取有关机关、组织和公民的意见

C. 此规章送审稿的说明应对制定规章的必要性、规定的主要措施和有关方面的意见等情况作出说明

D. 该市政府法制机构认为制定此规章基本条件尚不成熟，可将规章送审稿退回起草单位

9. 下列说法正确的有哪些？(　)

A. 全国人大常委会制定的《体育法》是基本法

B. 国务院有权撤销违反《体育法》的地方性法规

C. 国家体育总局制定的部门规章由国家体育总局局务会议通过

D. 中国马术行业协会制定的细则应向国务院备案

10. 下列哪一选项符合规章制定的要求？(　)

A. 某省政府所在地的市政府将其制定的规章定名为“条例”

B. 某省政府在规章公布后 60 日内向省人大常委会备案

C. 基于简化行政管理手续考虑，对涉及国务院甲乙两部委职权范围的事项，甲部单独制定规章加以规范

D. 某省政府制定的规章既规定行政机关必要的职权，又规定行使该职权应承担的责任

五、填空题

1. 行政法规是________依宪法授权制定的规范性法律文件。

2. 行政立法既具有立法的性质，是一种从属性立法行为，又具有________

的性质，是一种抽象行政行为。

3. 行政法规、规章公布后，应当自公布之日起________日内，依法向有权机关报送备案。

4. 行政立法依其权力来源不同，可以分为职权立法和________。

5. ________是国家最高行政机关，是最高的行政立法主体。

6. 国务院依其职权制定行政法规，其形式一般为________、规定、办法等。

7. 行政立法最具有实质意义的程序是________。

8. 国务院发布的行政法规，应由__________签署。

9. 部门规章由__________签署命令公布，并应及时在国务院公报和在全国范围内发行的报纸上刊登。

10. 行政法规在公布后，在规定时间内应当向______________备案。

六、判断题

1. 抽象行政行为一般以不特定的人和事为调整对象，具体行政行为一般以特定的人和事为调整对象。(　)

2. 从本质上讲，行政立法是一种行政行为，也是立法行为，具有立法和行政性质。(　)

3. 某县级市人民政府发布《关于加强外来人口管理的规定》，是一种行使行政立法权的表现。(　)

4. 部门规章和地方政府规章因在人民法院审理行政案件时只能作为“参照”，因而不能成为行政法的渊源。(　)

5. 我国地方各级人民政府均有发布命令和制定规章的职权。(　)

6. 凡是未经发布的行政法规都不能认为已发生法律效力。(　)

7. 根据《立法法》规定，省、自治区、直辖市人民政府和较大市的人民政府可以根据法律、行政法规和本省、自治区、直辖市的地方法规，制定规章。(　)

8. 国务院于2019年1月27日发布《国务院关于在市场监管领域全面推行部门联合“双随机、一公开”监管的意见》，该意见可以作为制定部门规章的依据。(　)

9. 行政法规之间对同一事项的新的一般规定与旧的特别规定不一致，不能确定如何适用时，由国务院法制办裁决。(　)

10. 地方政府规章的制定程序是立项—起草—审查—决定—公布—备案。(　)

七、名词解释

1. 行政立法

2. 职权立法

3. 授权立法

4. 执行性立法

5. 创制性立法

八、简答题

1. 行政立法的特点有哪些？

2. 行政立法的分类有哪些？

3. 行政立法的行政性质表现有哪些？

4. 行政立法的立法性质表现有哪些？

九、案例分析题

2019 年 7 月 18 日，某县人民政府经政府常务会议研究发布《关于对某县个体工商业经济实行强制整顿和管理的决定》的文件。文件规定："为了加强对全县个体工商业经济的管理引导，打击个体经济中的违法违纪现象，纠正职工的不合理流动，保障全县经济的健康发展，经县人民政府常务会议研究决定，对全县个体经济实行强制整顿和管理。"文件列举下列五种情况的个体户要予以取缔：（1）凡乡、村、机关、各直属单位在编现职干部直系亲属从事个体工商业的；（2）无证无照经营的个体工商户；（3）与乡、村办集体企业争原料、争技术、争业务、争人才的个体工厂；（4）挂村办厂的私人企业；（5）阻碍乡、村企业发展的某些加工、服务行业。

县政府个体经济管理办公室根据县政府的文件，于 2019 年 7 月 23 日强行扣缴了 19 户个体工商户的营业执照，宣布从即日起予以取缔，并剪断电源线，迫使其停产停业，给个体工商户造成重大损失。该 19 户个体工商户在上访未能解决问题的情况下，向县法院提起行政诉讼，请求撤销县政府发布的《关于对某县个体工商业经济实行强制整顿和管理的决定》，并返还营业执照，恢复营业，并赔偿损失。

请回答下列问题：

（1）请结合我国行政法的有关理论分析某县人民政府的这一决定的性质。

（2）对于 19 户个体工商户的请求，人民法院是否应当受理此案？人民法院能否判决撤销县政府的决定？为什么？

参考答案及解析

二、单项选择题

1. 答案：C。解析：地方政府规章的制定主体仅限于省、自治区、直辖市和设区的市、自治州的人民政府，不包括地方各级人民政府的工作部门，因此选项A不应选。《食品卫生法》已经规定了卫生许可证发放管理的基本原则和制度，省级卫生行政部门是进一步完善，因此属于补充性抽象行政行为，故选项C正确。

2. 答案：B。解析：《治安管理处罚法》是由全国人民代表大会常务委员会通过，中华人民共和国主席令公布施行的，故选项B正确。

3. 答案：D。解析：《立法法》第72条第2款规定，设区的市的地方性法规须报省、自治区的人民代表大会常务委员会批准后施行，故选项D正确。

4. 答案：C。解析：根据法律规定，抽象行政行为是指国家行政机关针对不特定的人和事制定具有普遍约束力的行为规则的活动。具体行政行为，是就特定事项对特定的公民、法人和其他组织的权利和义务作出的单方行政职权行为。由此可见，选项A是具体行政行为，B不是行政行为，D是人民法院的执行行为。故选项C正确。

5. 答案：D。解析：根据法律规定，抽象行政行为是指国家行政机关针对不特定的人和事制定具有普遍约束力的行为规则的活动。具体行政行为，是就特定事项对特定的公民、法人和其他组织的权利和义务作出的单方行政职权行为。故选项D正确。

6. 答案：D。解析：根据法律规定，抽象行政行为是指国家行政机关针对不特定的人和事制定具有普遍约束力的行为规则的活动。制定行政法规，制定规章的行政立法行为属于抽象行政行为。故选项D正确。

7. 答案：C。解析：解析：《立法法》第65条第1款规定，国务院根据宪法和法律，制定行政法规。故选项C正确。

8. 答案：A。解析：《立法法》第65条第1款规定，国务院根据宪法和法律，制定行政法规。故选项A正确。

9. 答案：D。解析：根据《立法法》第98条规定，行政法规、地方性法规、自治条例和单行条例、规章应当在公布后的30日内依照下列规定报有关机关备案。部门规章和地方政府规章报国务院备案。地方政府规章应当同时报本级人民代表大会常务委员会备案。设区的市、自治州的人民政府制定的规章应当同时报省、自治区的人民代表大会常务委员会和人民政府备案。

10. 答案：D。解析：《行政法规制定程序条例》第20条规定，国务院法制机构应当将行政法规送审稿或者行政法规送审稿涉及的主要问题发送国务院有关部门、地方人民政府、有关组织和专家征求意见。国务院有关部门、地方人民政府反馈的书面意见，应当加盖本单位或者本单位办公厅（室）印章。重要的行政法规送审稿，经报国务院同意，向社会公布，征求意见。故选项D正确。

三、多项选择题

1. 答案：ABC。解析：根据《立法法》第71条第1款规定，行政法规签署公布后，及时在国务院公报和中国政府法制信息网以及在全国范围内发行的报纸上刊载。《行政法规制定程序条例》第28条第1款规定，行政法规签署公布后，及时在国务院公报和中国政府法制信息网以及在全国范围内发行的报纸上刊载。国务院法制机构应当及时汇编出版行政法规的国家正式版本。由此可知，ABC选项正确。

2. 答案：AC。解析：《立法法》第72条第1款规定，省、自治区、直辖市的人民代表大会及其常务委员会根据本行政区域的具体情况和实际需要，在不同宪法、法律、行政法规相抵触的前提下，可以制定地方性法规。故AC选项正确。

3. 答案：BCD。解析：《规章制定程序条例》第30条第1款规定，公布规章的命令应当载明该规章的制定机关、序号、规章名称、通过日期、施行日期、部门首长或者省长、自治区主席、市长、自治州州长署名以及公布日期。依此，行政机关制定的行政法规、规章由制定机关的正职领导人员签署命令予以公布。因此，河南省人民政府制定的地方政府规章，应由河南省省长签署命令予以公布，故BCD选项错误。

4. 答案：AC。解析：根据法律规定，抽象行政行为是指国家行政机关针对不特定的人和事制定具有普遍约束力的行为规则的活动。具体行政行为，是就特定事项对特定的公民、法人和其他组织的权利和义务作出的单方行政职权行为。由此可见A、C为抽象行政行为，B、D为具体行政行为，故选项A、C正确。

5. 答案：AD。解析：抽象行政行为是指行政机关对不特定对象制定和发布普遍性行为规范的行为。它包括两方面：一是行政机关制定、发布行政法规、行政规章的行政行为；二是行政机关制定、发布具有普遍约束力的行政决定、行政命令的行为。

具体行政行为是行政主体针对特定对象所作的，能够引起具体行政法律关系产生、变更和消灭并直接产生法律效果的行为。

区分抽象行政行为和具体行政行为的标准有两个：（1）对象是否特定；（2）是否可以反复适用。故选项AD正确。

6. 答案：ABCD。解析：《立法法》第 80 条第 1 款规定，国务院各部、委员会、中国人民银行、审计署和具有行政管理职能的直属机构，可以根据法律和国务院的行政法规、决定、命令，在本部门的权限范围内，制定规章。第 82 条第 1 款规定，省、自治区、直辖市和设区的市、自治州的人民政府，可以根据法律、行政法规和本省、自治区、直辖市的地方性法规，制定规章。故选项 ABCD 正确。

7. 答案：ABC。解析：《立法法》第 82 条第 1 款规定，省、自治区、直辖市和设区的市、自治州的人民政府，可以根据法律、行政法规和本省、自治区、直辖市的地方性法规，制定规章。故选项 ABC 正确。

8. 答案：AB。解析：《立法法》第 88 条规定，法律的效力高于行政法规、地方性法规、规章。行政法规的效力高于地方性法规、规章。第 89 条第 1 款规定，地方性法规的效力高于本级和下级地方政府规章。故选项 AB 正确。

9. 答案：ABC。解析：抽象行政行为与具体行政行为的区别在于：第一，前者对象是不特定的多数人或事，而后者对象是特定的人或事。第二，前者一般针对将要发生的事项，而后者多针对已经发生的事项。第三，前者的主体有较严格的限制，特别是行政立法的主体必须是法定的有权主体，而后者的主体没有特别限制。虽然新修订的《行政诉讼法》第 2 条规定，公民、法人或者其他组织认为行政机关和行政机关工作人员的行政行为侵犯其合法权益，有权依照该法向人民法院提起诉讼。将原《行政诉讼法》规定的仅“具体行政行为”可诉扩大为“行政行为”可诉，为将来一部分抽象行政行为纳入行政诉讼的受案范围留有了空间。但是，行政诉讼法在确定受案范围时依然采用抽象行政行为和具体行政行为的分类方法。故选项 ABC 正确。

10. 答案：AB。解析：区分抽象行政行为和具体行政行为的标准主要在于对象是否特定，效力是否普遍。所谓抽象行政行为，是指以不特定的人或事为管理对象，制定具有普遍约束力的规范性文件的行为。所谓具体行政行为，是指在行政管理活动中，针对特定的人或事所采取的具体措施的行为。据此，选项 A、B 是抽象行政行为，而选项 C、D 由于针对特定的人，所以是具体行政行为。故选项 AB 正确。

四、不定项选择题

1. 答案：A。解析：就一般情形而言，经由国务院批准、国务院部门公布的规范性文件，不属于行政法规，属于部门规章。但是，《最高人民法院关于审理行政案件适用法律规范问题的座谈会纪要》指出：“考虑建国后我国立法程序的改革情况，现行有效的行政法规有以下三种类型：一是国务院制定并公布的行政法规；二是立法法施行以前，按照当时有效的行政法规制定程序，经国务院批准、由国务院部门公布的行政法规。但在立法法施行以后，经国务院批准、由国务院部门公布的规范性文件，不再属于行政法规；三是在清理行政法规时由国务院确认的其他行政法规。”题目中的《外国人来华登山管理办法》是1991年经国务院批准、由国家体委发布，属于2000年《立法法》施行以前按照当时有效的行政法规制定程序，经国务院批准、由国家体育运动委员会公布的行政法规。故A选项当选，BCD选项不当选。需要注意的是，国家体育运动委员会在1998年《关于国务院机构改革方案的决定》出台之前属于国务院组成部门，在1998年之后更名为“国家体育总局”，为国务院直属机构，具有部门规章制定权。

2. 答案：AC。解析：根据《立法法》第70条第1款规定，行政法规由总理签署国务院令公布。《行政区划管理条例》属于行政法规，应由总理签署，以国务院令公布。故A选项正确，B选项错误。

根据《立法法》第98条规定，行政法规、地方性法规、自治条例和单行条例、规章应当在公布后的30日内依照规定报有关机关备案，行政法规报全国人民代表大会常务委员会备案。因此，《行政区划管理条例》应当自2018年10月10日起30日内向全国人大常委会备案。故C选项正确，D选项错误。

3. 答案：BC。解析：根据《规章制定程序条例》第15条第3款规定：“起草专业性较强的规章，可以吸收相关领域的专家参与起草工作，或者委托有关专家、教学科研单位、社会组织起草。”由此可知，专家可以参与起草规章，也可以受委托起草规章，故A选项说法错误。

根据《规章制定程序条例》第16条第2款规定：“……听证会依照下列程序组织……（三）听证会应当制作笔录，如实记录发言人的主要观点和理由……”由此可知，起草单位就规章起草一旦举行听证会，即应当制作笔录，要如实记录发言人的主要观点和理由，故B选项说法正确。

根据《规章制定程序条例》第15条第1款规定，起草规章，应当深入调查研究，总结实践经验，广泛听取有关机关、组织和公民的意见。由此可知，起草规章应广泛听取有关机关、组织和公民的意见，也是程序正当原则中公众参与的体现，故C选项说法正确。

根据《规章制定程序条例》第20条规定：“规章送审稿有下列情形之一的，法制机构可以缓办或者退回起草单位：（一）制定规章的基本条件尚不成熟或者发生重大变化的……”由此可知，制定规章的基本条件尚不成熟的，法制机构既可以缓办，也可以将规章送审稿退回起草单位，并非应将规章送审稿退回起草单位，故D选项说法错误。

4. 答案：C。解析：根据《规章制定程序条例》第28条规定，审议规章草案时，由法制机构作说明，也可以由起草单位作说明。A选项中“须由起草单位作说明”的说法过于绝对，故 A 选项说法错误。

根据《规章制定程序条例》第 27 条第 2 款规定，地方政府规章应当经政府常务会议或者全体会议决定。B 选项中“须经政府全体会议决定”的说法过于绝对，故 B 选项说法错误。

根据《规章制定程序条例》第 30 条第 2 款规定，部门联合规章由联合制定的部门首长共同署名公布，使用主办机关的命令序号。部门联合规章公布的两个要求：共同署名和使用主办机关的命令序号，故 C 选项说法正确。

根据《规章制定程序条例》第 31 条第 1、2 款规定，部门规章签署公布后，及时在国务院公报或者部门公报和中国政府法制信息网以及在全国范围内发行的报纸上刊载。地方政府规章签署公布后，及时在本级人民政府公报和中国政府法制信息网以及在本行政区域范围内发行的报纸上刊载。由此可知，地方政府规章在本行政区域范围发行的报纸刊登，并不要求在全国范围内发行的报纸上刊登，故 D 选项说法错误。

5. 答案：B。解析：根据《立法法》第 88 条第 2 款规定，行政法规的效力高于地方性法规、规章。但国务院发布的规范性文件并不是行政法规，因此，不能认为国务院发布的规范性文件效力高于省级地方人大制定的地方性法规。故 A 选项错误。

根据《立法法》第 91 条规定，部门规章之间、部门规章与地方政府规章之间具有同等效力，在各自的权限范围内施行。因此国务院部门联合制定的规章与省级地方政府规章具有同等效力。故 B 选项正确。

根据《立法法》第 92 条规定，同一机关制定的法律、行政法规、地方性法规、自治条例和单行条例、规章，特别规定与一般规定不一致的，适用特别规定；新的规定与旧的规定不一致的，适用新的规定。新的规定效力优于旧的规定，是同一机关制定的规定。《立法法》第 88 条第 1 款规定，法律的效力高于行政法规、地方性法规、规章。行政法规的效力低于法律。故 C 选项错误。

根据《立法法》第 95 条第 1 款第 2 项规定，地方性法规与部门规章之间对同一事项的规定不一致，不能确定如何适用时，由国务院提出意见，国务院认为应当适用地方性法规的，应当决定在该地方适用地方性法规的规定；认为应当适用部门规章的，应当提请全国人民代表大会常务委员会裁决。因此，地方性法规与部门规章之间对同一事项的规定不一致，不能确定如何适用时，国务院认为应当适用部门规章的，由国务院提请全国人大常务委员会裁决。故 D 选项错误。

6. 答案：B。解析：根据《行政法规制定程序条例》第 26 条第 1 款规定，行政法规草案由国务院常务会议审议，或者由国务院审批。由此可知行政法规可由国务院常务会议审议通过，也可由国务院审批通过，故 A 选项说法错误。

根据《行政法规制定程序条例》第 26 条第 2 款规定，国务院常务会议审议行政法规草案时，由国务院法制机构或者起草部门作说明。由此可知，在审议行政法规草案时作出说明的机关可以是国务院法制机构，也可以是起草部门，故 B 选项说法正确。

根据《行政法规制定程序条例》第 27 条第 1 款规定，国务院法制机构应当根据国务院对行政法规草案的审议意见，对行政法规草案进行修改，形成草案修改稿，报请总理签署国务院令公布施行。由此可知，行政法规草案经国务院审议后，国务院法制机构应当根据审议意见对行政法规草案进行修改，故 C 选项说法错误。

根据《行政法规制定程序条例》第 30 条规定，行政法规在公布后的 30 日内由国务院办公厅报全国人民代表大会常务委员会备案。由此可知，行政法规应由国务院办公厅报请备案，并非由国务院法制办报请备案，故 D 选项说法错误。

7. 答案：BD。解析：根据《立法法》第 80 条第 1 款规定，国务院各部、委员会、中国人民银行、审计署和具有行政管理职能的直属机构，可以根据法律和国务院的行政法规、决定、命令，在本部门的权限范围内，制定规章。行政规章的制定主体是法定主体，国家体育总局作为具有行政管理职能的直属机构以及审计署都具有制定规章的权力，故 BD 选项当选。国务院办公厅属于国务院办公机构，国务院法制办公室作为国务院办事机构在 2018 年国务院机构改革中被撤销，既不属于国务院组成部门，也不属于国务院的直属机构，无权制定规章，故 AC 选项不当选。

8. 答案：BCD。解析：根据《规章制定程序条例》第 13 条第 3 款规定，年度规章制定工作计划在执行中，可以根据实际情况予以调整，对拟增加的规章项目应当进行补充论证。A 选项中该市政府拟制定限制电动自行车通行的规章“未列入不得制定”的说法过于绝对，因为可以根据实际情况予以调整，故 A 选项说法错误。

根据《规章制定程序条例》第 15 条第 1 款规定，起草规章，应当深入调查研究，总结实践经验，广泛听取有关机关、组织和公民的意见。由此可知，起草规章应当广泛听取有关机关、组织和公民的意见，故 B 选项说法正确。

根据《规章制定程序条例》第 18 条第 3 款规定，规章送审稿的说明应当对制定规章的必要性、规定的主要措施、有关方面的意见及其协调处理情况等作出说明。某省会城市的市政府制定限制电动自行车通行的规章送审稿的说明应当对制定规章的必要性规定的主要措施、有关方面的意见等情况作出说明，故 C 选项说法正确。

根据《规章制定程序条例》第 20 条规定：“规章送审稿有下列情形之一的，

法制机构可以缓办或者退回起草单位：（一）制定规章的基本条件尚不成熟或者发生重大变化的……”由此可知，该市政府法制机构认为制定此规章基本条件尚不成熟，可以缓办，也可以将规章送审稿退回起草单位，故D选项说法正确。

9. 答案：C。解析：根据《立法法》第7条第1、3款规定，全国人民代表大会和全国人民代表大会常务委员会行使国家立法权。全国人民代表大会常务委员会制定和修改除应当由全国人民代表大会制定的法律以外的其他法律；在全国人民代表大会闭会期间，对全国人民代表大会制定的法律进行部分补充和修改，但是不得同该法律的基本原则相抵触。由此可知，全国人民代表大会制定基本法律，全国人大常委会制定其他法律。因此，《体育法》由全国人大常委会制定，属于其他法律，不属于基本法。故A选项错误。

根据《立法法》第97条规定，全国人民代表大会常务委员会有权撤销同宪法、法律和行政法规相抵触的地方性法规；国务院有权改变或者撤销不适当的部门规章和地方政府规章；省、自治区、直辖市的人民代表大会有权改变或者撤销它的常务委员会制定的和批准的不适当的地方性法规。因此，违反《体育法》的地方性法规应当由全国人大常委会撤销，国务院无权撤销。故B选项错误。

根据《立法法》第84条第1款规定，部门规章应当经部务会议或者委员会会议决定。因此，国家体育总局制定的部门规章应当经国家体育总局局务会议通过。故C选项正确。

根据《立法法》第98条第4项规定，部门规章和地方政府规章报国务院备案。中国马术行业协会是一种社会组织，不属于国家机关。中国马术行业协会制定的细则不是部门规章和地方政府规章，无须向国务院备案。故D选项错误。

10. 答案：D。解析：根据《规章制定程序条例》第7条规定，规章的名称一般称“规定”“办法”，但不得称“条例”。某省政府所在地的市政府制定的规章不能定名为“条例”，故A选项错误。

根据《立法法》第98条规定，行政法规、地方性法规、自治条例和单行条例、规章应当在公布后的30日内依照下列规定报有关机关备案：部门规章和地方政府规章报国务院备案；地方政府规章应当同时报本级人民代表大会常务委员会备案；设区的市、自治州的人民政府制定的规章应当同时报省、自治区的人民代表大会常务委员会和人民政府备案。某省政府应当在规章公布后30日内报请备案，而不是在60日内报请备案，故B选项错误。

根据《立法法》第81条规定，涉及两个以上国务院部门职权范围的事项，应当提请国务院制定行政法规或者由国务院有关部门联合制定规章。所以对涉及国务院甲乙两部委职权范围的事项，要么是提请国务院制定行政法规，要么是由国务院甲乙两部委联合制定规章，不得由甲部单独制定规章，故C选项错误。

根据《规章制定程序条例》第 5 条第 2 款规定，制定规章，应当体现行政机关的职权与责任相统一的原则，在赋予有关行政机关必要的职权的同时，应当规定其行使职权的条件、程序和应承担的责任。因此，在 D 选项中，某省政府制定的规章既规定行政机关必要的职权，又规定行使该职权应承担的责任，这是符合规章制定要求的，故 D 选项正确。

五、填空题

1. 国务院
2. 行政
3. 30
4. 授权立法
5. 国务院
6. 条例
7. 征求意见
8. 国务院总理
9. 部门首长
10. 全国人大常委会

六、判断题

1. 对。解析：根据法律规定，抽象行政行为是指国家行政机关针对不特定的人和事制定具有普遍约束力的行为规则的活动。具体行政行为是指就特定事项对特定的公民、法人和其他组织的权利和义务作出的单方行政职权行为。

2. 对。解析：行政立法是国家行政机关依照法律规定的权限和程序，制定行政法规和行政规章的活动。因此，行政立法既是一种抽象行政行为，又是一种准立法行为。

3. 错。解析：《立法法》第 82 条第 1 款规定，省、自治区、直辖市和设区的市、自治州的人民政府，可以根据法律、行政法规和本省、自治区、直辖市的地方性法规，制定规章。

4. 错。解析：《行政诉讼法》第 63 条第 1 款规定，人民法院审理行政案件，以法律和行政法规、地方性法规为依据。行政法的渊源包括：宪法、法律、行政法规、地方性法规、自治条例和单行条例、部门规章、地方政府规章、法律解释和国际条约。

5. 错。解析：根据《立法法》第 82 条第 1 款规定，省、自治区、直辖市和设区的市、自治州的人民政府，可以根据法律、行政法规和本省、自治区、直辖市的地方性法规，制定规章。

6. 对。解析：《立法法》第 70 条第 1 款规定，行政法规由总理签署国务院令公布。

7. 错。解析：《立法法》第 82 条第 1 款规定，省、自治区、直辖市和设区的市、自治州的人民政府，可以根据法律、行政法规和本省、自治区、直辖市的地方性法规，制定规章。

8. 对。解析：《立法法》第 80 条第 1 款规定，国务院各部、委员会、中国人民银行、审计署和具有行政管理职能的直属机构，可以根据法律和国务院的行政法规、决定、命令，在本部门的权限范围内，制定规章。《意见》属于国务院制定的规范性文件，是具有普遍约束的决定、命令，可以作为制定部门规章的依据。

9. 错。解析：《立法法》第 94 条第 2 款规定，行政法规之间对同一事项的新的一般规定与旧的特别规定不一致，不能确定如何适用时，由国务院裁决。

10. 对。解析：根据《规章制定程序条例》可知规章的制定程序是立项、起草、审查、决定、公布、备案。

七、名词解释

1. 行政立法是指国家行政机关依照法律规定的权限和程序，制定行政法规和行政规章的活动。

2. 职权立法是国家行政机关直接依照宪法和有关组织法规定的职权制定行政法规和行政规章的活动。

3. 授权立法是指依照特定法律、法规授权，或者依据国家权力机关或上级国家行政机关通过专门决议的授权，制定规范性法律文件的行为。

4. 执行性立法是指行政机关为了执行法律或地方性法规以及上级行政机关发布的规范性文件所作出的具体规定。

5. 创制性立法是指行政机关为了填补法律法规的空白，或者变通法律法规的个别规定，以实现行政职能而进行的立法。

八、简答题

1. 答：行政立法的特点有：

（1）行政立法的主体是特定的国家行政机关；

（2）行政立法是从属性立法；

（3）行政立法具有很强的适应性和针对性；

（4）行政立法具有多样性和灵活性。

2. 答：根据不同的标准，行政立法可以做不同的分类：

（1）职权性立法与授权性立法；

（2）中央行政立法和地方行政立法；

（3）执行性立法和创制性立法。

3. 答：行政立法的行政性质主要表现在：

（1）行政立法的主体是国家行政机关；

（2）行政立法所调整的对象主要是行政管理事务及与行政管理密切关联的事物；

（3）行政立法的根本目的是实施和执行权力机关制定的法律，实现行政管理职能。

4. 答：行政立法的立法性质主要表现在：

（1）行政立法是有权行政机关代表国家以国家名义制定行政法律规范的活动；

（2）行政立法所制定的行为规则属于法的范畴，具有法的基本特征，即普遍性规范性和强制性；

（3）行政立法必须遵循相应的立法程序，必须经过起草、征求意见、会议审查、通过、签署、公布等法定程序。

九、案例分析题

（1）答案：某县人民政府这一决定的性质属于抽象行政行为。

所谓抽象行政行为，是指以不特定的人或事为对象，制定具有普遍约束力的规范性文件的行为。《行政诉讼法》第 13 条规定的“具有普遍约束力的决定、命令”，是指行政机关针对不特定对象发布的能反复适用的行政规范性文件。与此相对的是具体行政行为，是指行政机关在行政管理活动中，针对特定的人或事所采取的具体措施的行为。本案中某县人民政府的文件是针对某县个体工商业经济而发布的，对象不特定，且具有普遍约束力，可反复适用，因而属于抽象行政行为。

（2）答案：对于 19 户个体工商户的请求，人民法院应当受理。但是人民法院不能判决撤销县政府的决定。本案中，县政府个体经济管理办公室根据县政府的文件进行整顿，对 19 户个体工商户予以取缔，并收缴了他们的营业执照，并断电断水迫使其停产停业。这一行为是针对 19 户个体工商户作出的，直接涉及他们的权利和义务，当属具体行政行为。《行政诉讼法》第 12 条第 1 款第 1 项规定，人民法院受理公民、法人和其他组织对行政拘留、暂扣或者吊销许可证和执照、责令停产停业、没收违法所得、没收非法财物、罚款、警告等行政处罚不服提起的诉讼。依此，19 户个体工商户不服，可以依法向法院提起行政诉讼，人民法院应当受理。

但是，某县人民政府就整顿个体工商经济发布的该文件，是就一般的管理事项而不是针对 19 户个体工商户作出的决定，不直接针对 19 户个体工商户发生法律强制力，是抽象行政行为。《行政诉讼法》第 13 条规定，人民法院不受理公民、法人或者其他组织对行政法规、规章或者行政机关制定、发布的具有普遍约束力的决定、命令提起的诉讼。因此，对于19户个体工商户要求撤销该决定的诉讼请求，人民法院是不予受理的。

况且，根据《行政诉讼法》第70条规定，具体行政行为有下列情形之一的，人民法院可判决撤销或者部分撤销，并可以判决被告重新作出具体行政行为：(1) 主要证据不足的；(2) 适用法律、法规错误的；(3) 违反法定程序的；(4) 超越职权的；(5) 滥用职权的；(6) 明显不当的。也就是说，虽然行政诉讼的受案范围不限于具体行政行为，但是人民法院能够判决撤销的行政行为，仅限于具有上述六种情形的具体行政行为，而不包括抽象行政行为。

综上所述，人民法院不能判决撤销县政府的决定。

第六章 具体行政行为

一、知识导图

- 行政许可
  - 含义：行政机关根据公民、法人或者其他组织的申请，经依法审查，准予其从事特定活动的行为
  - 特征：（1）依申请；（2）前提是法律的一般禁止；（3）授益性；（4）目的在于抑制公益上的危险等因素；（5）要式
  - 种类：（1）一般许可和特别许可；（2）排他性许可和非排他性许可；（3）独立证书许可和附文件许可；（4）权利性许可和附义务的许可等
  - 基本原则：（1）许可法定；（2）公开；（3）便民；（4）保护申请人程序性权利；（5）信赖保护；（6）禁止转让；（7）监督
  - 作用
    - 积极作用：加强宏观管理、合理分配资源、消除威胁社会公共安全的因素等
    - 消极作用：抑制竞争、滋生腐败
  - 设定和规定
    - 法律的设定权
    - 行政法规的规定权和设定权
    - 国务院决定的设定权
    - 地方性法规的规定权和设定权
    - 规章的规定权和设定权
    - （以上各项）→ 可设定行政许可的六类事项；可不设行政许可的四种情形
  - 实施机关：（1）行政机关；（2）被授权组织；（3）受委托组织
  - 实施程序：提出申请→受理→审查→决定→听证→变更→延续→特别规定
  - 撤销、注销与中止：撤销的情形、注销的情形、中止的情形、相关的救济

- 行政强制
  - 含义：行政主体为实现行政目的，对相对人的财产、身体及自由等予以强制而采取的措施
  - 类型：行政强制措施和行政强制执行
  - 基本原则：法定、适当、说服教育和强制相结合、不得滥用、保障相对人程序性权利
  - 行政强制措施
    - 含义：行政机关为了查清事实，或者为了预防、制止、控制违法行为、危害状态，或者为了保障行政管理工作的顺利进行，以及在紧急情况下排除紧急妨碍、消除紧急危险，根据现实情况的需要，按照法定的方式，依职权对公民、法人或者其他组织的人身、财产及行为进行暂时性限制，以实现一定的行政目的的行为
    - 特征：直接强制性、手段性、非制裁性、暂时性
    - 种类：（1）限制公民人身自由；（2）查封场所、设施或者财物；（3）扣押财物；（4）冻结存款、汇款；（5）其他
    - 设定权的分配
      - 法律的设定权
      - 行政法规的设定权
      - 地方性法规的设定权
      - 其他规范性文件不得设定
    - 实施程序：（1）适用条件；（2）实施主体；（3）一般程序；（4）当场实施行政强制措施的程序；（5）限制人身自由的实施程序；（6）查封、扣押的实施程序；（7）冻结的实施程序
  - 行政强制执行
    - 含义：行政机关或者行政机关申请人民法院，对不履行行政决定的公民、法人或者其他组织，依法强制履行义务的行为
    - 特征：前提条件；主体；目的；对象；不得进行执行和解
    - 种类：根据法定方式分类；根据执行机关分类；根据执行对象分类；根据执行手段分类
    - 原则
      - 依法执行、说服教育和强制相结合；及时、准确、手段正当；执行标的有限；
      - 强制与预防相结合；保护当事人合法权益；协助执行
    - 程序
      - （1）一般规定：事先催告→陈述申辩→强制执行→中止执行与终止执行
      - （2）金钱给付义务的执行程序
      - （3）代履行的执行程序
      - （4）申请人民法院强制执行的程序

行政处罚
- 含义：行政处罚是指行政机关依法对违反行政管理秩序的公民、法人或者其他组织，以减损权益或者增加义务的方式予以惩戒的行为
- 特征：（1）主体是行政主体；（2）针对行政违法行为；（3）目的；（4）尚未构成犯罪
- 种类：人身罚、财产罚、行为罚、申诫罚
- 原则：处罚法定：公正、公开；处罚与教育相结合；保障相对人权利；职能分离；一事不再罚
- 程序
  - 行政处罚决定程序：简易程序、一般程序、听证程序
  - 行政处罚执行程序：专门机构收缴罚款、当场收缴罚款、执行保障措施

行政指导
- 含义：（略）
- 方式和类型：助成性行政指导、规制性行政指导、调整性行政指导
- 特征：非强制性、事实行为性、能动性、行政机关的优越性
- 评价：积极作用与消极影响
- 法律救济
  - 法律依据：有争议
  - 实施条件：四个条件
  - 救济途径：行政诉讼救济及请求国家赔偿

行政合同
- 含义：（略）
- 特征：当事人一方是行政主体；内容是执行公务；规定私法以外的规则；受特殊法规范调整；特定管辖
- 几种分类方法：内部合同与外部合同；承包、转让与委托合同；其他分类
- 具体表现形式：土地有偿出让、承包合同，全民所有制工业企业承包、租赁合同；政府粮食定购合同；公共工程合同；政府采购合同；BOT 政府特许经营合同
- 行政合同人的权利义务：行政主体的权利和义务；相对方的权利和义务
- 缔结行政合同的原则：六项原则
- 缔结方式：招标、邀请发价、直接磋商
- 履行：实际履行，自己履行，全面、适当、及时履行
- 变更、解除及法律救济

行政征收
- 含义：行政主体根据国家利益或者公共利益的需要，凭借国家行政权，依法向行政相对人强制地取得税、费以及土地、企业等其他财产权益的行政行为
- 特征：强制性、形式多样性、无偿性和相应的补偿性、法定性、先定性和固定性
- 种类：税的征收、费的征收、土地征收、企业征收、其他财产权的征收
- 法律关系主体：征收主体、被征收主体
- 原则：法定原则；公平负担与受益者负担原则；效率原则；确保财政收入、促进社会经济的可持续发展原则；尊重个人、组织财产权原则
- 程序：征收事项登记、缴纳鉴定、缴纳申报、款项征收

行政征用

- 含义：行政主体根据国家和社会公共利益的需要，强制地取得相对人财产使用权或者劳务，并给予相应补偿的行政行为
- 种类：土地征用；劳务征用；房屋、设备、交通运输工具等财产的征用
- 特征：强制性、公益性、一定的补偿性、法定性

行政确认

- 含义：行政主体依法对行政相对人的法律地位、法律关系或有关法律事实进行甄别，给予确定、认定、证明（或否定）并予以宣告的具体行政行为
- 特征
  - （1）主体是行政主体
  - （2）内容是对相对人法律地位和权利义务的确定或否定
  - （3）行使国家行政权的行为
  - （4）要式
  - （5）羁束性
- 内容：（1）法律事实；（2）法律关系
- 种类及范围：公安行政确认、民政行政确认、劳动行政确认、卫生行政确认、经济行政确认、司法行政确认

行政给付

- 含义：（略）
- 特征：（1）依法给付金钱或实物；（2）对象是特定的个人或组织；（3）依申请；（4）依法作出
- 内容：赋予给付对象一定的物质上的权益或与物质相关的权益
- 种类：抚恤金、特定人员离退休金、社会救济、福利金、自然灾害救济金及救济物资
- 原则：公平、公正
- 程序：定期性发放的程序、一次性发放的程序、临时性发放的程序

行政奖励

- 含义：（略）
- 特征：主体、目的、对象与内容
- 性质：具体行政行为，不具强制执行力，是一种法定的行为
- 基本原则
  - （1）依法奖励、实事求是
  - （2）奖励与受奖行为相当
  - （3）精神、物质奖励相结合
  - （4）公正、合理、民主、平等
  - （5）及时性、时效性与稳定性
- 构成要件：须符合法定条件
- 内容和形式：精神方面的权益、物质方面的权益、职权方面的权益

行政裁决：
- 含义：行政机关依照法律授权，对当事人之间发生的、与行政管理活动密切相关的、与合同无关的民事纠纷进行审查，并作出裁决的行政行为
- 特征：前提、主体、依申请、具有法律效力
- 原则：（1）公平、平等；（2）简便、迅速；（3）客观、准确
- 种类：（1）权属纠纷的裁决；（2）侵权纠纷的裁决；（3）损害赔偿纠纷的裁决

二、单项选择题

1. 下列选项中不属于行政处罚措施的是（　）。

A. 罚款　B. 警告　C. 行政拘留　D. 拘役

2. 下列行政罚款，可以适用当场收缴程序执行的是（　）。

A. 依法给予 200 元以下罚款的

B. 依法给予 100 元以下罚款的

C. 依照简易程序处罚，且数额在 100 元以下的

D. 不当场收缴，事后难以执行的

3. 下列事项中，（　）不需要设定行政许可。

A. 司法资格的取得　　B. 企业采购原材料

C. 公司登记注册　　D. 石油资源开采

4. 关于行政许可，下列说法错误的是（　）。

A. 行政许可是对社会实施的外部管理行为

B. 无申请即无许可

C. 获得行政许可，表明申请人符合法定条件，可以依法从事有关活动

D. 行政许可，是行政机关依法对社会、经济、事务实行事后监督管理的一种重要手段

5. 下列行为中不属于具体行政行为的是（　）。

A. 某交警给予违章司机甲 200 元罚款的处罚

B. 某市××路拆迁办发布关于××路两旁 20 米内的建筑物拆除的通知

C. 某市司法局在节假日组织承担法律援助的律师在市内广场进行义务法律咨询

D. 某市市场监督管理局给某公司颁发营业许可证

6. 以下行为中不属于行政主体实施的行政处罚行为的是（　）。

A. 某警察对一辆逆行车辆的车主进行罚款并扣分

B. 某市场监督管理局吊销了某企业的营业执照

C. 某单位对违反工作纪律的田某予以开除的处罚

D. 某公安机关对酒后驾驶大型客车的司机进行行政拘留

7. 徐某认为周某在他家门口摆摊经营妨碍了出行，与周某发生争执，并将

周某的三轮车砸坏。周某报警后，派出所民警对二人的纠纷进行了调解，达成徐某赔偿周某 300 元的协议。事后周某向徐某索要赔偿，徐某拒绝赔偿，周某再向派出所反映。下列说法正确的是（ ）。

A. 公安机关不应再作处理，因为双方已经达成协议

B. 公安机关可以请求法院强制执行该协议

C. 如果公安机关逾期不请求法院强制执行，周某可以要求法院强制执行

D. 公安机关应当对徐某给予处罚，并告知周某向法院提起民事诉讼

8. 某市场监督管理局针对福某公司涉嫌生产过期的鸡肉依法实施了扣押，下列哪一说法是正确的？（ ）

A. 经某市场监督管理局负责人批准，执法人员张某可以单独实施扣押

B. 如情况紧急，执法人员当场扣押的，返回单位后应当立即向某市场监督管理局负责人报告并补办批准手续

C. 执法人员张某应当佩戴执法记录仪全程录像

D. 某市场监督管理局扣押后，可以委托他人保管

9. 根据《行政许可法》，下列情形中行政机关应当就相对人所受到的损失给予补偿的是（ ）。

A. 赵某以运输货物为主，但由于严重违反交通规则，其驾驶执照被某交通管理部门吊销，失去生活来源

B. 钱某为了取得开办一歌厅的营业执照，贿赂某市场监督管理局的负责人，后被人检举，某市场监督管理局的上级行政机关撤销了该歌厅的营业执照，钱某前期投入的资金也无法收回

C. 孙某申请生猪屠宰许可，某行政机关工作人员玩忽职守，未经实地检查其场地条件就批准了该申请，后在某行政机关的监督检查过程中，撤销了该许可

D. 周某依法取得了在江边某处采砂的许可，后为了防洪筑坝的需要，某行政机关撤回了该许可

10. 根据我国行政许可法的规定，下列无须设定行政许可的是（ ）。

A. 郑州商业银行的设立　　B. 私家车上牌照

C. 医师资格的取得　　D. 律师执业资格的取得

11. 下列行为属于行政处罚的是（ ）。

A. 某公安交管局暂扣违章驾车人张某的驾驶执照 6 个月

B. 某市场监督管理局对某企业有效期届满未申请延续的营业执照予以注销

C. 某卫生健康委员会对流行性传染病患者强制隔离

D. 某市市场监督管理局责令某食品生产者召回其已上市销售的不符合安全

标准的食品

12.《行政处罚法》规定，违法行为在2年内未被行政机关发现的，不再给予行政处罚；涉及公民生命健康安全、金融安全且有危害后果的，上述期限延长至（　）年。法律另有规定的除外。

A. 2年　B. 3年　C. 4年　D. 5年

13. 下列选项中不属于行政处罚种类的是（　）。

A. 行政拘留　B. 罚金　C. 吊销许可证　D. 责令停产停业

14. 下列不属于具体行政行为的是（　）。

A. 某县林业局对乱砍滥伐树木的行为进行处罚

B. 某区市场监督管理局向申请人颁发营业执照

C. 某公安机关对违法的公民进行治安处罚

D. 某市政府出台一项关于治理市区临街非法建筑的政府规章

15. 税务机关收缴滞纳金是对纳税人的（　）。

A. 行政处罚　B. 执行罚　C. 行政处分　D. 代执行

16. 国家行政机关对其系统内部违法失职的公务员实施的惩戒措施是（　）。

A. 行政处罚　B. 行政处分　C. 行政强制　D. 行政监督

17. 下列不属于行政许可的是（　）。

A. 某县政府发放证书，确认土地所有权或使用权

B. 某市场监督管理局颁发企业营业执照

C. 某商标局对商标申请予以核准注册，发给商标注册证

D. 某地质矿产局颁发采矿许可证

18. 下列行政行为中，属于行政强制措施的是（　）。

A. 行政拘留　B. 吊销许可证　C. 冻结存款　D. 罚款

19. 公民、法人或者其他组织对行政行为在法定期间不提起诉讼又不履行的，行政机关可以申请（　）强制执行。

A. 人民法院　B. 检察院　C. 公安机关　D. 当地人民政府

20. 以下哪些行为只能由法律进行创制性的规定（　）。

A. 罚款　B. 没收违法所得　C. 行政拘留　D. 限制开展生产经营活动

21. 交通行政管理部门颁发驾驶执照属于（　）。

A. 排他性许可　B. 附义务许可　C. 非排他性许可　D. 附文件许可

22.《行政处罚法》规定：行为人违法事实确凿且有法定依据的，对公民处以（　）罚款的行政处罚，可以当场作出行政处罚的决定。

A. 200元以下　B. 50元以下　C. 100元以下　D. 20元以下

23. 公安机关对酗酒闹事的人强制进行人身约束的行为，生效规则是（　）。

A. 附条件生效 B. 告知生效 C. 受领生效 D. 即时生效

24. 某市场监督管理局吊销某违法经营企业营业执照的行为属于（ ）。

A. 行政征用 B. 行政征收 C. 行政处罚 D. 行政强制

25. 公安机关对吸毒者强制戒毒的行为，其性质是（ ）。

A. 行政处罚 B. 行政处理 C. 行政强制 D. 行政给付

26. 下列哪些属于行政许可法的调整对象？（ ）

A. 教育部批准中国人民大学关于副校长的任命

B. 民政局办理结婚登记

C. 某县住房和城乡建设局批准县文化局办公大楼施工许可

D. 北京市财政局批准市公安局通过单一来源采购的方式购买消防车 50 辆

27. 行政机关对于重大违法行为给予较重的行政处罚时，在证据可能灭失的情况下，下列选项哪个是正确的？（ ）

A. 经行政机关负责人批准，可以先行封存证据

B. 经行政机关集体讨论决定，可以先行扣押证据

C. 经行政机关负责人批准，可以先行登记保存证据

D. 经行政机关负责人批准，可以先行登记提存证据

28. 行政机关所实施的下列行为中，哪一项属于具体行政行为？（ ）

A. 某公安交管局在辖区内快速路入口处悬挂“危险路段，谨慎驾驶”的横幅

B. 某县公安局依照《刑事诉讼法》对李某进行拘留

C. 某区政府对王某作出房屋征收决定

D. 因民间纠纷引起的打架斗殴双方经某公安派出所调解达成的协议

29. 行政机关对不履行义务的行政相对方按日科以金钱给付义务，以促使其履行义务的行为属于（ ）。

A. 代履行 B. 执行罚 C. 行政处罚 D. 即时强制

30. 某地连续发生数起以低价出售物品引诱当事人至屋内后实施抢劫的事件，当地公安局通过手机短信告知居民保持警惕以免上当受骗。公安局的行为属于下列哪一性质？（ ）

A. 履行行政职务的行为 B. 负担性的行为

C. 准备性行政行为 D. 强制行为

31. 某区税务局公务员李某因聚众赌博被某区公安分局处以 15 日拘留，公安机关对李某的拘留行为属于（ ）。

A. 行政处分 B. 行政处罚 C. 行政强制 D. 行政调查

32. 下列制度中不是行政处罚公开原则的具体体现的是（ ）。

A. 说明理由制度　B. 告知制度　C. 表明身份制度　D. 合议制度

33. 排他性许可又称（　）。

A. 独立的许可　B. 权利性许可　C. 特殊性许可　D. 独占许可

34. 行政法规不能设定的行政处罚有（　）。

A. 限制人身自由　B. 罚款　C. 没收财产　D. 吊销企业营业执照

35. 某县公安局开展整治非法改装机动车的专项行动，向社会发布通知：禁止改装机动车，发现非法改装机动车的，除依法暂扣行驶证、驾驶证 6 个月外，机动车所有人须到指定场所学习交通法规 5 日并出具自行恢复原貌的书面保证，不自行恢复的予以强制恢复。某县公安局依此通知查处 10 辆机动车，要求其所有人到指定场所学习交通法规 5 日并出具自行恢复原貌的书面保证。下列哪一说法是正确的？（　）

A. 通知为具体行政行为

B. 要求 10 名机动车所有人学习交通法规 5 日的行为为行政指导

C. 通知所指的暂扣行驶证、驾驶证 6 个月为行政处罚

D. 通知所指的强制恢复为行政强制措施

36. 根据行政处罚的规定，可以设定限制人身自由的行政处罚的规范性文件是（　）。

A. 法律　B. 行政法规　C. 行政规章　D. 地方性法规

37. 在下列各项中，不属于行政处罚的是（　）。

A. 警告　B. 罚款　C. 撤职　D. 行政拘留

38. 张某看到餐饮业近几年发展得十分火热，于是决定抓住商机，欲开办一家以泰国菜为经营特色的饭店，在申请营业执照的过程中，市场监督管理部门提出的要求不合法的是（　）。

A. 张某可以写委托书，委托他人到市场监督管理局来申请

B. 张某可以采用市场监督管理局提供的申请书格式文本，但要交 6 元工本费

C. 张某不能通过邮寄或电子邮件方式提出申请

D. 张某要如实提供有关材料并对申请材料实质内容的真实性负责

39. 2012 年 5 月，万某公司凭借一份虚假验资报告在某省市场监督管理局办理了增资的变更登记，此后连续 4 年通过了市场监督管理局的年检。2016 年 7 月，某省市场监督管理局以办理变更登记时提供虚假验资报告为由对万某公司作出罚款 1 万元，责令提交真实验资报告的行政处罚决定。2017 年 4 月，某省市场监督管理局又作出撤销公司变更登记，恢复到变更前状态的决定。2019 年 6 月，某省市场监督管理局又就同一问题作出吊销营业执照的行政处罚决定。关于某省

市场监督管理局的行为，下列说法正确的是（　）。

A. 市场监督管理局 2016 年 7 月的处罚决定违反了《行政处罚法》关于时效的规定

B. 市场监督管理局 2017 年 4 月的处罚决定违反了一事不再罚原则

C. 市场监督管理局 2019 年 6 月的处罚决定是对前两次决定的补充和修改，属于合法的行政行为

D. 对于万某公司拒绝纠正自己违法行为的情况，市场监督管理局可以以违法行为处于持续状态为由作出处罚

40. 天龙房地产开发有限公司拟兴建天龙金湾小区项目，向某市自然资源和规划局申请办理建设工程规划许可证，并提交了相关材料。下列哪一说法是正确的？（　）

A. 该公司应到某市自然资源和规划局办公场所提出申请

B. 该公司应对其申请材料实质内容的真实性负责

C. 该公司的申请材料不齐全的，某市自然资源和规划局应作出不受理决定

D. 某市自然资源和规划局为该公司提供的申请格式文本可收取工本费

41. 海关总署发布关于加强进口某国油菜籽检疫警示通报的公告：对进口某国油菜籽要加强检疫，重点关注植物病害、杂草的查验和实验室检测鉴定，对各海关有害生物检出情况进行风险评估，适时调整预警措施，及时将相关情况通知油菜籽进口企业。关于公告的性质，下列说法正确的是（　）。

A. 抽象行政行为　B. 具体行政行为　C. 行政强制措施　D. 行政事实行为

42. 某市安监局向甲公司发放《烟花爆竹生产企业安全生产许可证》后，发现甲公司所提交的申请材料系伪造。对于该许可证的处理，下列哪一选项是正确的？（　）

A. 吊销　B. 撤销　C. 撤回　D. 注销

43. 某市自然资源和规划局认定李某房屋属于违法建筑物，向李某发出《责令限期拆除通知书》，责令李某在 1 日内自行拆除房屋，逾期不拆除的，强制拆除。由于李某没有拆除房屋，某市自然资源和规划局组织执法人员将李某房屋拆除。下列说法正确的是（　）。

A.《责令限期拆除通知书》是行政指导

B.《责令限期拆除通知书》是行政强制措施

C.《责令限期拆除通知书》具有可诉性

D. 某市自然资源和规划局拆除李某房屋合法

44. 某省政府根据国务院的授权，决定由该省住房和城乡建设局统一行使数个政府职能部门的行政处罚权。根据《行政处罚法》的规定，住房和城乡建设

局不能行使下列哪一项职权？（ ）

A. 交通管理机关的罚款权

B. 环境保护局的罚款权

C. 公安机关的行政拘留权

D. 市场监督管理部门的吊销营业执照权

45. 关于行政处罚和刑罚的折抵，下列说法错误的是（ ）。

A. 行政拘留可以折抵拘役

B. 行政拘留可以折抵有期徒刑

C. 没收违法所得可以折抵没收财产

D. 罚款可以折抵罚金

46. 关于行政处罚的设定权与规定权，下列说法不正确的是（ ）。

A. 云南省人大制定的《云南省旅游业营业管理条例》无权创设吊销企业营业执照的处罚

B. 南京市政府颁发的规章只能对上位法创设的处罚作出具体规定

C. 江苏省地方性法规就某一违法行为设定给予 1 万~5 万元罚款，南京市政府的配套实施规章中不可以将罚款幅度规定为 3 万~5 万元

D. 南京市政府规章中设定的罚款数额应当由省级人大常委会决定

47. 安某放的羊吃了朱某家的玉米秸秆，二人产生争执。安某殴打朱某，致其左脸青紫、鼻骨骨折，朱某被鉴定为轻微伤。在某区公安分局的主持下，安某与朱某达成协议，由安某向朱某赔偿 500 元。下列说法正确的是（ ）。

A. 安某与朱某达成协议后，仍可以对安某进行治安处罚

B. 如果安某拒不履行协议，朱某可以直接向人民法院提起行政诉讼

C. 如果安某拒不履行协议，朱某应当先向某区公安分局的上一级机关申请行政复议，对复议决定不服再提起行政诉讼

D. 如果安某拒不履行协议，朱某可以向人民法院提起民事诉讼

48. 某市自然资源和规划局确认某块土地的使用权人为张某，该行政行为属于（ ）。

A. 行政确认　B. 行政给付　C. 行政奖励　D. 行政命令

49. 下列不属于行政征收的内容的是（ ）。

A. 税收征收　B. 管理费征收　C. 土地征收　D. 资源费征收

50. 行政裁决的对象是法律规定的特定的（ ）。

A. 民事争议　B. 行政争议　C. 商事争议　D. 刑事争议

51. 属于集中采购目录以内的政府采购项目，一般必须通过政府采购中心代理，如单位有特殊要求，要自行采购，必须经过哪级机关批准？（ ）

A. 设区的市、州以上人民政府

B. 省级以上人民政府

C. 设区的市、州以上人民政府所设的集中采购机构

D. 省级以上人民政府所设的集中采购机构

52. 政府采购采取的主要方式是（ ）。

A. 公开招标方式 B. 邀请招标方式 C. 竞争性谈判方式 D. 询价方式

53. 当事人有下列哪些情形，不应当依法从轻或者减轻行政处罚？（ ）

A. 主动消除或者减轻违法行为危害后果的

B. 受他人胁迫有违法行为的

C. 配合行政机关查处违法行为有立功表现的

D. 因意外事件而违法的

54. （ ）是依申请的具体行政行为。

A. 行政许可 B. 行政命令 C. 行政征收 D. 行政监督检查

55. 在邀请招标采购方式中，采购人邀请投标的供应商的数量应当符合什么要求？（ ）

A. 不得少于 2 家 B. 不得少于 3 家 C. 不得少于 4 家 D. 不得少于 5 家

56. 关于行政许可听证程序表述错误的是（ ）。

A. 行政机关应当于举行听证的 7 日前将举行听证的时间、地点通知申请人、利害关系人，必要时予以公告

B. 申请人、利害关系人可以提出证据，并进行申辩和质证

C. 听证应当公开举行

D. 行政机关应当指定审查该行政许可申请的工作人员的人员为听证主持人

57. 我国《政府采购法》规定，中标、成交通知书对采购人和中标、成交供应商均具有法律效力。中标、成交通知书发出后，采购人改变中标、成交结果的，或者中标、成交供应商放弃中标、成交项目的，应当依法承担法律责任。这个规定属于对政府采购合同什么合同责任的规定？（ ）

A. 缔约上的过失责任 B. 后合同义务违反的赔偿责任

C. 附随义务违反的赔偿责任 D. 违约责任

58. 关于行政许可程序，下列哪一选项是正确的？（ ）

A. 对依法不属于某行政机关职权范围内的行政许可申请，行政机关作出不予受理决定，应向当事人出具加盖该机关专用印章和注明日期的书面凭证

B. 行政许可听证依当事人申请的听证，行政机关不能主动进行听证

C. 行政机关作出的准予行政许可决定，除涉及国家秘密的，均应一律公开

D. 所有的行政许可适用范围均没有地域限制，在全国范围内有效

59. 冻结属于（ ）。

A. 行政强制措施 B. 行政处罚 C. 行政给付 D. 行政强制执行

60. 王某因感染新型冠状病毒而被强制隔离，该行为属于（ ）。

A. 行政拘留 B. 行政强制执行 C. 行政强制措施 D. 管制

61. 张某因打伤李某被某公安局处以行政拘留 15 天的处罚，张某不服，申请行政复议。不久，受害人李某向人民法院提起刑事自诉，人民法院经审理认为张某的行为已经构成犯罪，判决拘役 2 个月。下列哪一选项是正确的？（ ）

A. 本案调查中，警察经出示工作证件，可以检查张某的住所

B. 如果在人民法院判决时张某的行政拘留已经执行完毕，则对其拘役的期限为一个半月

C. 如果张某之父为其提供担保，则公安机关可暂缓执行行政拘留

D. 由公安局将张某送到看守所执行行政拘留

62. 在行政强制执行过程中，行政机关依法与甲达成执行协议。事后，甲应当履行协议而不履行，行政机关可采取下列哪一项措施？（ ）

A. 申请法院强制执行 B. 恢复强制执行

C. 以甲为被告提起民事诉讼 D. 以甲为被告提起行政诉讼

63. 李某多次发送淫秽短信、干扰他人正常生活，公安机关经调查拟对李某作出行政拘留 10 日的处罚。关于此处罚决定，下列哪一做法是适当的？（ ）

A. 由公安派出所作出 B. 依当场处罚程序作出

C. 应及时通知李某的家属 D. 紧急情况下可以口头方式作出

64. 下列哪一行政行为不属于行政强制措施？（ ）

A. 某审计局封存转移会计凭证的被审计单位的有关资料

B. 某公安交通执法大队暂扣酒后驾车的贾某机动车驾驶证 6 个月

C. 某税务局扣押某企业价值相当于应纳税款的商品

D. 某公安机关对醉酒的王某采取约束性措施至酒醒

65. 根据《防洪法》规定，工程设施建设严重影响防洪，逾期不拆除的，水利工程行政主管部门强行拆除，所需费用由建设单位承担。行政机关的这种做法属于下列哪个选项的行为？（ ）

A. 行政处罚 B. 行政收费 C. 代执行 D. 直接强制

三、多项选择题

1. 根据《行政许可法》的规定，下列哪些说法是正确的？（ ）

A. 某市动植物检验检疫局未按照法定标准收取许可费用，应当对其直接责任人依法给予行政处分

B. 医生李某死亡，李某的医师资格管理部门——某卫生健康委员会应当依法注销其医师资格

C. 某省公安厅对某高校教师出国护照的审批不适用行政许可法

D. 某企业通过贿赂手段取得的烟花爆竹生产许可证被吊销后，在一年之内不得再申请该项许可

2. 某货车司机曾因驾驶货车载物超过核载质量 30%，某交警大队对其罚款 2000 元，并对其机动车驾驶证记 6 分。后该司机驾驶机动车违反道路交通信号灯通行，某交警大队对其罚款 200 元，对其机动车驾驶证记 6 分，并扣押其机动车驾驶证和货车。该司机对扣押其驾照和货车的行为申请行政复议。某交警支队对该司机机动车驾驶证年审中发现已记满 12 分，遂吊销其机动车驾驶证并注销其机动车驾驶证。下列哪些说法是错误的？（ ）

A. 扣押机动车驾驶证属于行政处罚

B. 注销机动车驾驶证属于行政强制措施

C. 注销机动车驾驶证违法

D. 该司机可对罚款 2000 元、机动车驾驶证记 6 分提起行政诉讼

3. 下列哪些行政行为不属于行政处罚？（ ）

A. 某质监局对甲企业涉嫌冒用他人商品识别代码的产品先行登记保存

B. 某市场监督管理局责令乙企业召回已上市销售的不符合药品安全标准的药品

C. 某生态环境局对排污超标的丙企业作出责令停产 6 个月的决定

D. 某市场监督管理局责令销售不合格产品的丁企业支付消费者 3 倍赔偿金

4. 某交警大队认定 2019 年 7 月 12 日李某在某路段违法停车，决定对其罚款 200 元并责令改正违法行为，但李某并没有开走汽车。2019 年 7 月 17 日，某交警大队以李某在该路段违法停车为由决定对其罚款 200 元。李某向人民法院起诉，人民法院受理案件。李某认为某交警大队处罚违反了一事不再罚，而某交警大队认为李某超过一定期限没有改正违法行为而进行处罚不违反一事不再罚。下列说法不正确的有（ ）。

A. 某交警大队罚款违反一事不再罚

B. 某交警大队罚款违反诚实守信原则

C. 某交警大队罚款违反处罚时效免责

D. 可以不限制某交警大队的罚款次数

5. 下列哪些行政许可依法可以转让？（ ）

A. 持枪许可 B. 商标许可 C. 专利许可 D. 采矿许可

6. 下列哪些规范无权设定行政强制执行？（ ）

A. 法律　B. 行政法规　C. 地方性法规　D. 部门规章

7. 某市市场监管局在对某火锅店的执法检查中发现，某火锅店使用过期香肠。某市市场监管局对过期香肠予以没收并对某火锅店处以 1 万元罚款。下列说法正确的是（　）。

A. 某火锅店不得分期缴纳罚款

B. 某火锅店逾期不缴纳罚款，某市市场监管局可以每日按罚款数额的 3%加处罚款

C. 某火锅店逾期不缴纳罚款，某市市场监管局可以将火锅店香肠作变价抵缴罚款

D. 若某火锅店申请复议，复议机关可以是某市政府

8. 陈某在参观博物馆时，以刻划方式损坏国家保护的文物，某区公安分局决定对其作出拘留 15 日的处罚。陈某对此不服，提起行政诉讼。下列哪些说法是正确的？（　）

A. 陈某的行为属于妨害公共安全的行为

B. 某区公安分局应告知陈某有权要求举行听证

C. 陈某提起诉讼时可以申请暂缓执行拘留

D. 若陈某申请复议，复议机关可以是某区政府

9. 代履行是行政机关强制执行的方式，下列哪些说法是错误的？（　）

A. 行政机关只能委托没有利害关系的第三人代履行

B. 代履行的费用均应当由负有义务的当事人承担

C. 代履行不得采用暴力、胁迫以及其他非法方式

D. 代履行 3 日前应送达决定书

10. 地方性法规可以设定的行政处罚为（　）。

A. 吊销营业执照　B. 行政拘留　C. 罚款　D. 降低资质等级

11. 关于省、自治区、直辖市政府规章的设定权限，下列哪些说法是正确的？（　）

A. 可以设定临时性的行政许可

B. 可以设定一定数额的罚款

C. 可以设定查封扣押财物的行政强制措施

D. 可以设定加处滞纳金的行政强制执行

12. 某公司向某区教育局申请《办学许可证》，遭拒后向人民法院提起诉讼，人民法院判决某区教育局在判决生效后 30 日内对该公司申请进行重新处理。判决生效后，某区教育局逾期拒不履行，某公司申请强制执行。关于人民法院可采取的执行措施，下列选项正确的是（　）。

A. 对某区教育局按日处 100 元的罚款

B. 对某区教育局的主要负责人处以罚款

C. 社会影响恶劣的，对某区教育局直接责任人予以司法拘留

D. 责令由某市教育局对该公司的申请予以处理

13. 孙某家住甲地，在乙地制作盗版光盘，经过丙地运输到丁地进行销售。对孙某的违法行为要进行处罚，谁有管辖权？(　)

A. 甲地依法享有处罚权的行政机关　B. 乙地依法享有处罚权的行政机关

C. 丙地依法享有处罚权的行政机关　D. 丁地依法享有处罚权的行政机关

14. 下列关于行政合同订立的表述正确的是（　）。

A. 享有缔结行政合同权利能力和行为能力的行政机关，可以委托代理人订立行政合同

B. 行政合同的形式可以由双方当事人自由约定

C. 行政合同的内容，由当事人约定

D. 行政合同案卷不得供利害关系人查阅

15. 在下列哪些情形中，有关的行政许可应当依法注销？(　)

A. 某商业银行违规操作被银保监会吊销银行业务经营许可证

B. 某食品公司被依法宣告破产，其获得的卫生许可

C. 某矿山企业获得开矿许可，但由于地震致使无法开采

D. 某执业律师，因车祸成了“植物人”

16. 林某在河道内修建了“农家乐”休闲旅社。在紧急防汛期，某防汛指挥机构认为需要立即清除该建筑物，林某无法清除。对此，下列哪些说法是正确的？(　)

A. 某防汛指挥机构可决定立即实施代履行

B. 如林某提起行政诉讼，某防汛指挥机构应暂停强制清除

C. 在法定节假日，某防汛指挥机构也可强制清除

D. 某防汛指挥机构可与林某签订执行协议约定分阶段清除

17. 行政强制执行行为的主体有（　）。

A. 行政机关　B. 人民法院　C. 人民检察院　D. 仲裁机构

18.《行政处罚法》规定，当事人到期不缴纳罚款的，每日按罚款数额的 3%加处罚款。在此，3%的罚款属于（　）。

A. 行政处罚　B. 行政强制执行　C. 间接强制　D. 执行罚

19. 当事人逾期不履行行政处罚决定的，作出处罚决定的行政机关可以采取的措施有哪些？(　)

A. 每日按罚款数额的 3%加处罚款

B. 依法拍卖查封扣押的财产

C. 划拨冻结的存款

D. 申请法院强制执行

20. 下列行为中，属于行政裁决的是哪些？(　)

A. 某县人民政府解决甲乙双方土地使用权归属的纠纷

B. 某劳动争议仲裁委员会解决某企业与其职工之间因解除劳动合同而产生的争议

C. 某环境保护部门调解甲乙双方因环境污染引起的损害纠纷

D. 某公安机关令违法行为人甲某赔偿被侵害人的医疗费

21.《专利法》第40条规定，实用新型和外观设计专利申请经初步审查没有发现驳回理由的，由国务院专利行政部门作出授予实用新型专利权或者外观设计专利权的决定，发给相应的专利证书，同时予以登记和公告。实用新型专利权和外观设计专利权自公告之日起生效。国务院专利行政部门的上述行为属于下列哪种行为？(　)

A. 羁束行为　B. 应申请行为　C. 授益行为　D. 非要式行为

22. 下列哪些可以作为转让依法取得的行政许可的依据？(　)

A. 法律　B. 部门规章　C. 地方性法规　D. 经济特区法规

23. 依照《行政许可法》的规定，下列哪些事项所需时间不计算在行政许可决定期限中？(　)

A. 申请人补正材料

B. 听证

C. 招标、拍卖

D. 检验、检测、检疫、鉴定和专家评审

24. 刘某为设立“某某黄桥烧饼”加工企业，提供虚假材料向某县卫生健康委员会申请卫生许可，某县卫生健康委员会未经严格审查，向其颁发卫生许可证。刘某领取该卫生许可证后，向某县市场监督管理局办理了企业登记。某县卫生健康委员会在复查的过程中，发现刘某通过欺骗手段获取卫生许可的情况，对此下列哪些说法是正确的？(　)

A. 某县卫生健康委员会依法吊销该卫生许可证

B. 某县卫生健康委员会依法对刘某给予行政处罚

C. 某县卫生健康委员会依法撤销该卫生许可

D. 由于刘某已经进行了企业登记，某县卫生健康委员会不得撤销该卫生许可

25. 某企业因非法印制发票被税务局销毁非法印制的发票，没收违法所得，

罚款折抵相应罚金，没收作案工具，并处 2 万元的罚款。后该案移送司法机关追究刑事责任，又被人民法院判处罚金 5 万元。下列哪些说法是正确的？（ ）

A. 该企业还需缴纳 3 万元

B. 该企业还需缴纳 5 万元

C. 没收违法所得的处罚仍保持其效力

D. 没收作案工具的处罚仍保持其效力

26. 我国《政府采购法》规定，政府采购应当采购本国货物、工程和服务。与此同时，法律还规定了哪些例外情况？（ ）

A. 需要采购的货物、工程或服务在中国境内无法获取的

B. 需要采购的货物、工程或服务在中国无法以合理的商业条件获取的

C. 为在中国境外使用而进行采购的

D. 其他法律、行政法规和规章另有规定的

27. 某区公安分局以沈某收购赃物为由，拟对沈某处以 1000 元罚款。该分局向沈某送达了听证告知书，告知其可以在 3 日内提出听证申请，沈某遂提出听证要求。次日，该分局在未进行听证的情况下向沈某送达 1000 元罚款决定。沈某申请复议。下列哪些说法是正确的？（ ）

A. 该分局在作出决定前，应告知沈某处罚的事实、理由和依据

B. 沈某申请复议的期限为 60 日

C. 该分局不进行听证并不违法

D. 该罚款决定违法

28. 某公安局认定朱某嫖娼，对其拘留 15 日并处罚款 5000 元。关于此案，下列哪些说法是正确的？（ ）

A. 对朱某的处罚决定书应载明处罚的执行方式和期限

B. 如朱某要求听证，某公安局应当及时依法举行听证

C. 朱某有权陈述和申辩，某公安局必须充分听取朱某的意见

D. 如朱某对拘留和罚款处罚不服起诉，该案应由某公安局所在地的人民法院管辖

29. 某交通运输局在检查中发现张某所驾驶货车无道路运输证，遂扣留了张某驾驶证和车载货物，要求张某缴纳罚款 1 万元。张某拒绝缴纳，某交通运输局将车载货物拍卖抵缴罚款。下列说法正确的有（ ）。

A. 扣留驾驶证的行为为行政强制措施

B. 扣留车载货物的行为为行政强制措施

C. 拍卖车载货物的行为为行政强制措施

D. 拍卖车载货物的行为为行政强制执行

30. 下列选项中的哪些行为不属于行政强制措施？（　）

A. 某市场监督管理局责令某食品生产企业停产 1 年

B. 某市场监督管理局对某企业有效期届满未申请延续的营业执照予以注销

C. 为防止生态破坏，某市林业局责令超范围采伐树木的孙某种十棵树

D. 某公安交管局暂扣违章驾车的赵某驾驶执照 6 个月

四、不定项选择题

1. 根据《行政许可法》规定，除可以当场作出行政许可决定的之外，行政机关应当自受理行政许可申请之日起（　）内作出行政许可决定。

A. 10 日　B. 20 日　C. 15 日　D. 30 日

2. 经传唤调查，某区公安分局以散布谣言谎报险情为由，决定对孙某处以 10 日行政拘留，并处 500 元罚款。下列哪一选项是正确的？（　）

A. 传唤孙某时，某区公安分局应当将传唤的原因和依据告知孙某

B. 传唤后对孙某的询问查证时间不得超过 48 小时

C. 孙某对处罚决定不服申请行政复议，应向某市公安局申请

D. 如孙某对处罚决定不服直接起诉的，应暂缓执行行政拘留的处罚决定

3. 张某因自己居住的房屋楼上漏水，遂找楼上住户李某协商赔偿事宜。因协商不成，张某殴打李某致轻微伤，被某县公安局处以行政拘留 10 日并处 500 元罚款的处罚。据此下列哪一选项是正确的？（　）

A. 本案调查中，警察经出示工作证件，可以检查张某的住所

B. 对张某的询问查证时间不得超过 48 小时

C. 若张某对某县公安局的处罚决定不服，向人民法院提起诉讼，某县公安局局长必须亲自出庭

D. 若张某对某县公安局的处罚决定不服，向人民法院提起诉讼，诉讼中若证人刘某出庭的，交通、住宿等费用由败诉一方承担

4. 相关法律规定，在行政决定作出前，当事人有权就下列哪些情形要求举行听证？（　）

A. 某区市场监督管理局决定对个体户王某销售的价值 10 万元的假冒他人商标的服装予以扣押

B. 某县公安局以非法种植罂粟为由对陈某处以 3000 元罚款

C. 某区生态环境局责令排放污染物严重的某公司停业整顿

D. 胡某因酒后驾车，被某公安交通管理部门吊销驾驶证

5. 某运输公司指派本单位司机运送白灰膏。由于泄漏，造成沿途路面大面积严重污染。司机发现后即向公司汇报。该公司即组织人员清扫被污染路面。下列哪些选项是正确的？（　）

A. 路面被污染的沿途 3 个区的执法机关对本案均享有管辖权，如发生管辖权争议，由 3 个区的共同上级机关指定管辖

B. 对该运输公司应当依法从轻或者减轻行政处罚

C. 本案的违法行为人是该运输公司

D. 本案的违法行为人是该运输公司和司机

6. 关于部门规章的权限，下列哪一说法是正确的？(　)

A. 尚未制定法律、行政法规，对违反管理秩序的行为，可以设定暂扣许可证的行政处罚

B. 尚未制定法律、行政法规，且属于规章制定部门职权的，可以设定扣押财物的行政强制措施

C. 可以在上位法设定的行政许可事项范围内对实施该许可作出具体规定

D. 可以设定除限制人身自由以外的行政处罚

7. 关于行政许可、行政处罚和行政强制的设定，下列说法不正确的有（　）。

A. 省、自治区、直辖市人民政府可以设定除限制人身自由、吊销企业营业执照以外的行政处罚

B. 省、自治区、直辖市人民政府可以设定企业设立登记的行政许可

C. 省、自治区、直辖市人民政府可以设定扣押财物的行政强制措施

D. 省、自治区、直辖市人民政府可以设定加处罚款的行政强制执行

8. 2018 年 5 月 1 日，刘某到某县郊区旅社住宿并嫖娼，该县郊区派出所以嫖娼为由决定对刘某处以 5 日拘留。下列说法正确的是（　）。

A. 该县郊区派出所可以自己的名义作出该处罚决定

B. 该县郊区派出所可以当场作出该处罚决定

C. 公安机关应当将此决定书副本抄送郊区旅社

D. 公安机关应当及时通知刘某家人

9. 地方政府规章可以设定以下哪些行政处罚？(　)

A. 一定数额的罚款　B. 通报批评　C. 警告　D. 没收违法所得

10. 某市林业局接到关于孙某占林采矿的举报，于是致函当地某县政府，要求调查。某县政府召开主题会议形成会议纪要，由某县林业局、矿产资源管理局与公安局负责调查处理。经调查并与孙某沟通，三部门形成处理意见：要求孙某合法开采，如发现有毁林或安全事故，将依法查处。再次接到举报后，三部门共同发出责令孙某立即停止违法开采，对被破坏的生态进行整治的通知。责令孙某立即停止违法开采的性质是（　）。

A. 行政处罚　B. 行政强制措施　C. 行政征收　D. 行政强制执行

11. 《行政处罚法》规定，行政拘留权由（　）。

A. 公安机关行使　　B. 公安派出所行使

C. 法律规定的其他机关行使　　D. 公安机关委托的组织行使

12. 某市市场监督管理局，为A公司注册登记，颁发营业执照，下列说法正确的是（　）。

A. 这属于抽象行政行为　　B. 这属于具体行政行为

C. 这属于行政许可行为　　D. 这属于依申请行政行为

13. 下列关于行政合同的特征表述不正确的是（　）。

A. 行政合同的当事人必有一方是行政机关

B. 行政合同不具备合同的一般特征

C. 对行政当事人自由的限制、行政公益权与经济补偿的平衡是行政合同的内容特征

D. 行政合同双方当事人应承担更多的公法责任

14. 根据《行政处罚法》的规定，当事人可以要求听证的行政处罚有（　）。

A. 吊销营业执照　B. 限制从业　C. 较大数额罚款　D. 责令停产停业

15. 某县公安局接到有人在某住所的电话举报后，派员前往检查。警察到达举报现场，门未开遂破门入室，只见薛某一人。薛某拒绝在检查笔录上签字，警察在笔录上注明这一情况。薛某认为检查行为违法，遂提起行政诉讼。下列哪些选项是正确的？（　）

A. 某县公安局应当对电话举报进行登记

B. 警察对薛某住所进行检查时不得少于2人

C. 警察对薛某住所进行检查时应当出示工作证件和县级以上政府公安机关开具的检查证明文件

D. 因薛某未在警察制作的检查笔录上签字，该笔录在行政诉讼中不具有证据效力

五、填空题

1. 申请人申请的行政许可直接涉及与他人之间重大利益关系的，在行政机关告知申请人、利害关系人享有要求听证的权利后，申请人、利害关系人应当在被告知听证权利之日起______提出听证申请。

2. 行政裁决解决民事纠纷的范围应由______规定。

3. 违法行为在______内未被发现的，不再给予行政处罚；涉及公民生命健康安全、金融安全且有危害后果的，上述期限延长至______。法律另有规定的除外。

4. 《行政处罚法》规定，不满______周岁有违法行为的，不予行政处罚。

5. ______是我国设定人身罚的唯一规范性文件。

6. 根据我国《行政强制法》第 2 条的规定，行政强制可以分为行政强制执行和____________。

7. 具体行政行为的法律效力，可具体分为以下四种：______、______、拘束力和执行力。

8. ______和行政诉讼是撤销行政行为的两个主要途径。

9. 行政强制的主体是______和______。

10. 行政强制的对象是相对方的______和______。

11. 作出罚款决定的行政机关应当与______机构分离。

12. 当事人应当自收到行政处罚决定书之日起______日内，到指定的银行或者通过电子支付系统缴纳罚款。银行应当收受罚款，并将罚款直接上缴______。

13. 申诫罚包括______和______。

14. ______可以设定任何种类的行政处罚。

15. ______可以设定除限制人身自由以外的所有的行政处罚。

16. ______可以设定除限制人身自由、吊销营业执照以外的行政处罚。

17. ______及______可以在一定条件下设定警告或者一定数额的罚款的行政处罚。

18. 只有法律或法规规定具有行政处罚权的______和法律或法规授权行使行政处罚权的组织才能成为行政处罚的适用主体。

19. 行政机关在作出责令停产停业、吊销许可证或执照、较大数额的罚款等行政处罚决定之前应当告知当事人有要求______的权利。

20. 被许可人需要延续依法取得的行政许可的有效期的，应当在该行政许可有效期届满______日前向作出行政许可决定的行政机关提出申请。行政机关在该行政许可有效期满时未作出是否予以延续决定的，视为______。

21. 行政许可监督主要包括行政机关内部的______和行政机关对被许可人的监督检查两种。

22. 行政许可是行政主体根据______而实施的一种具体行政行为。

23. 行政许可的内容是国家______的活动。

24. ______和______是行政许可在实践中最常见的表现形式。

25. 以许可的性质为标准，行政许可分为行为许可和______。

26. 以行政指导的功能差异为标准行政指导可分为____________、调整性行政指导和助成性行政指导。

27. 行政处罚由______的行政机关管辖和县级以上地方人民政府______管辖，法律、行政法规另有规定的，从其规定。

28. 行政处罚应当由具有行政执法资格的执法人员实施，且不得少于______

人，法律另有规定的除外。

29. 行政机关应当自行政处罚案件立案之起______日内作出行政处罚的决定。法律、法规、规章另有规定的，从其规定。

30. 行政合同中，行政机关与行政相对人之间是______关系。

六、判断题

1. 在我国，经常性的行政许可，只能由全国人大常委会以法律、国务院以行政法规设定。( )

2. 撤销的具体行政行为在被撤销之前，当事人应受其约束。( )

3. 行政征收主要是对人的财产与劳务的征收。( )

4. 对行政处分不服的，可以向人民法院提起行政诉讼。( )

5. 依据税收法律规定，纳税人未按照纳税期限缴纳税款的，税务机关除责令限期缴纳外，从滞纳之日起，按日加收滞纳税款 0.5%的滞纳金。( )

6. 公民、法人或其他组织对具体行政行为不服的，既可申请行政复议，也可同时提起行政诉讼。( )

7. 行政处罚和刑罚均属于行政制裁。( )

8. 行政指导可以没有法律规定，而以国家的政策作为依据。( )

9. 行政机关实施检验、检测、检疫，应当自受理申请之日起七日内指派两名以上工作人员按照技术标准、技术规范进行检验、检测、检疫。不需要对检验、检测、检疫结果作进一步技术分析即可认定设备、设施、产品、物品是否符合技术标准、技术规范的，行政机关应当当场作出行政许可决定。( )

10. A 县市场监督管理局对本县一公司在 B 县实施的违法行为有权作出行政处罚。( )

11. 根据《行政许可法》规定，依法取得的行政许可不得转让。( )

12. 行政机关在作出行政拘留决定之前，应当告知当事人有要求听证的权利。( )

13. 限制人身自由的行政处罚权只能由公安机关行使。( )

14. 行政指导是一种行政机关的非权力行政行为。( )

15. 以行政指导有无法律规定为标准，行政指导分为有法律根据的行政指导和无法律根据的行政指导。( )

16. 以行政指导的对象是否具体为标准，行政指导分为普遍的行政指导和一般的行政指导。( )

17. 行政机关提供行政许可申请书格式文本时，可以适当收取工本费。( )

18. 行政处罚的对象是行政相对方，属于外部行政行为。( )

19. 实施行政处罚，适用违法行为发生时的法律、法规、规章的规定。但是

作出行政处罚决定时，法律、法规、规章已被修改或者废止的，应当适用新的规定。(　)

20. 行政机关作出行政强制执行决定前，应当事先以书面或口头方式催告当事人履行义务。(　)

七、名词解释

1. 具体行政行为
2. 行政许可
3. 资格许可
4. 独立的许可
5. 附文件的许可
6. 权利性许可
7. 附义务的许可
8. 排他性许可
9. 非排他性许可
10. 一般许可
11. 特殊许可
12. 注销行政许可
13. 听证程序
14. 行政指导
15. 执行罚
16. 代执行
17. 即时强制
18. 行政强制
19. 行政强制执行
20. 行政处罚
21. 行政拘留
22. 罚款
23. 行政合同
24. 直接强制执行
25. 间接强制执行
26. 行政征用
27. 行政给付

八、简答题

1. 简述具体行政行为的效力。

2. 简述行政处罚程序的基本内容。
3. 简述行政处罚适用的原则。
4. 简述行政处罚的基本原则。
5. 简述行政处罚的种类。
6. 简述当场收缴罚款规则。
7. 简述行政处罚简易程序适用条件。
8. 简述行政处罚的听证程序适用条件。
9. 简述行政强制与行政处罚的区别。
10. 简述行政处罚法中不予处罚的情节。
11. 简述行政许可的基本原则。
12. 简述行政许可的设定原则。
13. 简述行政许可的设定事项。
14. 简述委托实施行政许可应当遵循的规则。
15. 简述行政许可的实施程序。
16. 简述行政许可的实施范围。
17. 简述被授权实施行政许可的组织应当具备的条件。
18. 简述行政强制执行的种类。
19. 简述行政强制执行的具体实施方式。
20. 简述行政强制设定权。
21. 简述行政处罚与刑罚的区别。
22. 简述行政处罚与行政处分的区别。
23. 简述行政指导的特征。
24. 试述行政合同中双方的权利与义务。
25. 简述行政指导的种类。
26. 试述行政指导的地位、意义和作用。

九、案例分析

1. A 市 B 区政府准备出让一块国有土地建设一个大型商贸中心，B 区政府制定了《关于出让国有土地使用权的规定》，对其辖区内的国有土地出让事项作出了具体规定。中天公司和盛大集团都提出了申请，B 区政府最终决定将该项目许可盛大集团开发，盛大集团为此投入 3000 万元资金开发该项目，中天公司不服该行政许可，经过调查，发现盛大集团获得行政许可是因为贿赂了 B 区政府工作人员，于是向 A 市政府举报，A 市政府作出决定撤销了给盛大集团的许可。B 区政府改向中天公司作出许可。中天公司获得土地使用权后，向 A 市自然资源和规划局申请包含数栋 30 层高楼在内的商贸中心综合体的建筑工程规划许可证和施工许可证，A 市自然资源和规划局依据省建委发布的一份《决定》，向中天公司发放了建筑工程规划许可证和施工许可证。中天公司施工过程中，周边 200 户居民认为该建筑物侵害了其采光权，于是以 A 市自然资源和规划局为被申请人申请行政复议，在复议机关作出维持复议决定之后，向法院提起了行政诉讼。

问题：

（1）对中天公司和盛大集团的申请，B 区政府作出该行政许可应当采用什么程序？

（2）B 区政府制定的《关于出让国有土地使用权的规定》是否有权设定行政许可？为什么？

（3）对盛大集团的行政许可，谁有权撤销？撤销是否需要赔偿？

（4）中天公司申请施工的建筑物将会遮挡周边居民的生活采光，A 市自然资源和规划局作出该行政许可应当采取什么程序？

2. 丁某原是某市市级医院的医生，2018 年 1 月辞职，并于 2018 年 3 月向某市卫生健康委员会申请取得个体行医许可证，同年八九月份利用给病人看病的有利条件，推销贩卖劣质保健品，非法获利 8000 元；同年 10 月被某市公安机关查获。某市公安局据此吊销其行医执照，没收其违法所得，并罚款 3000 元。后丁某因生活无着，于 2019 年 2 月 5 日重新提出个体行医申请，某市卫生健康委员会要求其对以前的错误作深刻检查，丁某按要求在 2 月 26 日交上检查，但直至 2019 年 7 月某市卫生健康委员会仍未给丁某任何回复。

问题：

（1）本案中某市公安局是否有权吊销丁某的行医执照？

（2）某市卫生健康委员会的行为是否合法？

（3）丁某应如何维护自身合法权益？

3. 甲公司设在省会城市，甲公司到本省 B 市以及 B 市辖区的 C 县从事业务活动，但并未在 B 市和 C 县办理相关的执照，属无证经营行为。B 市市场监督管理局以甲公司从事无证经营处以 3000 元的罚款，之后，C 县市场监督管理局发现甲公司在 C 县辖区也从事了无证经营行为并获利颇丰。

回答：

（1）C 县市场监督管理局能否对甲公司予以处罚？

（2）如能予以处罚，应给予何种方式的处罚（结合《行政处罚法》的有关规定进行分析）？

4. 孙某与某村委会达成在该村采砂的协议，期限为 5 年。孙某向甲市乙县自然资源和规划局申请采矿许可，该局向孙某发放采矿许可证，载明采矿的有效期为 2 年，至 2015 年 10 月 20 日止。2015 年 10 月 15 日，乙县自然资源和规划局通知孙某，根据甲市自然资源和规划局日前发布的《严禁在自然保护区采砂的规定》，采矿许可证到期后不再延续，被许可人应立即停止采砂行为，撤回采砂设施和设备。

孙某以与某村委会协议未到期、投资未收回为由继续开采，并于2015年10月28日向乙县自然资源和规划局申请延续采矿许可证的有效期，但该局通知其许可证已失效，无法续期。

2015年11月20日，乙县自然资源和规划局接到举报得知孙某仍在采砂，以孙某未经批准非法采砂，违反《矿产资源法》为由，发出《责令停止违法行为通知书》，要求其停止违法行为。孙某向人民法院起诉请求撤销通知书，一并请求对《严禁在自然保护区采砂的规定》进行审查。

孙某为了解《严禁在自然保护区采砂的规定》内容，向甲市自然资源和规划局提出政府信息开申请。

问题：

（1）《行政许可法》对被许可人申请延续行政许可有效期有何要求？行政许可机关接到申请后应如何处理？

（2）孙某一并审查的请求是否符合要求？根据有关规定，原告在行政诉讼中提出一并请求审查行政规范性文件的具体要求是什么？

（3）行政诉讼中，如人民法院经审查认为规范性文件不合法，应如何处理？

（4）对《责令停止违法行为通知书》的性质作出判断，并简要比较行政处罚与行政强制措施的不同点。

5. 高某系A省甲县个体工商户，其持有的营业执照载明经营范围是林产品加工，经营方式是加工、收购、销售。高某向甲县市场监督管理局缴纳了松香运销管理费后，将自己加工的松香运往A省B市乙县出售。当高某进入乙县时，被乙县林业局执法人员拦截。乙县林业局以高某未办理运输证为由，依据A省地方性法规《林业行政处罚条例》以及授权省林业厅制定的《林产品目录》（该目录规定松香为林产品，应当办理运输证）的规定，将高某无证运输的松香认定为“非法财物”，予以没收。高某提起行政诉讼要求撤销没收决定，人民法院予以受理。

有关规定《森林法》及行政法规《森林法实施条例》涉及运输证的规定如下：除国家统调的木材外，从林区运出木材，必须持有运输证，否则由林业部门给予没收、罚款等处罚。

A省地方性法规《林业行政处罚条例》规定“对规定林产品无运输证的，予以没收”。

问题：

（1）如何确定本案的管辖法院？如高某经过行政复议再提起诉讼，如何确定管辖法院？

（2）如高某在起诉时一并提出行政赔偿请求，人民法院应如何立案？对该请求可否进行单独审理？

（3）A省林业厅制定的《林产品目录》的性质是什么？可否适用于本案？理由是什么？

（4）高某运输的松香是否属于“非法财物”？理由是什么？

（5）①人民法院审理本案时应如何适用法律、法规？理由是什么？

②依《行政处罚法》，法律、行政法规对违法行为已经作出行政处罚规定，地方性法规需要作出具体规定的，应当符合什么要求？本案《林业行政处罚条例》关于没收的规定是否符合该要求？

参考答案及解析

二、单项选择题

1. 答案：D。解析：根据《行政处罚法》第 9 条规定："行政处罚的种类：（一）警告、通报批评；（二）罚款、没收违法所得、没收非法财物；（三）暂扣许可证件、降低资质等级、吊销许可证件；（四）限制开展生产经营活动、责令停产停业、责令关闭、限制从业；（五）行政拘留；（六）法律、行政法规规定的其他行政处罚。"由此可见选项 A、B、C 都属于行政处罚的种类，选项 D 是刑罚的一种。故选项 D 正确。

2. 答案：C。解析：根据《行政处罚法》第 68 条规定，依照该法第 51 条的规定当场作出行政处罚决定，有下列情形之一，执法人员可以当场收缴罚款：（1）依法给予 100 元以下罚款的；（2）不当场收缴事后难以执行的。故选项 C 正确。

3. 答案：B。解析：《行政许可法》第 12 条规定，下列事项可以设定行政许可：（1）直接涉及国家安全、公共安全、经济宏观调控、生态环境保护以及直接关系人身健康、生命财产安全等特定活动，需要按照法定条件予以批准的事项；（2）有限自然资源开发利用、公共资源配置以及直接关系公共利益的特定行业的市场准入等，需要赋予特定权利的事项；（3）提供公众服务并且直接关系公共利益的职业、行业，需要确定具备特殊信誉、特殊条件或者特殊技能等资格、资质的事项；（4）直接关系公共安全、人身健康、生命财产安全的重要设备、设施、产品、物品，需要按照技术标准、技术规范，通过检验、检测、检疫等方式进行审定的事项；（5）企业或者其他组织的设立等，需要确定主体资格的事项；（6）法律、行政法规规定可以设定行政许可的其他事项。

第 13 条规定，通过下列方式能够予以规范的，可以不设行政许可：（1）公民、法人或者其他组织能够自主决定的；（2）市场竞争机制能够有效调节的；（3）行业组织或者中介机构能够自律管理的；（4）行政机关采用事后监督等其他行政管理方式能够解决的。

由此可见，选项 A、C、D 均属于需要设定行政许可的事项，选项 B 属于公民、法人或者其他组织能够自主决定的事项，不要设定行政许可，故选项 B 正确。

4. 答案：D。解析：根据《行政许可法》第 2 条规定，该法所称行政许可，是指行政机关根据公民、法人或者其他组织的申请，经依法审查，准予其从事特定活动的行为。由此可见，行政许可是依申请的外部行政行为，申请人在取得行政许可之后，可以依法从事相关活动。所以 A、B、C 选项的表述正确，选项 D 的表述错误。

5. 答案：C。解析：具体行政行为是指国家行政机关和行政机关工作人员、法律法规授权的组织、行政机关委托的组织，或者个人在行政管理活动中行使行政职权，针对特定的公民、法人或者其他组织，就特定的具体事项，作出的有关该公民、法人或者其他组织权利义务的单方行为。选项 A、B、D 是行政机关针对特定的行政相对人作出的具体行政行为，选项 C 是行政机关的内部行政行为，不属于具体行政行为。故选项 C 正确。

6. 答案：C。解析：根据《行政处罚法》第 9 条规定，行政处罚的种类：(1) 警告、通报批评；(2) 罚款、没收违法所得、没收非法财物；(3) 暂扣许可证件、降低资质等级、吊销许可证件；(4) 限制开展生产经营活动、责令停产停业、责令关闭、限制从业；(5) 行政拘留；(6) 法律、行政法规规定的其他行政处罚。由此可见，选项 A、B、D 都属于行政主体实施的行政处罚，选项 C 是行政机关的内部行政行为。故选项 C 正确。

7. 答案：D。解析：根据《治安管理处罚法》第 9 条规定，对于因民间纠纷引起的打架斗殴或者损毁他人财物等违反治安管理行为，情节较轻的，公安机关可以调解处理。经公安机关调解、当事人达成协议的，不予处罚。经调解未达成协议或者达成协议后不履行的，公安机关应当依照该法的规定对违反治安管理行为人给予处罚，并告知当事人可以就民事争议依法向人民法院提起民事诉讼。故选项 D 正确。

8. 答案：D。解析：根据《行政强制法》第 18 条规定，行政机关实施行政强制措施应当由 2 名以上行政执法人员实施。由此可知，应当由 2 名以上行政执法人员实施扣押，执法人员张某不能单独实施扣押。故选项 A 不正确。

根据《行政强制法》第 19 条的规定，情况紧急，需要当场实施行政强制措施的，行政执法人员应当在 24 小时内向行政机关负责人报告，并补办批准手续。行政机关负责人认为不应当采取行政强制措施的，应当立即解除。该法第 20 条第 1 款第 2 项规定，依照法律规定实施限制公民人身自由的行政强制措施，除应当履行《行政强制法》第 18 条规定的程序外，在紧急情况下当场实施行政强制措施的，在返回行政机关后，立即向行政机关负责人报告并补办批准手续。由此可知，紧急情况下，执法人员当场实施限制人身自由行政强制措施的，返回单位后应当立即向行政机关负责人报告并补办批准手续，而针对财物实施当场扣押的，返回单位后应当在 24 小时内向某市场监督管理局负责人报告并补办批准手续。故选项 B 不正确。

根据《行政强制法》的规定，没有强制要求每个行政机关从事行政执法都需要佩戴执法记录仪。故选项 C 不正确。

根据《行政强制法》第 26 条第 2 款规定，对查封的场所、设施或者财物，行政机关可以委托第三人保管，第三人不得损毁或者擅自转移、处置。因第三人的原因造成的损失，行政机关先行赔付后，有权向第三人追偿。因此，某市场监督管理局扣押后，可以委托第三人保管财物。故选项 D 正确。

9. 答案：D。解析：根据《行政许可法》第 69 条规定："有下列情形之一的，作出行政许可决定的行政机关或者其上级行政机关，根据利害关系人的请求或者依据职权，可以撤销行政许可：（一）行政机关工作人员滥用职权、玩忽职守作出准予行政许可决定的；（二）超越法定职权作出准予行政许可决定的；（三）违反法定程序作出准予行政许可决定的；（四）对不具备申请资格或者不符合法定条件的申请人准予行政许可的；（五）依法可以撤销行政许可的其他情形。被许可人以欺骗、贿赂等不正当手段取得行政许可的，应当予以撤销。依照前两款的规定撤销行政许可，可能对公共利益造成重大损害的，不予撤销。依照本条第一款的规定撤销行政许可，被许可人的合法权益受到损害的，行政机关应当依法给予赔偿。依照本条第二款的规定撤销行政许可的，被许可人基于行政许可取得的利益不受保护。"

由此可见，选项 A 是行政处罚，不予赔偿；选项 B 是被许可人以欺骗、贿赂等不正当手段取得行政许可的，属于应当予以撤销且不予赔偿的情形；选项 C 是某行政机关工作人员滥用职权、玩忽职守，对不具备申请资格或者不符合法定条件的申请人准予行政许可的，也不予赔偿；选项 D 虽然某行政机关撤销行政许可是为了维护公共利益，但对被许可人产生的损害，应当予以赔偿。故选项 D 正确。

10. 答案：B。解析：不得设定行政许可的事项主要有：（1）与公共利益无关，可以由自然人、法人或其他组织自主决定，不致损害国家、社会、集体利益和他人合法利益的事项；（2）市场竞争机制可以有效调节的事项；（3）社会可以调节的事项，即行业组织或中介机构能够自律管理的事项；（4）行政机关采用事后监督等其他行政管理方式能够解决的事项。故选项 B 正确。

11. 答案：A。解析：选项 A 是暂扣执照的行政处罚。所以选项 A 正确。行政许可的注销，是消灭行政许可法律关系的一种宣告，不具有惩罚性，不属于行政处罚。所以选项 B 错误。某卫生健康委员会对流行性传染病患者强制隔离，是行政强制措施，不是行政处罚。所以选项 C 错误。某市场监督管理局的责令召回不符合食品安全标准的食品，是为了防止危害的发生而采取的一种特殊程序，不是对食品生产者的惩罚，也不属于行政处罚。所以选项 D 错误。

12. 答案：D。解析：根据《行政处罚法》第 36 条规定，违法行为在 2 年内未被发现的，不再给予行政处罚；涉及公民生命健康安全、金融安全且有危害后果的，上述期限延长至 5 年。法律另有规定的除外。故选项 D 正确。

13. 答案：B。解析：根据《行政处罚法》第 9 条规定，行政处罚的种类分为：（1）警告、通报批评；（2）罚款、没收违法所得、没收非法财物；（3）暂扣许可证件、降低资质等级、吊销许可证件；（4）限制开展生产经营活动、责令停产停业、责令关闭、限制从业；（5）行政拘留；（6）法律、行政法规规定的其他行政处罚。故选项 B 正确。

14. 答案：D。解析：根据法律规定，抽象行政行为是指国家行政机关针对不特定的人和事制定具有普遍约束力的行为规则的活动。具体行政行为，是就特定事项对特定的公民、法人和其他组织的权利和义务作出的单方行政职权行为。选项 A、B、C 均属于行政机关就特定事项对特定对象作出的具体行政行为，选项 D 是地方政府规章，属于抽象行政行为。故选项 D 正确。

15. 答案：B。解析：滞纳金是指超过规定的缴款期限，向缴款人征收的一种带有惩罚性质的款项，一般是按超过规定期限的天数，每天征收应缴款额一定的百分比。根据行政法理论，滞纳金是行政强制执行中执行罚的一种类型，具有法定性、强制性和惩罚性的特点。故本题正确答案为 B。

16. 答案：B。解析：行政处分，国家行政机关依照行政隶属关系给予有违法失职行为的国家机关公务人员的一种惩罚措施，属于内部行政行为，它具有强烈的约束力，管理相对人不服，行政主体可以强制执行。故选项 B 正确。选项 A、C 是行政处罚的种类，故选项 A、C 错误。选项 D 是立法机关、行政机关、司法机关、政党、社会团体、新闻舆论等多种政治力量和社会力量对政府及其公务员的行政行为所实施的监察和督导；狭义的行政监督是指行政机关内部对自己的机构及其公务员的不良行政行为所实施的监察和督导。故选项 D 错误。

17. 答案：A。解析：不得设定行政许可的事项主要有：（1）与公共利益无关，可以由自然人、法人或其他组织自主决定，不致损害国家、社会、集体利益和他人合法利益的事项；（2）市场竞争机制可以有效调节的事项；（3）社会可以调节的事项，即行业组织或中介机构能够自律管理的事项；（4）行政机关采用事后监督等其他行政管理方式能够解决的事项。

行政确认是行政主体对行政相对人的法律地位、法律关系或有关法律事实进行甄别，给予确定、认定、证明（或否定）并予以宣告的具体行政行为。由此可知，选项 A 是行政确认，故选项 A 正确。

18. 答案：C。解析：《行政强制法》第 9 条规定：“行政强制措施的种类：（1）限制公民人身自由；（2）查封场所、设施或者财物；（3）扣押财物；（4）冻结存款、汇款；（5）其他行政强制措施。”故选项 C 正确。选项 A、B、

D 属于行政处罚的种类。

19. 答案：A。解析：《行政诉讼法》第 97 条规定，公民、法人或者其他组织对具体行政行为在法定期限内不提起诉讼又不履行的，行政机关可以申请人民法院强制执行，或者依法强制执行。答案选 A。

20. 答案：C。解析：《行政处罚法》第 10 条规定，法律可以设定各种行政处罚。限制人身自由的行政处罚，只能由法律设定。故选项 C 正确。

21. 答案：C。解析：按许可享有的程度，可分为排他性许可与非排他性许可。非排他性许可是指凡是符合条件的相对人均可申请获得的许可。故选 C

22. 答案：A。解析：根据《行政处罚法》第 51 条规定，违法事实确凿并有法定依据，对公民处以 200 元以下、对法人或者其他组织处以 3000 元以下罚款或者警告的行政处罚的，可以当场作出行政处罚决定。法律另有规定的，从其规定。故选项 A 正确。

23. 答案：D。解析：本题考查即时性强制措施的形式。其主要形式有：（1）强制带离现场、盘问；（2）约束、扣留；（3）使用警械、武器；（4）强制检疫、强制治疗。根据《治安管理处罚法》第 15 条第 2 款规定，公安机关对于处于醉酒状态中的人，如认为其对本人有危险，或者对他人的人身、财产或者公共安全有威胁，应对其采取保护性措施约束至酒醒。其生效规则应该是即时生效。故选项 D 正确。通常来说，生效规则主要有以下几种：（1）即时生效。指行政行为一经作出即具有效力，对相对方开始生效。一般适用于紧急情况下作出的需要立即实施的行为。（2）受领生效。指行政行为需为相对方受领才开始生效，行政机关将行政行为告知相对方，并为相对方所接受。一般适用于以特定人为行为对象的行政行为，采用送达的方式。（3）告知生效。指行政机关将行政行为的内容采取公告或宣告等有效形式，使相对方知悉、明了，该行政行为对相对方才能开始生效。一般适用于对象是难以具体确定的相对方，包括不特定的多数人和具体的相对方。（4）附条件生效。指行政行为的生效附有一定的期限或其他条件，在所附期限到来或条件消除时，行政行为才开始生效。

24. 答案：C。解析：根据《行政处罚法》第 17 条规定，行政处罚由具有行政处罚权的行政机关在法定职权范围内实施。主要是依法履行外部行政管理职能，依法得到明确授权，代表国家在某一领域内行使行政管理权限的行政机关，包括各级人民政府以及公安、市场监督管理、税务、自然资源、审计、卫生等部门。故选项 C 正确。

25. 答案：C。解析：根据《行政强制法》第 2 条第 2 款规定，行政强制措施是指行政机关在行政管理过程中，为制止违法行为、防止证据损毁、避免危害发生、控制危险扩大等情形，依法对公民的人身自由实施暂时性限制，或者对公民、法人或者其他组织的财物实施暂时性控制的行为。《禁毒法》规定，对于吸毒成瘾严重，通过社区戒毒难以戒除毒瘾的人员，县级以上公安机关可以直接作出强制隔离戒毒的决定。故选项 C 正确。

26. 答案：C。解析：选项 A 是行政机关对其管理的事业单位人事事项的审批；选项 B 结婚登记属于行政确认，行政许可法不加调整；选项 D 是有关行政机关对其他机关财政事项的审批。

27. 答案：C。解析：根据《行政处罚法》第 56 条规定了先行对证据进行登记保存的制度。这种措施适用于证据可能灭失或者以后难以取得的情况。在实施中，须经行政机关负责人批准并登记保存，并在 7 日内作出处理决定。由此，选项 C 项正确。

28. 答案：C。解析：某公安交管局在辖区内城市快速路入处悬挂“危险路段，谨慎驾驶”的横幅，属于行政指导行为。行政指导行为是行政机关以倡导、示范、建议、咨询等方式，引导公民自愿配合而达到行政管理目的的行为，某公安交管局实施的行为不会使行政法上的权利义务得以建立、变更或者消灭，不属于具体行政行为。故选项 A 错误。

公安机关属于行政机关，但依照《刑事诉讼法》明确授权实施的行为就属于刑事侦查行为，某县公安局依照《刑事诉讼法》对李某进行拘留，该拘留属于刑事侦查行为中的刑事拘留，不属于具体行政行为，故选项 B 错误。

具体行政行为是行政机关针对特定对象作出的行政行为，具体行政行为只对特定对象具有约束力并且在效力上具有一次适用性。某区政府对王某作出房屋征收决定，是针对王某这一特定主体作出的权利处理，某区政府实施的行为属于具体行政行为，故选项 C 正确。

行政调解指行政机关劝导发生民事争议的双方当事人自愿达成协议的一种行政活动。行政调解针对的是发生了民事权益争议的当事人，没有强制性。也就是说，行政调解的最终结果是纠纷当事人自愿达成调解协议。因民间纠纷引起的打架斗殴，双方经公安派出所调解达成的协议属于行政调解行为，某公安派出所实施的行为不属于具体行政行为，故选项 D 错误。

29. 答案：B。解析：根据《行政强制法》第 45 条第 1 款规定，行政机关依法作出金钱给付义务的行政决定，当事人逾期不履行的，行政机关可以依法加处罚款或者滞纳金。加处罚款或者滞纳金的标准应当告知当事人。加处罚款或者滞纳金的数额不得超出金钱给付义务的数额。由此可见，执行罚是间接强制执行的一种方式，是当事人不及时履行他人不能代为履行的义务时，行政机关为促使其履行义务而对其科以财产上新的给付义务的措施。故选项 B 正确。

30. 答案：A。解析：公安局不仅具有强制违法行为的职责，也有预防违法行为的职责。题目中公安局通过手机短信告知居民保持警惕以免上当受骗，这属于公安局履行行政职务的行为，故选项 A 正确。

负担性的行为与授益性的行为相对应，这是以行政活动对公民权益影响为标准划分的。行政机关使公民负担义务、限制或剥夺其权益的行政活动是负担性的行为，题目中公安局通过手机短信的告知行为，没有使公民负担义务、限制或剥夺其权益，公安局的行为不属于负担性的行为，故选项 B 错误。

准备性行政行为是行政机关在作出具体行政行为之前实施的各种准备，例如行政机关开会讨论、征求意见、听证等，准备性行政行为属于过程中行为、阶段性行为，最终还要有对相对人作出产生权利义务处理的具体行政行为。题目中公安局的手机短信告知行为，并非为最后的处理决定做准备，也没有后续的处理决定，公安局的行为不属于准备性行政行为，故选项 C 错误。

公安局实施的行为本质上属于行政指导行为，公安局的手机短信告知行为是公安机关对居民善意提醒、规劝的行为，对居民没有强制性的约束力，公安局实施的行为不属于强制行为，故选项 D 错误。

31. 答案：B。解析：行政处罚是指行政机关依法对违反行政管理秩序的公民、法人或者其他组织，以减损权益或者增加义务的方式予以惩戒的行为。选项 B 正确。

32. 答案：D。解析：根据《行政处罚法》第 62 条规定，行政机关及其执法人员在作出行政处罚决定之前，未依照该法第 44 条、第 45 条的规定向当事人告知拟作出的行政处罚内容及事实、理由、依据，或者拒绝听取当事人的陈述、申辩，不得作出行政处罚决定；当事人明确放弃陈述或者申辩权利的除外。故 ABC 都属于公开原则的内容，选项 D 合议制度是我国民事诉讼法的基本法律制度，故选项 D 不属于行政处罚公开原则的内容。

33. 答案：D。解析：排他性许可又称独占许可，是指某个人或组织获得该项许可后，其他任何人或组织均不能再获得该项许可。最具有代表性的是专利许可、商标许可。故选项 D 正确。

34. 答案：A。解析：《行政处罚法》第 11 条第 1 款规定，行政法规可以设定除限制人身自由以外的行政处罚。故选项 A 行政法规不能设定。

35. 答案：C。解析：本质上，具体行政行为是处理具体事项的行为，抽象行政行为是制定规则的行为。区分具体行政行为和抽象行政行为的两个标准是行为对象是否特定和能否反复适用。题目中，县公安局的通知是向社会发布的，禁止改装机动车是公众的一般性义务，而非法改装机动车受到处理同样有广泛适用性；同时，该通知可以反复适用，可以推断出该通知属于制定规则的行为，属于抽象行政行为，而不是具体行政行为，故选项 A 错误。

行政指导是行政机关在履行行政职能时向公众和当事人提出的建议、规劝，它与一般具体行政行为的最大区别是无强制力，其作用的发挥取决于公众和当事人的自愿接受。某县公安局查处10辆机动车，要求其所有人到指定场所学习交通法规5日的行为，带有明显的强制性，不是行政指导，故选项B错误。

行政处罚是行政机关或者依法获得授权的组织对违法的公民、组织给予的制裁，制裁性是行政处罚的本质特征。题目中某县公安局通知所指的暂扣行驶证、驾驶证6个月，是对非法改装机动车的制裁。不能受“暂扣”的影响，误认为暂扣行驶证、驾驶证6个月属于行政强制措施，而不是行政处罚，这是对行政强制措施与行政处罚概念理解不到位。行政强制措施的目的在于预防、制止或控制危害社会行为的发生，而不是对违法行为的制裁。这是行政强制措施与行政处罚最本质的区别。根据《行政处罚法》第9条规定，行政处罚的种类包括暂扣许可证件、降低资质等级、吊销许可证件等，因此通知所指的暂扣行驶证、驾驶证6个月为行政处罚，不是行政强制措施，故选项C正确。

选项D涉及行政强制措施与行政强制执行的区别，二者虽均带有强制性，但行政强制措施的目的在于预防和制止，而行政强制执行则是为了执行当事人负有的义务。要求机动车所有人须到指定场所学习交通法规5日并出具自行恢复原貌的书面保证，不自行恢复的予以强制恢复，符合行政强制执行的特点，不属于行政强制措施，故选项D错误。

36. 答案：A。解析：根据《行政处罚法》第10条规定：法律可以设定各种行政处罚。限制人身自由的行政处罚，只能由法律设定。故选项A正确。

37. 答案：C。解析：根据《行政处罚法》第9条规定，行政处罚的种类分为：（1）警告、通报批评；（2）罚款、没收违法所得、没收非法财物；（3）暂扣许可证件、降低资质等级、吊销许可证件；（4）限制开展生产经营活动、责令停产停业、责令关闭、限制从业；（5）行政拘留；（6）法律、行政法规规定的其他行政处罚。《公务员法》第62条规定，处分分为：警告、记过、记大过、降级、撤职、开除。由此可见，选项A、B、D都是行政处罚的种类。选项C是行政处分的种类。故选项C不是行政处罚的种类。

38. 答案：B。解析：办理营业执照的是可以委托他人进行办理的，但是在委托他人进行办理时，需要当事人本人书写委托书，委托人才能具有权利帮助当事人办理相关的事务。故选项A合法。根据《行政许可法》第58条第2款规定，行政机关提供行政许可申请书格式文本，不得收费。故选项B不合法。根据《行政许可法》第29条第3款规定，行政许可申请可以通过信函、电报、电传、传真、电子数据交换和电子邮件等方式提出。故选项C合法。根据《行政许可法》第31条第1款规定，申请人申请行政许可，应当如实向行政机关提交有关材料和反映真实情况，并对其申请材料实质内容的真实性负责。行政机关不得要求申请人提交与其申请的行政许可事项无关的技术资料和其他材料。故选项 D 合法。

39. 答案：A。解析：根据《行政处罚法》第 24 条的规定可知，“一事不再罚原则”特指“对当事人的同一个违法行为，不得给予两次以上罚款的行政处罚”，因此 B 项错误。2019 年 6 月，某省市场监督管理局又就同一问题作出吊销营业执照的行政处罚决定，违反了追究时效的规定，因此 C 项也错误。某省市场监督管理局发现万某公司的违法行为时已过追诉时效，此时只能撤销原变更登记，不能再进行行政处罚，因此 D 项也不正确。根据题干可知，万某公司在办理变更登记时提供虚假验资报告发生在 2012 年 5 月，而某省市场监督管理局直到 2016 年 7 月才发现该违法行为，因这时已过《行政处罚法》规定的追究时效，某省市场监督管理局此时再就该违法行为进行处罚不符合法律规定，故选项 A 正确。

40. 答案：B。解析：根据《行政许可法》第 29 条第 2 款规定，申请人可以委托代理人提出行政许可申请。但是，依法应当由申请人到行政机关办公场所提出行政许可申请的除外。建设工程规划许可证的申请不是必须由申请人到行政机关办公场所提出行政许可申请，要求“该公司应到某市自然资源和规划局办公场所提出申请”的说法过于绝对，故选项 A 错误。

根据《行政许可法》第 31 条第 1 款规定，申请人申请行政许可，应当如实向行政机关提交有关材料和反映真实情况，并对其申请材料实质内容的真实性负责。由此可知，申请人在申请行政许可时应当履行提交真实材料的义务，该公司应对其申请材料实质内容的真实性负责，故选项 B 正确。

根据《行政许可法》第 32 条第 1 款规定：“行政机关对申请人提出的行政许可申请，应当根据下列情况分别作出处理……（四）申请材料不齐全或者不符合法定形式的，应当当场或者在五日内一次告知申请人需要补正的全部内容，逾期不告知的，自收到申请材料之日起即为受理……”这是为了保障申请人权利，而规定行政机关的一次性告知义务。该公司的申请材料不齐全的，某市自然资源和规划局应当当场或者在 5 日内一次告知申请人需要补正的全部内容，而不是作出不受理决定，故选项 C 错误。

根据《行政许可法》第 58 条第 2 款规定，行政机关提供行政许可申请书格式文本，不得收费。这是为了防止行政机关通过申请书格式文本来谋取不当利益。因此，行政许可申请书格式文本不得收费，没有例外，故选项 D 说法错误。

41. 答案：D。解析：抽象行政行为，是指国家行政机关制定行政法规、规章和有普遍约束力的决定、命令等行政规则的行为。具体行政行为，是指行政机关使公民、法人或者其他组织在行政法上的权利义务得以建立、变更或者消灭的行为。行政强制措施，是指为了实施行政管理或达成行政管理人或者其他组织的行政目的，而对行政相对人的人身、财产、行为等采取的强制性措施。海关总署发布的公告是对加强进口某国油菜籽检疫警示的通报并非制定有普遍约束力的行政规则，因此公告不属于抽象行政行为，故选项 A 错误。海关总署发布的公告也并非对特定组织在行政法上的权利和义务的具体处理，因此公告也不属于具体行政行为，故选项 B 错误。海关总署发布的公告没有对特定组织采取强制性措施，因此公告也不属于行政强制措施，故 C 选项错误。

行政指导行为作为典型的行政事实行为，是行政机关以倡导、示范、建议、咨询等方式，引导公民自愿配合而达到行政管理目的的行为。海关总署发布的公告只是对加强进口某国油菜籽检疫进行警示通报，以警示通报的方式引导相关企业。因此海关总署发布的公告是行政指导行为，属于行政事实行为，故 D 选项正确。

42. 答案：B。解析：根据《行政许可法》第 69 条第 2 款规定，被许可人以欺骗、贿赂等不正当手段取得行政许可的，应当予以撤销。本题中，甲公司的《烟花爆竹生产企业安全生产许可证》是通过伪造申请材料取得的，即以欺骗的不正当手段取得的，符合撤销的条件，应予撤销。故选项 B 正确。

43. 答案：C。解析：行政指导行为是行政机关以倡导、示范、建议、咨询等方式，引导公民自愿配合而达到行政管理目的的行为。行政指导不具有强制性、不直接引起法律关系变化，不直接产生法律效果。因此，《责令限期拆除通知书》不属于行政指导。故选项 A 错误。

行政强制措施是指行政机关在行政管理过程中，为制止违法行为、防止证据损毁避免危害发生、控制危险扩大等情形，依法对公民的人身自由实施暂时性限制，或者对公民、法人或者其他组织的财物实施暂时性控制的行为。《责令限期拆除通知书》不是对李某房屋的暂时性控制，不属于行政强制措施。故选项 B 错误。

《责令限期拆除通知书》责令李某自行拆除房屋，逾期不拆除的，强制拆除，是对李某房屋实施的财产罚，属于行政处罚行为。根据《行政诉讼法》第 12 条第 1 款第 1 项规定："人民法院受理公民、法人或者其他组织提起的下列诉讼：(一) 对行政拘留、暂扣或者吊销许可证和执照、责令停产停业、没收违法所得、没收非法财物、罚款、警告等行政处罚不服的……"因此，《责令限期拆除通知书》具有可诉性。故选项 C 正确。

某市自然资源和规划局拆除李某房屋属于行政强制执行。根据《行政强制法》第 44 条规定，对违法的建筑物、构筑物、设施等需要强制拆除的，应当由行政机关予以公告，限期当事人自行拆除。当事人在法定期限内不申请行政复议或者提起行政诉讼，又不拆除的，行政机关可以依法强制拆除。因此，某市自然资源和规划局没有公告，也没有给予李某申请行政复议或者提起行政诉讼的期限，就实施拆除行为，属于严重的程序违法。故选项 D 错误。

44. 答案：C。解析：根据《行政处罚法》第 18 条第 2、3 款规定，国务院或者省、自治区、直辖市人民政府可以决定一个行政机关行使有关行政机关的行政处罚权。限制人身自由的行政处罚权只能由公安机关和法律规定的其他机关行使。因此，省、自治区、直辖市人民政府可以决定住房和城乡建设局行使交通管理机关的罚款权、环境保护局的罚款权和市场监督管理部门的吊销营业执照权，但不能行使公安机关的行政拘留权。故选项 C 正确。

需要注意的是，原《行政处罚法》要求省级政府经过国务院授权才能决定一个行政机关行使有关行政机关的行政处罚权，但是 2021 年修订后的《行政处罚法》取消了国务院授权的要求。

45. 答案：C。解析：根据《行政处罚法》第 35 条规定，违法行为构成犯罪，人民法院判处拘役或者有期徒刑时，行政机关已经给予当事人行政拘留的，应当依法折抵相应刑期。违法行为构成犯罪，人民法院判处罚金时，行政机关已经给予当事人罚款的，应当折抵相应罚金；行政机关尚未给予当事人罚款的，不再给予罚款。由此可知，行政处罚与刑罚的折抵情形是行政拘留可以折抵拘役和有期徒刑、行政罚款可以折抵罚金。故选项 ABD 正确，不当选；选项 C 错误，当选。

46. 答案：B。解析：根据《行政处罚法》第 12 条第 1 款规定，地方性法规可以设定除限制人身自由、吊销营业执照以外的行政处罚。故选项 A 正确，不当选。根据该法第 14 条规定，地方政府规章可以在法律、法规规定的给予行政处罚的行为、种类和幅度的范围内作出具体规定。尚未制定法律、法规的，地方政府规章对违反行政管理秩序的行为，可以设定警告、通报批评或者一定数额罚款的行政处罚。罚款的限额由省、自治区、直辖市人民代表大会常务委员会规定。由此可知，选项 B 错误，当选；选项 C、D 正确，不当选。

47. 答案：D。解析：根据《治安管理处罚法》第 9 条规定，对于因民间纠纷引起的打架斗殴或者损毁他人财物等违反治安管理行为，情节较轻的，公安机关可以调解处理。经公安机关调解，当事人达成协议的，不予处罚。经调解未达成协议或者达成协议后不履行的，公安机关应当依照该法的规定对违反治安管理行为人给予处罚，并告知当事人可以就民事争议依法向人民法院提起民事诉讼。由此可知，安某与朱某因民间纠纷引起的打架斗殴是违反治安管理行为，属于情节较轻的情形，经某区公安分局调解安某与朱某就赔偿问题达成协议后，某区公安分局对安某不予处罚。故选项 A 说法错误。安某与朱某就赔偿问题达成协议后，如安某拒不履行协议，某区公安分局应当对安某给予处罚，朱某可以就赔偿争议向人民法院提起民事诉讼。故选项 BC 说法错误，选项 D 说法正确。

48. 答案：A。解析：行政确认是行政主体依法对行政相对人的法律地位、法律关系和法律事实进行甄别，给予确定、认可、证明并予以宣告的具体行政行为。根据该定义，自然资源和规划局确认土地的使用权属于行政确认。故选项 A 正确。

49. 答案：C。解析：行政征收的内容一般包括：（1）税收征收，它是行政征收中最主要的方面；（2）资源费征收；（3）建设资金征收；（4）排污费征收；（5）管理费征收；（6）滞纳金征收。故选项 C 不属于行政征收的内容。行政征收是指行政机关或者法定授权的组织根据法律、法规的规定，向公民、法人或者其他组织无偿收取一定财物的行政行为。行政征收须以公民、法人或者其他组织负有行政法上的缴纳义务为前提，其实质是国家以强制方式无偿取得管理相对人一定财产所有权。二者的区别在于：（1）主体不同。土地征收主体是国家，代表国家进行土地征收的是各级人民政府和土地管理部门；行政征收的主体是行政机关或者法定授权的组织。（2）是否补偿不同。土地征收是给予合理补偿的；而行政征收则是无偿的。（3）征收的对象不同。土地征收的对象是农村集体经济组织所有的土地；而行政征收的对象则是公民、法人或者其他组织的一定财物。（4）是否负有前提义务不同。土地征收中的被征收人或组织不具有行政法上的缴纳义务；而行政征收则是以公民、法人或者其他组织负有行政法上的缴纳义务为前提的。故选项 C 不属于行政征收。

50. 答案：A。解析：行政裁决是指行政机关或法定授权的组织，依照法律授权，对当事人之间发生的、与行政管理活动密切相关的、与合同无关的民事纠纷进行审查，并作出裁决的具体行政行为。故选项 A 正确。

51. 答案：B。解析：《政府采购法》第 18 条第 2 款规定纳入集中采购目录属于通用的政府采购项目的，应当委托集中采购机构代理采购；属于本部门、本系统有特殊要求的项目，应当实行部门集中采购；属于本单位有特殊要求的项目，经省级以上人民政府批准，可以自行采购。

52. 答案：A。解析：《政府采购法》第 26 条第 2 款规定公开招标应作为政府采购的主要采购方式。

53. 答案：D。解析：根据《行政处罚法》第 32 条规定，当事人有下列情形之一，应当从轻或者减轻行政处罚：（1）主动消除或者减轻违法行为危害后果的；（2）受他人胁迫或者诱骗实施违法行为的；（3）主动供述行政机关尚未掌握的违法行为的；（4）配合行政机关查处违法行为有立功表现的；（5）法律、法规、规章规定其他应当从轻或者减轻行政处罚的。故选项 D 不属于依法从轻或减轻行政处罚的情形。

54. 答案：A。解析：根据《行政许可法》第 2 条规定："本法所称行政许可，是指行政机关根据公民、法人或者其他组织的申请，经依法审查，准予其从事特定活动的行为。"故选项 A 正确。行政命令是行政主体依法要求相对人进行一定的作为或不作为的意思表示。故选项 B 错误。行政征收是指行政主体凭借国家行政权，根据国家和社会公共利益的需要，依法向行政相对人强制性征集一定数额金钱和实物的行政行为，主要由税和费组成。故选项 C 错误。行政监督检查，是指行政机关或法定授权的组织依法对管理相对人遵守法律、法规和规章的情况进行督促检查。检查的具体内容主要是公民、法人或其他组织是否依法正当行使权利和履行义务。故选项 D 错误。

55. 答案：B。解析：《政府采购法》第 34 条规定，货物或者服务项目采取邀请招标方式采购的，采购人应当从符合相应资格条件的供应商中，通过随机方式选择 3 家以上的供应商，并向其发出投标邀请书。

56. 答案：D。解析：根据《行政许可法》第 48 条规定，听证按照下列程序进行：（1）行政机关应当于举行听证的 7 日前将举行听证的时间、地点通知申请人、利害关系人，必要时予以公告；（2）听证应当公开举行；（3）行政机关应当指定审查该行政许可申请的工作人员以外的人员为听证主持人，申请人、利害关系人认为主持人与该行政许可事项有直接利害关系的，有权申请回避；（4）举行听证时，审查该行政许可申请的工作人员应当提供审查意见的证据、理由，申请人、利害关系人可以提出证据，并进行申辩和质证；（5）听证应当制作笔录，听证笔录应当交听证参加人确认无误后签字或者盖章。故选项 D 错误。

57. 答案：A。解析：所谓缔约过失责任，是指在订立合同过程中，一方因违背其依据诚实信用原则所应尽的义务而导致另一方信赖利益的损失，依法应承担的民事责任。其构成要件有：（1）发生于合同订立阶段。这是它与违约责任的根本区别。（2）一方当事人违反了依诚实信用原则所担负的先合同义务。合同尚未成立，因此当事人并不承担合同义务。（3）另一方的信赖利益因此受到损失。包括财产的直接减少，也包括应增加而未增加的利益。

根据《政府采购法》第 46 条规定："采购人与中标、成交供应商应当在中标、成交通知书发出之日起三十日内，按照采购文件确定的事项签订政府采购合同。""中标、成交通知书对采购人和中标、成交供应商均具有法律效力。中标、成交通知书发出后，采购人改变中标、成交结果的，或者中标、成交供应商放弃中标、成交项目的，应当依法承担法律责任。"依缔约过失责任的构成要件判断，对中标、成交通知书的改变或者放弃，尚处于政府采购合同的订立阶段，是一方违反先合同义务，使另一方的信赖利益受到损失。故选项 A 正确。

选项 B“违反后合同义务的责任”，因合同尚未订立，不发生后合同义务问题，故不正确。

选项 C“违反附随义务的责任”也不正确。未尽保护、照顾等附随义务，也导致缔约过失责任，如商店地滑致使顾客摔伤的情形。本题显然不属于此情形。

选项 D，违约责任发生在合同订立以后，因此也不是正确选项。

58. 答案：A。行政机关可以依职权举行听证。行政许可决定不公开的情形，除了涉及国家秘密的，还包括涉及商业秘密和个人隐私的情况。法律、行政法规设定的行政许可，其适用范围没有地域限制的，在全国范围内有效；地方性法规、省级政府规章所设定的行政许可，要受地域限制，只能在地方性法规和地方规章适用范围内有效。所以，选项 A 正确，选项 B、C、D 错误。

59. 答案：A。解析：根据《行政强制法》第 9 条规定，行政强制措施的种类包括：(1) 限制公民人身自由；(2) 查封场所、设施或者财物；(3) 扣押财物；(4) 冻结存款、汇款；(5) 其他行政强制措施。故选项 A 正确。

60. 答案：C。解析：根据《行政强制法》第 2 条规定，行政强制，包括行政强制措施和行政强制执行。行政强制措施，是指行政机关在行政管理过程中，为制止违法行为、防止证据损毁、避免危害发生、控制危险扩大等情形，依法对公民的人身自由实施暂时性限制，或者对公民、法人或者其他组织的财物实施暂时性控制的行为。行政强制执行，是指行政机关或者行政机关申请人民法院，对不履行行政决定的公民、法人或者其他组织，依法强制履行义务的行为。行政拘留是一种重要且常见的行政处罚的种类。行政拘留是指县级以上公安机关和法律规定的其他机关依法对违反行政法律规范的人，在短期内限制人身自由的一种行政处罚。管制是我国刑法规定的一种量刑种类，即对罪犯不予关押，但限制其一定自由，依法实行社区矫正。由此可见，选项 C 正确。

61. 答案：B。解析：根据《治安管理处罚法》第 87 条第 1 款规定，检查公民住所应当出示县级以上人民政府公安机关开具的检查证明文件。因此，选项 A 只说“出示工作证件”，是错误的。选项 B 符合《行政处罚法》有关行政拘留折抵拘役或者有期徒刑刑期的规定。根据《治安管理处罚法》第 107 条规定，被处罚人不服行政拘留处罚决定，申请行政复议、提起行政诉讼的，可以向公安机关提出暂缓执行行政拘留的申请。公安机关认为暂缓执行行政拘留不致发生社会危险的，由被处罚人或者其近亲属提出符合该法第 108 条规定条件的担保人，或者按每日行政拘留 200 元的标准交纳保证金，行政拘留的处罚决定暂缓执行。第 108 条规定，担保人应当符合下列条件：与本案无牵连；享有政治权利，人身自由未受到限制；在当地有常住户口和固定住所；有能力履行担保义务。张某申请复议后，除由张父提供担保外，还须符合“公安机关认为暂缓执行行政拘留不致发生社会危险”的规定。故选项 C 不正确。根据该法第 103 条，对被决定给予行政拘留处罚的人，由作出决定的公安机关送达拘留所执行，选项 D 表述不完整，因而是错误的。

62. 答案：B。解析：根据《行政强制法》第 42 条规定，实施行政强制执行，行政机关可以在不损害公共利益和他人合法权益的情况下，与当事人达成执行协议。执行协议可以约定分阶段履行；当事人采取补救措施的，可以减免加处的罚款或者滞纳金，执行协议应当履行。当事人不履行执行协议的，行政机关应当恢复强制执行。

63. 答案：C。解析：根据《治安管理处罚法》第 91 条规定，治安管理处罚由县级以上人民政府公安机关决定；其中警告、500 元以下的罚款可以由公安派出所决定。派出所无权作出行政拘留处罚，故 A 项错误。

根据《治安管理处罚法》第 100 条规定，违反治安管理行为事实清楚，证据确凿，处警告或者 200 元以下罚款的，可以当场作出治安管理处罚决定。故 B 项错误。

根据《治安管理处罚法》第 97 条第 1 款规定，公安机关应当向被处罚人宣告治安管理处罚决定书，并当场交付被处罚人；无法当场向被处罚人宣告的，应当在 2 日内送达被处罚人。决定给予行政拘留处罚的，应当及时通知被处罚人的家属。故 C 项正确。

根据《行政处罚法》第 34、39 条规定，行政机关给予行政处罚，应当制作行政处罚决定书。因此，不得以口头方式作出。故 D 项错误。

64. 答案：B。解析：行政强制措施，是指行政机关在行政管理过程中，为制止违法行为、防止证据损毁、避免危害发生、控制危险扩大等情形，依法对公民的人身自由实施暂时性限制，或者对公民、法人或者其他组织的财物实施暂时性控制的行为。与行政处罚的区别在于：行政强制措施具有临时性、非处罚性、中间性、程序性；行政处罚则具有惩戒性、制裁性、实体性、最终性、结论性，不具有临时性。《行政强制法》第 9 条规定，行政强制措施的种类包括：（1）限制公民人身自由；（2）查封场所、设施或者财物；（3）扣押财物；（4）冻结存款、汇款；（5）其他行政强制措施。A 选项“封存”、C 选项“扣押”、D 选项“将醉酒者约束至酒醒”均属于该条规定的行政强制措施。B 项中的暂扣驾驶证行为，则属于《行政处罚法》第 9 条规定的暂扣或吊销许可证的行政处罚，不属于行政强制措施，故当选。

65. 答案：C。解析：选项 A，行政处罚，是指行政主体对构成行政违法行为的公民、法人或者其他组织实施的行政法上的制裁。《行政处罚法》规定了六种具体的行政处罚种类：警告，罚款，没收违法所得、没收非法财物，责令停产停业，暂扣或者吊销许可证、暂扣或者吊销执照，行政拘留。本题显然不属于上述行政处罚中的任何一种。选项 B，属行政征收，是错误选项。选项 C，代执行，又称代履行，是指行政强制执行机关或第三人代替义务人履行法律、法规直接规定的或行政行为所确立的义务，并向义务人征收必要费用的强制执行措施。本题中，行政机关代为义务人强制拆除工程，向义务人征收代履行费用，属于代执行。故选项 C 正确。选项 D，直接强制是指行政主体直接对义务人的人身或者财产采取强制措施，以实现行政法定义务的行为，比如强制拘留、强制传唤及强制划拨、扣缴、抵缴。因此也不是正确选项。

三、多项选择题

1. 答案：AB。解析：根据《行政许可法》第 75 条规定，选项 A 正确；根据《行政许可法》第 70 条规定，选项 B 正确。高校属于事业单位，直接管理它的是教育行政部门，并非公安机关直接管理的事业单位，因此选项 C 不属于《行政许可法》第 3 条第 2 款规定的不适用《行政许可法》的情形，仍应当适用《行政许可法》，选项 C 错误。选项 D 中，该企业已经通过贿赂手段取得烟花爆竹生产许可证，而该许可属于直接关系公共安全、人身健康、生命财产安全事项，根据《行政许可法》第 79 条的规定，申请人在 3 年内不得再次申请该行政许可，而不是“1 年”。据此，选项 D 错误。

2. 答案：ABC。解析：根据《行政强制法》第 2 条第 2 款规定，行政强制措施，是指行政机关在行政管理过程中，为制止违法行为、防止证据损毁、避免危害发生、控制危险扩大等情形，依法对公民的人身自由实施暂时性限制，或者对公民、法人或者其他组织的财物实施暂时性控制的行为。某交警大队扣押机动车驾驶证的行为是扣押行为，是对货车司机机动车驾驶证实施暂时性控制的行为，属于行政强制措施，故选项 A 说法错误，当选。

根据《行政处罚法》第 2 条规定，行政处罚是指行政机关依法对违反行政管理秩序的公民、法人或者其他组织，以减损权益或者增加义务的方式予以惩戒的行为。某交警支队对司机作出的注销机动车驾驶证的行为，不是惩戒行为，不属于行政处罚，而吊销机动车驾驶证属于行政处罚。根据《行政许可法》第 70 条规定：“有下列情形之一的，行政机关应当依法办理有关行政许可的注销手续……（四）行政许可依法被撤销、撤回，或者行政许可证件依法被吊销的……”由此可知，注销机动车驾驶证是行政许可的监督管理行为。故 B 选项错误，当选。某交警支队对司机作出吊销机动车驾驶证的处理措施，属于行政许可证件依法被吊销的情形，则行政机关应依法注销该货车司机的机动车驾驶证。故 C 选项说法错误，当选。

根据《行政处罚法》第 2 条规定，某交警大队对司机罚款 2000 元，并对其机动车驾驶证记 6 分的行为属于行政处罚。根据《行政诉讼法》第 12 条第 1 款规定："人民法院受理公民、法人或者其他组织提起的下列诉讼：（一）对行政拘留、暂扣或者吊销许可证和执照、责令停产停业、没收违法所得、没收非法财物、罚款、警告等行政处罚不服的……" 由此可知，该司机对某交警大队罚 2000 元、机动车驾驶证记 6 分的行为，有权提起行政诉讼，故选项 D 说法正确，不当选。

3. 答案：ABD。解析：行政处罚行为是对公民、组织违法行为的行政制裁。根据《行政处罚法》第 56 条规定，行政机关在收集证据时，在证据可能灭失或者以后难以取得的情况下，经行政机关负责人批准，可以先行登记保存。选项 A 中的先行登记保存是行政处罚调查过程中的行为，先行登记保存不具有惩罚性，不是行政处罚，故选项 A 当选。

选项 B 中的责令召回，其目的在于制止违法或者制止危害的发生或扩大，没有惩罚性，属于行政强制措施，不是行政处罚，故选项 B 当选。

根据《行政处罚法》第 9 条规定："行政处罚的种类………责令停产停业……" C 选项中责令停产 6 个月的决定，属于法定的行政处罚种类，具有惩罚性，故选项 C 不当选。

选项 D 中责令丁企业支付消费者 3 倍赔偿金是对民事争议的处理，是某市场监督管理局针对丁企业和消费者之间的消费纠纷作出的行政裁决，目的在于解决民事争议，没有惩罚性，不是行政处罚，故 D 选项当选。

4. 答案：ABCD。解析：根据《行政处罚法》第 28 条第 1 款规定，行政机关实施行政处罚时，应当责令当事人改正或者限期改正违法行为。该法第 29 条规定，对当事人的同一个违法行为，不得给予两次以上罚款的行政处罚。2019 年 7 月 12 日，某交警大队认定李某在某路段违法停车，决定对其罚款 200 元并责令改正违法行为，但李某并没有开走汽车，能改正而没有改正违法行为。2019 年 7 月 17 日，某交警大队以李某在该路段违法停车为由决定对其罚款 200 元。李某不改正的长时间违法行为不属于"同一违法行为"，交警大队没有违反一事不再罚，故选项 A 说法错误，当选。当然，即使是针对李某不改正的长时间违法行为，某交警大队的罚款次数也不能不限制，毕竟行政处罚的目的是维护公共利益和社会秩序，而不是为了罚款而罚款，故选项 D 说法错误，当选。

诚实守信原则包括诚实和信赖保护，题目主要涉及信赖保护，信赖保护的前提是存在信赖利益，不能因为李某第一次被处罚后就存在不被再次处罚的信赖利益，因此，某交警大队针对李某拒不改正的违法行为再次处罚并没有违反信赖保护，故选项 B 说法错误，当选。

根据《行政处罚法》第 36 条第 1 款规定，违法行为在 2 年内未被发现的，不再给予行政处罚；涉及公民生命健康安全、金融安全且有危害后果的，上述期限延长至 5 年。法律另有规定的除外。处罚时效适用的条件是违法行为未被行政机关发现，李某违法行为不属于未被行政机关发现的行为，不适用处罚时效免责，故选项 C 错误，当选。

5. 答案：BCD。解析：行政许可是对一般禁止的解除，没有法律上的一般禁止或者限制，行政许可就无从谈起。行政机关准予行政相对人以从事特定活动的权利，一般不得转让，除非法律、法规规定依照法定条件和程序可以转让。根据《商标法》第 39 条、《专利法》第 10 条和《矿产资源法》第 6 条，商标许可、专利许可、探矿许可都是依法可以转让的。只有持枪许可不得转让。因此，选项 B、C、D 正确。

6. 答案：BCD。解析：根据《行政强制法》第 13 条第 1 款规定，行政强制执行由法律设定。由此可知，行政强制执行只能由法律设定，故选项 A 不当选；法律之外的行政法规、地方性法规以及部门规章、地方政府规章等规范性文件一律不得设定行政强制执行，故选项 BCD 当选。

7. 答案：BD。解析：根据《行政处罚法》第 66 条第 2 款规定，当事人确有经济困难，需要延期或者分期缴纳罚款的，经当事人申请和行政机关批准，可以暂缓或者分期缴纳。因此，某火锅店若有经济困难，经申请和行政机关批准，可以分期缴纳罚款。故选项 A 错误。

《行政处罚法》第 72 条第 1 款规定："当事人逾期不履行行政处罚决定的，作出行政处罚决定的行政机关可以采取下列措施：（一）到期不缴纳罚款的，每日按罚款数额的百分之三加处罚款……"因此，某火锅店逾期不缴纳罚款，某市市场监管局可以每日按罚款数额的 3%加处罚款。故选项 B 正确。

根据《行政处罚法》第 74 条规定，除依法应当予以销毁的物品外，依法没收的非法财物必须按国家规定公开拍卖或者按国家有关规定处理。罚款、没收的违法所得或者没收非法财物拍卖的款项，必须全部上缴国库，任何行政机关或者个人不得以任何形式截留、私分或者变相私分。财政部门不得以任何形式向作出行政处罚决定的行政机关返还罚款、没收的违法所得或者返还没收非法物的拍卖款项。因此，某火锅店逾期不缴纳罚款，某市市场监管局不得私自将没收的火锅店香肠作变价抵缴罚款。故选项 C 错误。

根据《行政复议法》第 12 条第 1 款规定，对县级以上地方各级人民政府工作部门的具体行政行为不服的，由申请人选择，可以向该部门的本级人民政府申请行政复议，也可以向上一级主管部门申请行政复议。因此，若某火锅店申请复议，复议机关可以是某市政府也可以是某省市场监管局。选项 D 正确。

8. 答案：CD。解析：根据《治安管理处罚法》第 63 条规定："有下列行为之一的，处警告或者二百元以下罚款；情节较重的，处五日以上十日以下拘留，并处二百元以上五百元以下罚款：(一) 刻划、涂污或者以其他方式故意损坏国家保护的文物、名胜古迹的……" 因此，陈某的行为不属于妨害公共安全的行为，而属于妨害社会管理的行为。故选项 A 错误。

根据《治安管理处罚法》第 98 条规定，公安机关作出吊销许可证以及处 2000 元以上罚款的治安管理处罚决定前，应当告知违反治安管理行为人有权要求举行听证；违反治安管理行为人要求听证的，公安机关应当及时依法举行听证。因此，某区公安分局对于陈某作出的拘留 15 日的处罚决定，不属于应当举行听证的范围。故选项 B 错误。

根据《治安管理处罚法》第 107 条规定，被处罚人不服行政拘留处罚决定，申请行政复议、提起行政诉讼的，可以向公安机关提出暂缓执行行政拘留的申请。因此，陈某对处罚决定不服提起诉讼时，可以申请暂缓执行拘留。故选项 C 正确。

根据《行政复议法》第 12 条第 1 款规定，对县级以上地方各级人民政府工作部门的具体行政行为不服的，由申请人选择，可以向该部门的本级人民政府申请行政复议，也可以向上一级主管部门申请行政复议。因此，本案的复议机关可以是某区公安分局的上级公安机关，也可以是某区公安分局所在的本级人民政府。故选项 D 正确。

9. 答案：ABD。解析：根据《行政强制法》第 50 条规定，行政机关依法作出要求当事人履行排除妨碍、恢复原状等义务的行政决定，当事人逾期不履行，经催告仍不履行，其后果已经或者将危害交通安全、造成环境污染或者破坏自然资源的，行政机关可以代履行，或者委托没有利害关系的第三人代履行。由此可知，代履行既可以由行政机关进行，也可以委托没有利害关系的第三人进行。故选项 A 错误，当选。

根据《行政强制法》第 51 条第 2 款规定，代履行的费用按照成本合理确定，由当事人承担。但是，法律另有规定的除外。代履行的费用原则上由负有义务的当事人承担，除非法律另有规定。故选项 B 错误，当选。

根据《行政强制法》第 51 条第 3 款规定，代履行不得采用暴力、胁迫以及其他非法方式。代履行应当依法实施。故选项 C 正确，不当选。

根据《行政强制法》第 52 条规定，需要立即清除道路、河道、航道或者公共场所的遗洒物、障碍物或者污染物，当事人不能清除的，行政机关可以决定立即实施代履行；当事人不在场的，行政机关应当在事后立即通知当事人，并依法作出处理。此规定表明在紧急情况下，行政机关是可以立即实施代履行的，而

"代履行 3 日前应送达决定书" 的说法没有考虑到紧急情况。选项 D 说法错误，当选。

10. 答案：CD。解析：根据《行政处罚法》第 12 条第 1 款规定，地方性法规可以设定除限制人身自由、吊销营业执照以外的行政处罚。故选项 C、D 正确。

11. 答案：AB。解析：根据《行政许可法》第 15 条第 1 款规定，尚未制定法律、行政法规和地方性法规的，因行政管理的需要，确需立即实施行政许可的，省、自治区、直辖市人民政府规章可以设定临时性的行政许可。因此，省、自治区、直辖市政府规章可以设定临时性的行政许可。故选项 A 正确。

根据《行政处罚法》第 14 条规定，地方政府规章可以在法律、法规规定的给予行政处罚的行为、种类和幅度的范围内作出具体规定。尚未制定法律、法规的，地方政府规章对违反行政管理秩序的行为，可以设定警告、通报批评或者一定数额罚款的行政处罚。罚款的限额由省、自治区、直辖市人民代表大会常务委员会规定。因此，省、自治区、直辖市政府规章可以设定一定数额的罚款。故选项 B 正确。

根据《行政强制法》第 10 条规定，行政强制措施由法律设定。尚未制定法律，且属于国务院行政管理职权事项的，行政法规可以设定除限制公民人身自由，冻结存款、汇款和应当由法律规定的行政强制施以外的其他行政强制措施。尚未制定法律、行政法规，且属于地方性事务的，地方性法规可以设定查封场所、设施或者财物以及扣押财物的行政强制措施。法律、法规以外的其他规范性文件不得设定行政强制措施。因此，法律、行政法规和地方性法规可以设定行政强制措施，而省、自治区、直辖市政府规章无权设定行政强制措施。故选项 C 错误。

根据《行政强制法》第 12 条规定："行政强制执行的方式：（一）加处罚款或者滞纳金……" 由此可知，加处滞纳金属于行政强制执行。根据《行政强制法》第 13 条第 1 款的规定，行政强制执行由法律设定。因此，省、自治区、直辖市政府规章无权设定加处滞纳金的行政强制执行。故选项 D 错误。

12. 答案：AB。解析：《行政诉讼法》第 96 条规定："行政机关拒绝履行判决、裁定、调解书的，第一审人民法院可以采取下列措施：（一）对应当归还的罚款或者应当给付的款额，通知银行从该行政机关的账户内划拨；（二）在规定期限内不履行的，从期满之日起，对该行政机关负责人按日处五十元至一百元的罚款；（三）将行政机关拒绝履行的情况予以公告；（四）向监察机关或者该行政机关的上一级行政机关提出司法建议。接受司法建议的机关，根据有关规定进行处理，并将处理情况告知人民法院；（五）拒不履行判决、裁定、调解书，社会影响恶劣的，可以对该行政机关直接负责的主管人员和其他直接责任人员予以拘留；情节严重，构成犯罪的，依法追究刑事责任。”根据上述第二项可知，A、B 选项正确。根据上述第五项可知，对拒不履行判决的，只有在社会影响恶劣时，才可以对直接负责的主管人员予以拘留。本题中不存在社会影响恶劣的情形，所以 C 选项错误。根据上述第四项可知，法院可以向某市教育局提出司法建议，由某市教育局按照有关规定处理。但法院无权“责令”某市教育局进行处理，所以 D 选项错误。

13. 答案：BCD。解析：《行政处罚法》第 22 条规定：“行政处罚由违法行为发生地的行政机关管辖。法律、行政法规、部门规章另有规定的，从其规定。”首先，甲地是违法人居住地，与违法行为发生地无关，可以排除。其次，乙地是制作盗版光盘的地点，肯定是违法行为发生地。再次，丙地是运输盗版光盘经过的地方，运输盗版光盘也属于违法行为，所以丙地也是违法行为发生地。最后，销售盗版光盘，属于违法行为，那么丁地也是违法行为发生地。按照《行政处罚法》的规定，乙、丙、丁地的有权行政机关都有权管辖此案。

14. 答案：AC。解析：关于行政合同的订立，须注意以下几项：（1）行政机关订立行政合同，须具有缔约能力。享有缔约能力的行政机关，需要委托代理人订立行政合同的，应依法进行委托，并对委托代理人的活动进行监督。（2）行政合同的形式应当依法决定，基本排除当事人之间的自由约定原则上应当采用书面形式，法律、法规另有规定的除外。（3）行政合同的内容，由当事人约定。行政机关缔结行政合同不得超越职权并符合法律授权的目的和其他要求。（4）行政合同的订立原则上应当依法采用招标或其他竞争性方式。行政机关订立行政合同，必须根据经过行政合同订立程序所形成的行政合同案卷。行政合同案卷可以供利害关系人查阅。

15. 答案：ABCD。解析：根据《行政许可法》第 70 条规定：“有下列情形之一的，行政机关应当依法办理有关行政许可的注销手续：（一）行政许可有效期届满未延续的；（二）赋予公民特定资格的行政许可，该公民死亡或者丧失行为能力的；（三）法人或者其他组织依法终止的；（四）行政许可依法被撤销、撤回，或者行政许可证件依法被吊销的；（五）因不可抗力导致行政许可事项无法实施的；（六）法律、法规规定的应当注销行政许可的其他情形。”由此可见。选项 A，某商业银行业务经营许可被吊销，银保监会应当注销其银行业务许可，如果该银行清算完毕，还必须进行公司登记注销；选项 B，该食品公司，被宣告破产，也就是说将会依法终止，则应当依法注销其公司登记，以及依法取得的卫生许可等。选项 C，采矿许可因地震这一不可抗力使得不能实施，因此依法应当注销采矿许可。选项 D，“植物人”丧失行为能力，其律师职业许可应当注销。

故选项 ABCD 正确。

16. 答案：AC。解析：根据《行政强制法》第 52 条规定，需要立即清除道路、河道、航道或者公共场所的遗洒物、障碍物或者污染物，当事人不能清除的，行政机关可以决定立即实施代履行；当事人不在场的，行政机关应当在事后立即通知当事人，并依法作出处理。题目中，在紧急防汛期，需要立即清除河道内的建筑物，某防汛指挥机构可决定立即实施代履行，故选项 A 正确。

根据《行政诉讼法》第 56 条第 1 款规定，诉讼期间，不停止行政行为的执行。但有下列情形之一的，裁定停止执行：（1）被告认为需要停止执行的；（2）原告或者利害关系人申请停止执行，人民法院认为该行政行为的执行会造成难以弥补的损失，并且停止执行不损害国家利益、社会公共利益的；（3）人民法院认为该行政行为的执行会给国家利益社会公共利益造成重大损害的；（4）法律、法规规定停止执行的。由此可知，提起诉讼是不停止行政行为执行的，只有满足法定情形才可以由法院裁定停止执行，故选项 B 错误。

根据《行政强制法》第 43 条第 1 款规定，行政机关不得在夜间或者法定节假日实施行政强制执行。但是，情况紧急的除外。由此可知，一般情况下行政机关不得在夜间或者法定节假日实施行政强制执行，但在紧急情况下，行政机关可以在夜间或者法定节假日实施行政强制执行。题目中，紧急防汛期属于紧急情况，某防汛指挥机构可以在法定节假日强制清除，故选项 C 正确。

根据《行政强制法》第 42 条第 1 款规定，实施行政强制执行，行政机关可以在不损害公共利益和他人合法权益的情况下，与当事人达成执行协议。由此可知，行政机关与当事人达成执行协议的前提是，不损害公共利益和他人合法权益。题目中，在紧急防汛期的强制执行存在紧急防汛的公共利益，某防汛指挥机构与林某签订执行协议约定分阶段清除可能损害公共利益，故选项 D 错误。

17. 答案：AB。解析：根据《行政强制法》第 2 条第 3 款规定，行政强制执行，是指行政机关或者行政机关申请人民法院，对不履行行政决定的公民、法人或者其他组织，依法强制履行义务的行为。故选项 A、B 正确。

18. 答案：BCD。解析：根据《行政强制法》第 2 条第 3 款规定，行政强制执行，是指行政机关或者行政机关申请人民法院，对不履行行政决定的公民、法人或者其他组织，依法强制履行义务的行为。第 45 条第 1 款规定，行政机关依法作出金钱给付义务的行政决定，当事人逾期不履行的，行政机关可以依法加处罚款或者滞纳金。行政强制执行根据执行手段的不同，分为间接强制和直接强制，间接强制的特点是手段相对平和，主要包括加处罚款或者滞纳金和代履行。由此可见，选项 B、C、D 正确。

19. 答案：ABCD。解析：根据《行政强制法》第 12 条规定，行政强制执行的方式：（1）加处罚款或者滞纳金；（2）划拨存款、汇款；（3）拍卖或者依法处理查封、扣押的场所、设施或者财物；（4）排除妨碍、恢复原状；（5）代履行；（6）其他强制执行方式。依该法第 54 条规定，行政机关可以向所在地有管辖权的人民法院申请强制执行。由此可见，选项 A、B、C、D 正确。

20. 答案：AD。解析：行政裁决是指行政主体依照法律授权和法定程序，对当事人之间发生的与行政管理活动密切相关的、与合同无关的特定民事、经济纠纷进行裁决的具体行政行为。主要包括：（1）损害赔偿裁决。这是指行政机关对平等主体之间发生的、因涉及与行政管理相关的合法权益受到侵害而引起的赔偿争议所作出的裁决。（2）权属纠纷裁决。这是指行政主体对平等主体之间，因涉及与行政管理相关的某一财产、资源的所有权、使用权的归属发生争议所作出的裁决。（3）侵权纠纷裁决。这是指在平等主体之间，一方当事人认为其行政法上的合法权益受到了另一方侵犯时，依法请求行政机关制止侵害，并责令侵权方对其侵害行为已造成的损失予以赔偿。由此可见，选项 A、D 当选。选项 B 属于劳动仲裁，不是行政裁决，不当选；选项 C 属于行政调解，也不当选。

21. 答案：ABC。解析：专利授予的相应问题，《专利法》有明确规定，专利局没有自由选择余地，因此选项 A 应选。专利授予的前提是专利申请，因此选项 B 应选。在本题专利申请人获得专利权，因此，选项 C 应选。专利授予，有证书，并登记和公告，很显然属于要式行为，因此选项 D 不应选。

22. 答案：ACD。解析：根据《行政许可法》第 9 条规定，依法取得的行政许可，除法律、法规规定依照法定条件和程序可以转让的外，不得转让。

23. 答案：ABCD。解析：根据《行政许可法》第 45 条规定，行政机关作出行政许可决定，依法需要听证、招标、拍卖、检验、检测、检疫、鉴定和专家评审的，所需时间不计算在本节规定的期限内。由此可见，选项 B、C、D 正确。行政许可决定期限自受理行政许可申请之日起计算，“申请人补正材料”的，行政机关还没有决定受理，自然该“申请人补正材料”所需时间也不计入行政许可决定期限。选项 A 也应正确。

24. 答案：BC。解析：吊销卫生许可证，是在合法取得卫生许可证的前提下，由于存在严重违反卫生管理的行为，行政机关依法作出的行政处罚；在本题中，卫生许可本身就是违法取得的，因此属于应当撤销，因此选项 A 不正确。根据《行政许可法》第 79 条规定，被许可人以欺骗、贿赂等不正当手段取得行政许可的，行政机关应当依法给予行政处罚，故选项 B 正确；由于刘某是通过欺骗手段获得卫生许可的，刘某基于该卫生许可取得的利益不受保护，因此某县卫生健康委员会仍然可以撤销卫生许可，而不管刘某是否将企业设立，故选项 D 不正确。

25. 答案：ACD。解析：根据《行政处罚法》第 35 条第 2 款规定，违法行为构成犯罪，人民法院判处罚金时，行政机关已经给予当事人罚款的，应当折抵相应罚金，故 A 选项正确；没收的行政处罚仍保持法律效力，这是为刑法所肯定的，故选项 C、D 正确。

26. 答案：ABC。解析：《政府采购法》第 10 条规定，政府采购应当采购本国货物、工程和服务。但有下列情形之一的除外：（1）需要采购的货物、工程或者服务在中国境内无法获取或者无法以合理的商业条件获取的；（2）为在中国境外使用而进行采购的；（3）其他法律、行政法规另有规定的。前款所称本国货物、工程和服务的界定，依照国务院有关规定执行。由此可知，选项 A、B、C 正确。选项 D 错在“规章另有规定的”。

27. 答案：ABD。解析：根据《治安管理处罚法》第 94 条第 1 款规定，公安机关作出治安管理处罚决定前，应当告知违反治安管理行为人作出治安管理处罚的事实、理由及依据，并告知违反治安管理行为人依法享有的权利。故选项 A 正确。

根据《行政复议法》第 9 条第 1 款规定，公民、法人或者其他组织认为具体行政行为侵犯其合法权益的，可以自知道该具体行政行为之日起 60 日内提出行政复议申请；但是法律规定的申请期限超过 60 日的除外。本题涉及的是治安管理处罚，而《治安管理处罚法》对治安管理处罚的复议期限并未作出规定，因此应适用《行政复议法》规定的一般复议期限。故选项 B 正确。

根据《治安管理处罚法》第 98 条规定，公安机关作出吊销许可证以及处 2000 元以上罚款的治安管理处罚决定前，应当告知违反治安管理行为人有权要求举行听证；违反治安管理行为人要求听证的，公安机关应当及时依法举行听证。题目中，某区公安分局对沈某的罚款为 1000 元，沈某显然不享有法定听证权。但区公安分局向沈某送达了听证告知书，明确告知当事人可以在 3 日内提出听证申请，表明区公安分局已承诺给沈某听证，如沈某要求听证，区公安分局此时不进行听证就构成程序违法。故选项 C 错误，D 选项正确。

28. 答案：ABCD。解析：根据《治安管理处罚法》第 96 条第 1 款第 4 项规定，公安机关作出治安管理处罚决定的，应当制作治安管理处罚决定书。决定书应当载明处罚的执行方式和期限。因此，某公安局对朱某的处罚决定书应当载明处罚的执行方式和期限。故选项 A 正确。

根据《治安管理处罚法》第 98 条规定，公安机关作出吊销许可证以及处 2000 元以上罚款的治安管理处罚决定前，应当告知违反治安管理行为人有权要求举行听证；违反治安管理行为人要求听证的，公安机关应当及时依法举行听证。本案中，对朱某的罚款为 5000 元，属于相对人有权要求听证范围，朱某要求听证的，某公安局应当及时依法举行听证。故选项 B 正确。

根据《治安管理处罚法》第 94 条第 2 款规定，违反治安管理行为人有权陈述和申辩。公安机关必须充分听取违反治安管理行为人的意见，对违反治安管理行为人提出的事实、理由和证据，应当进行复核；违反治安管理行为人提出的事实、理由或者证据成立的，公安机关应当采纳。因此，朱某有权陈述和申辩，某公安局必须充分听取朱某的意见。故选项 C 正确。

根据《行政诉讼法》第 18 条第 1 款规定，行政案件由最初作出行政行为的行政机关所在地人民法院管辖。经复议的案件，也可以由复议机关所在地人民法院管辖。根据《行政诉讼法》第 19 条规定，对限制人身自由的行政强制措施不服提起的诉讼，由被告所在地或者原告所在地人民法院管辖。根据《最高人民法院关于适用〈中华人民共和国行政诉讼法〉的解释》第 8 条第 2 款规定，对行政机关基于同一事实，既采取限制公民人身自由的行政强制措施，又采取其他行政强制措施或者行政处罚不服的，由被告所在地或者原告所在地的人民法院管辖。本案不属于限制人身自由的行政强制措施。因此，朱某对拘留和罚款处罚不服起诉，应由某公安局所在地的法院管辖。故 D 选项正确。

29. 答案：ABD。解析：行政处罚的本质特征在于制裁性，针对违反行政法律规范的行为的行政制裁，是行政机关作出的最终处理。扣留驾驶证和扣留车载货物的行为并不是最终处理，不属于行政处罚，而是对财产的暂时性控制，属于行政强制措施，故选项 A、B 说法正确。某交通运输局对张某罚款 1 万元，张某拒绝缴纳，拍卖车载货物行为的目的是抵缴罚款是对罚款的行政强制执行，故选项 C 说法错误，选项 D 说法正确。

30. 答案：ABD。解析：根据《行政处罚法》第 9 条规定，行政处罚的种类有：（1）警告、通报批评；（2）罚款、没收违法所得、没收非法财物；（3）暂扣许可证件、降低资质等级、吊销许可证件；（4）限制开展生产经营活动、责令停产停业责令关闭、限制从业；（5）行政拘留；（6）法律、行政法规规定的其他行政处罚。由此可知，责令停产 1 年和暂扣驾驶执照 6 个月都属于行政处罚，不属于行政强制措施，故选项 A、D 当选。某市场监督管理局注销营业执照的行为是行政许可的注销，属于行政许可的监督管理，不属于行政强制措施，故选项 B 当选。根据《行政强制法》第 2 条第 2 款规定，行政强制措施，是指行政机关在行政管理过程中，为制止违法行为、防止证据损毁、避免危害发生、控制危险扩大等情形，依法对公民的人身自由实施暂时性限制，或者对公民、法人或者其他组织的财物实施暂时性控制的行为。某市林业局责令种树是为了避免生态环境的破坏，具有预防性，属于行政强制措施。故选项 C 不当选。

四、不定项选择题

1. 答案：B。解析：根据《行政许可法》第 42 条第 1 款规定，除可以当场作出行政许可决定的外，行政机关应当自受理行政许可申请之日起 20 日内作出行政许可决定。20 日内不能作出决定的，经本行政机关负责人批准，可以延长 10 日，并应当将延长期限的理由告知申请人。但是，法律、法规另有规定的，依照其规定。故选项 B 正确。

2. 答案：A。解析：根据《治安管理处罚法》第 82 条第 2 款规定，公安机关应当将传唤的原因和依据告知被传唤人。某区公安分局应当将传唤的原因和依据告知孙某，故选项 A 正确。

根据《治安管理处罚法》第 83 条第 1 款规定，对违反治安管理行为人，公安机关传唤后应当及时询问查证，询问查证的时间不得超过 8 小时；情况复杂，依照该法规定可能适用行政拘留处罚的，询问查证的时间不得超过 24 小时。某区公安分局对孙某处以 10 日行政拘留，并处 500 元罚款，询问查证的时间不得超过 24 小时，不是 48 小时，故选项 B 错误。

根据《行政复议法》第 12 条第 1 款规定，对县级以上地方各级人民政府工作部门的具体行政行为不服的，由申请人选择，可以向该部门的本级人民政府申请行政复议，也可以向上一级主管部门申请行政复议。孙某对某区公安分局的处罚决定不服，可以向某区政府申请复议，也可以向某市公安局申请复议，故选项 C “应向某市公安局申请” 错误。

根据《治安管理处罚法》第 107 条规定，被处罚人不服行政拘留处罚决定，申请行政复议、提起行政诉讼的，可以向公安机关提出暂缓执行行政拘留的申请。但这并不表明孙某对处罚决定不服直接起诉的，就应暂缓执行行政拘留的处罚决定，故选项 D 错误。

3. 答案：D。解析：根据《治安管理处罚法》第 87 条第 1 款规定，公安机关对与违反治安管理行为有关的场所、物品、人身可以进行检查。检查时，人民警察不得少于 2 人，并应当出示工作证件和县级以上人民政府公安机关开具的检查证明文件。对确有必要立即进行检查的，人民警察经出示工作证件，可以当场检查，但检查公民住所应当出示县级以上人民政府公安机关开具的检查证明文件。可知，本案调查中，警察检查张某的住所，不仅应当出示工作证件，还应当出示县级以上人民政府公安机关开具的检查证明文件。故选项 A 错误。

根据《治安管理处罚法》第 83 条第 1 款规定，对违反治安管理行为人，公安机关传唤后应当及时询问查证，询问查证的时间不得超过 8 小时；情况复杂，依照《治安管理处罚法》规定可能适用行政拘留处罚的，询问查证的时间不得超过 24 小时。本案中某县公安局对张某处以行政拘留 10 日并处 500 元罚款，对张某的询问查证时间不得超过 24 小时。故选项 B 错误。

根据《最高人民法院关于适用〈中华人民共和国行政诉讼法〉的解释》第 128 条第 1 款规定，《行政诉讼法》第 3 条第 3 款规定的行政机关负责人，包括行政机关的正职、副职负责人以及其他参与分管的负责人。根据《最高人民法院关于适用〈中华人民共和国行政诉讼法〉的解释》第 129 条第 1 款规定，涉及重大公共利益、社会高度关注或者可能引发群体性事件等案件以及人民法院书面建议行政机关负责人出庭的案件，被诉行政机关负责人应当出庭。由此可知，行政诉讼中，并非被诉行政机关负责人都应当出庭；被诉行政机关负责人出庭的，并非都应当由行政机关的正职负责人出庭。故选项 C 错误。

根据《最高人民法院关于适用〈中华人民共和国行政诉讼法〉的解释》第 40 条第 2 款规定，证人因履行出庭作证义务而支出的交通、住宿、就餐等必要费用以及误工损失，由败诉一方当事人承担。故选项 D 正确。

4. 答案：BCD。解析：《行政强制法》虽然要求行政强制措施实施前应听取当事人的陈述和申辩，但未规定听证程序。由此可知，“扣押”不适用听证程序。故选项 A 不当选。

根据《治安管理处罚法》第 98 条规定，公安机关作出吊销许可证以及处 2000 元以上罚款的治安管理处罚决定前，应当告知违反治安管理行为人有权要求举行听证；违反治安管理行为人要求听证的，公安机关应当及时依法举行听证。选项 B 中“3000 元罚款”属于治安处罚，符合听证程序适用范围中的 2000 元以上罚款。故选项 B 当选。根据《行政处罚法》第 63 条第 1 款规定，行政机关拟作出下列行政处罚决定，应当告知当事人有要求听证的权利，当事人要求听证的，行政机关应当组织听证：（1）较大数额罚款；（2）没收较大数额违法所得、没收较大价值非法财物；（3）降低资质等级、吊销许可证件；（4）责令停产停业、责令关闭、限制从业；（5）其他较重的行政处罚；（6）法律、法规、规章规定的其他情形。选项 C 中“责令排放污染物严重的某公司停业整顿”，属于听证程序适用范围中的责令停业；选项 D 中“胡某因酒后驾车，被某公安交管部门吊销驾驶证”，属于听证程序适用范围中的吊销许可证件。故选项 CD 当选。

5. 答案：ABC。解析：《行政处罚法》第 22 条规定，行政处罚由违法行为发生地的行政机关管辖。法律、行政法规、部门规章另有规定的，从其规定。《行政处罚法》第 25 条第 2 款规定，对管辖发生争议的，应当协商解决，协商不成的，报请共同的上一级行政机关指定管辖；也可以直接由共同的上一级行政机关指定管辖。题目中，泄漏对沿途 3 个区的路面都造成了污染，路面被污染的沿途 3 个区都是违法行为发生地，所以沿途 3 个区的执法机关都享有管辖权。对于执法机构的管辖争议，可以先协商，协商不成的，再报请共同上一级行政机关指定管辖，当然也可以不用协商，直接由共同上一级行政机关指定管辖，故选项 A 正确。

根据《行政处罚法》第 32 条规定：“当事人有下列情形之一的，应当从轻或者减轻行政处罚：（一）主动消除或者减轻违法行为危害后果的……”题目中，某运输公司在污染事故发生后立即组织清扫，属于主动消除或者减轻违法行为危害后果的情形，应当对该运输公司从轻或减轻处罚，故 B 选项正确。

题目中，司机受单位的指派运送白石膏，其行为属于职务行为，故泄漏造成沿途路面大面积严重污染的违法行为不属于司机的个人行为，而应当属于公司的违法行为。因此，违法行为人应是某运输公司，而不是司机个人，故 C 选项正确，D 选项错误。

6. 答案：C。解析：根据《行政处罚法》第 13 条规定，国务院部门规章可以在法律、行政法规规定的给予行政处罚的行为、种类和幅度的范围内作出具体规定。尚未制定法律、行政法规的，国务院部门规章对违反行政管理秩序的行为，可以设定警告、通报批评或者一定数额罚款的行政处罚。罚款的限额由国务院规定。由此可知，尚未制定法律、行政法规的，对违反管理秩序的行为，部门规章只能设定警告、通报批评或者一定数额罚款的行政处罚。选项 A 中“可以设定暂扣许可证的行政处罚”和选项 D 中“可以设定除限制人身自由以外的行政处罚”的说法均错误。

根据《行政强制法》第 10 条第 4 款规定，法律、法规以外的其他规范性文件不得设定行政强制措施。部门规章属于法律、法规以外的其他规范性文件，尚未制定法律行政法规的，即使属于规章制定部门职权的，部门规章也不得设定扣押财物的行政强制措施，选项 B 说法错误。

根据《行政许可法》第 16 条第 3 款规定，规章可以在上位法设定的行政许可事项范围内，对实施该行政许可作出具体规定。因此，部门规章可以在上位法设定的行政许可事项范围内，对实施该许可作出具体规定，故选项 C 说法正确。

7. 答案：ABCD。解析：根据《行政处罚法》第 12 条第 1 款规定，地方性法规可以设定除限制人身自由、吊销营业执照以外的行政处罚。《行政处罚法》第 14 条规定，地方政府规章可以在法律、法规规定的给予行政处罚的行为、种类和幅度的范围内作出具体规定。尚未制定法律、法规的，地方政府规章对违反行政管理秩序的行为，可以设定警告、通报批评或者一定数额罚款的行政处罚。罚款的限额由省、自治区、直辖市人民代表大会常务委员会规定。由此可知，省、自治区、直辖市人民政府只可以设定警告、通报批评或者一定数额罚款的行政处罚，地方性法规可以设定除限制人身自由、吊销营业执照以外的行政处罚。

故选项 A 不正确，当选。

根据《行政许可法》第 15 条第 2 款规定，地方性法规和省、自治区、直辖市人民政府规章，不得设定应当由国家统一确定的公民、法人或者其他组织的资格、资质的行政许可；不得设定企业或者其他组织的设立登记及其前置性行政许可。其设定的行政许可，不得限制其他地区的个人或者企业到本地区从事生产经营和提供服务，不得限制其他地区的商品进入本地区市场。由此可知，省、自治区、直辖市人民政府不得设定企业设立登记的行政许可。故选项 B 不正确，当选。

根据《行政强制法》第 10 条第 4 款规定，法律、法规以外的其他规范性文件不得设定行政强制措施。由此可知，省、自治区、直辖市人民政府不得设定行政强制措施。故选项 C 不正确，当选。

根据《行政强制法》第 13 条第 1 款规定，行政强制执行由法律设定。由此可知，省、自治区、直辖市人民政府不得设定行政强制执行。故选项 D 不正确，当选。

8. 答案：D。解析：派出所是公安机关的派出机构，非经法律、法规的授权，不具有独立的行政处罚主体资格。根据《治安管理处罚法》第 91 条规定：治安管理处罚由县级以上人民政府公安机关决定；其中警告、500 元以下的罚款可以由公安派出所决定。故选项 A、B 错误。

根据《治安管理处罚法》第 97 条规定，决定给予行政拘留处罚的，应当及时通知被处罚人的家属。有被侵害人的，公安机关应当将决定书副本抄送被侵害人。由此可见，选项 C 错误，选项 D 正确。

9. 答案：ABC。解析：根据《行政处罚法》第 14 条第 2 款规定，尚未制定法律、法规的，地方政府规章对违反行政管理秩序的行为，可以设定警告、通报批评或者一定数额罚款的行政处罚。罚款的限额由省、自治区、直辖市人民代表大会常务委员会规定。由此可见，选项 A、B、C 正确。

10. 答案：B。解析：行政处罚的标准是其制裁性，行政强制措施的标准是其预防性和制止性。本题中的行为内容是“停止违法开采”，明显带有制止性，而不是制裁性。因此，责令孙某立即停止违法开采的通知属于行政强制措施，故选项 A 不当选，选项 B 当选。很容易判断出该行为不属于行政征收和行政强制执行，故选项 CD 不当选。

11. 答案：AC。解析：根据《行政处罚法》第 18 条第 3 款规定，限制人身自由的行政处罚权只能由公安机关和法律规定的其他机关行使。故选项 A、C 正确。

12. 答案：BCD。解析：具体行政行为是国家行政机关和行政机关工作人员、法律法规授权的组织、行政机关委托的组织或者个人在行政管理活动中行使行政职权，针对特定的公民、法人或者其他组织，就特定的具体事项，作出的有关该公民、法人或者其他组织权利义务的单方行为。某市市场监督管理局为 A 公司颁发营业执照，即市场监督管理局针对 A 公司的申请，经市场监督管理局依法审查，准予其从事特定活动的行为，故选项 B、C、D 正确。

13. 答案：B。解析：行政合同具备合同的一般特征，如合意性、法定性。它还具备与一般民事合同不同的特征，如行政性，体现在：一方是行政主体，内容具有公益性，在行政合同的变更和解除上有行政优益权等。故选项 B 正确。

14. 答案：ABCD。解析：根据《行政处罚法》第 63 条第 1 款规定：行政机关拟作出下列行政处罚决定，应当告知当事人有要求听证的权利，当事人要求听证的，行政机关应当组织听证：（1）较大数额罚款；（2）没收较大数额违法所得、没收较大价值非法财物；（3）降低资质等级、吊销许可证件；（4）责令停产停业、责令关闭、限制从业；（5）其他较重的行政处罚；（6）法律、法规、规章规定的其他情形。

15. 答案：ABC。解析：根据《治安管理处罚法》第 77 条规定，公安机关对报案、控告、举报或者违反治安管理行为人主动投案，以及其他行政主管部门、司法机关移送的违反治安管理案件，应当及时受理，并进行登记。因此，某县公安局应当对电话举报进行登记。故选项 A 正确。

根据《治安管理处罚法》第 87 条第 1 款规定，公安机关对与违反治安管理行为有关的场所、物品、人身可以进行检查。检查时，人民警察不得少于 2 人，并应当出示工作证件和县级以上人民政府公安机关开具的检查证明文件。对确有必要立即进行检查的，人民警察经出示工作证件，可以当场检查，但检查公民住所应当出示县级以上人民政府公安机关开具的检查证明文件。因此，警察对薛某住所进行检查时不得少于 2 人，还应当出示工作证件和县级以上政府公安机关开具的检查证明文件。故选项 B、C 正确。

根据《治安管理处罚法》第 88 条规定，检查的情况应当制作检查笔录，由检查人、被检查人和见证人签名或者盖章；被检查人拒绝签名的，人民警察应当在笔录上注明。因此，薛某不签字并不必然导致检查笔录没有效力。故选项 D 错误。

五、填空题

1. 5 日内

2. 法律

3. 2 年　5 年

4. 14

5. 法律

6. 行政强制措施

7. 公定力　确定力

8. 行政复议

9. 行政机关　人民法院

10. 财物　人身自由

11. 收缴罚款

12. 15　国库

13. 警告　通报批评

14. 法律

15. 行政法规

16. 地方性法规

17. 部门规章　地方政府规章

18. 行政机关

19. 举行听证

20. 30　准予延续

21. 层级监督检查

22. 行政相对人的申请

23. 一般禁止

24. 许可证　执照

25. 资格许可

26. 规制性行政指导

27. 违法行为发生地　具有行政处罚权的行政机关

28. 2

29. 90

30. 协商

六、判断题

1. 错。解析：经常性行政许可由全国人大及其常委会的法律、国务院的行政法规决定；有权的地方人大及其常委会的地方性法规来设定。

2. 对。解析：具体行政行为经法定程序由国家有权机关作出撤销决定，才能否定其法律效力。在撤销之前，该行为仍然具有法律效力；但被撤销后，自撤销之日起溯及至该行为成立时失去效力。因此，可撤销的具体行政行为在被撤销之前具有法律效力，当事人应受其约束。

3. 错。解析：行政征收是指行政机关根据法律的规定，以强制的方式无偿向相对人征集一定数额的金钱或者实物的行政行为，行政征收的对象不包括相对人的劳务。

4. 错。解析：受到处分的行政机关公务员对行政处分决定不服的，依照《公务员法》和《行政监察法》的有关规定，可以申请复核或者申诉。根据《行政诉讼法》第 13 条第 3 项可知，人民法院不受理公民、法人或其他组织因行政机关对行政机关工作人员的奖惩、任免等决定而提起的诉讼。

5. 错。解析：根据《税收征管法》第 32 条规定，纳税人未按照规定期限缴纳税款的，扣缴义务人未按照规定期限解缴税款的，税务机关除责令限期缴纳外，从滞纳税款之日起，按日加收滞纳税款的万分之五的滞纳金。

6. 错。解析：《行政复议法》第 16 条第 1 款规定，公民、法人或者其他组织申请行政复议，行政复议机关已经依法受理的，或者法律、法规规定应当先向行政复议机关申请行政复议，对行政复议决定不服再向人民法院提起行政诉讼的，在法定行政复议期限内不得向人民法院提起行政诉讼。

7. 错。解析：刑罚是人民法院依据刑事法律对犯罪分子给予的强制处罚，目的在于消灭犯罪和预防犯罪。

8. 对。解析：行政指导的依据有法律，法律原则，国家政策，所以不一定要有明确的法律条文依据。

9. 错。解析：《行政许可法》第 55 条第 2 款规定，行政机关实施检验、检测、检疫，应当自受理申请之日起五日内指派两名以上工作人员按照技术标准、技术规范进行检验、检测、检疫。不需要对检验、检测、检疫结果作进一步技术分析即可认定设备、设施、产品、物品是否符合技术标准、技术规范的，行政机关应当当场作出行政许可决定。

10. 错。解析：《行政处罚法》第 22 条规定，行政处罚由违法行为发生地的行政机关管辖。法律、行政法规、部门规章另有规定的，从其规定。《行政处罚法》第 23 条规定，行政处罚由县级以上地方人民政府具有行政处罚权的行政机关管辖。法律、行政法规另有规定的，从其规定。本题中 A 县是公司注册地，B 县是违法行为所在地，故只能由 B 县市场监督管理局作出行政处罚。

11. 错。解析：《行政许可法》第 9 条规定，依法取得的行政许可，除法律、法规规定依照法定条件和程序可以转让的外，不得转让。但以出让方式取得的土地使用许可、矿产资源的采矿许可或其他有偿取得的行政许可，可以依法转让。

12. 错。解析：《行政处罚法》第 63 条第 1 款规定，行政机关拟作出下列行政处罚决定，应当告知当事人有要求听证的权利，当事人要求听证的，行政机关应当组织听证：（1）较大数额罚款；（2）没收较大数额违法所得、没收较大价值非法财物；（3）降低资质等级、吊销许可证件；（4）责令停产停业、责令关闭、限制从业；（5）其他较重的行政处罚；（6）法律、法规、规章规定的其他情形。

13. 错。解析：《行政处罚法》第 18 条第 3 款规定，限制人身自由的行政处罚权只能由公安机关和法律规定的其他行政机关行使。

14. 对。解析：行政指导是行政机关在其所管辖的事务范围内，根据国家的政策规定，或者法律原则，针对特定的公民、法人或其他组织，用非强制性的方法或手段，取得该行政相对方的同意或协助，有效地实现一定的行政目的的主动的管理行为。行政指导不以国家权力为后盾，是非权力行政活动，一般适用于有较大幅度弹性的管理领域，由行政机关单方面的意思表示，适用法律优先的原则的一种事实行为。

15. 对。解析：行政指导根据有无具体的法律依据，可分为有法律根据的行政指导和无法律根据的行政指导。前者是指有法律、法规、规章等明文规定的，后者则是没有明文规定的。

16. 错。解析：以行政指导的对象是否具体为标准，行政指导分为普遍的行政指导和个别的行政指导。

17. 错。解析：《行政许可法》第 58 条第 2 款规定，行政机关提供行政许可申请书格式文本时，不得收费。

18. 对。解析：行政处罚的适用对象是作为行政相对方的公民、法人或其他组织，属于外部行政行为。这一点将它与行政处分区别开来。行政处分只能适用于行政机关的工作人员或其他由行政机关任命或管理的人员。

19. 错。解析：《行政处罚法》第 37 条规定，实施行政处罚，适用违法行为发生时的法律、法规、规章的规定。但是，作出行政处罚决定时，法律、法规、规章已被修改或者废止，且新的规定处罚较轻或者不认为是违法的，适用新的规定。

20. 错。解析：《行政强制法》第 35 条规定，行政机关作出强制执行决定前，应当事先催告当事人履行义务。催告应当以书面形式作出，并载明下列事项：（1）履行义务的期限；（2）履行义务的方式；（3）涉及金钱给付的，应当有明确的金额和给付方式；（4）当事人依法享有的陈述权和申辩权。

七、名词解释

1. 具体行政行为是指国家行政主体针对特定的行政管理对象实施的行政行为，包括行政许可、行政强制、行政处罚等行为，通常以具体、完整的行政决定的形式表现出来。

2. 行政许可指行政主体根据行政相对方的申请，经依法审查，通过颁发许可证、执照等方式，赋予或确认行政相对方从事某种活动的法律资格或法律权利的一种具体行政行为。

3. 资格许可指行政主体应申请人的申请，经过一定的考核程序核发一定的证明文书，允许其享有某种资格或具备某种能力的许可。

4. 独立的许可是指许可证已经规定了所有许可内容，不需其他文件补充说明的许可。

5. 附文件的许可是指由于特殊条件的限制，需要附文件加以说明的许可。

6. 权利性许可是指申请人取得行政许可后并不承担作为义务，可自由放弃被许可的权利，并且并不因此承担任何法律责任的许可。

7. 附义务的许可是指被许可人获得许可的同时也承担一定期限内从事该活动的义务，否则要承担一定的法律责任的许可。

8. 排他性许可是指某个人或组织获得该项许可后，其他任何人或组织均不能再获得该项许可。

9. 非排他性许可是指可以为具备法定条件的任何个人或组织所申请并获得的许可。

10. 一般许可指行政主体对符合法定条件的许可申请人直接发放许可证，无特殊限制的许可。

11. 特殊许可指除符合一般许可的条件外，对申请人还规定有特别限制的许可。

12. 注销行政许可指基于特定的事实的出现，由行政机关依据法定程序收回行政许可证件或者公告行政许可失去效力。

13. 听证程序是指在行政机关作出行政处罚决定前，在非本案调查人员主持下，举行有本案的调查人员和相对人参加的、供相对人陈述并与调查人员进行辩论的程序。

14. 行政指导是指行政机关在其所管辖的事务范围内，根据国家的政策规定或者法律原则针对特定的公民、法人或其他组织，用非强制性的方法或手段，取得该行政相对方的同意或协助，有效地实现一定的行政目的的主动的管理行为。

15. 执行罚指行政强制执行机关对拒不履行不作为义务或不可替代的作为义务的义务主体，科以金钱给付义务以促使其履行义务的强制执行措施。

16. 代执行指行政强制执行机关或者第三人代替义务人履行法定义务并向义务人征收必要费用的强制执行措施。

17. 即时强制是指因情况紧急，为了达到预期的行政目的，行政主体不以相对方不履行义务为前提，即对相对方的人身自由和财产予以强制的活动或制度。

18. 行政强制是指行政主体为实现一定的行政目的保障行政管理的顺利进行对行政相对方的人身及财产等采取的强制性的具体行政行为的总称。

19. 行政强制执行是指公民、法人或其他组织拒不履行行政法上的义务，行政机关或人民法院依法采取强制措施迫使其履行义务的具体行政行为。

20. 行政处罚是行政主体对违反行政法律规范的公民、法人或其他组织给予制裁的具体行政行为。

21. 行政拘留是特定的行政主体依法对违反行政法律规范的公民，在短期内剥夺或限制其人身自由的行政处罚。

22. 罚款是指行政主体强制违反行政法律规范的行政相对人，在一定期限内向国家缴纳一定数额的金钱的处罚形式。

23. 行政合同是指行政主体之间，行政主体与公民、法人或其他组织之间，为了实现行政管理的目的，依双方意思表示一致，而确立、变更、消灭相互权利与义务的协议。

24. 直接强制执行是指义务人拒不履行其应当履行的义务时行政强制执行机关对其人身或财产施以强制力直接强制义务人履行义务，或者通过强制手段达到与义务人履行义务相同状态的一种强制执行措施。

25. 间接强制执行是指通过间接手段迫使义务人履行其应当履行的法定义务或者达到与履行义务相同状态的行政强制措施。

26. 行政征用指国家通过行政主体对非国家所有的财物进行强制有偿的征购和使用。目前主要是对劳动群众集体所有的土地进行的征用，即指国家为公共利益的需要，强制地将属于集体经济组织所有的土地收归国有。

27. 行政给付即行政物质帮助，是指行政主体在公民年老、疾病或丧失劳动能力等或其他特殊情况下，依照有关法律、法规规定，赋予其一定的物质权益或与物质有关的权益的具体行政行为。行政给付在广义上包括供给行政、社会保障行政、财政资助行政。

八、简答题

1. 答：（1）公定力，即具体行政行为一旦作出，假定该行为合法；具体行政行为不因复议或诉讼而停止执行。（2）确定力，即行政行为一旦作出，不得随意更改：已确定的行政决定，公民无权自行变更；已确定的行政执法行为，非经法定程序行政机关不得随意改变。（3）拘束力，即具体行政行为生效后，必须按照已经确定的内容实施行为——相对人必须遵守和实际履行行政行为规定的义务。（4）执行力，即国家强制当事人实施具体行政行为所要求的义务。

2. 答：行政处罚程序包括简易程序和一般程序，一般程序是行政机关进行行政处罚的基本程序。其内容如下：（1）调查取证；（2）告知处罚的事实、理由、依据和有关权利；（3）听取陈述、申辩或者举行听证会；（4）作出行政处罚决定；（5）作出行政处罚决定书。

3. 答：（1）一事不再罚原则；（2）行政处罚折抵刑罚原则；（3）行政处罚追诉时效原则。

4. 答：（1）行政处罚法定原则，包括行政处罚的主体法定、行政处罚依据法定和行政处罚的程序法定；（2）公正、公开原则；（3）行政处罚与教育相结合原则；（4）保护相对人程序性权利原则。

5. 答：（1）警告、通报批评；（2）罚款、没收违法所得、没收非法财物；（3）暂扣许可证件、降低资质等级、吊销许可证件；（4）限制开展生产经营活动、责令停产停业、责令关闭、限制从业；（5）行政拘留；（6）法律、行政法规规定的其他行政处罚。

6. 答：（1）根据简易程序当场作出行政处罚决定，依法给予 100 元以下罚款的或者不当场收缴事后难以执行的，执法人员可以当场收缴罚款。

（2）在边远、水上、交通不便地区，行政机关及其执法人员依法作出罚款决定后，当事人到指定的银行或者通过电子支付系统缴纳罚款确有困难，经当事人提出，行政机关及其执法人员可以当场收缴罚款。

（3）行政机关及其执法人员当场收缴罚款的，必须向当事人出具国务院财政部门或者省、自治区、直辖市人民政府财政部门统一制发的专用票据；不出具财政部门统一制发的专用票据的，当事人有权拒绝缴纳罚款。

（4）执法人员当场收缴的罚款，应当自收缴罚款之日起 2 日内，交至行政机关；在水上当场收缴的罚款，应当自抵岸之日起 2 日内交至行政机关；行政机关应当在 2 日内将罚款缴付指定的银行。

7. 答：行政处罚简易程序适用条件是违法事实确凿并有法定依据，对公民处以 200 元以下、对法人或者其他组织处以 3000 元以下罚款或者警告的行政处罚的，可以当场作出行政处罚决定。

8. 答：（1）较大数额罚款；（2）没收较大数额违法所得、没收较大价值非法财物；（3）降低资质等级、吊销许可证件；（4）责令停产停业、责令关闭、限制从业；（5）其他较重的行政处罚；（6）法律、法规、规章规定的其他情形。

9. 行政强制与行政处罚的区别：

（1）性质不同。行政强制是行政执法过程中的重要手段和保障，只要相对方放弃或停止对社会秩序的危害，接受法律制裁，履行法定义务，符合停止适用的条件，行政强制措施即可解除。行政处罚是对实施了行政违法行为尚未构成犯罪的人的最终处理结果，具有强制性，非经法定程序任何人不得改变。

（2）目的不同。行政强制的目的是预防或制止违法行为的发生或继续，或迫使义务人履行义务或达成与履行义务相同的状态。行政处罚的目的是通过对相对方实施一定的惩罚，使其承担一定的法律责任。

(3) 法律后果不同。行政强制的适用是为了保行政执法的目的得以实现，其本身不给相对方科以或增加义务。行政处罚是为了最终处置相对方的行政违法行为。

(4) 适用的频率不同。行政强制可以适用一次，特殊情况下也可以对同一相对方持续适用，直至达到其停止对社会的危害或迫使其履行完义务为止。行政处罚则适用一事不再罚原则。

(5) 诉讼结果不完全相同。行政强制是羁束行政行为，诉讼中对违法或适用不当的，人民法院只能判决撤销。部分行政处罚行为是自由裁量的行政行为或具有自由裁量权的因素，对其中显失公正的，人民法院可以判决改变。

10. 答：行政处罚法中不予处罚的情节：(1) 不满 14 周岁的人有违法行为的。(2) 精神病人在不能辨认或不能控制自己行为时有违法行为的。(3) 违法行为轻微并及时纠正没有造成危害后果的。(4) 当事人有证据足以证明没有主观过错的。(5) 违法行为在 2 年内未被发现的，涉及公民生命健康安全、金融安全且有危害后果的，5 年内未被发现的，不再给予行政处罚。但法律另有规定的除外。

11. 答：(1) 合法性原则；(2) 公开、公平、公正原则；(3) 便民原则；(4) 救济原则；(5) 信赖保护原则；(6) 行政许可一般不得转让原则；(7) 监督原则。

12. 答：(1) 设定行政许可应当遵循经济和社会发展规律。(2) 设定行政许可应当有利于发挥公民、法人或者其他组织的积极性、主动性，维护公共利益和社会秩序。(3) 设定行政许可应当有利于促进经济、社会和生态环境协调发展。

13. 答：(1) 直接涉及国家安全、公共安全、经济宏观调控、生态环境保护以及直接关系人身健康、生命财产安全等特定活动需要按照法定条件予以批准的事项；(2) 有限自然资源开发利用、公共资源配置以及直接关系公共利益的特定行业的市场准入等，需要赋予特定权利的事项；(3) 提供公众服务并且直接关系公共利益的职业、行业，需要确定具备特殊信誉、特殊条件或者特殊技能等资格、资质的事项；(4) 直接关系公共安全、人身健康、生命财产安全的重要设备、设施、产品、物品，需要按照技术标准、技术规范，通过检验、检测、检疫等方式进行审定的事项；(5) 企业或者其他组织的设立等需要确定主体资格的事项；(6) 法律、行政法规规定可以设定行政许可的其他事项。

14. 答：(1) 委托主体只能在其法定职权范围内委托实施行政许可；(2) 委托行政许可的依据是法律、行政法规、规章；(3) 委托行政机关对受委托行政机关实施行政许可的行为应当负责监督，并对该行为的后果承担法律责任；(4) 受委托行政机关不得再委托其他组织或者个人实施行政许可；(5) 委托机关应当将委托行政机关和受委托实施行政许可的内容予以公告。

15. 答：(1) 申请与受理；(2) 审查与决定；(3) 期限；(4) 听证；(5) 变更与延续；(6) 特别规定。

16. 答：(1) 行政许可由具有行政许可权的行政机关在其法定职权范围内实施；(2) 法律、法规授权的具有管理公共事务职能的组织在法定授权范围内，以自己的名义实施行政许可；(3) 受委托行政机关在委托范围内，以委托行政机关名义实施行政许可。

17. 答：(1) 该组织必须依法成立；(2) 该被授权实施的行政许可事项应当与该组织管理公共事务的职能相关联；(3) 该组织应当具有熟悉与被授权实施的行政许可有关的法律、法规和专业的正式工作人员；(4) 该组织应当具备实施被授权实施的行政许可所必需的技术、装备条件等；(5) 该组织能对实施被授权实施的行政许可引起的法律后果独立地承担责任。

18. 答：行政强制执行的种类：(1) 间接强制执行是指通过间接手段迫使义务人履行其应当履行的法定义务或者达到与履行义务相同状态的行政强制措施。分为代执行和执行罚两种制度。(2) 直接强制执行是指义务人拒不履行其应当履行的义务时，行政强制执行机关对其人身或财产施以强制力直接强制义务人履行义务，或者通过强制手段达到与义务人履行义务相同状态的一种强制执行措施。分为人身强制执行和财产强制执行两种。

19. 答：(1) 对财产的行政强制行方式：强制划拨，强制扣缴，强行退还和强行拆除。(2) 对人身的强制执行方式：强制拘留，强制传唤，强制履行，遣送出境。(3) 对行为的强制执行是指当义务人逾期不履行某些作为或不作为的行为义务时，执行机关依照行政强制执行程序采取的强制性措施。

20. 答：行政强制设定权包括：一是行政强制措施设定权的分配。(1) 法律的设定权。法律可以设定所有的行政强制措施。(2) 行政法规的设定权。尚未制定法律，且属于国务院行政管理职权事项的，行政法规可以设定除限制公民人身自由，冻结存款、汇款和应当由法律规定的行政强制措施以外的其他行政强制措施。(3) 地方性法规的设定权。尚未制定法律、行政法规，且属于地方性事务的，地方性法规可以设定查封场所、设施或者财物、扣押财物的行政强制措施。(4) 法律法规以外的其他规范性文件不得设定行政强制措施。(5) 法律对行政强制措施的对象、条件、种类作了规定的，行政法规、地方性法规不得作出扩大规定。(6) 法律中未设定行政强制措施的，行政法规、地方性法规不得设定行政强制措施。但是，法律规定特定事项由行政法规规定具体管理措施的，行政法规可以设定除限制公民人身自由，冻结存款、汇款和应当由法律规定的行政强制措施以外的其他行政强制措施。二是行政强制执行由法律设定。法律没有规定行政机关强制执行的，作出行政决定的行政机关应当申请人民法院强制执行。行政强制执行的具体实施方式，必须由法律、法规明确规定，执行机关必须严格按照法定形式实施，不得任意创新或更改。

21. 答：(1) 制裁的性质不同；(2) 适用的违法行为不同；(3) 惩罚的程度及适用的程序不同；(4) 制裁的机关不同；(5) 作出处罚的形式不同。

22. 答：(1) 制裁的对象不同；(2) 制裁的行为性质不同；(3) 制裁的原则不同；(4) 惩罚的范围和程度不同；(5) 采取的形式不同；(6) 救济的途径不同。

23. 答：(1) 非权力；(2) 事实行为；(3) 单方行为；(4) 适用弹性的管理领域；(5) 适用法律优先原则；(6) 一种外部行为。

24. 答：行政合同一方的权利往往就是对方的义务。行政主体的权利：(1) 对合同的监督、指挥权；(2) 单方面变更合同标的权；(3) 单方面解除合同权；(4) 制裁权。

相对方的权利：(1) 获得报酬权；(2) 损害赔偿请求权；(3) 必要的和有益的额外费用偿还请求权；(4) 不能预见的物质困难的补偿权。

25. 答：行政指导的种类有：(1) 以行政指导有无法律规定为标准，行政指导分为有法律根据的行政指导和无法律根据的行政指导。(2) 以行政指导的对象是否具体为标准，行政指导分为普遍的行政指导和个别的行政指导。(3) 以行政指导的功能差异为标准，行政指导可分为规制性行政指导、调整性行政指导和助成性行政指导。

26. 答：(1) 行政指导的地位：行政指导作为一种行政手段广泛运用于社会管理特别是经济管理领域。

(2) 意义：①可以防止行政机关和相对方之间的法律关系失衡。②可以促进社会主义民主的发展。③可以推动社会主义法制建设。

(3) 作用：①对行政相对方不正当的行为进行规制。②对自然人、法人和其他社会组织之间所发生的利害冲突进行调整。③有辅助、服务、诱导的作用。

九、案例分析

1. 答案：(1) 因为本案中国有土地出让属于有限自然资源出让类特许，所以行政机关依法应当采用招标拍卖等公平竞争方式作出。

(2) 无权。理由在于，有权设定行政许可的只能是法律、法规、省政府规章以及国务院决定，本案中 B 区政府的规定属于规章以下的规范性文件，无权设定行政许可。

(3) ①对于 B 区政府违法作出的行政许可，B 区政府、B 区政府的上级机关都有权作出撤销决定。②因为盛大集团采用贿赂方式获得行政许可，其自身行为违法，因该许可而获得的利益为非法利益，不能获得赔偿。

（4）因为作出该许可将会影响他人的合法权益，A 市自然资源和规划局作出该行政许可前应当告知周边居民，并听取其陈述申辩。如果许可作出将损害相关人重大利益的，A 市自然资源和规划局应当告知其有权申请听证，居民 5 日内申请听证的，该局应当在 20 日内组织听证会。

2. 答案：（1）本案中某市公安局无权吊销相对人的行医执照，该行为超越了其职权范围。吊销行政许可是行政机关采取强制手段剥夺被许可人的经营权或资质、资格。这是行政机关对被许可人实施的最严厉的行政处罚。应当由作出该行政许可的行政机关依法吊销许可。

（2）某市卫生健康委员会的行为属于不作为，即没有在法定或合理期限内履行职责，是违法行为。根据《行政许可法》第 42 条第 1 款规定，除可以当场作出行政许可决定的以外，行政机关应当自受理行政许可申请之日起 20 日内作出行政许可决定。20 日内不能作出决定的，经本行政机关负责人批准，可以延长 10 日，并应当将延长期限的理由告知申请人。但是，法律、法规另有规定的，依照其规定。因此，本案中某市卫生健康委员会未在规定期限内作出行政决定，应当属于不作为，其上级行政机关或者监察机关可以责令其改正；情节严重的，对直接负责的主管人员和其他直接责任人员可以依法给予行政处分。

（3）本案中丁某可以对某市公安局的吊销执照行为以及某市卫生健康委员会的不作为提出行政复议或者提起行政诉讼。根据《行政复议法》第 9 条第 1 款规定，公民、法人或者其他组织认为具体行政行为侵犯其合法权益的，可以自知道该具体行政行为之日起 60 日内提出行政复议申请；但是法律规定的申请期限超过 60 日的除外。根据《行政诉讼法》第 46 条第 1 款规定，公民、法人或者其他组织直接向人民法院提起诉讼的，应当自知道或者应当知道作出行政行为之日起 6 个月内提出。法律另有规定的除外。丁某可以通过在规定的时间内，向上级行政机关或同级人民政府提出行政复议，或者向所在地法院提出行政诉讼的方式，维护自身合法权益。

3. 答案：（1）C 县市场监督管理局能够对甲公司予以处罚。行政违法行为一般应当由违法行为发生地的县级人民政府有行政处罚权的行政机关管辖。本案中，C 县市场监督管理局对该违法行为有管辖权。

（2）但是不能再处以罚款的处罚，而应该处以没收违法所得的处罚。本题涉及行政处罚的“一事不再罚”原则。《行政处罚法》第 29 条规定：“对当事人的同一个违法行为，不得给予两次以上罚款的行政处罚……”依据这一原则，C 县市场监督管理局能够对甲公司再处以其他类型的行政处罚，而且并不违反“一事不再罚”原则。这是因为，B 市市场监督管理局在第一次处罚时只针对无证经营行为进行了罚款3000元的处罚，可是对该公司“从事无证经营并获利颇丰”的事实，却漏了没收违法所得。因此，C县市场监督管理局可以再对甲公司予以行政处罚。但是，不得再处以罚款的处罚，应该处以没收违法所得的处罚。

4. 答案：（1）《行政许可法》第50条规定，被许可人需要延续依法取得的行政许可的有效期的，应在该许可有效期届满30日前向作出行政许可决定的行政机关提出申请。但法律、法规、规章另有规定的，从其规定。行政机关应根据被许可人的申请在该许可有效期届满前作出是否准予延续的决定；逾期未作出决定的，视为准予延续。因此，通常被许可人应当在期满前至少30天内提出延期申请，因为行政机关对延期申请的审查期限为30天。如果行政机关在30天内没有作出规定，则视为行政许可证的自动延续。

（2）本案中，因《严禁在自然保护区采砂的规定》并非被诉行政行为（责令停止违法行为通知）作出的依据，孙某的请求不成立。根据《行政诉讼法》第53条和司法解释的规定，原告在行政诉讼中一并请求审查规范性文件需要符合下列要求：一是该规范性文件为国务院部门和地方政府及其部门制定的规范性文件，但不含规章；二是该规范性文件是被诉行政行为作出的依据；三是应在第一审开庭审理前提出；有正当理由的，也可以在法庭调查中提出。

《严禁在自然保护区采砂的规定》系甲市自然资源和规划局制定并发布的，由于甲市自然资源和规划局并没有行政立法的权力，所以该规定属于其他规范性文件，它原本是可以以附带的形式成为行政诉讼的审查对象的，但有一个前提，即它是被诉行政行为的依据，否则是无法附带提起行政诉讼的。本案中，孙某诉的是《责令停止违法行为通知书》，其依据为《矿产资源法》，而不是《严禁在自然保护区采砂的规定》，所以对孙某一并审查的请求不予支持。

（3）根据《行政诉讼法》第64条规定，人民法院在审理行政案件中，经审查认为规范性文件不合法的，不作为认定行政行为合法的依据，并向制定机关提出处理建议。所以法院审查认为《严禁在自然保护区采砂的规定》不合法的，不能将该规定作为认定《责令停止违法行为通知书》合法的依据，并向甲市自然资源和规划局提出处理建议，并可以抄送甲市人民政府或上一级行政机关。

（4）本案中，责令停止违法行为通知在于制止孙某的违法行为，不具有制裁性质，应属于行政强制措施。

行政处罚和行政强制措施的不同主要体现在下列方面：一是目的不同。行政处罚的目的是给予违法者制裁；行政强制措施的主要目的在于制止性和预防性，即在行政管理中制定违法行为、防止证据损毁、避免危害发生、控制危险扩大等。二是阶段性不同。行政处罚是对违法行为查处作出的处理决定，常发生在行政程序终了之时；行政强制措施是对人身自由、财物等实施的暂时性限制、控制措施，常发生在行政程序前端。三是表现形式不同。行政处罚主要有警告、通报批评、罚款、没收违法所得、责令停产停业、暂扣或吊销许可证、限制开展生产经营活动、行政拘留等；行政强制措施主要有限制公民人身自由、查封、扣押冻结等。

行政处罚和行政强制措施的区别除了行为目的和表现形式不同以外，二者更加明显的区别在于行政处罚是终了性的，它就是最终的处理结果；而行政强制措施是暂时性的，它不是最终结果，其后一定会有最终结果的出现。本案中的责令停止违法行为通知，只是通知孙某停止违法行为，通知之后行政机关还要进一步作出决定，这个通知不是最终结果，所以责令停止违法行为的通知为行政强制措施，而非行政处罚。

5. 答案：（1）依据《行政诉讼法》的规定，当事人直接提起行政诉讼，由最初作出行政行为的行政机关所在地的法院管辖。本案的被诉行政行为由乙县林业局作出，故乙县人民法院具有管辖权。

如高某经过行政复议提起行政诉讼，管辖法院的确定则取决于复议机关的选择和复议结果。

首先，如果高某向乙县政府申请行政复议，①乙县政府作出维持决定，则乙县林业局和县政府为共同被告，级别管辖是基层法院。从地域管辖来看，原机关所在地和复议机关所在地法院是重合的。故本案管辖法院是乙县人民法院。②乙县政府复议改变，则被告为乙县政府，则B市中级人民法院为本案管辖法院。

其次，如果高某向B市林业局申请行政复议，①B市林业局复议维持，则乙县林业局和B市林业局为共同被告，既可以由乙县林业局所在地的基层人民法院管辖，也可以由B市林业局所在地的基层人民法院管辖。②B市林业局复议改变，B市林业局是被告，既可以由乙县林业局所在地的基层人民法院管辖，也可以由B市林业局所在地的基层人民法院管辖。

（2）法院应当对撤销没收决定请求与赔偿请求分别立案；可以根据具体情况对行政赔偿的请求进行单独审理或对两项请求合并审理。

（3）A省林业厅制定的《林产品目录》是根据地方性法规授权制定的规范性文件，在行政诉讼中不属于法院应当依据或者参照适用的规范，但可以作为证明被诉行政行为合法的事实依据之一。①《行政诉讼法》第63条第1款规定："人民法院审理行政案件，以法律和行政法规、地方性法规为依据。地方性法规适用于本行政区域内发生的行政案件。"第63条第3款规定："人民法院审理行政案件，参照规章。"可知，人民法院审理行政案件依据法律、法规，参照规章。本题中，A省林业厅制定的《林产品目录》属于地方制定的其他规范性文件，法院不能将其作为行政诉讼的依据或参照适用。②《最高人民法院关于适用〈中华人民共和国行政诉讼法〉的解释》第 100 条第 2 款规定："人民法院审理行政案件，可以在裁判文书中引用合法有效的规章及其他规范性文件。"由此可见，人民法院可以引用该规范性文件，将其作为证明被诉行政行为合法的事实依据。

（4）高某运输的松香不是"非法财物"。因为高某具有加工、收购、销售松香的主体资格，也向甲县市场监督管理局缴纳了松香运销管理费，因此对该批松香享有合法所有权，不能将该批松香认定为"非法财物"予以没收。非法财物是指违法行为人从事违法行为时使用的违法工具、物品或违禁品。本题中高某持有甲县市场监督管理局发的合法营业执照，其运输松香之行为并未超越营业执照规定的经营范围，且已经依法向甲县市场监督管理局缴纳了运销管理费。因此，高某的行为合法、正当，其对松香拥有合法所有权，公安机关无权没收。

（5）①《森林法》及《森林法实施条例》均未将木材以外的林产品的无证运输行为纳入行政处罚的范围，也未规定对无证运输其他林产品的行为给予没收处罚。A 省地方性法规《林业行政处罚条例》的有关规定，扩大了《森林法》及其实施条例关于应受行政处罚行为以及没收行为的范围，不符合上位法。根据行政诉讼法律适用规则，法院应当适用《森林法》及《森林法实施条例》。

②按照《行政处罚法》的规定，法律、行政法规对违法行为已经作出行政处罚规定，地方性法规需要作出具体规定的，必须在法律、行政法规规定的行政处罚的行为、种类和幅度的范围内规定。本案《林业行政处罚条例》关于没收的规定超出了《森林法》及《森林法实施条例》中行政处罚行为、种类和幅度的范围，不符合有关要求。

第七章　行政复议

一、知识导图

- 行政复议
  - 受案范围
    - 确定方式
    - 概况式标准
    - 具体列举标准
      - 具体行政行为
      - 附带审查规范性文件
  - 复议参加人和复议机关
    - 申请人
      - 申请人类型
      - 行政复议申请人资格的转移与承受
    - 被申请人
      - 被申请人的类型
      - 申请人错列被申请人的处理
    - 复议机关
      - 工作部门作为被申请人时的行政复议机关
      - 省级以下地方政府作为被申请人时的行政复议机关
      - 国务院部门或省级人民政府作为被申请人时的行政复议机关
      - 特殊情形下的行政复议机关
      - 行政复议机构
    - 第三人
    - 代表人与代理人
  - 申请与受理
    - 申请受理
      - 申请期限
      - 申请方式
    - 审理方式
      - 书面审理与调查证据
      - 听证程序
  - 审理
    - 申请人的举证权利和证明责任
    - 查阅材料
    - 行政复议的中止与终结
      - 行政复议中止
      - 行政复议终结
      - 中止向终结的转化
    - 行政复议期间的鉴定
      - 委托主体
      - 鉴定费用
      - 鉴定时间
    - 复议申请的撤回
    - 被申请人改变原行政行为
    - 规范性文件的附带审查
    - 审理期限
  - 决定与执行
    - 决定程序和类型
      - 维持决定
      - 责令履行决定
      - 撤销、变更、确认违法和责令重新作出决定
      - 驳回复议请求或者复议申请决定
    - 复议决定执行

二、单项选择题

1. 下列有关行政复议的表述正确的是（　）。

A. 公民、法人或其他组织认为行政机关的行政行为侵犯其合法权益，可以向该行政机关申请复议

B. 复议机构依法复议后不得再提起行政诉讼

C. 行政复议只审查具体行政行为是否合法

D. 复议机关审理复议案件，可以适用调解

2. 下列选项中不能提起行政复议的行为是（　）。

A. 某市交通管理局发布了小客车按单双号分日上路行驶的通知，并据此对钱某的汽车给予处罚

B. 某乡政府发布通告劝导农民种植优质高产农作物

C. 某乡政府对一村民焚烧秸秆行为予以罚款

D. 某生态环境局对烧烤鸡粪严重污染环境的加工厂采取措施，强行拆毁其设备

3. 关于行政复议申请的表述，下列选项错误的是（　）。

A. 有明确的申请人和符合规定的被申请人

B. 申请人与具体行政行为有利害关系

C. 有具体请求和理由，属于规定的行政复议范围

D. 应当自知道该具体行政行为之日起三个月内提出

4. 国家市场监督管理总局对某公司作出处罚，本案的复议机关是（　）。

A. 国家市场监督管理总局　　B. 国务院

C. 全国人大常委会　　D. 全国人大

5. 王某贩卖盗版光碟被文化局查处，罚款 1000 元。王某不服，申请行政复议，复议机关作出了维持的决定。王某逾期不履行行政处罚决定，应当如何处理？（　）

A. 由作出原具体行政行为的行政机关依法强制执行或者申请人民法院强制执行

B. 由行政复议机关依法强制执行

C. 由行政复议机关申请人民法院强制执行

D. 由作出原具体行政行为的行政机关或行政复议机关依法强制执行，或者申请人民法院强制执行

6. 根据《行政复议法》的规定，行政复议申请人在对具体行政行为申请行政复议时，可以一并向行政复议机关提出申请，就该具体行政行为所依据的有关规定的合法性进行审查。这些规定不包括（　）。

A. 国务院部门的规定

B. 国务院部、委员会规章和地方人民政府规章

C. 乡、镇人民政府的规定

D. 县级以上地方各级人民政府及其工作部门的规定

7. 某市交通运输局发布文件，规定对高速公路过往车辆征收过路费。徐某驾车路过被征收过路费，他认为这属于乱收费，欲提起复议申请。下列选项中错误的是（　）。

A. 徐某可以直接对该征收行为提起行政复议

B. 徐某可以针对该规范性文件要求复议审查

C. 徐某可以在申请复议征收行为时要求审查该规范性文件

D. 徐某不必经过复议，可以直接向人民法院提起行政诉讼

8. 某县县委组织部、县纪委、县自然资源和规划局、某镇人民政府组成联合调查小组，调查处理县机关干部和城镇干部违法占地建房问题。联合调查小组对某县机关某干部李某作出了处理决定，没收其在非法占用的土地上所建的楼房。处理决定是以四个单位联合发文的形式作出的，盖了四个单位的公章。李某不服，申请复议。本案的复议机关是（　）。

A. 某县委　　　　　　　　　　B. 某县人民政府

C. 某县自然资源和规划局　　　D. 某市自然资源和规划局

9. 根据市政府整顿农贸市场的决定，某区市场监督管理局和公安局对农贸市场进行检查。在检查过程中，因某个体户乱设摊点，给予其吊销营业执照的处罚。该个体户不服，申请复议。此案应以谁为被申请人？（　）

A. 某区市场监督管理局

B. 某区公安局

C. 某区市场监督管理局和公安局

D. 某区市场监督管理局和公安局共同的上一级机关

10. 某省市场监督管理局与税务局联名对某公司作出处罚，吊销其营业执照，罚款 100 万元。该公司提起复议，复议机关是（　）。

A. 国家市场监督管理总局　B. 国家税务总局　C. 国务院　D. 省政府

11. A 市某县自然资源和规划局以刘某非法占地建住宅为由，责令其限期拆除建筑，退还所占土地。刘某不服，申请行政复议。下列说法正确的是（　）。

A. 复议机关只能为 A 市自然资源和规划局

B. 若刘某撤回复议申请，则无权再提起行政诉讼

C. 刘某有权委托代理人代为参加复议

D. 若复议机关维持了某县自然资源和规划局的决定，刘某逾期不履行的，

某县自然资源和规划局可以自行强制执行

12. 国务院某部对一企业作出罚款50万元的处罚。该企业不服，向该部申请行政复议。下列说法正确的是（　）。

A. 在行政复议中，不应对罚款决定的适当性进行审查

B. 企业委托代理人参加行政复议的，可以口头委托

C. 如在复议过程中企业撤回复议的，即不得再以同一事实和理由提出复议申请

D. 如企业对复议决定不服向国务院申请裁决，企业对国务院的裁决不服向法院起诉的，法院不予受理

13. 侯某受单位委派持单位的介绍信和营业执照副本到某县收购棉花。侯某完成任务后，某县税务局发现其未向税务机关缴纳税款，令其补交。侯某认为该税款不应由其个人缴纳，而应由单位缴纳。某县税务局认为侯某的理由不成立，作出了令侯某补缴税款并罚款的行政决定。侯某不服，应向下列哪个机关申请行政复议？（　）

A. 某县税务局　　B. 某县人民政府

C. 上一级税务机关　　D. 上一级人民政府

14.《环境保护法》规定，当事人对行政处罚决定不服，可以在接到处罚通知之日起15日内申请复议，也可以在接到处罚通知之日起15日内直接向法院起诉。某县生态环境局依据《环境保护法》对违法排污企业作出罚款处罚决定，该企业不服。对此，下列说法正确的是（　）。

A. 如该企业申请复议，申请复议的期限应为60日

B. 如该企业直接起诉，提起诉讼的期限应为3个月

C. 如该企业逾期不缴纳罚款，某县生态环境局可从该企业的银行账户中划拨相应款项

D. 如该企业逾期不缴纳罚款，某县生态环境局可扣押该企业的财产并予以拍卖

15. 甲村与乙村相邻，甲村认为乙村侵犯了本村已取得的林地所有权，遂向某省林业局申请裁决。某省林业局裁决该林地所有权归乙村所有，甲村不服。关于甲村寻求救济的说法正确的是（　）。

A. 只能申请行政复议

B. 既可申请行政复议，也可提起行政诉讼

C. 必须先经过行政复议，才能够提起行政诉讼

D. 只能提起行政诉讼

16. 某区市场监督管理局以某公司生产经营超过保质期的食品违反《食品安

全法》为由，作出处罚决定。某公司不服，申请行政复议。关于此案，下列说法正确的是（　）。

A. 申请复议期限为 60 日

B. 某公司不得以电子邮件形式提出复议申请

C. 行政复议机关不能进行调解

D. 某公司如在复议决定作出前撤回申请，行政复议中止

17. 甲市乙区政府决定征收某村集体土地 100 亩。该村 50 户村民不服，申请行政复议。下列说法错误的是（　）。

A. 申请复议的期限为 30 日

B. 村民应推选 1 至 5 名代表参加复议

C. 甲市政府为复议机关

D. 如要求申请人补正申请材料，应在收到复议申请之日起 5 日内书面通知申请人

18. 郑州市中牟县税务局下设的一个税务所，对商贩张小五的违法行为处以 1000 元罚款。张小五不服，应向（　）提起行政复议。

A. 中牟县税务局　B. 郑州市税务局　C. 中牟县县政府　D. 郑州市市政府

19. 某县政府依田某申请作出复议决定，撤销某县公安局对田某车辆的错误登记，责令在 30 日内重新登记，但某县公安局拒绝进行重新登记。田某可以采取下列哪一项措施？（　）

A. 申请法院强制执行

B. 对某县公安局的行为申请行政复议

C. 向法院提起行政诉讼

D. 请求某县政府责令某县公安局登记

20. 某区生态环境局因某新建水电站未报批环境影响评价文件，且已投入生产使用，给予其罚款 10 万元的处罚。水电站不服，申请复议，复议机关作出维持处罚的复议决定书。下列说法正确的是（　）。

A. 复议机关应当为某区政府

B. 如复议期间案件涉及法律适用问题，需要有权机关作出解释，行政复议终止

C. 复议决定书一经送达，即发生法律效力

D. 水电站对复议决定不服向法院起诉，应由复议机关所在地的法院管辖

三、多项选择题

1. 公民、法人或者其他组织对行政机关的（　）不服，可以申请行政复议。

A. 行政处罚　B. 行政强制措施　C. 民事纠纷调解　D. 行政许可

2. 某公司未申报上年度企业所得税，某市税务局责令其补缴 2 万元税款并罚款 1 万元。该公司不服，申请行政复议。下列哪些说法是正确的？(　)

A. 某公司未按时补缴税款的，某市税务局可以书面通知银行划拨其银行存款

B. 复议机关为某市政府

C. 某公司申请复议的期限为 60 日

D. 某公司可以对补缴税款直接提起行政诉讼

3. 根据《行政复议法实施条例》规定，对当事人之间的（　）纠纷，行政复议机关可以根据自愿、合法的原则进行调解。

A. 不予行政许可　B. 行政赔偿　C. 行政补偿　D. 征收税款

4. 下列情形中，行政复议机关可以进行调解的是（　）。

A. 某市政府征用某村土地，该村居民认为补偿数额过低申请复议

B. 某企业对税务机关所确定的税率及税额不服申请复议

C. 某公安机关以张某非法种植罂粟为由对其处以拘留 10 日并处 1000 元罚款，张某申请复议

D. 沈某对某建设部门违法拆除其房屋的赔偿决定不服申请复议

5. 王某申请行政复议，李某负责行政复议，下列说法正确的是（　）。

A. 为了提高效率，3 日内发行政复议申请书副本给被申请人

B. 告知当事人必须聘任律师

C. 为了降低成本，在本案事实清楚、案情简单的情况下，可一人调查取证

D. 王某申请行政复议可以口头申请

6. 下列选项中，可以申请行政复议的有（　）。

A. 甲某对行政机关作出的冻结财产等行政强制措施决定不服

B. 甲某对行政机关作出的吊销其营业执照的决定不服

C. 甲某对行政机关作出的关于确认土地使用权的决定不服

D. 甲某申请行政机关依法发放最低生活保障费，行政机关没有依法发放

7. 下列选项中，哪些不得申请行政复议？(　)

A. 公务员甲某对本单位给予其行政警告处分不服

B. 公务员甲某对本单位将其调换工作岗位不服

C. 甲某对公安机关就其与乙的民事纠纷作出的调解不服

D. 甲某对市场监督管理部门对其作出的吊销许可证决定不服

8. 甲市乙区公安分局所辖派出所以李某制造噪声干扰他人正常生活为由，对李某处以 500 元罚款。李某不服申请复议。本案的复议机关是（　）。

A. 乙区公安分局　B. 乙区政府　C. 甲市公安局　D. 甲市政府

9. 某县市场监督管理局认定某公司用超保质期的食品原料生产食品，根据《食品安全法》没收违法生产的食品和违法所得，并处 5 万元罚款。某公司不服申请行政复议。下列说法正确的是（　）。

A. 某公司可向某市市场监督管理局申请行政复议，也可向某县政府申请行政复议

B. 某公司可委托 1 至 2 名代理人参加行政复议

C. 某公司提出行政复议申请时错列被申请人的，行政复议机构应告知某公司变更被申请人

D. 对某县市场监督管理局的决定，申请行政复议是向人民法院起诉的必经前置程序

10. 肖某提出农村宅基地用地申请，某乡政府审核后报某县政府审批。肖某收到批件后，不满批件所核定的面积。下列说法正确的是（　）。

A. 肖某须先申请复议，方能提起行政诉讼

B. 肖某申请行政复议，复议机关为某县政府的上一级政府

C. 肖某申请行政复议，应当自签收批件之日起 60 日内提出复议申请

D. 肖某提起行政诉讼，某县政府是被告，某乡政府为第三人

11. 段某拥有两块山场的山林权证，林改期间，王某认为该山场是自家的土改山，要求段某返还。经村委会协调，段某同意把部分山场给王某，并签订了协议。事后，段某反悔，对协议提出异议。王某请某镇政府调处，某镇政府依王某提交的协议书复印件，向王某发放了山林权证。段某不服，向某县政府提起复议。某县政府作出复议维持某镇政府的决定。段某遂向人民法院起诉，下列选项正确的是（　）。

A. 对某镇政府的行为，段某不能直接向法院人民提起行政诉讼

B. 某县政府为本案第三人

C. 如当事人未能提供协议书原件，人民法院不能以协议书复印件单独作为定案依据

D. 如段某与王某在诉讼中达成新的协议，可视为本案具体行政行为发生改变

12. 刘某对某市辖区自然资源和规划局依据某省自然资源厅的规定作出的一项行政处理决定不服提起行政复议，同时要求审查该规定的合法性。在此情况下，下列选项正确的是（　）。

A. 某市政府作为复议机关无权对某省自然资源厅的规定进行处理

B. 某区政府作为复议机关应当将某省自然资源厅的规定转送某市政府处理

C. 某省政府有权对该规定进行处理

D. 某市自然资源和规划局作为复议机关可以将审查某省自然资源厅规定的请求转送某省自然资源厅处理

13. 下列选项中，可以导致行政复议终止的是（　）。

A. 申请人要求撤回行政复议申请，行政复议机构准予撤回的

B. 申请人死亡，没有近亲属或者近亲属放弃行政复议权利的

C. 申请人与被申请人依法经行政复议机构准许达成和解的

D. 申请人、被申请人因不可抗力原因，不能参加行政复议的

14. 行政复议期间具体行政行为不停止执行，但有下列哪些情形，可以停止执行？（　）

A. 被申请人认为需要停止执行的

B. 申请人认为需要停止执行的

C. 法律、法规、规章规定停止执行的

D. 复议机关认为需要停止执行的

四、不定项选择题

1. 某县文旅局对甲作出罚款 5 万元的处罚，甲不服准备行政复议，但是在其提出申请之前，发现某县文旅局已被撤销，现由某县教育局继受某县文旅局的职责和义务。下列说法正确的是（　）。

A. 甲应当以某县教育局为被申请人

B. 甲应当以作出撤销决定的某县政府为被申请人

C. 甲应当以某县文旅局为被申请人

D. 甲某对该罚款决定不服，应当先申请复议才能提起行政诉讼

2. 不服行政机关的哪些行为，可以提起行政复议？（　）

A. 行政机关调解因环境污染所引起的损害赔偿的行为

B. 某市知识产权局对一起专利侵权纠纷案件的赔偿问题作出的调解

C. 认为行政机关侵犯合法的经营自主权的

D. 某县生态环境局认为某厂超标准排污，决定对其处以罚款

3. 关于行政复议案件的审理和决定，下列哪些说法是正确的？（　）

A. 行政复议期间涉及专门事项需要鉴定的，当事人可自行委托鉴定机构进行鉴定

B. 对重大、复杂的案件，被申请人提出采取听证方式审理的，行政复议机构应采取听证方式审理

C. 申请人在行政复议决定作出前自愿撤回行政复议申请的，经行政复议机构同意，可以撤回

D. 行政复议人员调查取证时应向当事人或者有关人员出示证件

4. 某县公安局张弓乡派出所以自己的名义对甲的赌博行为处以罚款。甲不服，申请行政复议。该案的行政复议机关是（　）。

A. 某县公安局　B. 某县人民政府　C. 张弓乡人民政府　D. 张弓乡派出所

5. 对某市某县公安局派出所以该县公安局名义作出的具体行政行为不服申请复议，下列具有管辖权的行政机关是（　）。

A. 该县公安局　B. 该县人民政府　C. 某市公安局　D. 某市人民政府

6. 方某因与陈某发生冲突，用砖头扔向陈某 9 周岁的儿子，致使其脚部受伤，经法医鉴定构成轻微伤。某县公安局决定对方某处行政拘留 10 日，方某申请行政复议，下列说法错误的是（　）。

A. 因致未成年人受到伤害，对方某应从重处罚

B. 陈某为本案复议第三人

C. 方某可以向某县政府申请行政复议

D. 因方某申请行政复议，应暂停行政拘留决定

7. 甲因行政违法行为被某行政机关责令停业整顿。甲不服，向上一级行政机关申请复议。在申请复议期间，应当停止执行某行政机关责令停业整顿行政处罚决定的情形有（　）。

A. 甲向上一级行政机关申请恢复营业

B. 某行政机关认为需要停止执行停业整顿行政处罚决定

C. 上一级行政机关认为有必要停止执行停业整顿行政处罚决定

D. 某行政机关负责人因受贿行为被立案侦查

8. 甲对某海关作出的行政处罚决定不服，申请复议。在复议期间，（　）不得自行收集证据。

A. 甲　B. 某海关　C. 复议机关　D. 甲的委托代理人

9. 某市化工厂排放污染物，致当地一养鱼专业户王某的鱼大部分死亡。某市生态环境局对化工厂作出行政处罚，王某要求化工厂赔偿损失。某市生态环境局在处理王某与化工厂赔偿责任纠纷时，作出了调解，但化工厂不服。下列哪些选项是化工厂无权行使的？（　）

A. 依法申请仲裁　　B. 向人民法院提起诉讼

C. 向某市生态环境局申请复议　　D. 可以和王某协商

10. 某医药公司向国家药品监督管理局申请药品生产许可证，国家药品监督管理局决定不予准许。医药公司对国家药品监督管理局的决定不服。下列说法正确的是（　）。

A. 若医药公司申请复议，可向国务院申请行政复议

B. 若医药公司申请复议，可以向国家药品监督管理局申请复议

C. 若医药公司申请复议，被申请人为国家药品监督管理局

D. 若医药公司起诉，可以向国家药品监督管理局所在地的中级人民法院提起行政诉讼

五、填空题

1. 公民、法人或者其他组织认为______侵犯其合法权益，向行政机关提出行政复议申请，行政机关受理行政复议申请、作出行政复议决定。

2. 一般情况下，公民、法人或者其他组织认为具体行政行为侵犯其合法权益的，可以自知道该具体行政行为之日起______内提出行政复议申请。法律另有规定，超过此期限的除外。

3. 行政复议机关在对被申请人作出的具体行政行为进行审查时，认为其依据不合法，本机关有权处理的，应当在______内依法处理。

4. 同一行政复议案件的申请人超过______人的，由所有申请人推选出代表参加行政复议，人数上一般为______人。

5. 行政复议机关应当审查行政行为的______和______。

6. 对县级以上地方各级人民政府工作部门的具体行政行为不服的，由申请人选择，可以向该部门的______申请复议，也可以向上一级主管部门申请行政复议。

7. 同申请复议的具体行政行为有利害关系的人，______批准可以作为第三人参加复议。

8. 公民、法人或者其他组织依法提出行政复议申请，行政复议机关无正当理由不予受理的，______应当责令其受理。

9. 对海关、金融、国税、外汇管理等实行垂直领导的行政机关和国家安全机关的具体行政行为不服的，向______申请行政复议。

10. 行政机关委托的组织所作出的具体行政行为，被申请复议的，______是被申请人。

六、判断题

1. 行政复议法的功能是防止和纠正违法的或者不当的具体行政行为，保护公民、法人和其他组织的合法权益，保障和监督行政机关依法行使职权。(   )

2. 公民、法人或者其他组织对所有行政复议决定不服的，均可以依照行政诉讼法的规定向人民法院提起行政诉讼。(   )

3. 公民、法人或者其他组织认为具体行政行为侵犯其合法权益的，可以自知道该具体行政行为之日起 30 日内提出行政复议申请；但是法律规定的申请期限超过 30 日的除外。(   )

4. “五保户”张某申请某市民政局依法发放抚恤金、社会保险金或者最低

生活保障费，市民政局没有依法发放，张某可以提起行政复议。(　)

5. 有权申请行政复议的法人或者其他组织终止的，承受其权利的法人或者其他组织可以申请行政复议。(　)

6. 申请人申请行政复议，必须书面申请。(　)

7. 对县级以上地方人民政府依法设立的派出机关的具体行政行为不服的，向设立该派出机关的人民政府申请行政复议。(　)

8. 不服行政机关作出行政处分或者其他人事处理决定的，依照有关法律、行政法规的规定提出行政复议。(　)

9. 王某殴打李某，王某被公安局罚款500元，李某作为受害人认为公安局的处罚决定过轻而不服，可以申请行政复议。(　)

10. 某自然资源和规划局许可建设商贸大厦，该大厦周边平房的居民王某认为该行政许可侵害了其采光、通风等相邻权，有权申请行政复议。(　)

11. 甲和乙同时申请开办一个幼儿园，某区政府许可甲的申请而拒绝乙的申请，乙认为自己的公平竞争权遭到侵犯，有权申请行政复议。(　)

12. 同一行政复议案件的申请人超过 5 人的，由所有申请人推选出代表参加行政复议，人数上一般为 1 至 7 人。(　)

13. 在行政复议中，不仅申请人和第三人有权委托 1 至 2 名代理人，被申请人也有权委托代理人。(　)

14. 行政机关或法律法规授权的组织，如果错误地认为其拥有依法本不属于自己的行政职权，从而作出了该行政行为时，该行政机关或者法律法规授权的组织仍然是行政复议的被申请人。(　)

15. 当公安局、生态环境局、卫生健康委员会等工作部门为行政复议被申请人时，有两个复议机关即同级政府或上一级工作部门可供当事人选择。(　)

16. 自然资源领域，实行省以下垂直领导。甲对县自然资源局的行政行为不服申请行政复议，则既可以向县政府申请，也可以向市自然资源局申请。(　)

17. 王某对丙市甲县乙乡的派出所对其作出的拘留的处理决定不服，向丙市公安局或甲县人民政府复议。(　)

18. 对于侵犯已经依法取得的土地、矿藏、水流、森林、山岭、草原、荒地、滩涂、海域等自然资源的所有权或者使用权的确权行为，须先行申请行政复议；对行政复议决定不服的，可以依法向法院提起行政诉讼。(　)

19. 某区市场监督管理局委托行业协会实施相关处罚，行政相对人对行业协会的相关处罚不服，应向某市市场监督管理局或市政府复议。(　)

20. 根据《行政复议法》的规定，对海关、金融、国税、外汇管理等实行垂直领导的行政机关和国家安全机关的具体行政行为不服的，向上一级政府申请行

政复议。（ ）

七、名词解释

1. 行政复议
2. 行政复议申请人
3. 行政复议被申请人
4. 行政复议机关
5. 行政复议机构
6. 行政复议决定

八、简答题

1. 简述行政复议的含义与特征。
2. 简述行政复议与行政诉讼的异同。
3. 简述行政复议的范围。
4. 简述行政复议的排除事项。
5. 简述行政复议被申请人的类型。
6. 简述行政复议机关的种类。
7. 简述行政复议管辖的含义及种类。
8. 简述申请行政复议的期限。
9. 简述《行政复议法实施条例》中有关适用调解的规定。
10. 简述行政复议决定的主要类型及适用。

九、案例分析题

（一）案情介绍

2012 年某个体户与某镇政府签订了 1000 亩荒滩承包经营 50 年的合同，并规定李某每年上交承包费 10 万元。2012 年底某镇政府要求李某每年上交承包费增加到 30 万元，否则终止承包合同，李某不同意。某镇政府于 2014 年 3 月 20 日单方撤销了该承包合同。2014 年 3 月 28 日，李某知道了这一事实。2014 年 5 月 22 日，李某向上级行政机关提出复议申请，5 月 27 日上级机关发出受理通知，并向李某收取 5000 元复议费。李某收到通知后处于等待状态，7 月 10 日李某尚未等到复议决定，便决定向人民法院提出起诉。

根据以上情况和有关法律规定，回答下列问题：

1. 该纠纷是否属于行政复议的范围？
2. 李某申请行政复议的期限是否有效？
3. 李某于 7 月 10 日向人民法院提起诉讼，人民法院是否应受理？
4. 复议机关是否应该收取复议费？

（二）案情介绍

2019 年 9 月 13 日，王某从附近一超市购得某食品厂生产的火腿肠一箱，回家食用后，引起头痛与呕吐，经附近医院诊断为食物中毒。于是王某将该超市与食品厂一并投诉至某县市场监督管理局。经某县市场监督管理局调查，证实该超市所销售的此种火腿肠是产品质量不合格产品，有严重的掺杂、掺假行为，于是对超市与食品厂作出了如下处罚决定：

一是对超市处以罚款 5000 元的行政处罚。

二是对食品厂处以罚款 1 万元，同时吊销营业执照的行政处罚。

对于某县市场监督管理局的这一处罚决定，食品厂不服，认为自己从未生产假冒伪劣产品，该超市所销售的这种火腿肠并非其生产，而是别厂冒用该食品厂的名义进行生产。于是向有关机关提出行政复议，要求撤销某县市场监督管理局的处罚决定。

根据以上情况和有关法律规定，回答下列问题：

1. 该食品厂应以何机关为复议被申请人？

2. 本案复议机关是谁？为什么？

3. 复议机关受理此案后，被害人王某在该案中处于什么地位？我国行政复议第三人都有哪些情形？

参考答案及解析

二、单项选择题

1. 答案：D。解析：根据《行政复议法实施条例》第11条规定："公民、法人或者其他组织对行政机关的具体行政行为不服，依照行政复议法和本条例的规定申请行政复议的，作出该具体行政行为的行政机关为被申请人。"据此可知，公民、法人或者其他组织认为行政机关的具体行政行为侵犯其合法权益，可以按照法定的程序和条件向作出该具体行政行为的上一级行政机关申请复议。故A选项错误。

根据《行政复议法》第5条规定："公民、法人或者其他组织对行政复议决定不服的，可以依照行政诉讼法的规定向人民法院提起行政诉讼，但是法律规定行政复议决定为最终裁决的除外。"故B选项错误。

根据《行政复议法实施条例》第26条规定："依照行政复议法第七条的规定，申请人认为具体行政行为所依据的规定不合法的，可以在对具体行政行为申请行政复议的同时一并提出对该规定的审查申请；申请人在对具体行政行为提出行政复议申请时尚不知道该具体行政行为所依据的规定的，可以在行政复议机关作出行政复议决定前向行政复议机关提出对该规定的审查申请。"据此可知，复议机关不仅审查具体行政行为是否合法，而且还要审查其是否适当。故C选项错误。

根据《行政复议法实施条例》第50条规定："有下列情形之一的，行政复议机关可以按照自愿、合法的原则进行调解：（一）公民、法人或者其他组织对行政机关行使法律、法规规定的自由裁量权作出的具体行政行为不服申请行政复议的；（二）当事人之间的行政赔偿或者行政补偿纠纷。当事人经调解达成协议的，行政复议机关应当制作行政复议调解书。调解书应当载明行政复议请求、事实、理由和调解结果，并加盖行政复议机关印章。行政复议调解书经双方当事人签字，即具有法律效力。调解未达成协议或者调解书生效前一方反悔的，行政复议机关应当及时作出行政复议决定。"据此可知，行政复议可以适用调解。故D选项正确。

2. 答案：B。解析：根据《行政复议法》第6条规定："有下列情形之一的，公民、法人或者其他组织可以依照本法申请行政复议：（一）对行政机关作出的警告、罚款、没收违法所得、没收非法财物、责令停产停业、暂扣或者吊销许可证、暂扣或者吊销执照、行政拘留等行政处罚决定不服的；（二）对行政机关作出的限制人身自由或者查封、扣押、冻结财产等行政强制措施决定不服的；

（三）对行政机关作出的有关许可证、执照、资质证、资格证等证书变更、中止、撤销的决定不服的；（四）对行政机关作出的关于确认土地、矿藏、水流、森林、山岭、草原、荒地、滩涂、海域等自然资源的所有权或者使用权的决定不服的；（五）认为行政机关侵犯合法的经营自主权的；（六）认为行政机关变更或者废止农业承包合同，侵犯其合法权益的；（七）认为行政机关违法集资、征收财物、摊派费用或者违法要求履行其他义务的；（八）认为符合法定条件，申请行政机关颁发许可证、执照、资质证、资格证等证书，或者申请行政机关审批、登记有关事项，行政机关没有依法办理的；（九）申请行政机关履行保护人身权利、财产权利、受教育权利的法定职责，行政机关没有依法履行的；（十）申请行政机关依法发放抚恤金、社会保险金或者最低生活保障费，行政机关没有依法发放的；（十一）认为行政机关的其他具体行政行为侵犯其合法权益的。”据此可知，ACD 项可以提起行政复议。B 项中乡政府的劝导通告是一种行政指导行为，行政指导行为是不能提起行政复议的。故 B 项正确。

3. 答案：D。解析：《行政复议法》第 9 条第 1 款规定：“公民、法人或者其他组织认为具体行政行为侵犯其合法权益的，可以自知道该具体行政行为之日起六十日内提出行政复议申请；但是法律规定的申请期限超过六十日的除外。”由此可知，D 项错误。

4. 答案：A。解析：依据《行政复议法》第 14 条规定：“对国务院部门或者省、自治区、直辖市人民政府的具体行政行为不服的，向作出该具体行政行为的国务院部门或者省、自治区、直辖市人民政府申请行政复议。对行政复议决定不服的，可以向人民法院提起行政诉讼；也可以向国务院申请裁决，国务院依照本法的规定作出最终裁决。”本题中国家市场监督管理总局属于国务院直属机构，复议机关为国家市场监督管理总局自己，所以，A 项正确，B、C、D 项错误。另外需要注意的是，对于省部级行政单位作出的具体行政行为不服的，向原机关申请一次复议之后，对该复议决定不服的，当事人可以提起行政诉讼，还可以选择向国务院申请最终裁决。综上所述，本题的正确答案为 A 项。

5. 答案：A。解析：《行政复议法》第 33 条规定：“申请人逾期不起诉又不履行行政复议决定的，或者不履行最终裁决的行政复议决定的，按照下列规定分别处理：（一）维持具体行政行为的行政复议决定，由作出具体行政行为的行政机关依法强制执行，或者申请人民法院强制执行；（二）变更具体行政行为的行政复议决定，由行政复议机关依法强制执行，或者申请人民法院强制执行。”故 A 项正确。

6. 答案：B。解析：根据《行政复议法》第 7 条规定：“公民、法人或者其他组织认为行政机关的具体行政行为所依据的下列规定不合法，在对具体行政行为申请行政复议时，可以一并向行政复议机关提出对该规定的审查申请：（一）国务院部门的规定；（二）县级以上地方各级人民政府及其工作部门的规定；（三）乡、镇人民政府的规定。前款所列规定不含国务院部、委员会规章和地方人民政府规章。规章的审查依照法律、行政法规办理。”故 B 项正确。

7. 答案：B。解析：《行政复议法》第 7 条规定：“公民、法人或者其他组织认为行政机关的具体行政行为所依据的下列规定不合法，在对具体行政行为申请行政复议时，可以一并向行政复议机关提出对该规定的审查申请：（一）国务院部门的规定；（二）县级以上地方各级人民政府及其工作部门的规定；（三）乡、镇人民政府的规定。前款所列规定不含国务院部、委员会规章和地方人民政府规章。规章的审查依照法律、行政法规办理。”（1）可以申请复议的抽象行政行为限于规章以下（不包括规章）的规定，包括国务院各部门的规定、县级以上地方各级人民政府及其工作部门的规定、乡镇人民政府的规定。（2）行政相对人不能直接对上述抽象行政行为申请复议，行政相对人在对具体行政行为申请复议时，认为具体行政行为所依据的规定不合法，方才可以一并提出对该规定的审查申请。

8. 答案：B。解析：《行政复议法》第 15 条规定：“对本法第十二条、第十三条、第十四条规定以外的其他行政机关、组织的具体行政行为不服的，按照下列规定申请行政复议……（四）对两个或两个以上行政机关以共同的名义作出的具体行政行为不服的，向其共同上一级行政机关申请复议……”本题中，处理决定由四机关共同作出，需要注意的是某县委组织部、某县纪委不是行政机关，它们的行为不是行政行为，只有某县自然资源和规划局、某镇人民政府是行政机关，处理决定对它们而言是行政行为，相对人提出复议，被申请人是某县自然资源和规划局、某镇人民政府，因而复议机关是它们的共同上一级行政机关——某县人民政府。故 B 项正确。

9. 答案：A。解析：根据《行政复议法实施条例》第 11 条规定：“公民、法人或者其他组织对行政机关的具体行政行为不服，依照行政复议法和本条例的规定申请行政复议的，作出该具体行政行为的行政机关为被申请人。”由此可知，本题中，虽然某区市场监督管理局和公安局共同对农贸市场进行检查，但因吊销营业执照是市场监督管理局的职权，公安局无权行使市场监督管理局职能，因此，作出具体行政行为的某区市场监督管理局为被申请人。故 A 项正确。

10. 答案：D。解析：《行政复议法》第 15 条第 1 款第 4 项规定，对两个或者两个以上行政机关以共同的名义作出的具体行政行为不服的，向其共同上一级行政机关申请行政复议。

11. 答案：C。解析：根据《行政复议法》第 12 条第 1 款规定，对县级以上地方各级人民政府工作部门的具体行政行为不服的，由申请人选择，可以向该部门的本级人民政府申请行政复议，也可以向上一级主管部门申请行政复议。因此，本案中的复议机关既可以是A市自然资源和规划局，又可以是某县人民政府。据此可知，A选项错误。

根据《行政复议法》第25条规定，行政复议决定作出前，申请人要求撤回行政复议申请的，经说明理由，可以撤回；撤回行政复议申请的，行政复议终止。根据该条，刘某可以撤回复议申请。又根据《行政诉讼法》第44条规定，对属于人民法院受案范围的行政案件，公民、法人或者其他组织可以先向行政机关申请复议，对复议决定不服的，再向人民法院提起诉讼；也可以直接向人民法院提起诉讼。法律、法规规定应当先向行政机关申请复议，对复议决定不服再向人民法院提起诉讼的，依照法律、法规的规定。土地管理法等相关规定并没有规定对自然资源和规划局作出的责令其限期拆除建筑，退还所占土地的具体行政行为应当复议前置。因此，刘某有权再提起行政诉讼。故B项错误。

根据《行政复议法》第10条第5款规定，申请人、第三人可以委托代理人代为参加行政复议。因此，刘某有权委托代理人代为参加复议，故C项正确。

根据《行政复议法》第33条第1项规定，申请人逾期不起诉又不履行行政复议决定的，或者不履行最终裁决的行政复议决定的，按照下列规定分别处理：(一) 维持具体行政行为的行政复议决定，由作出具体行政行为的行政机关依法强制执行，或者申请人民法院强制执行。根据《土地管理法》第83条规定，责令限期拆除在非法占用的土地上新建的建筑物和其他设施的，由作出处罚决定的机关依法申请人民法院强制执行。因此，某县自然资源和规划局不能自行强制执行，故D项错误。

12. 答案：D。解析：根据《行政复议法实施条例》第26条规定："依照行政复议法第七条的规定，申请人认为具体行政行为所依据的规定不合法的，可以在对具体行政行为申请行政复议的同时一并提出对该规定的审查申请；申请人在对具体行政行为提出行政复议申请时尚不知道该具体行政行为所依据的规定的，可以在行政复议机关作出行政复议决定前向行政复议机关提出对该规定的审查申请。"据此可知，行政复议机关除了对具体行政行为的合法性进行审查以外，还可以对其合理性进行审查。故A选项错误。

根据《行政复议法实施条例》第10条规定，申请人、第三人委托代理人的，应当向行政复议机构提交授权委托书。公民在特殊情况下无法书面委托的，可以口头委托。据此可知，企业不可以口头委托。故B项错误。

根据《行政复议法实施条例》第38条第2款规定，申请人撤回行政复议申请的，不得再以同一事实和理由提出行政复议申请。但是，申请人能够证明撤回行政复议申请违背其真实意思表示的除外。故 C 项错误。

根据《行政复议法》第 14 条规定，对国务院部门或者省、自治区、直辖市人民政府的具体行政行为不服的，向作出该具体行政行为的国务院部门或者省、自治区、直辖市人民政府申请行政复议。对行政复议决定不服的，可以向人民法院提起行政诉讼；也可以向国务院申请裁决，国务院依照《行政复议法》的规定作出最终裁决。故 D 项正确。

13. 答案：C。解析：考查行政复议的特殊管辖。《行政复议法》第 12 条规定，对县级以上地方各级人民政府工作部门的具体行政行为不服的，由申请人选择，可以向该部门的本级人民政府申请行政复议，也可以向上一级主管部门申请行政复议。对海关、金融、国税、外汇管理等实行垂直领导的行政机关和国家安全机关的具体行政行为不服的，向上一级主管部门申请行政复议。故 C 项正确。

14. 答案：A。解析：根据《行政复议法》第 9 条规定："公民、法人或者其他组织认为具体行政行为侵犯其合法权益的，可以自知道该具体行政行为之日起六十日内提出行政复议申请；但是法律规定的申请期限超过六十日的除外。因不可抗力或者其他正当理由耽误法定申请期限的，申请期限自障碍消除之日起继续计算。"可知，行政复议的申请期限为知道具体行政行为之日起 60 日内，但如其他法律规定的申请期限超过 60 日的则依照其他法律的规定，如少于 60 日则依照《行政复议法》的规定。《环境保护法》中规定的复议申请期限为 15 日，少于《行政复议法》规定的 60 日，如该企业申请复议，应按《行政复议法》规定的 60 日计算，故选项 A 正确。

根据《行政诉讼法》第 46 条第 1 款规定："公民、法人或者其他组织直接向人民法院提起诉讼的，应当自知道或者应当知道作出行政行为之日起六个月内提出。法律另有规定的除外。"通常情况下起诉期限为 6 个月，如法律有特殊规定则从特殊规定。《环境保护法》规定的起诉期限为 15 日，如该企业直接起诉，则提起诉讼的期限应为 15 日，故选项 B 错误。

划拨款项和拍卖、扣押财产都属于行政强制执行，根据《行政强制法》第 13 条规定："行政强制执行由法律设定。法律没有规定行政机关强制执行的，作出行政决定的行政机关应当申请人民法院强制执行。"由于《环境保护法》没有赋予环保机关直接强制执行权，则某县生态环境局只能申请人民法院强制执行。因此，选项 C、D 错误。

15. 答案：B。解析：根据《行政复议法》第 30 条第 1 款规定："公民、法人或者其他组织认为行政机关的具体行政行为侵犯其已经依法取得的土地、矿藏、水流、森林、山岭、草原、荒地、滩涂、海域等自然资源的所有权或者使用权的，应当先申请行政复议；对行政复议决定不服的，可以依法向人民法院提起行政诉讼。”本题中争议土地的权属状态尚不确定，不适用该条规定所说的“已经依法取得的土地……”的状态，不以复议前置为前提，所以 C 错误。

根据《行政复议法》第 30 条第 2 款规定：“根据国务院或者省、自治区、直辖市人民政府对行政区划的勘定、调整或者征收土地的决定，省、自治区、直辖市人民政府确认土地、矿藏、水流、森林、山岭、草原、荒地、滩涂、海域等自然资源的所有权或者使用权的行政复议决定为最终裁决。”某省林业局不属于此规定的复议决定为最终裁决的机关，所以对于某省林业局的裁决行为，既可以申请行政复议，也可以提起行政诉讼。所以 A、D 错误，答案选 B。

16. 答案：A。解析：根据《行政复议法》第 9 条第 1 款规定：“公民、法人或者其他组织认为具体行政行为侵犯其合法权益的，可以自知道该具体行政行为之日起六十日内提出行政复议申请；但是法律规定的申请期限超过六十日的除外。”据此可知，法律规定超过 60 日的从其规定，规定少于 60 日无效，《食品安全法》并没有对行政复议的申请期限作出例外规定，故本案的申请期限为 60 日。由此可见，A 选项正确。

根据《行政复议法实施条例》第 18 条规定，申请人书面申请行政复议的，可以采取当面递交、邮寄或者传真等方式提出行政复议申请。有条件的行政复议机构可以接受以电子邮件形式提出的行政复议申请。故选项 B 错误。

根据《行政复议法实施条例》第 50 条第 1 款规定：“有下列情形之一的，行政复议机关可以按照自愿、合法的原则进行调解：（一）公民、法人或者其他组织对行政机关行使法律、法规规定的自由裁量权作出的具体行政行为不服申请行政复议的；（二）当事人之间的行政赔偿或者行政补偿纠纷。”据此可知，此处“不能进行调解”的说法不准确。故选项 C 错误。

根据《行政复议法》第 25 条规定，行政复议决定作出前，申请人要求撤回行政复议申请的，经说明理由，可以撤回；撤回行政复议申请的，行政复议终止。故选项 D 错误。

17. 答案：A。解析：《行政复议法》第 9 条第 1 款规定：“公民、法人或者其他组织认为具体行政行为侵犯其合法权益的，可以自知道该具体行政行为之日起六十日内提出行政复议申请；但是法律规定的申请期限超过六十日的除外。”选项 A 说法错误。

《行政复议法实施条例》第 8 条规定：“同一行政复议案件申请人超过 5 人的，推选 1 至 5 名代表参加行政复议。”选项 B 说法正确。

《行政复议法》第 13 条第 1 款规定：“对地方各级人民政府的具体行政行为不服的，向上一级地方人民政府申请行政复议。”据此可知，本案的复议机关是甲市人民政府。选项 C 说法正确。

《行政复议法实施条例》第29条规定："行政复议申请材料不齐全或者表述不清楚的，行政复议机构可以自收到该行政复议申请之日起5日内书面通知申请人补正……"选项D说法正确。

18. 答案：A。解析：本题考核行政复议。根据《行政复议法》第12条第2款规定："对海关、金融、国税、外汇管理等实行垂直领导的行政机关和国家安全机关的具体行政行为不服的，向上一级主管部门申请行政复议。"故A项正确。

19. 答案：D。解析：根据《行政复议法》第33条规定："申请人逾期不起诉又不履行行政复议决定的，或者不履行最终裁决的行政复议决定的，按照下列规定分别处理：（一）维持具体行政行为的行政复议决定，由作出具体行政行为的行政机关依法强制执行，或者申请人民法院强制执行；（二）变更具体行政行为的行政复议决定，由行政复议机关依法强制执行，或者申请人民法院强制执行。"据此可知，行政机关有权针对不履行义务的相对人向法院申请强制执行，而相对人一般无权申请法院对行政机关强制执行。本题中，田某对行政机关不履行复议决定的行为不能申请法院强制执行，因为法律没有赋予法院此项权力。故A项错误，不当选。

根据《行政复议法》第2条规定："公民、法人或者其他组织认为具体行政行为侵犯其合法权益，向行政机关提出行政复议申请，行政机关受理行政复议申请、作出行政复议决定，适用本法。"又根据《行政诉讼法》第2条第1款规定："公民、法人或者其他组织认为行政机关和行政机关工作人员的行政行为侵犯其合法权益，有权依照本法向人民法院提起诉讼。"据此可知，行政复议、行政诉讼属于行政救济中的两种方式，而行政救济以行政纠纷的存在为基础，即行政复议、行政诉讼是以行政纠纷的存在为前提的。本题中，田某将其与县公安局之间的行政纠纷向县政府申请行政复议，县政府作出了行政复议决定，并且田某没有不服该复议决定，该复议决定已经生效，即该行政纠纷已经通过行政复议得以解决。县公安局拒不履行复议决定确定的义务，此时的问题是执行问题，即复议决定确定的县公安局的义务如何实现；而不存在新的行政纠纷。所以，田某无权就此提起行政复议、行政诉讼。故B、C项错误，不当选。

根据《行政复议法》第32条规定："被申请人应当履行行政复议决定。被申请人不履行或者无正当理由拖延履行行政复议决定的，行政复议机关或者有关上级行政机关应当责令其限期履行。"因此D项正确。

20. 答案：C。解析：对某区生态环境局的处罚决定不服申请复议，复议机关为某区生态环境局的上一级生态环境管理机关或者某区政府。故A项错误。

《行政复议法实施条例》第41条列举了复议中止的八种情形，第42条列举了复议终止的五种情形，其中第 41 条第 1 款第 6 项规定，“案件涉及法律适用问题，需要有权机关作出解释或者确认的”，行政复议中止，故 B 项错误。

《行政复议法》第 31 条第 3 款规定，“行政复议决定书一经送达，即发生法律效力”。故 C 项正确。

《行政诉讼法》第 18 条第 1 款规定：“行政案件由最初作出行政行为的行政机关所在地人民法院管辖。经复议的案件，也可以由复议机关所在地人民法院管辖。”所以，水电站对复议决定不服向法院起诉，管辖法院既可以是某区生态环境局所在地人民法院，也可以是复议机关所在地人民法院。故 D 项错误。

三、多项选择题

1. 答案：ABD。解析：《行政复议法》第 8 条第 2 款规定，不服行政机关对民事纠纷作出的调解或者其他处理，依法申请仲裁或者向人民法院提起诉讼。行政机关对民事纠纷的调解不属于行政复议的范围。故 ABD 项正确。

2. 答案：AC。解析：根据《行政强制法》第 47 条第 1 款规定，划拨存款、汇款应当由法律规定的行政机关决定，并书面通知金融机构。金融机构接到行政机关依法作出划拨存款、汇款的决定后，应当立即划拨。根据《税收征收管理法》第 40 条第 1 款规定：“从事生产、经营的纳税人、扣缴义务人未按照规定的期限缴纳或者解缴税款，纳税担保人未按照规定的期限缴纳所担保的税款，由税务机关责令限期缴纳，逾期仍未缴纳的，经县以上税务局（分局）局长批准，税务机关可以采取下列强制执行措施：（一）书面通知其开户银行或者其他金融机构从其存款中扣缴税款……”因此，某公司未按时补缴税款的，某市税务局可以书面通知银行划拨其银行存款。故 A 选项说法正确。

根据《行政复议法》第 12 条第 1 款规定，对县级以上地方各级人民政府工作部门的具体行政行为不服的，由申请人选择，可以向该部门的本级人民政府申请行政复议，也可以向上一级主管部门申请行政复议。某市税务局属于某市政府工作部门。因此，该公司既可以向某市政府申请行政复议，又可以向上一级税务局申请行政复议。因此，复议机关为某市政府或者上一级税务局。故 B 选项说法错误。

根据《行政复议法》第 9 条第 1 款规定，公民、法人或者其他组织认为具体行政行为侵犯其合法权益的，可以自知道该具体行政行为之日起 60 日内提出行政复议申请；但是法律规定的申请期限超过 60 日的除外。《税收征收管理法》没有对申请期限超过 60 日的规定。因此，某公司申请复议的期限为 60 日。故 C 选项说法正确。

根据《行政诉讼法》第 44 条第 2 款规定，法律、法规规定应当先向行政机关申请复议，对复议决定不服再向人民法院提起诉讼的，依照法律、法规的规定。根据《税收征收管理法》第 88 条第 1 款规定，纳税人、扣缴义务人、纳税担保人同税务机关在纳税上发生争议时，必须先依照税务机关的纳税决定缴纳或者解缴税款及滞纳金或者提供相应的担保，然后可以依法申请行政复议；对行政复议决定不服的，可以依法向人民法院起诉。某公司对补缴税款不服属于纳税争议，某公司不能对补缴税款直接提起行政诉讼，可以先申请行政复议，对行政复议决定不服的，可以向人民法院起诉。故 D 选项说法错误。

3. 答案：BC。解析：根据《行政复议法实施条例》第 50 条第 1 款规定：“有下列情形之一的，行政复议机关可以按照自愿、合法的原则进行调解：（一）公民、法人或者其他组织对行政机关行使法律、法规规定的自由裁量权作出的具体行政行为不服申请行政复议的；（二）当事人之间的行政赔偿或者行政补偿纠纷。”据此可知，行政机关作出不予行政许可决定以及税务机关征收税款决定，属于羁束行政行为，不存在自由裁量权的行使，因此不适用复议调解规定。故 BC 项正确。

4. 答案：ACD。解析：本题考查行政复议调解的范围。根据《行政复议法实施条例》第 50 条第 1 款规定：“有下列情形之一的，行政复议机关可以按照自愿、合法的原则进行调解：（一）公民、法人或者其他组织对行政机关行使法律、法规规定的自由裁量权作出的具体行政行为不服申请行政复议的；（二）当事人之间的行政赔偿或者行政补偿纠纷。”由此可知，选项 AD 属于对行政赔偿或行政补偿问题不服申请行政复议的情况，可以进行调解；选项 B 关于税率及税额的问题是法律的直接规定，不是税务机关的自由裁量范围，不可以进行调解；选项 C 属于对行政机关行使法律、法规规定的自由裁量权作出的具体行政行为不服申请行政复议的情况，可以进行调解。故 ACD 项正确。

5. 答案：AD。解析：根据《行政复议法》第 23 条第 1 款规定，行政复议机关负责法制工作的机构应当自行政复议申请受理之日起 7 日内，将行政复议申请书副本或者行政复议申请笔录复印件发送被申请人。被申请人应当自收到申请书副本或者申请笔录复印件之日起 10 日内，提出书面答复，并提交当初作出具体行政行为的证据、依据和其他有关材料。故 A 选项正确。

根据《行政复议法实施条例》第 10 条规定，申请人、第三人可以委托 1 至 2 名代理人参加行政复议。由此可知，B 项告知当事人必须委托律师，说法错误。委托律师是当事人的权利而不是义务，不是“必须”委托而是“可以”委托。

根据《行政复议法实施条例》第 34 条第 2 款规定，调查取证时，行政复议人员不得少于 2 人，并应当向当事人或者有关人员出示证件。被调查单位和人员应当配合行政复议人员的工作，不得拒绝或者阻挠。由此可知，选项 C 中一个工作人员调查取证，说法错误。即使案情简单，也应当由两名以上工作人员调查取证。故 C 选项错误。根据《行政复议法》第 11 条规定："申请人申请行政复议，可以书面申请，也可以口头申请；口头申请的，行政复议机关应当当场记录申请人的基本情况、行政复议请求、申请行政复议的主要事实、理由和时间。"故 D 选项正确。由此可见，选项 AD 正确。

6. 答案：ABCD。解析：《行政复议法》第 6 条规定了行政复议的范围。上述选项分别符合该条第 2 项"对行政机关作出的限制人身自由或者查封、扣押、冻结财产等行政强制措施决定不服的"，第 1 项"对行政机关作出的警告、罚款、没收违法所得、没收非法财物、责令停产停业、暂扣或者吊销许可证、暂扣或者吊销执照、行政拘留等行政处罚决定不服的"，第 4 项"对行政机关作出的关于确认土地、矿藏、水流、森林、山岭、草原、荒地、滩涂、海域等自然资源的所有权或者使用权的决定不服的"以及第 10 项"申请行政机关依法发放抚恤金、社会保险金或者最低生活保障费，行政机关没有依法发放的"情形，因此选项 ABCD 都正确。

7. 答案：ABC。解析：本题考点是行政复议的排除范围。《行政复议法》第 8 条规定："不服行政机关作出的行政处分或者其他人事处理决定的，依照有关法律、行政法规的规定提出申诉。不服行政机关对民事纠纷作出的调解或者其他处理，依法申请仲裁或者向人民法院提起诉讼。"选项 D 属于《行政复议法》第 6 条所规定的复议范围。故 ABC 项正确。

8. 答案：AB。解析：根据《治安管理处罚法》第 91 条规定，治安管理处罚由县级以上人民政府公安机关决定；其中警告、500 元以下的罚款可以由公安派出所决定。本案中派出所实施有授权的 500 元以下罚款，所以，派出所是被申请人，那么设立该派出所的乙区公安分局是复议机关。故 A 选项正确。

根据《行政复议法》第 15 条规定："对本法第十二条、第十三条、第十四条规定以外的其他行政机关、组织的具体行政行为不服的，按照下列规定申请行政复议……（二）对政府工作部门依法设立的派出机构依照法律、法规或者规章规定，以自己的名义作出的具体行政行为不服的，向设立该派出机构的部门或者该部门的本级地方人民政府申请行政复议……"因此，若以派出所为被申请人，则复议机关为设立该派出机构的部门（乙区公安分局）或者该部门的本级地方人民政府（乙区人民政府）。故 A、B 项当选。

9. 答案：ABC。解析：根据《行政复议法》第 12 条规定："对县级以上地方各级人民政府工作部门的具体行政行为不服的，由申请人选择，可以向该部门的本级人民政府申请行政复议，也可以向上一级主管部门申请行政复议。对海关、金融、国税、外汇管理等实行垂直领导的行政机关和国家安全机关的具体行政行为不服的，向上一级主管部门申请行政复议。"本案中，某县市场监督管理局不属于垂直领导部门，而属于“双重领导，条块管辖”，对其作出的决定不服，可以向上一级主管部门申请复议，也可以向某县政府申请复议，故A选项正确。

根据《行政复议法实施条例》第10条规定：“申请人、第三人可以委托1至2名代理人参加行政复议。申请人、第三人委托代理人的，应当向行政复议机构提交授权委托书。授权委托书应当载明委托事项、权限和期限。公民在特殊情况下无法书面委托的，可以口头委托。口头委托的，行政复议机构应当核实并记录在卷。申请人、第三人解除或者变更委托的，应当书面报告行政复议机构。”由此可见，某公司作为行政复议申请人可以委托1至2名代理人参加行政复议。故B选项正确。

根据《行政复议法实施条例》第22条规定：“申请人提出行政复议申请时错列被申请人的，行政复议机构应当告知申请人变更被申请人。”由此可见，某公司提出行政复议申请时错列被申请人的，行政复议机构应告知某公司变更被申请人，故C选项正确。

根据《行政诉讼法》第44条规定：“对属于人民法院受案范围的行政案件，公民、法人或者其他组织可以先向行政机关申请复议，对复议决定不服的，再向人民法院提起诉讼；也可以直接向人民法院提起诉讼。法律、法规规定应当先向行政机关申请复议，对复议决定不服再向人民法院提起诉讼的，依照法律、法规的规定。”由此可见，复议与诉讼的关系是以自由选择为原则，复议前置为例外，是否复议前置取决于是否有明确的法律、法规规定，本题涉及食品安全处罚，《食品安全法》未规定复议前置，故D选项错误。

10. 答案：BC。解析：农村宅基地用地申请不属于《行政复议法》第30条规定的复议前置的情形。故A项错误。B项符合《行政复议法》第13条的规定，故正确。《行政复议法实施条例》第15条第1款第2项规定，载明具体行政行为的法律文书直接送达的，行政复议申请期限自受送达人签收之日起计算。根据《行政复议法》第9条，行政复议的申请期限为60日，故C项正确。根据《行政诉讼法》第26条，经复议的案件，复议机关改变原行政行为的，复议机关是被告。

11. 答案：AC。解析：根据《行政复议法》第30条第1款规定，公民、法人或者其他组织认为行政机关的具体行政行为侵犯其已经依法取得的土地、矿藏、水流、森林、山岭、草原、荒地、滩涂、海域等自然资源的所有权或者使用权的，应当先申请行政复议；对行政复议决定不服的，可以依法向人民法院提起行政诉讼。本题属于行政复议前置案件，段某不能直接提起行政诉讼，故A项正确。

根据《行政诉讼法》第 26 条第 2 款规定："经复议的案件，复议机关决定维持原行政行为的，作出原行政行为的行政机关和复议机关是共同被告；复议机关改变原行政行为的，复议机关是被告。"作出复议维持决定的某县政府应当作为共同被告，不能作为第三人。故 B 项错误。

根据《最高人民法院关于行政诉讼证据若干问题的规定》第 71 条规定："下列证据不能单独作为定案依据：（一）未成年人所作的与其年龄和智力状况不相适应的证言；（二）与一方当事人有亲属关系或者其他密切关系的证人所作的对该当事人有利的证言，或者与一方当事人有不利关系的证人所作的对该当事人不利的证言；（三）应当出庭作证而无正当理由不出庭作证的证人证言；（四）难以识别是否经过修改的视听资料；（五）无法与原件、原物核对的复制件或者复制品；（六）经一方当事人或者他人改动，对方当事人不予认可的证据材料；（七）其他不能单独作为定案依据的证据材料。"根据上述第 5 项规定，故 C 项正确。

根据《最高人民法院关于行政诉讼撤诉若干问题的规定》第 4 条规定："有下列情形之一的，可以视为'被告改变其所作的具体行政行为'……（三）在行政裁决案件中，书面认可原告与第三人达成的和解。"据此规定，必须为"书面认定的"才能视为被告改变其所作的具体行政行为。故 D 选项错误。

12. 答案：BCD。解析：本题涉及复议中对部分抽象行政行为的附带审查和程序问题。

根据《行政复议法》第 12 条规定："对县级以上地方各级人民政府工作部门的具体行政行为不服的，由申请人选择，可以向该部门的本级人民政府申请行政复议，也可以向上一级主管部门申请行政复议。"对某市辖区自然资源和规划局的行为不服应向某区政府或某市自然资源和规划局申请复议，故 A 选项错误。

根据《行政复议法》第 26 条规定："申请人在申请行政复议时，一并提出对本法第七条所列有关规定的审查申请的，行政复议机关对该规定有权处理的，应当在三十日内依法处理；无权处理的，应当在七日内按照法定程序转送有权处理的行政机关依法处理，有权处理的行政机关应当在六十日内依法处理。处理期间，中止对具体行政行为的审查。"由此分析，C 项某省政府是某省自然资源厅的上一级机关，有权处理某省自然资源厅的规定，因此 C 正确；B 项某区政府为复议机关时，因级别低无权处理某省自然资源厅的规定，应先将该规定转送某市政府，再由某市政府转送某省政府处理，因此 B 正确；D 项某市自然资源和规划局为复议机关时，也因级别低无权处理该规定，应转送某省自然资源厅处理，D 也正确。综上所述，故选项 BCD 正确。

13. 答案：ABC。解析：根据《行政复议法实施条例》第 42 条规定，行政复议期间有下列情形之一的，行政复议终止：（1）申请人要求撤回行政复议申请，行政复议机构准予撤回的；（2）作为申请人的自然人死亡，没有近亲属或者其近亲属放弃行政复议权利的；（3）作为申请人的法人或者其他组织终止，其权利义务的承受人放弃行政复议权利的；（4）申请人与被申请人依照本条例第40条的规定，经行政复议机构准许达成和解的；（5）申请人对行政拘留或者限制人身自由的行政强制措施不服申请行政复议后，因申请人同一违法行为涉嫌犯罪，该行政拘留或者限制人身自由的行政强制措施变更为刑事拘留的。依照《行政复议法实施条例》第41条第1款第1项、第2项、第3项规定中止行政复议，满60日行政复议中止的原因仍未消除的，行政复议终止。由此可见，ABC项正确，D项属于行政复议中止的情形，故错误。

14. 答案：ACD。解析：根据《行政复议法》第21条规定："行政复议期间具体行政行为不停止执行；但是，有下列情形之一的，可以停止执行：（一）被申请人认为需要停止执行的；（二）行政复议机关认为需要停止执行的；（三）申请人申请停止执行，行政复议机关认为其要求合理，决定停止执行的；（四）法律规定停止执行的。"故ACD项正确。

四、不定项选择题

1. 答案：A。解析：根据《行政复议法》第15条第1款第5项规定："对被撤销的行政机关在撤销前所作出的具体行政行为不服的，向继续行使其职权的行政机关的上一级行政机关申请行政复议。"据此可知，无论作出行政行为的行政机关是在申请人申请行政复议之前被撤销，还是在复议过程中被撤销，都适用"谁承受，谁负责"的原则。作出行政行为的行政机关被撤销后，申请人不服该机关撤销前作出的行政行为而申请行政复议的，由继续行使该机关职权的行政机关履行。本题中，某县教育局继受某县文旅局的职责和义务，因此被申请人为某县教育局。故A选项正确，选项B、C错误。本案不属于复议前置，故D选项错误。

2. 答案：CD。解析：根据《行政复议法》第6条规定："有下列情形之一的，公民、法人或者其他组织可以依照本法申请行政复议：（一）对行政机关作出的警告、罚款、没收违法所得、没收非法财物、责令停产停业、暂扣或者吊销许可证、暂扣或者吊销执照、行政拘留等行政处罚决定不服的；（二）对行政机关作出的限制人身自由或者查封、扣押、冻结财产等行政强制措施决定不服的；（三）对行政机关作出的有关许可证、执照、资质证、资格证等证书变更、中止、撤销的决定不服的；（四）对行政机关作出的关于确认土地、矿藏、水流、森林、山岭、草原、荒地、滩涂、海域等自然资源的所有权或者使用权的决定不服的；（五）认为行政机关侵犯合法的经营自主权的；（六）认为行政机关变更或者废止农业承包合同，侵犯其合法权益的；（七）认为行政机关违法集资、征收财物、摊派费用或者违法要求履行其他义务的；（八）认为符合法定条件，申请行政机关颁发许可证、执照、资质证、资格证等证书，或者申请行政机关审批、登记有关事项，行政机关没有依法办理的；（九）申请行政机关履行保护人身权利、财产权利、受教育权利的法定职责，行政机关没有依法履行的；（十）申请行政机关依法发放抚恤金、社会保险金或者最低生活保障费，行政机关没有依法发放的；（十一）认为行政机关的其他具体行政行为侵犯其合法权益的。”据此可知，C、D 选项正确。

根据《行政复议法》第 8 条规定："不服行政机关作出的行政处分或者其他人事处理决定的，依照有关法律、行政法规的规定提出申诉。不服行政机关对民事纠纷作出的调解或者其他处理，依法申请仲裁或者向人民法院提起诉讼。”据此可知，A、B 选项错误。

3. 答案：ACD。解析：根据《行政复议法实施条例》第 37 条规定："行政复议期间涉及专门事项需要鉴定的，当事人可以自行委托鉴定机构进行鉴定，也可以申请行政复议机构委托鉴定机构进行鉴定。鉴定费用由当事人承担。鉴定所用时间不计入行政复议审理期限。”由此可见，行政复议期间需要鉴定的，当事人可以自行委托鉴定，也可以申请行政复议机构委托鉴定，故 A 选项正确。

根据《行政复议法实施条例》第 33 条规定："行政复议机构认为必要时，可以实地调查核实证据；对重大、复杂的案件，申请人提出要求或者行政复议机构认为必要时，可以采取听证的方式审理。”由此可见，有权申请听证的只能是作为弱势一方的申请人，被申请人无权提出听证审查要求，故 B 选项错误。

根据《行政复议法实施条例》第 38 条规定："申请人在行政复议决定作出前自愿撤回行政复议申请的，经行政复议机构同意，可以撤回。申请人撤回行政复议申请的，不得再以同一事实和理由提出行政复议申请。但是，申请人能够证明撤回行政复议申请违背其真实意思表示的除外。”故 C 选项正确。

根据《行政复议法实施条例》第 34 条规定："行政复议人员向有关组织和人员调查取证时，可以查阅、复制、调取有关文件和资料，向有关人员进行询问。调查取证时，行政复议人员不得少于 2 人，并应当向当事人或者有关人员出示证件。被调查单位和人员应当配合行政复议人员的工作，不得拒绝或者阻挠。需要现场勘验的，现场勘验所用时间不计入行政复议审理期限。”由此可见，行政复议人员调查取证时必须出示证件，故 D 选项正确。

4. 答案：AB。解析：《行政复议法》第 15 条第 1 款第 2 项规定，对政府工作部门依法设立的派出机构依照法律、法规或者规章规定，以自己的名义作出的具体行政行为不服的，向设立该派出机构的部门或者该部门的本级地方人民政府申请行政复议。据此，AB 选项正确。

5. 答案：BC。解析：《行政复议法》第 12 条第 1 款规定，对县级以上地方各级人民政府工作部门的具体行政行为不服的，由申请人选择，可以向该部门的本级人民政府申请行政复议，也可以向上一级主管部门申请行政复议。

6. 答案：ABD。解析：治安管理处罚中的从重处罚是指，在法律规定的处罚限度内作出较重的处罚决定。根据《治安管理处罚法》第 20 条规定："违反治安管理有下列情形之一的，从重处罚：（一）有较严重后果的；（二）教唆、胁迫、诱骗他人违反治安管理的；（三）对报案人、控告人、举报人、证人打击报复的；（四）六个月内曾受过治安管理处罚的。"本案属于殴打他人、故意伤害他人身体的违法行为，依据《治安管理处罚法》第 43 条规定："殴打他人的，或者故意伤害他人身体的，处五日以上十日以下拘留，并处二百元以上五百元以下罚款；情节较轻的，处五日以下拘留或者五百元以下罚款。有下列情形之一的，处十日以上十五日以下拘留，并处五百元以上一千元以下罚款：（一）结伙殴打、伤害他人的；（二）殴打、伤害残疾人、孕妇、不满十四周岁的人或者六十周岁以上的人的；（三）多次殴打、伤害他人或者一次殴打、伤害多人的。"可见，殴打他人或者故意伤害他人身体的处罚法定限度是 5 日以上 10 日以下拘留，并处 200 元以上 500 元以下罚款，从重处罚是指在 5 日至 10 日之间，选择 10 日或 8 日、9 日比较重的拘留处罚。在 200 元至 500 元之间，选择 500 元、400 元比较重的罚款处罚。但是，从重处罚只能在法定的限度之内选择重的，而不得超出法定限度作出处罚决定。方某故意伤害陈某 9 周岁儿子的身体，属于殴打、伤害不满 14 周岁的人，依法应当被处 10 日以上 15 日以下拘留，并处 500 元以上 1000 元以下罚款，此为加重处罚的情形，不属于前述的从重处罚。故 A 选项错误。

B 选项中陈某为本案复议第三人的说法是错误的。理由在于，本案被诉的行为是县公安局对方某作出的行政处罚，处罚的原因是方某故意伤害陈某 9 周岁的儿子，在行政处罚中，方某是被处罚的行政相对人，陈某的儿子是行政相关人。因为陈某的儿子只有 9 周岁，无法自行参加复议，所以陈某作为其监护人，以其法定代理人身份参加复议。故 B 选项错误。

根据《行政复议法》第 12 条第 1 款规定："对县级以上地方各级人民政府工作部门的具体行政行为不服的，由申请人选择，可以向该部门的本级人民政府申请行政复议，也可以向上一级主管部门申请行政复议。"本案的被申请人是某县公安局，属于"条块管辖，双重领导"，既受某县政府领导，也受某市公安局领导，这两个行政机关都可以作为复议机关。所以，方某既可以向某县政府也可以向某市公安局申请行政复议。故 C 选项正确。

根据《治安管理处罚法》第 107 条规定："被处罚人不服行政拘留处罚决定，申请行政复议、提起行政诉讼的，可以向公安机关提出暂缓执行行政拘留的申请。公安机关认为暂缓执行行政拘留不致发生社会危险的，由被处罚人或者其近亲属提出符合本法第一百零八条规定条件的担保人，或者按每日行政拘留二百元的标准交纳保证金，行政拘留的处罚决定暂缓执行。"由此可知，行政拘留的暂缓执行需要同时具备 4 个条件：一是当事人不服行政拘留决定，已经申请行政复议或者提起行政诉讼；二是向公安局提出暂缓执行的申请；三是公安机关对当事人是否存在社会危害性进行审查；四是当事人应当提供保证人或者交纳保证金。故 D 选项错误。

7. 答案：BC。解析：《行政复议法》第 21 条规定："行政复议期间具体行政行为不停止执行；但是，有下列情形之一的，可以停止执行：（一）被申请人认为需要停止执行的；（二）行政复议机关认为需要停止执行的；（三）申请人申请停止执行，行政复议机关认为其要求合理，决定停止执行的；（四）法律规定停止执行的。"

8. 答案：B。解析：根据《行政复议法》第 24 条规定："在行政复议过程中，被申请人不得自行向申请人和其他有关组织或者个人收集证据。"故 B 项正确。

9. 答案：C。解析：根据《行政复议法》第 8 条规定："不服行政机关作出的行政处分或者其他人事处理决定的，依照有关法律、行政法规的规定提出申诉。不服行政机关对民事纠纷作出的调解或者其他处理，依法申请仲裁或者向人民法院提起诉讼。"由此可知，如果化工厂对调解不服，不能向某市生态环境局申请复议。故选项 C 正确。

10. 答案：BC。解析：考查行政复议机关。《行政复议法》第 10 条规定："……或者其他组织对行政机关的具体行政行为不服申请行政复议的，作出具体行政行为的行政机关是被申请人。"第 14 条规定："对国务院部门或者省、自治区、直辖市人民政府的具体行政行为不服的，向作出该具体行政行为的国务院部门或者省、自治区、直辖市人民政府申请行政复议。对行政复议决定不服的，可以向人民法院提起行政诉讼；也可以向国务院申请裁决，国务院依照本法的规定作出最终裁决。"《行政诉讼法》第 15 条规定："中级人民法院管辖下列第一审行政案件：（一）对国务院部门或者县级以上地方人民政府所作的行政行为提起诉讼的案件；（二）海关处理的案件；（三）本辖区内重大、复杂的案件；（四）其他法律规定由中级人民法院管辖的案件。"故 BCD 项正确。

五、填空题

1. 具体行政行为

2. 60 日

3. 30 日

4. 5 人　1 至 5 人

5. 合法性　适当性

6. 本级人民政府

7. 经复议机关

8. 上级行政机关

9. 上一级主管部门

10. 委托的行政机关

六、判断题

1. 对。解析：根据《行政复议法》第 1 条规定："为了防止和纠正违法的或者不当的具体行政行为，保护公民、法人和其他组织的合法权益，保障和监督行政机关依法行使职权，根据宪法，制定本法。"

2. 错。解析：根据《行政复议法》第 5 条规定："公民、法人或者其他组织对行政复议决定不服的，可以依照行政诉讼法的规定向人民法院提起行政诉讼，但是法律规定行政复议决定为最终裁决的除外。"

3. 错。解析：根据《行政复议法》第 9 条第 1 款规定："公民、法人或者其他组织认为具体行政行为侵犯其合法权益的，可以自知道该具体行政行为之日起六十日内提出行政复议申请；但是法律规定的申请期限超过六十日的除外。"

4. 对。解析：根据《行政复议法》第 6 条规定："有下列情形之一的，公民、法人或者其他组织可以依照本法申请行政复议……（十）申请行政机关依法发放抚恤金、社会保险金或者最低生活保障费，行政机关没有依法发放的……"

5. 对。解析：根据《行政复议法》第 10 条第 1、2 款规定："依照本法申请行政复议的公民、法人或者其他组织是申请人。有权申请行政复议的公民死亡的，其近亲属可以申请行政复议。有权申请行政复议的公民为无民事行为能力人或者限制民事行为能力人的，其法定代理人可以代为申请行政复议。有权申请行政复议的法人或者其他组织终止的，承受其权利的法人或者其他组织可以申请行政复议。"

6. 错。解析：根据《行政复议法》第 11 条规定："申请人申请行政复议，可以书面申请，也可以口头申请；口头申请的，行政复议机关应当当场记录申请人的基本情况、行政复议请求、申请行政复议的主要事实、理由和时间。"

7. 对。解析：根据《行政复议法》第 15 条规定："对本法第十二条、第十三条、第十四条规定以外的其他行政机关、组织的具体行政行为不服的，按照下列规定申请行政复议：（一）对县级以上地方人民政府依法设立的派出机关的具体行政行为不服的，向设立该派出机关的人民政府申请行政复议……”

8. 错。解析：根据《行政复议法》第 8 条第 1 款规定，不服行政机关作出的行政处分或者其他人事处理决定的，依照有关法律、行政法规的规定提出申诉。

9. 对。解析：根据《行政复议法》第 6 条规定：“有下列情形之一的，公民、法人或者其他组织可以依照本法申请行政复议：（一）对行政机关作出的警告、罚款、没收违法所得、没收非法财物、责令停产停业、暂扣或者吊销许可证、暂扣或者吊销执照、行政拘留等行政处罚决定不服的……”

10. 对。解析：根据《行政复议法》第 6 条规定：“有下列情形之一的，公民、法人或者其他组织可以依照本法申请行政复议……（十一）认为行政机关的其他具体行政行为侵犯其合法权益的。”

11. 对。解析：根据《行政复议法》第 6 条规定：“有下列情形之一的，公民、法人或者其他组织可以依照本法申请行政复议……（十一）认为行政机关的其他具体行政行为侵犯其合法权益的。”

12. 错。解析：根据《行政复议法实施条例》第 8 条规定，同一行政复议案件申请人超过 5 人的，推选 1 至 5 名代表参加行政复议。

13. 错。解析：根据《行政复议法实施条例》第 10 条规定，申请人、第三人可以委托 1 至 2 名代理人参加行政复议。被申请人不可以委托代理人。

14. 对。解析：根据《行政复议法实施条例》第 11 条规定，公民、法人或者其他组织对行政机关的具体行政行为不服，依照行政复议法和本条例的规定申请行政复议的，作出该具体行政行为的行政机关为被申请人。

15. 对。解析：根据《行政复议法》第 12 条第 1 款规定，对县级以上地方各级人民政府工作部门的具体行政行为不服的，由申请人选择，可以向该部门的本级人民政府申请行政复议，也可以向上一级主管部门申请行政复议。

16. 对。解析：根据《行政复议法实施条例》第 24 条规定，申请人对经国务院批准实行省以下垂直领导的部门作出的具体行政行为不服的，可以选择向该部门的本级人民政府或者上一级主管部门申请行政复议；省、自治区、直辖市另有规定的，依照省、自治区、直辖市的规定办理。

17. 错。解析：根据《行政复议法》第 15 条规定：“……（二）对政府工作部门依法设立的派出机构依照法律、法规或者规章规定，以自己的名义作出的具体行政行为不服的，向设立该派出机构的部门或者该部门的本级地方人民政府申请行政复议……”因此王某对丙市甲县乙乡的派出所对其作出的拘留的处理决定不服，应向甲县公安局或甲县人民政府复议。

18. 对。解析：根据《行政复议法》第 30 条第 1 款规定：“公民、法人或者其他组织认为行政机关的具体行政行为侵犯其已经依法取得的土地、矿藏、水流、森林、山岭、草原、荒地、滩涂、海域等自然资源的所有权或者使用权的，应当先申请行政复议；对行政复议决定不服的，可以依法向人民法院提起行政诉讼。”

19. 错。解析：根据《行政复议法》第12条第1款规定：“对县级以上地方各级人民政府工作部门的具体行政行为不服的，由申请人选择，可以向该部门的本级人民政府申请行政复议，也可以向上一级主管部门申请行政复议。”据此可知，某区市场监督管理局委托行业协会处罚，行政相对人对协会的处罚不服，应向某市市场监督管理局或某区政府复议。

20. 错。解析：根据《行政复议法》第12条第2款规定，对海关、金融、国税、外汇管理等实行垂直领导的行政机关和国家安全机关的具体行政行为不服的，向上一级主管部门申请行政复议。

七、名词解释

1. 行政复议是指当事人认为行政主体的行政行为侵犯其合法权益，依法向行政复议机关申请提出复查该行政行为的申请，行政复议机关按照法定程序对行政行为进行合法性和合理性审查，并附带对行政行为所依据的规范性文件进行审查，作出裁决以解决行政争议的活动。

2. 行政复议申请人是指认为行政机关的具体行政行为侵犯其合法权益，依法向行政复议机关申请复议，要求变更或撤销具体行政行为的公民、法人和其他组织。

3. 行政复议被申请人，是指其作出的行政行为被申请行政复议，由行政复议机关通知参加行政复议活动的行政机关和法律、法规、规章授权的组织。

4. 行政复议机关是指依照法律规定，有权受理行政复议申请，依法对被申请复议的具体行政行为进行合法性、适当性审查并作出决定的行政机关。

5. 行政复议机构，是指有行政复议权的行政机关内部设立的一种专门负责行政复议案件的受理、审查和裁决工作的办事机构。例如法制机构、法制科等。

6. 行政复议决定是行政复议机关根据申请人的要求，按照行政复议审查的基本方式和程序，对行政行为的合法性和适当性依法进行审查后，适用法律、法规、规章以及行政机关具有普遍约束力的决定、命令，对有争议的行政行为作出的判断和处理。

八、简答题

1. 答：含义：行政复议是指当事人认为行政主体的行政行为侵犯其合法权益，依法向行政复议机关申请提出复查该行政行为的申请，行政复议机关按照法定程序对行政行为进行合法性和合理性审查，并附带对该行政行为所依据的规范性文件进行审查，作出裁决以解决行政争议的活动。

特征：

(1) 提出行政复议的人，必须是认为行政机关行使职权的行为侵犯其合法权益的公民、法人和其他组织。

(2) 当事人提出行政复议，必须是在行政机关已经作出行政决定之后，如果行政机关尚未作出决定，则不存在复议问题。复议的任务是解决行政争议，而不是解决民事或其他争议。

(3) 当事人对行政机关的行政决定不服，只能按法律规定，向有行政复议权的行政机关申请复议。

(4) 行政复议，主要是书面审查，行政复议决定书一经送达，即具有法律效力。只要法律未规定复议决定为终局裁决的，当事人对复议决定不服的，仍可以按行政诉讼法的规定，向人民法院提请诉讼。

2. 答：(1) 行政复议是系统内救济，是行政行为，行政诉讼是系统外救济，是司法权对行政权的监督，是司法行为。

(2) 复议解决行政争议的审查范围更广泛。例如，行政复议针对专业性很强案件的类型是复议终局，有些纠纷只能复议而不能诉讼。

(3) 行政复议审查深度，可以审查合法性和合理性。行政诉讼中只审查合法性，除非显失公平，否则不审查合理性。

(4) 行政复议程序构造效率更高，行政诉讼更加注重公正处理纠纷。

(5) 行政复议原则上书面审查材料，行政诉讼一审必须是开庭审理，当场对峙。

(6) 行政复议审理期限是 60 日，行政诉讼审理期限是一审 6 个月二审 3 个月。

3. 答：根据我国《行政复议法》的规定，行政复议的范围包括下列具体行政行为：(1) 行政处罚案件；(2) 行政强制措施案件；(3) 许可证管理案件；(4) 行政确权案件；(5) 侵犯法定经营自主权案件；(6) 农业承包合同案件；(7) 违法要求履行义务案件；(8) 行政许可案件；(9) 不履行法定职责案件；(10) 行政给付案件；(11) 行政机关其他具体行政行为侵权引发的争议。

4. 答：(1) 行政法规和规章。行政相对人对抽象行政行为中的行政法规、规章不服的，不能提起行政复议，但可以向有关国家机关提出，由有关国家机关依照法律、行政法规的有关规定办理。对于三类规定，可以申请复议，但必须是附带性提起。(2) 内部行政行为。行政主体作出的行政处分或者其他人事处理决定。(3) 居间行为。行政主体对公民、法人或者其他组织之间的民事纠纷作出的调解、仲裁等行为，当事人不服的，不能申请行政复议。此外，对国防、外交等国家行为不服的，也不能申请复议。

5. 答：(1) 行政机关；(2) 县级以上地方政府依法设立的派出机关；(3) 法律、法规、规章授权的组织；(4) 委托的行政机关；(5) 行政机关被撤销→继承权力的行政机关→撤销机关；(6) 法律、法规、规章授权的组织与行政机关作为共同被申请人；(7) 批准机关；(8) 行政机关设立的派出机构、内设机构或者其他组织。

6. 答：根据现行法的规定，行政复议机关主要有以下种类：

(1) 作出被申请行政行为的行政主体是行政复议机关。例如，省、自治区、直辖市人民政府和国务院所属部门作出的行政行为引起的行政复议，省、自治区、直辖市人民政府和国务院所属部门是行政复议机关。

(2) 作出被申请行政行为的行政主体的上一级行政机关是行政复议机关。例如，对治安行政处罚的行政复议。

(3) 作出被申请行政行为的行政主体所属的人民政府是行政复议机关。

7. 行政复议的管辖，是指各行政复议机关对行政复议案件在受理上的具体分工。

根据我国现行法律、法规的规定，行政复议的管辖如下：

(1) 对县级以上地方各级人民政府工作部门作出的具体行政行为不服的复议，由申请人选择，由该部门的本级人民政府或上一级主管部门管辖。

(2) 对海关、金融、国税等实行垂直管理的行政机关和国家安全机关的具体行政行为不服的由上一级主管部门管辖。

(3) 对地方人民政府的具体行政行为不服的由上一级地方人民政府管辖。

(4) 对省、自治区人民政府依法设立的派出机关（即地区行政公署）所属的县级地方人民政府的具体行政行为不服的，由该派出机关（即地区行政公署）管辖。

(5) 对县级以上的地方人民政府依法设立的派出机关作出的具体行政行为不服申请复议的，由设立该派出机关的人民政府管辖。即行政公署——省、自治区人民政府；区公所——县、自治县人民政府；街道办事处——不设区的市（县级市）、市辖区人民政府。

(6) 对国务院部门或者省级人民政府的具体行政行为不服的，向作出该具体行政行为的国务院部门或者省级人民政府申请复议。

(7) 对人民政府的工作部门依法设立的派出机构（如公安派出所）根据法律、法规和规章的规定，以自己名义作出的具体行政行为不服，申请复议的，由设立该派出机构的部门或者该部门的本级人民政府管辖（注意：这是指基于法律、法规、规章授权的情形；若未基于授权，须先确定被申请人，即设立该派出机构的部门是被申请人，然后，据此来具体确定行政复议机关）。

（8）对两个或两个以上行政机关以共同名义作出的具体行政行为申请复议的，由它们共同的上级行政机关管辖。

（9）对法律、法规授权的组织作出的具体行政行为不服，申请复议的，由直接主管该组织的地方人民政府、地方人民政府的工作部门或者国务院部门管辖。

（10）对被撤销的行政机关在其被撤销前作出的具体行政行为不服，申请复议的，由继续行使其职权的行政机关的上一级行政机关管辖。

8. 答：申请行政复议的期限，又称申请时效，是申请复议权的时间限制，超过申请时效，将丧失申请复议的权利。因此，申请人必须在申请时效内提起复议申请。申请时效可以分为一般期限和特别期限两种：

（1）一般期限。指为《行政复议法》所规定的适用于一般复议案件的申请期限。行政复议申请的一般期限为 60 日。若其他法律、法规规定少于 60 日的，仍适用 60 日的一般期限。

（2）特殊期限。指其他法律规定的适用于特定案件的复议申请期限。即法律规定的申请期限超过 60 日的，适用该期限，而不适用一般期限。此外，《行政复议法》还规定了期限延长的情形，即因不可抗力或者其他正当理由耽误法定申请期限的，申请期限自障碍消除之日起继续计算。

9. 答：《行政复议法实施条例》第 50 条是有关行政复议中调解制度的规定。此前，一般认为行政复议不适用调解，因为行政机关在行使法律赋予的权力时，无权按照自己的意志自由处分手中的权力，只能按照国家的意志依法行使。但是，《行政复议法实施条例》在适用调解制度方面作出了新的规定。主要包括：

（1）调解必须坚持自愿原则。在行政复议中，只有申请人和被申请人都自愿接受调解时，行政复议机关才能够进行调解。

（2）必须坚持合法原则。不仅调解结果要合法，调解程序也要符合法律规定，不得损害公共利益、国家利益和他人的合法权益。

（3）只适用于以下情形：

①公民、法人或者其他组织对行政机关行使法律、法规规定的自由裁量权作出的具体行政行为不服申请行政复议的。具体行政行为分为羁束的具体行政行为和自由裁量的具体行政行为两种。《行政复议法实施条例》规定，只有其中的自由裁量的具体行政行为可以适用调解。因为行政机关在作出这类行为时可以根据实际情况来确定具体行政行为的内容，所以可以接受行政复议机关的调解，在法律规定的行为原则和行为幅度内与行政复议申请人达成调解协议。

②当事人之间的行政赔偿或者行政补偿纠纷。因为这两种纠纷的核心是当事

人的人身权、财产权等权利是否受到损害，是否应予以赔偿、补偿以及应在何种程度和范围内予以赔偿、补偿的问题，权利具有自由处分的性质，自然就存在进行调解的基础。

③调解应当符合一定的要式条件，即制作行政复议调解书。行政复议调解书是申请人和被申请人自愿接受调解结果而达成的协议，因而，申请人对已经生效的调解书不服的，不能提起行政诉讼。

④调解不成的，应及时作出行政复议决定。

10. 答：《行政复议法》及《行政复议法实施条例》规定了 7 种行政复议决定的类型，分别是：

（1）维持决定。适用条件：具体行政行为认定事实清楚，证据确凿，适用依据正确，程序合法，内容适当的。

（2）驳回决定。适用条件：申请不符合复议的受理条件的；对不作为的复议申请不成立的。

（3）撤销决定。适用条件：具体行政行为有主要事实不清、证据不足，适用依据错误，违反法定程序，超越或者滥用职权，明显不当的情形之一的；被申请人不依法提出书面答复、提交当初作出具体行政行为的证据、依据和其他有关材料的。

（4）变更决定。适用条件：认定事实清楚，证据确凿，程序合法，但明显不当或者适用依据错误的；认定事实不清，证据不足，但是经复议机关审理查明事实清楚，证据确凿的。

（5）确认违法决定。适用条件：符合撤销、变更的条件，但具有撤销、变更不能的情形，例如：具体行政行为违法，已主动撤销，不具有可撤销性；行政不作为，时过境迁，再责令履行已无实际意义；程序瑕疵，但已作出决定且对，只确认程序问题。

（6）限期履行决定。适用条件：被申请人不履行法定职责的；决定撤销或者确认该具体行政行为违法的，可以责令被申请人在一定期限内重新作出具体行政行为。

（7）终止复议决定。适用条件：申请人要求撤回行政复议申请，行政复议机构准予撤回的；作为申请人的自然人死亡，没有近亲属或者其近亲属放弃行政复议权利的；作为申请人的法人或者其他组织终止，其权利义务的承受人放弃行政复议权利的；申请人与被申请人依照《行政复议法实施条例》第 40 条的规定，经行政复议机构准许达成和解的；申请人对行政拘留或者限制人身自由的行政强制措施不服申请行政复议后，因申请人同一违法行为涉嫌犯罪，该行政拘留或者限制人身自由的行政强制措施变更为刑事拘留的。

九、案例分析题

（一）1. 答案：该纠纷属于行政复议的范围。根据《行政复议法》第6条规定："有下列情形之一的，公民、法人或者其他组织可以依照本法申请行政复议……（六）认为行政机关变更或者废止农业承包合同，侵犯其合法权益的……"

2. 答案：李某申请行政复议的期限有效。根据《行政复议法》第9条规定："公民、法人或者其他组织认为具体行政行为侵犯其合法权益的，可以自知道该具体行政行为之日起六十日内提出行政复议申请；但是法律规定的申请期限超过六十日的除外。因不可抗力或者其他正当理由耽误法定申请期限的，申请期限自障碍消除之日起继续计算。"据此可知，申请人可以自知道该具体行政行为之日起60天内提出复议申请。李某3月28日知道具体行政行为，于5月22日提出复议申请，未超过60天。

3. 答案：李某向法院提起诉讼，法院不予受理。根据《行政复议法》第16条第1款规定："公民、法人或者其他组织申请行政复议，行政复议机关已经依法受理的，或者法律、法规规定应当先向行政复议机关申请行政复议、对行政复议决定不服再向人民法院提起行政诉讼的，在法定行政复议期限内不得向人民法院提起行政诉讼。"由此可知，公民、法人申请进行行政复议已经依法受理的，或者法律规定应先申请行政复议的，在法定行政复议期限内不得向人民法院提起行政诉讼；否则，法院不予受理。本例中，李某的行政复议申请已受理，且在60天的行政复议期内，故人民法院不予受理。

4. 答案：复议机关收取复议费的做法错误。根据《行政复议法》第39条规定："行政复议机关受理行政复议申请，不得向申请人收取任何费用。行政复议活动所需经费，应当列入本机关的行政经费，由本级财政予以保障。"

（二）1. 答案：根据《行政复议法实施条例》第11条规定："公民、法人或者其他组织对行政机关的具体行政行为不服，依照行政复议法和本条例的规定申请行政复议的，作出该具体行政行为的行政机关为被申请人。"据此可知，该食品厂应以某县市场监督管理局为复议被申请人。

2. 答案：本案的复议机关是县政府或该县所属市的市场监督管理局。根据《行政复议法》第12条第1款规定："对县级以上地方各级人民政府工作部门的具体行政行为不服的，由申请人选择，可以向该部门的本级人民政府申请行政复议，也可以向上一级主管部门申请行政复议。"

3. 答案：根据《行政复议法实施条例》第9条第2款规定："行政复议期间，申请人以外的公民、法人或者其他组织与被审查的具体行政行为有利害关系的，可以向行政复议机构申请作为第三人参加行政复议。"由此可知，复议机关受理此案后，被害人王某在该案中处于复议第三人的地位。

从法律、法规的规定和实践来看，第三人包括以下几种情况：

(1) 行政处罚案件中的受害人或被处罚人。例如，在治安、食品卫生、药品管理等行政处罚复议案件中，受处罚人不服行政处罚而申请复议，受害人可作为第三人；或受害人不服行政机关处理决定而申请复议，受处罚人可作为第三人参加复议。

(2) 行政处罚案件中的共向被处罚人。在同一个行政处罚决定中处罚了两个以上的违法行为人，其中一人或几人申请复议，另一部分人没有申请复议，那么这部分没有申请复议的人，可以第三人身份参加复议。

(3) 在不服行政裁决、行政确权的复议案件中被裁决、被确权的民事纠纷方的当事人为申请人的，另一方当事人可作为第三人。

(4) 行政机关因越权处罚被申请复议时，被越权的行政机关可以作为第三人。行政机关超越其权限作出的具体行政行为，被越权的行政机关与此有利害关系，因而，该行为被提起复议时，被越权的行政机关具有以第三人身份参加复议的资格。

第八章　行政诉讼法概述

一、知识导图

- 行政诉讼概述
  - 行政诉讼
    - 概念和特征
    - 案件构成要件
    - 与民事诉讼的关系
    - 新中国行政诉讼的发展
  - 行政诉讼法
    - 概念
    - 渊源
    - 功能：保证法院公正、及时审理案件，解决行政争议
  - 行政诉讼法基本原则
    - 共有原则
    - 特有原则
      - 选择原则
      - 行政行为不因诉讼而停止执行
      - 被告负举证责任
      - 不适用调解
      - 审查行政行为的合法性
      - 司法变更权有限

二、单项选择题

1. 我国行政诉讼法的一个突出特点是人民法院依法审查行政行为的（　）。

A. 合法性　B. 合理性　C. 合法与合理性　D. 适当性

2. 与民事诉讼、刑事诉讼相比，以下哪个基本原则为行政诉讼所独有的？（　）

A. 行政行为合法性审查原则　　B. 合议原则

C. 人民法院独立行使审判权原则　　D. 当事人法律地位平等原则

3. 在行政诉讼法律关系中，原告特有的诉讼权利之一是（　）。

A. 委托诉讼代理人　B. 提起上诉　C. 申请回避　D. 撤诉

4. 在行政诉讼法律关系中，始终占主导地位的一方是（　）。

A. 行政机关　B. 原告　C. 被告　D. 人民法院

5. 下列哪些内容不能成为行政法的渊源？（　）

A. 《行政诉讼法》

B. 某大学著名教授对行政诉讼法所作的解释

C. 最高人民检察院和最高人民法院关于审理行政案件的司法解释

D. 民事诉讼法中可以适用于行政诉讼的规定

三、多项选择题

1. 我国《行政诉讼法》是（　）。

A. 行政法的一部分

B. 行政法的程序法

C. 监督行政机关是否依法行政的法

D. 法院对行政行为审查的程序依据

2. 下列关于行政诉讼中“当事人法律地位平等的原则”表述正确的是（　）。

A. 行政机关在行政诉讼中仍处于优势地位

B. 公民、法人或其他组织与行政机关均是法律地位平等的当事人，平等地享有诉讼权利

C. 诉讼中对原、被告适用的法律制度完全一致

D. 该原则强调的是双方当事人在司法权面前的平等

3. 依据行政诉讼法的规定，我国行政诉讼实行（　）原则。

A. 告诉才处理　B. “民”告“官”　C. 主动受理　D. 职权主义

4. 下列不属于人民法院审查的范围有（　）。

A. 行政行为的合法性　　B. 规章的合法性

C. 行政处罚行为明显不当　　D. 抽象行政行为的合法性

5. 行政诉讼的基本功能有（　）。

A. 保证法院公正、及时地审理行政案件，解决行政争议

B. 保障公民、法人或其他组织的合法权益

C. 打击行政领域的犯罪现象，维护社会治安

D. 监督行政机关依法行使行政职权

6. 行政诉讼中，对人民法院作出的变更判决表述错误的是（　）。

A. 行政处罚明显不当的，可以作出变更判决

B. 变更判决只能针对行政处罚行为

C. 作出的变更判决可以加重原告的义务

D. 在法律、法规规定的范围内作出判决

7. 有关行政诉讼原则的叙述正确的是（　）。

A. 人民法院特定管辖的原则　B. 行政诉讼不停止执行原则

C. 法定条件下的调解原则　D. 被告对行政行为的合法性负举证责任原则

四、不定项选择题

1. 行政诉讼与刑事诉讼的不同体现在（　）方面。

A. 案件的性质　　B. 起诉的起诉人

C. 审理的目的　　D. 适用的实体法律规范和程序法律规范

2. 行政诉讼与民事诉讼的区别体现在（　）方面。

A. 两者在是否适用调解上不同

B. 两者所贯穿的基本原则均不同

C. 行政诉讼中原告具有恒定性，民事诉讼则不具有

D. 两者所解决争议的性质不相同

3. 甲与乙打架，甲的好朋友丙帮助甲参与打架，某公安机关作出行政处罚决定，给予甲行政拘留 10 日的行政处罚，给予乙行政拘留 7 日的行政处罚，对于丙不予处罚。甲不服，向人民法院提起行政诉讼。人民法院经审查，认为甲和乙的违法情节相当，某公安机关对甲的处罚过重，丙的行为也构成违法，应该给予处罚。下列说法错误的是（　）。

A. 人民法院可以对甲判决变更行政处罚，减轻对其的处罚

B. 人民法院不能对甲判决变更行政处罚

C. 人民法院可以判决对丙作出行政处罚

D. 人民法院不可以判决对丙作出行政处罚

五、填空题

1. 为保证人民法院______、______审理行政案件，解决行政争议，保护公民、法人和其他组织的合法权益，______行政机关依法行使职权，根据宪法，制定行政诉讼法。

2. 行政行为______诉讼行为而停止执行。

3. 在行政诉讼中______负主要的举证责任。

4. 人民法院审理行政案件，对行政行为是否______进行审查。

5. 当事人在行政诉讼中的法律地位______。

六、判断题

1. 行政行为合法性审查原则是行政诉讼的特有原则。(　)

2. 由于行政诉讼法律关系的特殊性，所以行政诉讼中不适用调解。(　)

3. 正确地审理行政案件是行政诉讼法的重要功能之一。(　)

4. 监督和维护行政机关依法行使行政职权是行政诉讼法的立法目的之一。(　)

5. 人民法院公开审理行政案件。(　)

七、名词解释

1. 行政诉讼

2. 司法变更权有限原则

3. 司法最终裁决原则

八、简答题

1. 简述行政诉讼法律关系主体。

2. 行政诉讼案件的构成要件。

九、案例分析题

甲与乙因为土地使用权发生纠纷，某乡政府对此作出裁决，认为使用权归甲所有，乙对这一裁决不服。

1. 乙能否直接对与甲的争议提起民事诉讼？

2. 乙能不能对该裁决提起行政诉讼？

参考答案与解析

二、单项选择题

1. 答案：A。解析：《行政诉讼法》第 6 条规定，人民法院审理行政案件，对行政行为是否合法进行审查。

2. 答案：A。解析：与民事诉讼、刑事诉讼相比，行政行为合法性审查原则是行政诉讼的特有原则。《行政诉讼法》第 6 条规定，人民法院审理行政案件，对行政行为是否合法进行审查。

3. 答案：D。解析：行政案件中只能由公民、法人或者其他组织一方行使起诉的权利。ABC 三项是原、被告共同的诉讼权利。

4. 答案：D。解析：行政诉讼是以人民法院为主导解决行政争议的。

5. 答案：B。解析：某大学教授对行政诉讼法的解释是学理解释，不具有法律效力，不能成为法的渊源。

三、多项选择题

1. 答案：ACD。解析：行政诉讼法是行政法的一部分，是司法机关监督行政机关是否依法行政的法律。

2. 答案：BCD。解析：在行政诉讼中，被告行政机关与原告公民、法人或其他组织地位平等。

3. 答案：AB。解析：行政诉讼是由公民、法人或其他组织提起诉讼启动的。

4. 答案：BD。解析：人民法院合法性审查只限于行政行为的合法性审查，一般不审查其合理性。《行政诉讼法》第 77 条第 1 款规定，行政处罚明显不当，或者其他行政行为涉及对款额的确定、认定确有错误的，人民法院可以判决变更。

5. 答案：ABD。解析：《行政诉讼法》第 1 条规定："为保证人民法院公正、及时审理行政案件，解决行政争议，保护公民、法人和其他组织的合法权益，监督行政机关依法行使职权，根据宪法，制定本法。"

6. 答案：BC。解析：《行政诉讼法》第 77 条规定，行政处罚明显不当，或者其他行政行为涉及对款额的确定、认定确有错误的，人民法院可以判决变更。人民法院判决变更，不得加重原告的义务或者减损原告的权益。但利害关系人同为原告，且诉讼请求相反的除外。

7. 答案：ABCD。解析：《行政诉讼法》第 4 条第 1 款规定，人民法院依法对行政案件独立行使审判权，不受行政机关、社会团体和个人的干涉。

《行政诉讼法》第 56 条第 1 款规定："诉讼期间，不停止行政行为的执行。

但有下列情形之一的，裁定停止执行：（一）被告认为需要停止执行的；（二）原告或者利害关系人申请停止执行，人民法院认为该行政行为的执行会造成难以弥补的损失，并且停止执行不损害国家利益、社会公共利益的；（三）人民法院认为该行政行为的执行会给国家利益、社会公共利益造成重大损害的；（四）法律、法规规定停止执行的。”

《行政诉讼法》第 60 条第 1 款规定，人民法院审理行政案件，不适用调解。但是，行政赔偿、补偿以及行政机关行使法律、法规规定的自由裁量权的案件可以调解。

《行政诉讼法》第 34 条第 1 款规定，被告对作出的行政行为负有举证责任，应当提供作出该行政行为的证据和所依据的规范性文件。

四、不定项选择题

1. 答案：ABCD。解析：行政诉讼与刑事诉讼在案件的性质、起诉人、审理的目的、适用的法律规范和程序方面都存在差异。

2. 答案：ABD。解析：行政诉讼解决行政争议，与平等民事主体之间的民事争议有本质的不同。因此行政诉讼与民事诉讼在被告、判决形式、调解的适用等方面均有很大的差异。但是行政诉讼是从民事诉讼中分离出来的，因此很多原则是相同的。

3. 答案：BC。解析：《行政诉讼法》第 77 条规定，行政处罚明显不当，或者其他行政行为涉及对款额的确定、认定确有错误的，人民法院可以判决变更。人民法院判决变更，不得加重原告的义务或者减损原告的权益。但利害关系人同为原告，且诉讼请求相反的除外。

甲和乙的违法情节相当，对于甲的处罚过重属于明显不当，所以人民法院可以变更减轻对甲的处罚。人民法院审理行政案件不得对行政机关未予处罚的人直接给予行政处罚。

五、填空题

1. 公正　及时　监督。解析：《行政诉讼法》第 1 条规定：“为保证人民法院公正、及时审理行政案件，解决行政争议，保护公民、法人和其他组织的合法权益，监督行政机关依法行使职权，根据宪法，制定本法。”

2. 不因。解析：《行政诉讼法》第 56 条第 1 款规定，诉讼期间，不停止行政行为的执行。

3. 被告。解析：《行政诉讼法》第 34 条第 1 款规定，被告对作出的行政行为负有举证责任，应当提供作出该行政行为的证据和所依据的规范性文件。

4. 合法。解析：《行政诉讼法》第 6 条规定，人民法院审理行政案件，对行政行为是否合法进行审查。

5. 平等。解析:《行政诉讼法》第 8 条规定，当事人在行政诉讼中的法律地位平等。

六、判断题

1. 对。解析:《行政诉讼法》第 6 条规定，人民法院审理行政案件，对行政行为是否合法进行审查。

2. 错。解析:《行政诉讼法》第 60 条规定，人民法院审理行政案件，不适用调解。但是，行政赔偿、补偿以及行政机关行使法律、法规规定的自由裁量权的案件可以调解。调解应当遵循自愿、合法原则，不得损害国家利益、社会公共利益和他人合法权益。

3. 错。解析:《行政诉讼法》第 1 条规定:“为保证人民法院公正、及时审理行政案件，解决行政争议，保护公民、法人和其他组织的合法权益，监督行政机关依法行使职权，根据宪法，制定本法。”

4. 错。解析:《行政诉讼法》第 1 条规定:“为保证人民法院公正、及时审理行政案件，解决行政争议，保护公民、法人和其他组织的合法权益，监督行政机关依法行使职权，根据宪法，制定本法。”

5. 错。解析:《行政诉讼法》第 54 条规定，人民法院公开审理行政案件，但涉及国家秘密、个人隐私和法律另有规定的除外。涉及商业秘密的案件，当事人申请不公开审理的，可以不公开审理。

七、名词解释

1. 行政诉讼制度是指公民、法人或其他组织认为行政主体以及法律法规授权的组织作出的行政行为侵犯其合法权益而向法院提起，由人民法院进行审理并作出裁决的诉讼制度。

2. 司法变更权有限原则是指人民法院对被诉的行政行为经过审理后改变该行政行为的权力受到限制的原则。

3. 司法最终裁决原则是指处理行政复议与行政诉讼之间关系的原则之一。行政复议所作裁决往往并非终局裁决，当事人对复议决定不服，仍然可以提起行政诉讼，由司法机关作出最终裁决。

八、简答题

1. 答：行政诉讼法律关系主体是指行政诉讼权利和行政诉讼义务的承担者，是行政诉讼法律关系的基本要素。行政诉讼法律关系的主体分三类：第一，法院；第二，行政诉讼参加人，包括原告、被告、第三人和诉讼代理人；第三，行政诉讼其他参与人，指参加人以外的参与诉讼的证人、鉴定人、勘验人和翻译人员等。

2. 答：五个要件：

(1) 原告是认为行政机关及法律、法规授权组织作出的行政行为侵犯其合法权益的公民、法人或者其他组织。

(2) 被告是作出被原告认为侵犯其合法权益的行政行为的行政机关及法律、法规授权组织。

(3) 原告提起行政诉讼必须是针对法律、法规规定属于法院受案范围内及属于受诉法院管辖的行政争议。

(4) 原告必须是在法定期限内起诉。

(5) 法律、法规规定起诉前必须经过行政复议的，已进行了行政复议；自行选择行政复议的，复议机关已作出复议决定或者逾期未作出复议决定。

九、案例分析题

1. 答案：不能。在行政诉讼与民事诉讼交叉的情况下，一般应该遵循先行后民原则。

2. 答案：能。《行政诉讼法》第 12 条规定："人民法院受理公民、法人或者其他组织提起的下列诉讼……（四）对行政机关作出的关于确认土地、矿藏、水流、森林、山岭、草原、荒地、滩涂、海域等自然资源的所有权或者使用权的决定不服的……"根据该项规定，本案可以提起行政诉讼。

第九章　行政诉讼的受案范围与管辖

一、知识导图

- 行政诉讼的受案范围和管辖
  - 受案范围
    - 可受理的案件
    - 不予受理的案件
  - 管辖
    - 级别管辖
    - 地域管辖
      - 普通管辖
      - 特殊管辖
        - 专属管辖
        - 共同管辖
        - 异地管辖
        - 提级管辖
      - 裁定管辖
        - 移送管辖
        - 指定管辖
        - 管辖权转移

二、单项选择题

1. 我国行政诉讼受案范围的设定方式是（　）。

A. 列举式　B. 概括式　C. 混合式　D. 判例法式

2. 以下行为不属于行政诉讼受案范围的是（　）。

A. 某市政府出台《某市城市生活垃圾处理收费管理办法》

B. 某市交通管理部门给予王某 500 元罚款

C. 某乡镇政府拒绝审批某村民宅基地申请

D. 某高等学校撤销王某相关的博士学位证书

3. 以下选项中具有可诉性的行政行为的是（　）。

A. 交警甲身着警服在下班后与邻居乙的互殴行为

B. 某市政府部门作出针对公务员甲的行政处分行为

C. 某市政府制作《会议纪要》，要求城郊公交运营企业与公交司机在某段路承运时需要缴纳管理费用，而城市公交运营企业与公交司机则不需缴纳

D. 某市政府出台文件，要求任何车辆在某段路于早上 8 点至晚上 8 点之间禁止通行

4. 行政诉讼中法定管辖分为级别管辖和（　）。

A. 地域管辖　B. 裁定管辖　C. 指定管辖　D. 专属管辖

5. 关于地域管辖，下列说法正确的是（　）。

A. 对于限制人身自由的行政强制措施不服提起诉讼，由原告所在地人民法院管辖

B. “原告就被告”是地域管辖的基本原则

C. 经过复议的案件，只有在行政机关改变原行政行为的情况下才能向复议机关所在地法院提起诉讼

D. 两个法院都有管辖权的，只能由最先立案的法院管辖

6. 下列案件属于行政诉讼法规定的专属管辖的是（　）。

A. 因不动产提起的行政案件

B. 经过行政复议的案件，复议机关改变行政行为的

C. 对限制人身自由的强制措施不服提起的诉讼

D. 重大涉外案件

7. 海关处理的案件由（　）管辖。

A. 基层人民法院　　B. 中级人民法院

C. 高级人民法院　　D. 最高级人民法院

8. 法律规定当事人不服行政机关的行政行为，可以向人民法院提起诉讼，也可以申请行政复议并由复议机关作出最终裁决的，如果当事人既提起行政诉讼又申请行政复议，且法院和复议机关同时收到有关材料的，管辖机关是（　）。

A. 复议机关

B. 法院

C. 复议机关和法院协商确定管辖机关

D. 当事人选择管辖机关

9. 经常居住地在 A 市甲区而户籍所在地在乙区的刘某，被所在地为丙区的公安局留置审查。刘某对此不服，向（　）法院起诉。

A. 甲区人民法院　　B. 乙区人民法院

C. 丙区人民法院　　D. 可以是上述三个法院中的任何一个

10. 经过复议的案件提起诉讼的，（　）。

A. 只能由复议机关所在地法院管辖

B. 只能由最初作出行政行为的行政机关所在地法院管辖

C. 可以由原告所在地法院管辖

D. 既可以由最初作出行政行为的行政机关所在地法院管辖，也可以由复议机关所在地法院管辖

11. 所在地为甲区的城市管理规划机关，对所在地为乙区的工厂所有的位于丙区和丁区的两栋楼房作出了限期拆除的决定。该工厂不服提起行政诉讼，该案由（　）管辖。

A. 甲区人民法院　　　　　　　　B. 乙区人民法院

C. 甲区人民法院和乙区人民法院　　D. 丙区人民法院和丁区人民法院

12. 某区卫健委以董某擅自开展诊疗活动为由作出没收其违法诊疗工具并处5万元罚款的处罚。董某向某区政府申请复议，某区政府维持了原处罚决定。董某向法院起诉。下列哪一说法是正确的？(　)

A. 如董某只起诉某区卫健委，法院应追加某区政府为第三人

B. 本案应以某区政府确定案件的级别管辖

C. 本案可由某区卫健委所在地的法院管辖

D. 法院应对原处罚决定和复议决定进行合法性审查，但不对复议决定作出判决

13. 下列案件属于行政诉讼受案范围的是（　）。

A. 人民政府对其工作人员的开除决定

B. 人民政府关于禁止燃放烟花爆竹的决定

C. 人民政府责令某企业停产治理环境污染的决定

D. 法律规定具有终局效力的行政裁决

14. 潘某不服某卫生健康委员会的行政处罚决定，向法院提起诉讼。诉讼过程中，某卫生健康委员会撤销了原处罚决定，潘某遂向法院申请撤诉，法院作出准予撤诉的裁定。一周后，某卫生健康委员会又以同一事实和理由作出了与原处罚决定相同的决定。下列哪一种说法是正确的？(　)

A. 潘某可以撤回撤诉申请，请求法院恢复诉讼，继续审理该案

B. 潘某可以对法院所作的准予撤诉裁定提出上诉

C. 潘某可以申请再审，请求法院撤销准予撤诉的裁定

D. 潘某可以对某卫生健康委员会新的处罚决定提起诉讼

15. “法律规定的行政终局裁决行为”中的“法律”正确的理解应为（　）。

A. 法律、法规和规章　　　　　　B. 狭义的法律

C. 法律和行政法规　　　　　　　D. 法律和法规

16. 甲将乙殴打致轻微伤，乙要求某区公安局对甲进行处罚，某区公安局不予答复。下列说法中正确的是（　）。

A. 某区公安局不予答复的行为属尚未成熟的行为，对乙尚未产生实际影响，因而不可诉

B. 某区公安局未对乙作任何行为，因此乙无法提起行政诉讼

C. 乙对该行为提起的行政诉讼属于行政诉讼的受案范围，因为这属于“申请行政机关履行保护人身权、财产权的法定职责，行政机关拒绝履行或不予答复”的情形

D. 这种不作为的行政行为并不是行政行为，由它引起的争议不属行政诉讼的受案范围

17. 甲开了一家餐馆，生意很好。一日某区卫生健康委员会工作人员上门摊派费用被甲拒绝后，就一日三次上门检查卫生，故意刁难，甲的生意因此一落千丈。对于区卫生健康委员会工作人员的行为，下列说法中正确的是（ ）。

A. 是行政检查行为，因影响了甲的财产权，属于行政诉讼的受案范围，人民法院应予受理

B. 是行政检查行为，但由于《行政诉讼法》未明确地列举该类行政行为，是否可诉取决于其他法律、法规是不是有明确的规定

C. 因未对甲作出任何实体性的处理决定，所以是不可诉的未产生实际影响的行为

D. 检查是为了取得必要的行政管理信息的手段，人民法院不予受理

18. 下列哪种情况人民法院不予受理？（ ）

A. 某行政机关应履行保护人身权的法定职责而行政机关不予答复的

B. 某行政机关没有依法发给抚恤金的

C. 某行政机关免除其工作人员职务的

D. 某行政机关吊销李某律师执业资格证的行为

19. 下列选项属于行政诉讼的受案范围的是（ ）。

A. 张某对劳动争议仲裁裁决不服向法院起诉的

B. 某外国人对出入境边检机关实施遣送出境措施不服申请行政复议，对复议决定不服向法院起诉的

C. 某财政局工作人员李某对定期考核为不称职不服向法院起诉的

D. 某企业对县政府解除与其签订的政府特许经营协议不服向法院起诉的

20. 甲地公民刘某不服乙地铁路公安局的处罚决定，分别向甲地基层人民法院和乙地铁路运输法院提起诉讼，乙地铁路运输法院（ ）。

A. 应予立案 B. 应不予立案 C. 可以立案 D. 无法确定

三、多项选择题

1. 甲镇共有10家粮油商，镇政府为了保护地方经济，作出文件要求本地的粮油商不能经营外地粮油，违者处1万元罚款。对该决定行为，下列说法中表述正确的有（ ）。

A. 该决定行为影响的是这些粮油批发商的经营自主权，是可诉的行政行为

B. 该行为只是以“罚款”这种方式使本地的粮油批发商不经营外地粮油，是不具强制力的行政指导行为，是不可诉的

C. 决定作出后还会有人新加入粮油批发者的行列，因此决定行为具有反复

适用性，是不可诉的抽象行政行为

D. 该行为是针对特定对象作出的，因而是可诉的行政行为

2. 在何种情况下，人民法院对于行政案件可以通过裁定移转管辖？（ ）

A. 受诉人民法院对该案无管辖权

B. 有管辖权的人民法院由于特殊原因不能行使管辖权

C. 上级人民法院决定自行审理原属下级人民法院管辖的案件

D. 下级人民法院把自己管辖的案件移交给上级人民法院审理

3. 下列选项中属于中级人民法院管辖的有（ ）。

A. 对深圳市政府所作行政行为不服起诉的

B. 海关处理的案件

C. 社会影响重大的共同诉讼案件

D. 甲县法院与乙县法院就管辖权发生争议的案件

4. 甲是某市政府一名公务员，一日在夜总会嫖娼被某区公安分局抓获。某区公安分局根据《治安管理处罚法》的规定，给予甲 10 日拘留。某市政府得知后，对甲处以记大过的行政处分。对某区公安分局和某市政府的行为，下列说法中正确的有（ ）。

A. 该行政行为，均具可诉性

B. 某市政府的行政处分是内部行为，由此引发的争议不属于行政诉讼的受案范围

C. 某区公安分局的行为是行政处罚行为，由此引发的争议属于行政诉讼的受案范围

D. 两个行为均是行政机关对公务员作出的涉及其权利、义务的决定行为，皆为不可诉的内部行为

5. 下列不属于人民法院受理的案件的有（ ）。

A. 法律规定由行政机关最终裁决的行政行为

B. 国家制定外交政策的行为

C. 行政机关对其工作人员的免职行为

D. 行政强制措施

6. 某县人民政府为加强对全县生猪屠宰场的管理，于 2020 年 10 月 30 日发布《关于生猪屠宰的管理规定》，称将注销全县 9 家屠宰场的营业执照。甲屠宰场于 2019 年经县市场监督管理局核准登记并取得法人资格，也在被注销之列，其对某县政府的行为不服，欲提起行政诉讼。下列说法中正确的有（ ）。

A. 某县政府发布该文件的行为是针对特定的相对人，即 9 家屠宰场，具有直接执行力，是可诉的行政行为

B. 某县政府的行为是侵犯特定相对人财产权的行政行为，因之引发的争议具有可诉性

C. 某县人民政府发布该文件的行为虽然是针对特定对象的，但是却具有反复适用性，是抽象行政行为，因之引发的争议不属于行政诉讼的受案范围

D. 某县政府的行为不是针对特定对象作出的，因此属于抽象行政行为，不具可诉性

7. 行政诉讼的管辖可以解决以下哪些问题？(   )

A. 人民法院之间审判行政案件的权限与分工

B. 由哪个审判庭负责对行政案件的审理

C. 向哪一个人民法院起诉

D. 行政机关向哪一个人民法院申请执行其行政行为

8. 下列选项中哪些既可以由复议机关所在地人民法院管辖，也可以由最初作出行政行为的行政机关所在地人民法院管辖？(   )

A. 经复议，复议机关改变原行政行为所认定的主要事实的

B. 经复议，复议机关维持原行政行为的

C. 经复议，复议机关部分撤销原行政行为内容的

D. 经复议，复议机关撤销原行政行为的

9. 对行政拘留处罚决定不服的案件，关于人民法院管辖权，下列说法错误的是（   ）。

A. 原告所在地　B. 被告所在地　C. 被拘留所在地　D. 中级人民法院

10. 李某对某省公安厅对其作出的行政行为不服，向公安部申请行政复议。公安部作出的复议决定改变了原行政行为，李某仍不服，向人民法院提起诉讼。李某应当向哪个法院提起诉讼？(   )

A. 某省公安厅所在地的基层人民法院　B. 公安部所在地的基层人民法院

C. 公安部所在地的中级人民法院　D. 某省公安厅所在地的中级人民法院

11. 甲为内地A县居民，在南方B市的C区打工。某日，甲应邀前往B市附近的D市与几位朋友赌博，后被D市E区公安分局处强制限制人身自由1天后给予200元罚款的处罚。甲对这两种处罚均不服，欲提起诉讼，应向哪个法院起诉？(   )

A. A县人民法院　B. D市E区人民法院

C. C区人民法院　D. D市中级人民法院

12. 对管辖权异议说法正确的是（   ）。

A. 被告应当在接到起诉状副本之日起15日内提出

B. 管辖异议成立的，应裁定将案件移送有管辖权的人民法院

C. 异议不成立的，应裁定驳回

D. 对裁定驳回不服的，可以上诉

13. 行政诉讼中的移送管辖应当具备的条件是（ ）。

A. 移送的人民法院已经受理了案件

B. 移送的人民法院对案件没有管辖权

C. 已受理的案件不属于行政诉讼受案范围

D. 移送的人民法院只能向上级人民法院移送

14. 属于裁定管辖的是（ ）。

A. 移送管辖 B. 指定管辖 C. 专属管辖 D. 移转管辖

15. 以下行政案件属于选择管辖的是（ ）。

A. 公民对限制人身自由的行政强制措施不服而起诉的行政案件

B. 经过复议但复议机关维持了原行政行为的行政案件

C. 公民对不作为行为不服而起诉的行政案件

D. 经过复议但复议机关撤销了原行政行为的案件

16. 李某从田某处购得一辆轿车，但未办理过户手续。在一次查验过程中，某市公安局认定该车系走私车，予以没收。李某不服，向某省公安厅申请复议，后者维持了没收决定。李某提起行政诉讼。下列哪些选项是正确的？（ ）

A. 某市公安局和某省公安厅为本案的被告

B. 田某不能成为本案的第三人

C. 某市公安局所在地的法院对本案有管辖权

D. 某省公安厅所在地的法院对本案有管辖权

17. 李某购买中巴车从事个体客运，但未办理税务登记，且一直未缴纳税款。某县税务局要求李某限期缴纳税款1500元并决定罚款1000元。后因李某逾期未缴纳税款和罚款，该税务局将李某的中巴车扣押，李某不服。下列说法正确的有（ ）。

A. 对缴纳税款和罚款决定，李某应当先申请复议，再提起诉讼

B. 李某对上述三行为不服申请复议，应向某县税务局的上一级税务局申请

C. 对扣押行为不服，李某可以直接向法院提起诉讼

D. 该税务局扣押李某中巴车的措施，可以交由县交通运输局采取

18. 某企业被甲市乙区生态环境局罚款20万元，某企业对此不服，向甲市生态环境局提起复议，甲市生态环境局（位于甲市丙区）将处罚改为罚款10万元，某企业依然不服，提起诉讼，下列哪些选项是错误的？（ ）

A. 被告是乙区生态环境局和甲市生态环境局，甲市中级人民法院有管辖权

B. 被告是乙区生态环境局和甲市生态环境局，乙区法院有管辖权

C. 被告是甲市生态环境局，甲市中级人民法院有管辖权

D. 被告是甲市生态环境局，乙区法院有管辖权

19. A 市李某驾车送人前往 B 市，在 B 市甲区与乙区居民范某的车相撞，并将后者打伤。B 市甲区公安分局决定扣留李某的汽车，对其拘留 5 日并处罚款 300 元。下列哪些选项是正确的？（　）

A. 李某可向 B 市公安局申请行政复议

B. 对扣留汽车行为，李某可向甲区人民法院起诉

C. 李某应先申请复议，方能提起行政诉讼

D. 范某可向乙区人民法院起诉

20. 崔某不服甲市乙县政府向谭某发放集体土地建设用地使用证，向甲市政府申请行政复议。甲市政府驳回崔某的复议请求，但改变了集体土地建设用地使用证所认定的主要事实。崔某不服，提起行政诉讼。下列哪些说法是正确的？（　）

A. 崔某可向乙县人民法院提起诉讼

B. 崔某可向甲市中级人民法院提起诉讼

C. 被告为乙县政府

D. 谭某为第三人

四、不定项选择题

1. 王某是某市自然资源和规划局职员，其亲戚李某经营有一小商店。某日，某区市场监督管理局检查发现该商店内售有假冒伪劣香烟，遂对该商店作出没收香烟、罚款 500 元的处罚。王某得知后与某区市场监督管理局执法人员争执，并殴打执法人员，后被某公安机关作出拘留 5 日的处罚。王某也被自然资源和规划局作出纪律处分。其间，李某未提起复议和诉讼，但也未交罚款。2 个月后，某区市场监督管理局决定强制收缴该店香烟作罚款，共收缴了 1000 元。上述案例中可诉行为有（　）。

A. 某区市场监督管理局的处罚决定　B. 某公安机关的处罚决定

C. 某市自然资源和规划局的处分决定　D. 某区市场监督管理局的收缴行为

2. 下列哪些行为属于可诉行为？（　）

A. 公安机关的拘留、盘问行为

B. 反倾销行政案件

C. 行政机关不予婚姻登记的行为

D. 邻里之间发生纠纷，公安机关的调解行为

3. 甲市发生一起特大交通事故，肇事车辆逃逸。一日，乙市公安局发现，

在该市跑运输的张某（户籍所在地为丙市）所开车辆与肇事车辆非常相像，遂将该车扣押，后将该车移交给甲市公安局。张某对乙市公安局的扣押行为不服，欲提起行政诉讼。下列哪个法院对此案有管辖权？（ ）

A. 乙市人民法院，因其是最初作出行政行为的行政机关所在地

B. 甲市人民法院，因其是汽车现在被扣押地

C. 丙市人民法院，因其是张某的户籍所在地

D. 上述法院对本案均有管辖权，张某可以选择其一法院提起诉讼

4. 下列属于最终裁决的行政行为而不能提起诉讼的是（ ）。

A. 国务院对于部委复议决定的终局裁决

B. 国务院部门的复议决定

C. 省级人民政府关于确认自然资源所有权或者使用权的复议决定

D. 《出境入境管理法》规定的外国人对出入境管理部门对其实施的遣送出境措施不服申请复议的，受理复议申请的上级公安机关作出的复议决定

5. 甲县宋某到乙县访亲，因醉酒被乙县公安局约束 24 小时。宋某认为乙县公安局的行为违法，提起行政诉讼。下列哪些说法是正确的？（ ）

A. 约束宋某的行为为行政处罚　　B. 甲县法院对此案有管辖权

C. 乙县法院对此案有管辖权　　D. 宋某的亲戚为本案的第三人

6. 某市市场监督管理局认定豪美公司的行为符合《广告法》第 28 条第 2 款第 2 项规定的“商品或者服务有关的允诺等信息与实际情况不符，对购买行为有实质性影响”情形，属发布虚假广告，予以行政处罚。豪美公司向某省市场监督管理局申请行政复议，某省市场监督管理局在复议时认定，豪美公司的行为符合《广告法》第 28 条第 2 款第 4 项规定的“虚构使用商品或者接受服务的效果”情形，亦属发布虚假广告，在改变处罚依据后维持了原处罚决定。公司不服起诉。下列说法正确的是（ ）。

A. 被告为某市市场监督管理局和某省市场监督管理局

B. 被告为某省市场监督管理局

C. 某市市场监督管理局所在地的法院对本案有管辖权

D. 某省市场监督管理局所在地的法院对本案有管辖权

7. 下列案件属于行政诉讼受案范围的有（ ）。

A. 某区房屋租赁管理办公室向甲公司颁发了房屋租赁许可证，乙公司以此证办理程序不合法为由要求该办公室撤销许可证被拒绝。后乙公司又致函该办公室要求撤销许可证，办公室作出“许可证有效，不予撤销”的书面答复。乙公司向法院起诉要求撤销书面答复

B. 某区审计局对丙公司的法定代表人进行离任审计过程中，对丙、丁公司

协议合作开发的某花园工程的财务收支情况进行了审计，后向丙、丁公司发出了丁公司应返还丙公司利润 30 万元的通知。丁公司对通知不服向法院提起诉讼

C. 某市经济发展局根据 A 公司的申请，作出鉴于 B 公司自愿放弃其在某合营公司的股权，退出合营公司，恢复 A 公司在合营公司的股东地位的批复。B 公司不服向法院提起诉讼

D. 某菜市场为挂靠某行政机关的临时市场，没有产权证。某市某区市场监督管理局向在该市场内经营的 50 户商户发出通知，称自通知之日起某菜市场由 C 公司经营，各商户凭与该公司签订的租赁合同及个人资料申办经营许可证。50 户商户对通知不服向法院提起诉讼

五、填空题

1. 人民法院设______审理行政案件；______人民法院不受理行政案件。

2. 对______的行政强制措施不服提起的诉讼，原、被告所在地法院皆有管辖权，其中原告所在地法院包括原告的户籍所在地、经常居住地和______的法院。

3. 两个以上人民法院都有管辖权的案件，原告可以选择其中一个人民法院提起诉讼。原告向两个以上有管辖权的人民法院提起诉讼的，由最先______的人民法院管辖。

4. 有管辖权的人民法院由于特殊原因不能行使管辖权的，由上级人民法院______管辖。

5. 经最高人民法院批准，高级人民法院可以根据审判工作的实际情况，确定若干人民法院______管辖行政案件。

6. 对行政机关基于同一事实，既采取限制公民人身自由的行政强制措施，又采取其他行政强制措施或者行政处罚不服的，由______所在地或者______所在地的人民法院管辖。

六、判断题

1. 公民、法人或者其他组织只能针对行政机关的行政行为向法院提起行政诉讼。( )

2. 在行政诉讼中，法院审查和裁判的行为包括行政机关的行为和行政相对人的违法行为。( )

3. 人民法院发现受理的案件不属于本院管辖的，应当移送有管辖权的人民法院，受移送的人民法院应当受理。( )

4. 上一级人民法院可以将自己管辖的第一审行政案件交由下级法院管辖。( )

5. 公民、法人或者其他组织认为行政行为侵犯其合法权益时可以提起行政诉讼，意味着抽象行政行为也能进入司法程序。(　)

6. 中级人民法院管辖海关处理的案件以及对国务院或县级以上地方人民政府所作的行政行为提起诉讼的第一审行政案件。(　)

7. 高级人民法院可以根据审判工作的实际情况，自行确定若干人民法院跨行政区域管辖行政案件。(　)

8. 移送管辖时，受移送的人民法院认为受移送的案件按照规定不属于本院管辖的，可以再次自行移送。(　)

9. 原告向两个以上有管辖权的人民法院提起诉讼的，由最先立案的人民法院管辖。(　)

10. 立案后，受诉人民法院的管辖权不受当事人住所地改变、追加被告等事实和法律状态变更的影响。(　)

七、名词解释

1. 行政诉讼受案范围

2. 行政诉讼管辖

3. 行政终局裁决行为

4. 国家行为

5. 管辖权转移

八、简答题

1. 简述我国行政诉讼法对行政诉讼受案范围的规定。

2. 简述行政诉讼级别管辖规则。

九、案例分析题

1. 公务员张某经常参与赌博。一日，张某因参与赌博被某公安机关当场抓获。并被处以 15 日的拘留和 1000 元的罚款。张某所在单位收到某公安机关对张某的裁决通知后，经研究作出了对张某予以开除的处分决定。张某不服，分别以某公安机关和所在单位为被告向人民法院提起行政诉讼。

问：人民法院是否可以受理张某的起诉？为什么？

2. 2008 年 12 月 5 日，甲和乙因琐事发生争吵，继而互相推打，甲将乙的左胳膊打伤。某市某区公安分局在对案情调查核实之后，对甲作出拘留 5 日的处罚。甲不服，向某市公安局申请复议。某市公安局经复议后，认为某区公安分局处罚太重，作出将拘留 5 日改为罚款 200 元的复议决定。甲仍不服，向法院提起行政诉讼。

问：本案的管辖法院是哪个？

参考答案及解析

二、单项选择题

1. 答案：C。解析：行政诉讼法对行政诉讼受案范围的规定，既有概括规定又有具体的列举规定，既有肯定列举又有否定列举，采用的是混合式规定方式。

2. 答案：A。解析：市政府出台该管理办法的行为是抽象行政行为，不能提起行政诉讼。

3. 答案：C。解析：警察的个人行为、行政机关的内部行政行为及政府出台文件的抽象行政行为不在行政诉讼的受案范围内，不具有可诉性。

4. 答案：A。解析：级别管辖和地域管辖是法律明确规定的，合称为“法定管辖”。

5. 答案：B。解析：《行政诉讼法》第19条规定，对限制人身自由的行政强制措施不服提起的诉讼，由被告所在地或者原告所在地人民法院管辖。

《行政诉讼法》第18条规定，行政案件由最初作出行政行为的行政机关所在地人民法院管辖。经复议的案件，也可以由复议机关所在地人民法院管辖。经最高人民法院批准，高级人民法院可以根据审判工作的实际情况，确定若干人民法院跨行政区域管辖行政案件。

《行政诉讼法》第21条规定，两个以上人民法院都有管辖权的案件，原告可以选择其中一个人民法院提起诉讼。原告向两个以上有管辖权的人民法院提起诉讼的，由最先立案的人民法院管辖。

6. 答案：A。解析：专属管辖即因不动产提起的行政诉讼，由不动产所在地法院管辖。

7. 答案：B。解析：《行政诉讼法》第15条规定：“中级人民法院管辖下列第一审行政案件：（一）对国务院部门或者县级以上地方人民政府所作的行政行为提起诉讼的案件；（二）海关处理的案件；（三）本辖区内重大、复杂的案件；（四）其他法律规定由中级人民法院管辖的案件。”

8. 答案：D。解析：《最高人民法院关于适用〈中华人民共和国行政诉讼法〉的解释》第57条规定，法律、法规未规定行政复议为提起行政诉讼必经程序，公民、法人或者其他组织既提起诉讼又申请行政复议的，由先立案的机关管辖；同时立案的，由公民、法人或者其他组织选择。公民、法人或者其他组织已经申请行政复议，在法定复议期间内又向人民法院提起诉讼的，人民法院裁定不予立案。

9. 答案：D。解析：《行政诉讼法》第19条规定，对限制人身自由的行政强制措施不服提起的诉讼，由被告所在地或者原告所在地人民法院管辖。

《最高人民法院关于适用〈中华人民共和国行政诉讼法〉的解释》第 8 条第 1 款规定，行政诉讼法第 19 条规定的“原告所在地”，包括原告的户籍所在地、经常居住地和被限制人身自由地。

10. 答案：D。解析：《行政诉讼法》第 18 条规定，行政案件由最初作出行政行为的行政机关所在地人民法院管辖。经复议的案件，也可以由复议机关所在地人民法院管辖。经最高人民法院批准，高级人民法院可以根据审判工作的实际情况，确定若干人民法院跨行政区域管辖行政案件。

11. 答案：D。解析：《行政诉讼法》第 20 条规定，因不动产提起的行政诉讼，由不动产所在地人民法院管辖。

12. 答案：C。解析：《行政诉讼法》第 26 条第 1、2 款规定，公民、法人或者其他组织直接向人民法院提起诉讼的，作出行政行为的行政机关是被告。经复议的案件，复议机关决定维持原行政行为的，作出原行政行为的行政机关和复议机关是共同被告。

《最高人民法院关于适用〈中华人民共和国行政诉讼法〉的解释》第 136 条第 1 款规定，人民法院对原行政行为作出判决的同时，应当对复议决定一并作出相应判决。

《最高人民法院关于适用〈中华人民共和国行政诉讼法〉的解释》第 134 条规定，复议机关决定维持原行政行为的，作出原行政行为的行政机关和复议机关是共同被告。原告只起诉作出原行政行为的行政机关或者复议机关的，人民法院应当告知原告追加被告。原告不同意追加的，人民法院应当将另一机关列为共同被告。行政复议决定既有维持原行政行为内容，又有改变原行政行为内容或者不予受理申请内容的，作出原行政行为的行政机关和复议机关为共同被告。复议机关作为共同被告的案件，以作出原行政行为的行政机关确定案件的级别管辖。

13. 答案：C。解析：内部行政行为、抽象行政行为、法律规定的行政终局裁决行为等不能提起行政诉讼。

14. 答案：D。解析：当某卫生健康委员会撤销原处罚决定后，又以同一事实和理由作出了与原处罚决定相同的决定时，形成了一个新的行政行为，因而潘某可以对此新的行政处罚行为提起诉讼。

15. 答案：B。解析：狭义的“法律”是指全国人民代表大会及其常务委员会制定、通过的规范性文件。

16. 答案：C。解析：本案中某区公安局有相应的职责，而违法不履行其职责，针对该不作为行为，可以提起行政诉讼。

17. 答案：A。解析：行政检查行为侵犯了公民、法人或其他组织的合法权益，可以提起行政诉讼。

18. 答案：C。解析：某行政机关免除其工作人员的职务是内部行政行为，对内部行政行为不服不能提起行政诉讼。

19. 答案：D。解析：选项 A 错误。对劳动争议仲裁裁决不服向法院起诉，受案法院是依据《民事诉讼法》规定的程序进行审理的，而非行政诉讼程序。

选项 B 错误。《出境入境管理法》第 64 条规定，外国人对依照该法规定对其实施的继续盘问、拘留审查、限制活动范围、遣送出境措施不服的，可以依法申请行政复议，该行政复议决定为最终决定。其他境外人员对依照该法规定对其实施的遣送出境措施不服，申请行政复议的，适用前款规定。据此可知，该复议决定属于法律规定由行政机关最终裁决的行政行为，不得对此提起行政诉讼。

选项 C 错误。《行政诉讼法》第 13 条规定："人民法院不受理公民、法人或者其他组织对下列事项提起的诉讼：（一）国防、外交等国家行为；（二）行政法规、规章或者行政机关制定、发布的具有普遍约束力的决定、命令；（三）行政机关对行政机关工作人员的奖惩、任免等决定；（四）法律规定由行政机关最终裁决的行政行为。"据此可知，对内部行政行为不得提起行政诉讼。

选项 D 正确。《行政诉讼法》第 12 条第 1 款规定："人民法院受理公民、法人或者其他组织提起的下列诉讼……（十一）认为行政机关不依法履行、未按照约定履行或者违法变更、解除政府特许经营协议、土地房屋征收补偿协议等协议的……"

20. 答案：B。解析：《行政诉讼法》第 14 条规定，基层人民法院管辖第一审行政案件。

《最高人民法院关于适用〈中华人民共和国行政诉讼法〉的解释》第 3 条规定，各级人民法院行政审判庭审理行政案件和审查行政机关申请执行其行政行为的案件。专门人民法院、人民法庭不审理行政案件，也不审查和执行行政机关申请执行其行政行为的案件。铁路运输法院等专门人民法院审理行政案件，应当执行《行政诉讼法》第 18 条第 2 款的规定。

三、多项选择题

1. 答案：AD。解析：该行政行为是针对特定的对象，影响的是 10 家粮油商的经营自主权，是可诉的行政行为。

2. 答案：ABCD。解析：《行政诉讼法》第 22 条规定，人民法院发现受理的案件不属于本院管辖的，应当移送有管辖权的人民法院，受移送的人民法院应当受理。

《行政诉讼法》第 23 条规定，有管辖权的人民法院由于特殊原因不能行使管辖权的，由上级人民法院指定管辖。人民法院对管辖权发生争议，由争议双方协商解决。协商不成的，报它们的共同上级人民法院指定管辖。

《行政诉讼法》第24条规定，上级人民法院有权审理下级人民法院管辖的第一审行政案件。下级人民法院对其管辖的第一审行政案件，认为需要由上级人民法院审理或者指定管辖的，可以报请上级人民法院决定。

3. 答案：ABC。解析：《行政诉讼法》第15条规定："中级人民法院管辖下列第一审行政案件：（一）对国务院部门或者县级以上地方人民政府所作的行政行为提起诉讼的案件；（二）海关处理的案件；（三）本辖区内重大、复杂的案件；（四）其他法律规定由中级人民法院管辖的案件。"

《最高人民法院关于适用〈中华人民共和国行政诉讼法〉的解释》第5条规定："有下列情形之一的，属于行政诉讼法第十五条第三项规定的'本辖区内重大、复杂的案件'：（一）社会影响重大的共同诉讼案件；（二）涉外或者涉及香港特别行政区、澳门特别行政区、台湾地区的案件；（三）其他重大、复杂案件。"

《行政诉讼法》第23条规定，有管辖权的人民法院由于特殊原因不能行使管辖权的，由上级人民法院指定管辖。人民法院对管辖权发生争议，由争议双方协商解决。协商不成的，报它们的共同上级人民法院指定管辖。

4. 答案：BC。解析：某市政府的行为是内部行政行为，对此类行为不服不能提起行政诉讼。某区公安局对甲给予拘留的行为是行政处罚行为，对此不服可以提起行政诉讼。

5. 答案：ABC。解析：《行政诉讼法》第13条规定："人民法院不受理公民、法人或者其他组织对下列事项提起的诉讼：（一）国防、外交等国家行为；（二）行政法规、规章或者行政机关制定、发布的具有普遍约束力的决定、命令；（三）行政机关对行政机关工作人员的奖惩、任免等决定；（四）法律规定由行政机关最终裁决的行政行为。"

6. 答案：AB。解析：某县政府发布文件的行为是针对特定的9家屠宰场，侵犯了该9家屠宰场的财产权，是可以提起行政诉讼的行政行为。

7. 答案：AC。解析：行政诉讼的管辖，是指上下级法院之间和同级法院之间受理第一审行政案件的权限分工。它解决了人民法院之间审判行政案件的权限与分工、向哪一个法院起诉等问题。

8. 答案：ABCD。解析：《行政诉讼法》第18条规定，行政案件由最初作出行政行为的行政机关所在地人民法院管辖。经复议的案件，也可以由复议机关所在地人民法院管辖。经最高人民法院批准，高级人民法院可以根据审判工作的实际情况，确定若干人民法院跨行政区域管辖行政案件。

9. 答案：ACD。解析：行政拘留不是限制人身自由的行政强制措施，所以在地域管辖上适用一般规则，即由被告所在地法院管辖。

10. 答案：CD。解析：被告为公安部，应由中级人民法院管辖。经过行政复议地域管辖适用共同管辖规则。

《行政诉讼法》第 15 条规定："中级人民法院管辖下列第一审行政案件：（一）对国务院部门或者县级以上地方人民政府所作的行政行为提起诉讼的案件……"

《行政诉讼法》第 18 条第 1 款规定，行政案件由最初作出行政行为的行政机关所在地人民法院管辖。经复议的案件，也可以由复议机关所在地人民法院管辖。

11. 答案：ABC。解析：《行政诉讼法》第 19 条规定，对限制人身自由的行政强制措施不服提起的诉讼，由被告所在地或者原告所在地人民法院管辖。

《最高人民法院关于适用〈中华人民共和国行政诉讼法〉的解释》第 8 条规定，行政诉讼法第 19 条规定的"原告所在地"，包括原告的户籍所在地、经常居住地和被限制人身自由地。对行政机关基于同一事实，既采取限制公民人身自由的行政强制措施，又采取其他行政强制措施或者行政处罚不服的，由被告所在地或者原告所在地的人民法院管辖。

12. 答案：ABCD。解析：《最高人民法院关于适用〈中华人民共和国行政诉讼法〉的解释》第 10 条规定，人民法院受理案件后，被告提出管辖异议的，应当在收到起诉状副本之日起 15 日内提出。对当事人提出的管辖异议，人民法院应当进行审查。异议成立的，裁定将案件移送有管辖权的人民法院；异议不成立的，裁定驳回。人民法院对管辖异议审查后确定有管辖权的，不因当事人增加或者变更诉讼请求等改变管辖，但违反级别管辖、专属管辖规定的除外。

13. 答案：AB。解析：不属于受案范围的应当不予立案或者驳回起诉，而不是移送管辖。移送给上级人民法院属于管辖权转移，而不是移送管辖。

14. 答案：ABD。解析：裁定管辖有移送管辖、指定管辖、管辖权转移。

15. 答案：ABD。解析：《行政诉讼法》第 18 条第 1 款规定，行政案件由最初作出行政行为的行政机关所在地人民法院管辖。经复议的案件，也可以由复议机关所在地人民法院管辖。

《行政诉讼法》第 19 条规定，对限制人身自由的行政强制措施不服提起的诉讼，由被告所在地或者原告所在地人民法院管辖。

16. 答案：ACD。解析：《行政诉讼法》第 26 条第 2 款规定，经复议的案件，复议机关决定维持原行政行为的，作出原行政行为的行政机关和复议机关是共同被告。

《行政诉讼法》第 18 条第 1 款规定，行政案件由最初作出行政行为的行政机关所在地人民法院管辖。经复议的案件，也可以由复议机关所在地人民法院管辖。

《行政诉讼法》第29条第1款规定，公民、法人或者其他组织同被诉行政行为有利害关系但没有提起诉讼，或者同案件处理结果有利害关系的，可以作为第三人申请参加诉讼，或者由人民法院通知参加诉讼。

17. 答案：BC。解析：根据《税收征收管理法》第88条第1、2款规定，纳税人、扣缴义务人、纳税担保人同税务机关在纳税上发生争议时，必须先依照税务机关的纳税决定缴纳或者解缴税款及滞纳金或者提供相应的担保，然后可以依法申请行政复议；对行政复议决定不服的，可以依法向人民法院起诉。当事人对税务机关的处罚决定、强制执行措施或者税收保全措施不服的，可以依法申请行政复议，也可以依法向人民法院起诉。因此对缴纳税款的决定需要复议前置，而罚款决定、扣押行为不需要复议前置，故A项错误，C项正确。

根据《行政复议法》第12条第2款的规定，对税务机关的行政行为不服的，向上一级主管部门申请行政复议。故B项正确。

根据《税收征收管理法》第41条规定，采取税收保全措施、强制执行措施的权力，不得由法定的税务机关以外的单位和个人行使。因此，税务局扣押李某中巴车的措施，不可以交由县交通运输局采取。故D错误。

18. 答案：ABC。解析：《行政诉讼法》第26条第2款规定，经复议的案件，复议机关决定维持原行政行为的，作出原行政行为的行政机关和复议机关是共同被告；复议机关改变原行政行为的，复议机关是被告。本题甲市生态环境局将处罚罚款改为10万元，属于处理结果（实体权利义务）的复议机关改变原行政行为情况，被告应当为复议机关甲市生态环境局。

本案被告是甲市生态环境局，不属于国务院部门或者县级以上地方人民政府，所以，本案应该由基层法院管辖。《行政诉讼法》第18条规定，行政案件由最初作出行政行为的行政机关所在地人民法院管辖。经复议的案件，也可以由复议机关所在地人民法院管辖。所以，本题可以在甲市生态环境局所在地或区生态环境局所在地法院管辖。

综上，本题应该甲市生态环境局所在地（甲市丙区）的基层法院或区生态环境局所在的基层法院管辖。

综上所述，本题答案为ABC。

19. 答案：AB。解析：县级以上人民政府工作部门作为被申请人，复议机关为本级人民政府或者上一级主管部门，所以，甲区公安分局作为复议被申请人时，复议机关是B市公安局和甲区人民政府。A项正确。

本案的被告为区公安分局，管辖法院的级别应当为基层人民法院。对于限制人身自由案件的特殊地域管辖，《最高人民法院关于适用〈中华人民共和国行政诉讼法〉的解释》第 8 条第 2 款规定，对行政机关基于同一事实，既采取限制公民人身自由的行政强制措施，又采取其他行政强制措施或者行政处罚不服的，由被告所在地或者原告所在地的人民法院管辖。该条意味着，只要当事人提出的诉讼请求中具有限制人身自由的行政强制措施，那么就可以由原告所在地或被告所在地法院管辖，但拘留类的行政处罚行为只能由被告所在地法院管辖。根据以上理解，本题中李某的诉求为扣留汽车，诉讼请求中并没有限制人身自由的行政强制措施，所以只能向被告甲区公安分局所在地法院起诉；退一步讲，李某就扣留汽车、拘留 5 日和罚款 300 元同时起诉，诉讼请求中还是没有限制人身自由的行政强制措施，那么也只能按照一般规则由甲区公安分局所在地法院管辖。最后，将级别管辖和地域管辖的结论结合起来，本案应由甲区公安分局所在地基层法院，即甲区人民法院管辖。选项 B 正确。

本案不满足复议前置的三种情况中任何一种，被处罚人对治安管理处罚决定不服的，可以依法申请行政复议或者提起行政诉讼。C 项错误。

只有被限制人身自由的人，才可以享受原被告所在地法院均具有管辖权的待遇。而受害人起诉的话，受害人并没有被限制人身自由，所以，没有在限制人身自由的过程中遭受到特别的损害，不需要法律制度给予特别的对待。受害人只能在被告所在地法院起诉，范某作为受害人，原告所在地法院对于本案没有管辖权，D 项错误。

综上所述，本题答案为 AB。

20. 答案：BD。解析：甲市政府作为复议机关仅仅改变了集体土地建设用地使用证所认定的主要事实，并没有改变行为的处理结果，所以，应当属于复议维持，应当由作出原行政行为的行政机关（县政府）和复议机关（市政府）作为共同被告，C 选项错误。

关于管辖，遵照“先级别后地域”的逻辑。第一，级别管辖。本案被告为县政府和市政府。原行政机关和复议机关为共同被告的，以原行政机关确定案件的级别管辖，那么应当以县政府来确定管辖法院的级别，就应当由中级人民法院管辖，至此，我们就已经可以得出本题的答案，A 项是错误的，B 项是正确的。第二，地域管辖。本案涉及集体土地，为不动产案件，应当由不动产所在地人民法院管辖。最终，本案应当由不动产所在地的中级人民法院管辖，那么崔某应当向甲市中级人民法院提起诉讼。综上，A 项错误，B 项正确。

崔某和谭某均为物权关系人，物权关系是法律所承认的法律上的利害关系，其中一部分利害关系人对行政行为不服提起诉讼，人民法院应当通知没有起诉的其他利害关系人作为第三人参加诉讼。因此选项 D 正确。

综上，本题答案为 BD。

四、不定项选择题

1. 答案：ABD。解析：某区市场监督管理局和某公安机关的处罚行为为行政处罚行为，可以提起行政诉讼。某区市场监督管理局的收缴行为为行政强制行为，可以提起行政诉讼。某市自然资源和规划局的处分行为为内部行政行为不能提起行政诉讼。

2. 答案：ABC。解析：《最高人民法院关于适用〈中华人民共和国行政诉讼法〉的解释》第 1 条第 2 项规定，调解行为以及法律规定的仲裁行为，不能提起行政诉讼。

3. 答案：A。解析：扣押财产案件由最初作出行政行为的行政机关所在地人民法院管辖。《行政诉讼法》第 18 条第 1 款规定，行政案件由最初作出行政行为的行政机关所在地人民法院管辖。

4. 答案：AD。解析：《行政复议法》第 14 条规定，对国务院部门或者省、自治区、直辖市人民政府的具体行政行为不服的，向作出该具体行政行为的国务院部门或者省、自治区、直辖市人民政府申请行政复议。对行政复议决定不服的，可以向人民法院提起行政诉讼；也可以向国务院申请裁决，国务院依照该法的规定作出最终裁决。

《行政复议法》第 30 条第 2 款规定，根据国务院或者省、自治区、直辖市人民政府对行政区划的勘定、调整或者征收土地的决定，省、自治区、直辖市人民政府确认土地、矿藏、水流、森林、山岭、草原、荒地、滩涂、海域等自然资源的所有权或者使用权的行政复议决定为最终裁决。

《出境入境管理法》第 64 条第 1 款规定，外国人对依照该法规定对其实施的继续盘问、拘留审查、限制活动范围、遣送出境措施不服的，可以依法申请行政复议，该行政复议决定为最终决定。

5. 答案：BC。解析：对宋某的约束是行政强制措施行为。《行政诉讼法》第 19 条规定，对限制人身自由的行政强制措施不服提起的诉讼，由被告所在地或者原告所在地人民法院管辖。

6. 答案：ACD。解析：在被告的确立上，复议改变只包括改变处理结果，这就意味着如果只是改变了法律依据或事实依据的并不算改变，而会被归类于维持。某省市场监督管理局仅仅改变处罚法律依据，而没有改变行政处罚的内容本身，属于复议维持，按照复议维持后的被告确立规则，被告应当为原机关和复议机关，所以，本题被告应该为某市市场监督管理局和某省市场监督管理局，A 选项正确，B 选项错误。

在地域管辖上，为便利原告起诉，经复议的案件，既可以由原机关所在地法院管辖，也可以由复议机关所在地法院管辖，即当事人既可以向原机关所在地法院起诉，也可以向复议机关所在地法院起诉，所以本案中某市市场监督管理局所在地的法院和某省市场监督管理局所在地的法院对本案享有管辖权。所以，C、D 选项正确。综上，本题答案为 ACD。

7. 答案：BCD。解析：（1）A 选项中，某区房屋租赁管理办公室作出的“许可证有效，不予撤销”的书面答复，是对原已生效的行政行为的简单重复，并没有形成新的事实，并未改变之前拒绝撤销许可或者权利义务状态，这一答复的内容，属于重复处理行为，不属于行政诉讼受案范围。因此，A 项不选。

（2）B 选项中，某区审计局向丁公司发出的应返还丙公司利润 30 万元的通知，满足行政行为的各项属性：特定性（公司）、处分性（增加了当事人财产的负担）、外部性（丁公司与行政机关间不具有内部身份）和行政性（非国家行为或司法行为），其行为属于行政行为，属于行政诉讼受案范围。因此，B 项应选。

（3）C 选项中，某市经济发展局恢复 A 公司在合营公司的股东地位的批复，满足行政行为的各项属性：特定性（A 公司）、处分性（恢复了其股东地位，增加当事人权利）、外部性（A 公司并不具备内部身份）和行政性（非国家行为或司法行为），其行为属于行政行为，属于行政诉讼受案范围。C 项应选。

（4）D 选项中，行政行为与抽象行政行为的区别不在于人数多寡，而在于行为的约束对象是否特定。某市某区市场监督管理局的通知针对的对象虽然很多，但是通知发出时其约束对象是特定的，是行政行为，属于行政诉讼的受案范围。D 项应选。

综上，BCD 为正确选项。

五、填空题

1. 行政审判庭　专门。解析：《行政诉讼法》第 4 条规定，人民法院依法对行政案件独立行使审判权，不受行政机关、社会团体和个人的干涉。人民法院设行政审判庭，审理行政案件。

《最高人民法院关于适用〈中华人民共和国行政诉讼法〉的解释》第 3 条规定，各级人民法院行政审判庭审理行政案件和审查行政机关申请执行其行政行为的案件。专门人民法院、人民法庭不审理行政案件，也不审查和执行行政机关申请执行其行政行为的案件。铁路运输法院等专门人民法院审理行政案件，应当执行《行政诉讼法》第 18 条第 2 款的规定。

2. 限制人身自由　被限制人身自由地。解析：《行政诉讼法》第 19 条规定，对限制人身自由的行政强制措施不服提起的诉讼，由被告所在地或者原告所在地人民法院管辖。

《最高人民法院关于适用〈中华人民共和国行政诉讼法〉的解释》第 8 条第

1 款规定，行政诉讼法第 19 条规定的“原告所在地”，包括原告的户籍所在地、经常居住地和被限制人身自由地。

3. 立案。解析：《行政诉讼法》第 21 条规定，两个以上人民法院都有管辖权的案件，原告可以选择其中一个人民法院提起诉讼。原告向两个以上有管辖权的人民法院提起诉讼的，由最先立案的人民法院管辖。

4. 指定。解析：《行政诉讼法》第 23 条第 1 款规定，有管辖权的人民法院由于特殊原因不能行使管辖权的，由上级人民法院指定管辖。

5. 跨行政区域。解析：《行政诉讼法》第 18 条规定，行政案件由最初作出行政行为的行政机关所在地人民法院管辖。经复议的案件，也可以由复议机关所在地人民法院管辖。经最高人民法院批准，高级人民法院可以根据审判工作的实际情况，确定若干人民法院跨行政区域管辖行政案件。

6. 被告　原告。解析：《最高人民法院关于适用〈中华人民共和国行政诉讼法〉的解释》第 8 条规定，行政诉讼法第 19 条规定的“原告所在地”，包括原告的户籍所在地、经常居住地和被限制人身自由地。对行政机关基于同一事实，既采取限制公民人身自由的行政强制措施，又采取其他行政强制措施或者行政处罚不服的，由被告所在地或者原告所在地的人民法院管辖。

六、判断题

1. 答案：错。解析：《行政诉讼法》第 2 条规定，公民、法人或者其他组织认为行政机关和行政机关工作人员的行政行为侵犯其合法权益，有权依照该法向人民法院提起诉讼。前款所称行政行为，包括法律、法规、规章授权的组织作出的行政行为。

2. 答案：错。解析：《行政诉讼法》第 6 条规定，人民法院审理行政案件，对行政行为是否合法进行审查。

3. 答案：对。解析：《行政诉讼法》第 22 条规定，人民法院发现受理的案件不属于本院管辖的，应当移送有管辖权的人民法院，受移送的人民法院应当受理。受移送的人民法院认为受移送的案件按照规定不属于本院管辖的，应当报请上级人民法院指定管辖，不得再自行移送。

4. 答案：错。解析：《行政诉讼法》第 24 条规定，上级人民法院有权审理下级人民法院管辖的第一审行政案件。下级人民法院对其管辖的第一审行政案件，认为需要由上级人民法院审理或者指定管辖的，可以报请上级人民法院决定。

5. 答案：错。解析：只有作为行政行为依据的部分抽象行政可以附带提起行政诉讼，进行司法审查。《行政诉讼法》第 53 条规定，公民、法人或者其他组织认为行政行为所依据的国务院部门和地方人民政府及其部门制定的规范性文件不合法，在对行政行为提起诉讼时，可以一并请求对该规范性文件进行审查。前款规定的规范性文件不含规章。

6. 答案：错。解析：《行政诉讼法》第 15 条规定，中级人民法院管辖下列第一审行政案件：（一）对国务院部门或者县级以上地方人民政府所作的行政行为提起诉讼的案件；（二）海关处理的案件；（三）本辖区内重大、复杂的案件；（四）其他法律规定由中级人民法院管辖的案件。

7. 答案：错。解析：《行政诉讼法》第 18 条规定，行政案件由最初作出行政行为的行政机关所在地人民法院管辖。经复议的案件，也可以由复议机关所在地人民法院管辖。经最高人民法院批准，高级人民法院可以根据审判工作的实际情况，确定若干人民法院跨行政区域管辖行政案件。

8. 答案：错。解析：《行政诉讼法》第 22 条规定，人民法院发现受理的案件不属于本院管辖的，应当移送有管辖权的人民法院，受移送的人民法院应当受理。受移送的人民法院认为受移送的案件按照规定不属于本院管辖的，应当报请上级人民法院指定管辖，不得再自行移送。

9. 答案：对。解析：《行政诉讼法》第 21 条规定，两个以上人民法院都有管辖权的案件，原告可以选择其中一个人民法院提起诉讼。原告向两个以上有管辖权的人民法院提起诉讼的，由最先立案的人民法院管辖。

10. 答案：对。解析：《最高人民法院关于适用〈中华人民共和国行政诉讼法〉的解释》第 4 条规定，立案后，受诉人民法院的管辖权不受当事人住所地改变、追加被告等事实和法律状态变更的影响。

七、名词解释

1. 行政诉讼受案范围，是指人民法院受理行政诉讼案件的范围。这一范围同时决定着司法机关对行政主体行为的监督范围，决定着受到行政主体侵害的公民、法人和其他组织诉讼的范围，也决定着行政终局裁决权的范围。

2. 行政诉讼管辖是人民法院系统内同级人民法院或者上下级人民法院之间受理第一审行政案件的分工和权限。

3. 行政终局裁决行为（又名行政终局决定行为）是指法律规定由行政机关最终裁决的行政行为。

4. 国家行为，又称政府行为、统治行为、政治行为，是指运用国家自主权的行为。

5. 管辖权转移，是指经上级人民法院决定或者同意，将某个案件的管辖权由下级人民法院转交给上级人民法院审理，或者由上级人民法院指定管辖的一种制度。

八、简答题

1. 答：（1）对受案范围的概括规定：《行政诉讼法》第 2 条规定；（2）肯定的列举及概括：《行政诉讼法》第 12 条规定；（3）否定的列举：《行政诉讼法》第 13 条规定以及《最高人民法院关于适用〈中华人民共和国行政诉讼法〉的解释》第 1 条的规定。

2. 答：《行政诉讼法》第 14 条规定，基层人民法院管辖第一审行政案件。

《行政诉讼法》第 15 条规定："中级人民法院管辖下列第一审行政案件：(一）对国务院部门或者县级以上地方人民政府所作的行政行为提起诉讼的案件；(二）海关处理的案件；(三）本辖区内重大、复杂的案件；(四）其他法律规定由中级人民法院管辖的案件。"

《行政诉讼法》第 16 条规定，高级人民法院管辖本辖区内重大、复杂的第一审行政案件。

《行政诉讼法》第 17 条规定，最高人民法院管辖全国范围内重大、复杂的第一审行政案件。

九、案例分析题

1. 答案：（1）张某不服某公安机关对其作出的"15 日的拘留和 1000 元的罚款"的处罚，以某公安机关为被告提起的行政诉讼，起诉内容在受案范围之内，人民法院应该立案审理。

（2）张某不服所在单位对其作出的"开除"的处分决定，以其所在单位为被告提起的行政诉讼，起诉内容是对内部行政行为，不在受案范围之内，故人民法院不予立案。

2. 答案：被告是某市公安局。根据级别管辖的规定，此案应由基层人民法院管辖。

根据地域管辖规则，某区公安分局所在地和某市公安局所在地的人民法院都有管辖权。

《行政诉讼法》第 18 条第 1 款规定，行政案件由最初作出行政行为的行政机关所在地人民法院管辖。经复议的案件，也可以由复议机关所在地人民法院管辖。

第十章　行政诉讼参加人

一、知识导图

- 行政诉讼参加人
  - 当事人
    - 当事人的法律地位
      - 概念、特征
      - 诉讼权利能力
      - 诉讼行为能力
      - 诉讼权利、诉讼义务
    - 原告——概念、特征
    - 被告
      - 概念、特征
      - 被告的确定规则
    - 共同诉讼人
      - 必要共同诉讼
      - 普通共同诉讼
    - 第三人——概念、第三人情况
  - 诉讼代理人
    - 法定代理人
    - 委托代理人

二、单项选择题

1. 行政诉讼中的原告、被告一般是（　）。

A. 原告为公民、法人或其他组织，被告是行政主体

B. 原告是国家机关，被告是国家行政机关工作人员

C. 原告、被告均是国家机关行政工作人员

D. 原告是国家行政机关，被告是公民、法人或其他组织

2. 沙河乡人民政府批准了小河村村民甲的建房申请。但当甲开始建房时，乙发现甲侵占了应属自己的一部分宅基地，甲、乙两人遂发生争执，甲以自己有乡政府批准文件为由不予让步。乙对该批准行为是否享有原告资格？（　）

A. 不享有。乙所受的侵害来自甲的建房行为，与之发生争执的也是甲，乙应以甲为被告提起民事诉讼而不能以乡政府为被告提起行政诉讼

B. 不享有。乡人民政府的批准行为不是针对乙作出的，乙不能针对该行为提起行政诉讼

C. 享有。乙是合法权益受到损害的相邻权人，可以提起行政诉讼

D. 享有。乙处于乡人民政府批准行为的相关人地位，其虽不是该行为的发动者，但却受到该行政行为效力的影响

3. 行政机关的内设机构或者派出机构在没有法律、法规或者规章授权的情况下，以自己的名义作出行政行为，当事人不服的，应当以谁为行政诉讼被告？（ ）

A. 该行政机关　　B. 该行政机关的上级主管机关

C. 该派出机构　　D. 该派出机构和该行政机关

4. 某规划部门批准了甲的建房申请，但甲的房子被城管部门以违章建筑为由强行拆除，甲对城管部门的拆除决定不服向法院起诉。这时某规划部门应是（ ）。

A. 共同被告　B. 第三人　C. 原告　D. 不能作为诉讼参与人

5. 对行政复议机关改变原行政行为的复议决定不服提起行政诉讼，被告是（ ）。

A. 原机关　B. 复议机关　C. 复议机关的上级机关　D. 原机关和复议机关

6. 下列不属于行政诉讼当事人的是（ ）。

A. 原告　B. 被告　C. 第三人　D. 证人

7. 某市生态环境局、卫生健康委员会与水利局在联合执法过程中，发现某化工厂排污口建在行洪通道上，遂联合作出决定，对该厂罚款 2 万元并责令其限期拆除。化工厂对处罚决定不服，准备起诉，以下关于涉诉的说法哪个是正确的？（ ）

A. 应以某市生态环境局为被告，因为处罚决定涉及的是生态环境局的职责

B. 应以某市生态环境局、卫生健康委员会和水利局为共同被告，因是共同行为

C. 应以某市生态环境局为被告，以某市卫生健康委员会和水利局为第三人

D. 应以三机关共同的上级机关为被告

8. 联营企业、中外合资或者合作企业的联营、合资、合作各方，认为联营、合资、合作企业权益受行政行为侵害的，均可以（ ）的名义提起诉讼。

A. 自己

B. 企业

C. 联营企业、中外合资或者合作企业的法定代表人

D. 不以自己的名义

9. 根据《行政诉讼法》的规定，下列机关或组织不能作为行政诉讼的被告的是（ ）。

A. 作出被诉行政行为的行政机关

B. 改变原行政行为的复议机关

C. 由法律、法规授权作出行政行为的组织

D. 受行政机关委托作出行政行为的组织

10. 某区市场监督管理局与某区公安分局联合对陈某作出罚款200元的处罚，陈某以某区市场监督管理局为被告起诉，人民法院认为追加某区公安局为被告，陈某不同意，受诉人民法院依法当如何处理？（　）

A. 裁定驳回起诉　　B. 判决驳回诉讼请求

C. 继续进行诉讼　　D. 通知某区公安局为第三人参加诉讼

11. 某设区的市卫生健康委员会以规定的形式授权卫生健康委员会下属的某卫生治疗点行使卫生监督职能，可以作出罚款1000元以下的处罚。该卫生点对某小餐馆进行卫生检查时，发现有严重的卫生问题，遂以卫生不达标为由作出责令停业整顿的处罚，该餐馆不服，欲提起诉讼，则（　）。

A. 以某市卫生健康委员会和某卫生治疗点为共同被告

B. 以某卫生治疗点为被告

C. 以某市卫生健康委员会为被告

D. 如果处罚是以某卫生治疗点名义作出的，则以该机构为被告；反之，以某市卫生健康委员会为被告

12. 如果两个以上行政机关共同作出一行政行为，当事人对该行政行为如何提起行政诉讼？（　）

A. 必须以作出行政行为的行政机关的共同上级行政机关为被告

B. 可以以共同作出行政行为的任何一个行政机关为被告

C. 必须以共同作出行政行为的行政机关为共同被告

D. 可以以作出行政行为的行政机关的共同上级行政机关为被告

13. 某中外合资企业的外方认为所在地市场监督管理部门吊销企业营业执照的行政处罚决定侵害了外方的合法权益，单独以外方的名义向人民法院提起行政诉讼。对此，下列哪种说法是正确的？（　）

A. 不能受理，因为合资企业中的外方不是独立的法人

B. 可以受理，因为外方依法享有单独提起诉讼的权利

C. 可以受理，但外方必须以企业的名义提起诉讼

D. 可以受理，但是应当与中方一起作共同原告

14. 公民、法人或其他组织对法律、法规或者规章授权行使行政职权的行政机关派出机构超出法定授权范围实施行政行为不服的，应以（　）为行政诉讼被告。

A. 该派出机构　　B. 该行政机关

C. 该行政机关的上级主管机关　　D. 该派出机构和该行政机关

15. 经复议的案件，复议机关决定维持原行政行为的，（　）为被告。

A. 复议机关

B. 作出原行政行为的行政机关

C. 复议机关和作出原行政行为的行政机关

D. 作出原行政行为的行政机关的上级机关

16. 《行政诉讼法》规定，有权提起行政诉讼的公民死亡，（ ）可以提起诉讼。

A. 其近亲属　　B. 所在单位推荐的人

C. 经人民法院许可的公民　　D. 经人民法院指定的人

17. 郭某对当地动物卫生监督所行政处罚不服，提出行政复议。复议机关经审理，认为事实清楚、证据确凿，但处罚偏重，改变了原处罚数额。但郭某仍不服，欲将（ ）作为被告提起行政诉讼。

A. 当地动物卫生监督所　　B. 行政复议机关

C. 当地兽医主管部门　　D. 作出行政处罚的执法人员

18. 某县生态环境局与水利局在联合执法过程中，发现某化工厂排污口建在行洪通道上，并对下游河水造成污染，遂联合作出责令该厂限期拆除其排污口的决定。某县水利局工作人员田某向该厂送达决定书时，遭到该厂职工围攻而受伤。该厂不服，以某县水利局为被告向法院提起行政诉讼。下列哪一选项是正确的？（ ）

A. 法院应当通知某化工厂变更被告

B. 某县水利局可以对田某被打一事提起反诉

C. 田某可以成为本案的第三人

D. 若法院追加县生态环境局为本案的被告，应经某化工厂同意

19. 甲市政府批复同意本市乙区政府征用乙区某村丙小组非耕地 63 亩，并将其中 48 亩使用权出让给某公司用于建设商城。该村丙小组袁某等村民认为，征地中有袁某等 32 户村民的责任田 32 亩，乙区政府虽以耕地标准进行补偿但以非耕地报批的做法违法，遂向法院提起行政诉讼。下列哪一选项是正确的？（ ）

A. 袁某等 32 户村民可以以某村丙小组的名义起诉

B. 袁某等 32 户村民可以以自己的名义起诉

C. 应当以乙区人民政府为被告

D. 法院经审理如果发现征地批复违法，应当判决撤销

20. 一公司为股份制企业，认为行政机关作出的决定侵犯企业经营自主权，下列哪些主体有权以该公司的名义提起行政诉讼？（ ）

A. 股东　B. 股东大会　C. 股东代表大会　D. 董事长

三、多项选择题

1. 当事人一方人数众多的共同诉讼，可以由当事人推选代表人进行诉讼。代表人的诉讼行为对其所代表的当事人发生效力，但代表人作出何种行为时，应当经被代表的当事人同意？（　）

A. 变更、放弃诉讼请求

B. 出示相关证据并进行法庭辩论

C. 出庭应诉，宣读起诉状

D. 承认对方当事人的诉讼请求

2. 必要共同诉讼需必备的要件为（　）。

A. 当事人一方为二人以上

B. 因同一行政行为发生的行政案件

C. 人民法院认为可以合并审理

D. 经当事人同意

3. 下列属于诉讼参加人的是（　）。

A. 原告和被告　B. 第三人　C. 诉讼代理人　D. 证人

4. 在行政诉讼中，可以被委托为诉讼代理人的有（　）。

A. 律师、基层法律服务工作者　　B. 当事人的近亲属或者工作人员

C. 当事人所在社区、单位推荐的公民　　D. 有关社会团体推荐的公民

5. 在行政诉讼过程中，作为被告的可以是（　）。

A. 作出行政行为的行政机关　　B. 改变原行政行为的复议机关

C. 法律、法规授权的组织　　D. 行政机关委托的组织

6. 15 周岁的冯某因无证销售猪肉，被当地动物卫生监督机构查获，并作出罚款 2000 元的行政处罚，（　）可以代冯某提起行政诉讼。

A. 法定代理人　　B. 冯某所在村村委

C. 冯某哥哥委托的代理人　　D. 冯某哥哥

7. 在行政诉讼中，人民法院实施下列哪些行为无须征得原告同意？（　）

A. 通知第三人参加诉讼　　B. 追加或变更被告

C. 必要共同诉讼决定合并审理　　D. 允许被告改变行政行为

8. 吴某因打架被某公安机关予以拘留。吴某申请行政复议后，复议机关维持原处罚决定。吴某认为处罚过重，在拘留执行期间与民警发生争执，吴某不慎被殴打致死。下列人员中不可以提起行政诉讼的是（　）。

A. 吴某的学生　B. 吴某的女友　C. 吴某的父亲　D. 人民检察院

9. 对行政复议机关作出的变更决定不服，有权提起行政诉讼的是（　）。

A. 行政复议申请人

B. 行政复议被申请人

C. 行政复议第三人（行政相对人）

D. 其他与行政复议决定有利害关系的行政相对人

10. 李某向某市生态环境局举报某造纸企业违法排放废渣、废气，对环境造成严重影响，但该市生态环境局对于造纸企业的行为并未进行及时查处并依法追究相关的法律责任。对此，下列说法错误的是（　）。

A. 李某可以直接向人民法院提起行政公益诉讼

B. 检察机关可以直接向人民法院提起行政公益诉讼

C. 检察机关必须在履行诉前程序后才能向人民法院提起公益诉讼

D. 环境保护组织可以向人民法院提起公益诉讼

11. 李某不服某区公安分局对其作出的行政拘留 5 日的处罚，向某市公安局申请行政复议，某市公安局作出维持的决定。李某不服，提起行政诉讼。下列说法错误的是（　）。

A. 某区公安分局为被告

B. 某市公安局为被告

C. 由李某选择谁为被告

D. 某区公安分局和某市公安局为共同被告

12. 某区城乡建设局批复同意某银行住宅楼选址，并向其颁发许可证。拟建的住宅楼与张某等 120 户居民居住的住宅楼间距为 9.45 米。张某等 20 人认为该批准行为违反了国家有关规定，向人民法院提起了行政诉讼。对此，下列哪些选项是错误的？（　）

A. 因该批准行为涉及张某等人相邻权，故张某等人有权提起行政诉讼

B. 张某等 20 户居民应当推选 2 至 5 名诉讼代表人参加诉讼

C. 人民法院可以通知未起诉的 100 户居民作为第三人参加诉讼

D. 张某等 20 户居民应当提供符合法定起诉条件的证据材料

13. 甲县政府设立的临时机构基础设施建设指挥部，认定有 10 户居民的小区自建的围墙及附属房系违法建筑，指令乙镇政府具体负责强制拆除。10 户居民对此决定不服起诉。下列说法正确的是（　）。

A. 本案被告为乙镇政府

B. 本案应由中级人民法院管辖

C. 如 10 户居民在指定期限内未选定诉讼代表人的，法院可以依职权指定

D. 如 10 户居民对此决定申请复议，复议机关为甲县政府

14. 某市城管执法局委托某镇政府负责对一风景区进行城管执法。某镇政府接到举报并经现场勘验，认定刘某擅自建房并组织强制拆除。刘某父亲和嫂子称

房屋系二人共建，拆除行为侵犯合法权益，向人民法院起诉，人民法院予以受理。关于此案，下列哪些说法是正确的？（　）

A. 此案的被告是某镇政府

B. 刘某父亲和嫂子应当提供证据证明房屋为二人共建或与拆除行为有利害关系

C. 如人民法院对拆除房屋进行现场勘验，应当邀请当地基层组织或当事人所在单位派人参加

D. 被告应当提供证据和依据证明有拆除房屋的决定权和强制执行的权力

15. 甲银行与乙公司签订了贷款合同并约定乙公司以其拥有使用权的土地作抵押。双方在县自然资源和规划局派出机构某镇自然资源所办理了土地使用权抵押登记，该所出具了《证明》。因乙公司不能归还到期贷款，甲银行经法院强制执行时，发现乙公司用于抵押的国有土地使用证系伪造。甲银行遂对某镇自然资源所出具的抵押证明提起行政诉讼。下列哪些选项是正确的？（　）

A. 本案的被告应当是某镇自然资源所

B. 本案的被告应当是县自然资源和规划局

C. 某镇自然资源所出具抵押证明的行为是超越职权的行为

D. 法院应当判决确认抵押证明违法

16. 陈某为综合执法局工作人员，在执法过程中与公民李某发生肢体冲突，将李某打成轻微伤。某区公安局对陈某作出拘留 5 日，罚款 500 元的处罚决定。陈某向某区政府复议，某区政府认为陈某打伤李某属于职务行为，遂撤销某区公安局的处罚决定。李某不服，提起诉讼。下列选项正确的是（　）。

A. 本案争议的焦点是陈某的行为是否是职务行为

B. 李某可以作为原告提起行政诉讼

C. 被告可就打人一事提起反诉

D. 本案被告是某区政府

17. 村民甲、乙因自留地使用权发生争议，某乡政府作出处理决定，认定使用权归属甲。乙不服向县政府申请复议，某县政府以甲乙二人争议属于农村土地承包经营纠纷，某乡政府无权作出处理决定为由，撤销某乡政府的决定。甲不服向人民法院起诉。下列说法正确的是（　）。

A. 某县政府撤销某乡政府决定的同时应当确定系争土地权属

B. 甲的代理人的授权委托书应当载明委托事项和具体权限

C. 本案被告为某县政府

D. 乙与某乡政府为本案的第三人

18. 下列能以自己的名义提起诉讼的是（　）。

A. 中外合作企业中的合作各方
B. 中外合资企业中的合资各方
C. 被注销、分立的非国有企业
D. 不具备法人资格的合伙企业

19. 下列属于类似于原告地位的第三人的是（ ）。

A. 行政确权案件中的被确权人

B. 行政处罚案件中的受害人或者被处罚人

C. 行政裁决案件中未起诉的共同被处罚人

D. 与行政复议决定有利害关系但未起诉的公民

四、不定项选择题

杨某受某厂指派在某县范围内收购茶叶，厂方提供了介绍信、营业执照副本。杨某收购后未向税务机关纳税。某县税务局知悉后即作出决定，杨某需缴纳增值税5000余元。杨某不服，认为自己是接受某厂的指派，与该厂是委托关系，其税款应当由厂方缴纳，某县税务局未采纳杨某的意见，坚持要求杨某缴纳。

请回答：

1. 此情况下，杨某应当如何处理？（ ）

A. 杨某可以直接向人民法院提起行政诉讼

B. 杨某可以先提起复议，对复议决定不服再起诉

C. 杨某必须先经过复议，不经复议不得起诉

D. 杨某可在复议与诉讼之间任意选择

2. 经复议后，下列什么情况下由复议机关作为被告？（ ）

A. 复议机关维持原纳税决定的

B. 复议机关改变原纳税决定的

C. 复议机关改变原纳税决定所认定的主要事实，但对决定内容并无改变的

D. 复议机关确认原纳税决定违法的

3. 如果复议机关改变原纳税决定为由某厂缴纳税款，某厂与杨某的诉讼地位如何确定？（ ）

A. 均可以作为原告提起行政诉讼

B. 某厂可以再提起行政复议

C. 杨某可以作为诉讼第三人

D. 杨某可以提起行政诉讼

4. 如果县税务局在诉讼过程中收集证据证明杨某与某厂确系委托代理关系而改变所作行政行为，这种做法允许吗？（ ）

A. 不允许，因为被告在诉讼期间不能自行向原告和证人收集证据

B. 允许，因为被告要对自己的处理决定进行辩护，理应有此权利

C. 允许，因为如果原告提出新的反驳理由，行政机关可以收集证据才公平

D. 允许，因为行政机关如果得到法院准许，可以补充相关证据

5. 如果复议审查认定杨某与某厂属于委托代理关系，对此复议机关应作何处理？(　)

A. 撤销某县税务局要求杨某纳税的决定

B. 撤销并责令某县税务局重新作出处理决定

C. 直接变更某县税务局的行政处理决定

D. 确认某县税务局纳税决定违法的复议决定

五、填空题

1. 行政机关委托的组织所作的行政行为，______是被告。

2. 行政机关被撤销或者职权变更的，______是被告。

3. 当事人一方或者双方为二人以上，因______行政行为发生的行政案件，或者因______行政行为发生的行政案件，人民法院认为可以合并审理并经当事人同意的，为共同诉讼。

4. 经复议的案件，复议机关决定______原行政行为的，作出原行政行为的行政机关和复议机关是共同被告；复议机关______原行政行为的，复议机关是被告。

5. “复议机关改变原行政行为”，是指复议机关改变原行政行为的______。

6. 复议机关确认原行政行为无效，属于______原行政行为。

7. ______和______有权按照规定查阅、复制本案庭审材料，但涉及国家秘密、商业秘密和个人隐私的内容除外。

8. 人民法院判决第三人承担义务或者减损第三人权益的，第三人______依法提起上诉。

9. 人民检察院在履行职责中发现生态环境和资源保护、食品药品安全、国有财产保护、国有土地使用权出让等领域负有监督管理职责的行政机关违法行使职权或者不作为，致使国家利益或者社会公共利益受到侵害的，应当向行政机关提出______，督促其依法履行职责。行政机关不依法履行职责的，人民检察院依法向人民法院提起______。

六、判断题

1. 在诉讼过程中，被告因为原告仍有其他违法行为并对其作出处理，原告不服向同一人民法院起诉的，人民法院应当合并审理。(　)

2. 在诉讼过程中，被告改变原行政行为，原告不同意撤诉，同时对改变后的行政行为也不服向人民法院起诉的，人民法院可以合并审理。(　)

3. 两个以上行政机关分别依据不同的法律、法规对同一事实作出行政行为，

公民、法人或者其他组织不服向同一人民法院起诉的，人民法院应当合并审理。(　)

4. 行政机关可以成为行政诉讼的原告。(　)

5. 复议机关在法定期限内未作出复议决定的，公民、法人或者其他组织应以复议机关为被告提起行政诉讼。(　)

6. 公民、法人或者其他组织认为行政机关和行政机关工作人员的行政行为侵犯其合法权益，有权依照《行政诉讼法》向人民法院提起诉讼。(　)

7. 经复议的案件，行政机关决定维持原行政行为的，只以作出原行政行为的行政机关为被告。(　)

8. 公民、法人或者其他组织同被诉行政行为有利害关系但没有提起诉讼，或者同案件处理结果有利害关系的，可以作为第三人参加诉讼，但只能由第三人主动申请参加诉讼，人民法院无权主动通知其参加诉讼。(　)

9. 当事人不服经上级行政机关批准的行政行为，向人民法院提起诉讼的，以作出批准决定的机关为被告。(　)

10. 复议机关改变原行政行为所认定的主要事实和证据、改变原行政行为所适用的规范依据，但未改变原行政行为处理结果的，也视为改变原行政行为。(　)

七、名词解释

1. 行政诉讼的当事人

2. 行政诉讼的原告

3. 行政诉讼的被告

4. 行政诉讼的第三人

5. 共同诉讼

八、简答题

1. 行政诉讼中共同诉讼的情形。

2. 简述行政诉讼中的第三人。

九、案例分析题

1. 某市为了参选全国文明城市，对市区违章建筑进行大清理。该市各城区自然资源和规划局与城市管理局联合行动，对一批乱搭、乱盖的违章建筑作出限期拆除的决定。该市西城区自然资源和规划局、城市管理局对该区公民李某在自己屋前搭的简易棚，也作出限期拆除并罚款1000元的决定。李某不服，准备起诉到法院。

问题：

（1）该案被告应该是谁？

（2）本案应由哪个法院管辖？

2. 厦门市王某驾驶货轮在我国内海航运时，被上海市海关缉私队查获，货轮上载有我国禁止进口的货物。上海市海关对该货轮作出处罚决定：该货轮载有国家禁止进口的货物，无合法证明，认定该货物为走私货物，依《海关法》给予该货轮罚款 2 万元，拘留 10 日，并没收上述走私货物。王某以处罚决定认定事实不清、证据不足为由，向海关总署申请复议，请求海关总署撤销该处罚决定。海关总署经复议，除没收走私物品的决定予以维持外，将罚款改为 1 万元，并决定对王某处以 5 日的拘留。

问题：

（1）如果王某对海关总署的复议决定仍然不服想提起行政诉讼，应向哪个法院提起？

（2）如果王某提起行政诉讼，被告为谁？

（3）王某如果不经过复议，而直接提起行政诉讼，由谁管辖？谁是被告？

参考答案及解析

二、单项选择题

1. 答案：A。解析：行政诉讼是“民”告“官”的制度，原告恒定为公民、法人或其他组织，被告恒定为行政主体一方。

2. 答案：D。解析：本案中，乙不是相邻权人，而是乡政府行政行为相关人，是行政行为的利害关系人，可以提起行政诉讼。

3. 答案：A。解析：《最高人民法院关于适用〈中华人民共和国行政诉讼法〉的解释》第20条第3款规定：“没有法律、法规或者规章规定，行政机关授权其内设机构、派出机构或者其他组织行使行政职权的，属于行政诉讼法第二十六条规定的委托。当事人不服提起诉讼的，应当以该行政机关为被告。”

4. 答案：B。解析：两个以上的行政机关作出相互矛盾的行政行为，非被告的行政机关是第三人。

5. 答案：B。解析：《行政诉讼法》第26条第1、2款规定，公民、法人或者其他组织直接向人民法院提起诉讼的，作出行政行为的行政机关是被告。经复议的案件，复议机关决定维持原行政行为的，作出原行政行为的行政机关和复议机关是共同被告；复议机关改变原行政行为的，复议机关是被告。

6. 答案：D。解析：当事人包括原告、被告、第三人、共同诉讼的原告及被告。

7. 答案：B。解析：三个行政机关联合作出行政行为，是共同被告。《行政诉讼法》第26条第4款规定，两个以上行政机关作出同一行政行为的，共同作出行政行为的行政机关是共同被告。

8. 答案：A。解析：《最高人民法院关于适用〈中华人民共和国行政诉讼法〉的解释》第16条第2款规定，联营企业、中外合资或者合作企业的联营、合资、合作各方，认为联营、合资、合作企业权益或者自己一方合法权益受行政行为侵害的，可以自己的名义提起诉讼。

9. 答案：D。解析：《行政诉讼法》第26条第5款规定，行政机关委托的组织所作的行政行为，委托的行政机关是被告。

10. 答案：D。解析：《最高人民法院关于适用〈中华人民共和国行政诉讼法〉的解释》第26条规定，原告所起诉的被告不适格，人民法院应当告知原告变更被告；原告不同意变更的，裁定驳回起诉。应当追加被告而原告不同意追加的，人民法院应当通知其以第三人的身份参加诉讼，但行政复议机关作共同被告的除外。

11. 答案：C。解析：由于本题中“授权”是以规定的形式作出的，所以视为委托。对于被委托的组织所作出的行政行为，以委托的机关为被告提起诉讼。

12. 答案：B。解析：两个以上行政机关作出同一行政行为的，共同作出行政行为的行政机关是共同被告。当事人可以起诉其中的部分或者全部行政机关。

13. 答案：B。解析：《最高人民法院关于适用〈中华人民共和国行政诉讼法〉的解释》第16条规定，股份制企业的股东大会、股东会、董事会等认为行政机关作出的行政行为侵犯企业经营自主权的，可以企业名义提起诉讼。联营企业、中外合资或者合作企业的联营、合资、合作各方，认为联营、合资、合作企业权益或者自己一方合法权益受行政行为侵害的，可以自己的名义提起诉讼。非国有企业被行政机关注销、撤销、合并、强令兼并、出售、分立或者改变企业隶属关系的，该企业或者其法定代表人可以提起诉讼。

14. 答案：A。解析：《最高人民法院关于适用〈中华人民共和国行政诉讼法〉的解释》第20条第2款规定，法律、法规或者规章授权行使行政职权的行政机关内设机构、派出机构或者其他组织，超出法定授权范围实施行政行为，当事人不服提起诉讼的，应当以实施该行为的机构或者组织为被告。

15. 答案：C。解析：《行政诉讼法》第26条第1、2款规定，公民、法人或者其他组织直接向人民法院提起诉讼的，作出行政行为的行政机关是被告。经复议的案件，复议机关决定维持原行政行为的，作出原行政行为的行政机关和复议机关是共同被告。

16. 答案：A。解析：《行政诉讼法》第25条第1、2款规定，行政行为的相对人以及其他与行政行为有利害关系的公民、法人或者其他组织，有权提起诉讼。有权提起诉讼的公民死亡，其近亲属可以提起诉讼。

17. 答案：B。解析：复议机关改变原行政行为的，复议机关是被告。

18. 答案：D。解析：生态环境局和水利局是共同被告，当事人起诉遗漏被告不同意追加的，法院应当通知没有被起诉的机关作为第三人。行政诉讼是“民”告“官”，所以不可能出现反诉。工作人员田某不能充当本案的第三人。

19. 答案：B。解析：农村土地承包人等土地使用权人对行政机关处分其使用的农村集体所有土地的行为不服，可以自己的名义提起诉讼。

《最高人民法院关于适用〈中华人民共和国行政诉讼法〉的解释》第19条规定，当事人不服经上级行政机关批准的行政行为，向人民法院提起诉讼的，以在对外发生法律效力的文书上署名的机关为被告。

甲市人民政府的批复中，只有部分违法（袁某等32户的责任田部分），所以应该是撤销部分行政行为，而不是全部撤销。

20. 答案：B。解析：《最高人民法院关于适用〈中华人民共和国行政诉讼法〉的解释》第16条第1款规定："股份制企业的股东大会、股东会、董事会等认为行政机关作出的行政行为侵犯企业经营自主权的，可以企业名义提起诉讼。"

三、多项选择题

1. 答案：AD。解析：《行政诉讼法》第28条规定，当事人一方人数众多的共同诉讼，可以由当事人推选代表人进行诉讼。代表人的诉讼行为对其所代表的当事人发生效力，但代表人变更、放弃诉讼请求或者承认对方当事人的诉讼请求，应当经被代表的当事人同意。

2. 答案：AB。解析：必要共同诉讼的诉讼客体是同一个行政行为。在必要共同诉讼中，法院必须合并审理。不需要当事人的同意。

3. 答案：ABC。解析：行政诉讼参加人，是指依法参加行政诉讼活动，享有诉讼权利、承担诉讼义务的当事人和与当事人诉讼地位相似的诉讼代理人，包括原告、被告、共同诉讼人、第三人和诉讼代理人。

4. 答案：ABCD。解析：《行政诉讼法》第31条规定，当事人、法定代理人，可以委托一至二人作为诉讼代理人。下列人员可以被委托为诉讼代理人：（一）律师、基层法律服务工作者；（二）当事人的近亲属或者工作人员；（三）当事人所在社区、单位以及有关社会团体推荐的公民。

5. 答案：ABC。解析：《行政诉讼法》第26条规定，公民、法人或者其他组织直接向人民法院提起诉讼的，作出行政行为的行政机关是被告。复议机关改变原行政行为的，复议机关是被告。

6. 答案：ABD。解析：行政诉讼法定代理人是指依法直接享有代理权限，代替无诉讼行为能力的公民进行行政诉讼的人。首先是父母、配偶、子女、兄弟姐妹等。如果被代理人没有作为监护人的亲属，则由其所在单位或者住所地居委会、村委会作为其监护人，即法定代理人。

7. 答案：ACD。解析：追加和变更被告需要原告的同意。

8. 答案：ABD。解析：《行政诉讼法》第25条规定，行政行为的相对人以及其他与行政行为有利害关系的公民、法人或者其他组织，有权提起诉讼。有权提起诉讼的公民死亡，其近亲属可以提起诉讼。

《最高人民法院关于适用〈中华人民共和国行政诉讼法〉的解释》第14条第1款规定，《行政诉讼法》第25条第2款规定的"近亲属"，包括配偶、父母、子女、兄弟姐妹、祖父母、外祖父母、孙子女、外孙子女和其他具有扶养、赡养关系的亲属。

9. 答案：ACD。解析：《行政诉讼法》第25条第1款规定，行政行为的相对人以及其他与行政行为有利害关系的公民、法人或者其他组织，有权提起诉讼。《最高人民法院关于适用〈中华人民共和国行政诉讼法〉的解释》第12条规定，有下列情形之一的，属于行政诉讼法第 25 条第 1 款规定的“与行政行为有利害关系”：（一）被诉的行政行为涉及其相邻权或者公平竞争权的；（二）在行政复议等行政程序中被追加为第三人的……

10. 答案：ABD。解析：《行政诉讼法》第 25 条规定，行政行为的相对人以及其他与行政行为有利害关系的公民、法人或者其他组织，有权提起诉讼。有权提起诉讼的公民死亡，其近亲属可以提起诉讼。有权提起诉讼的法人或者其他组织终止，承受其权利的法人或者其他组织可以提起诉讼。人民检察院在履行职责中发现生态环境和资源保护、食品药品安全、国有财产保护、国有土地使用权出让等领域负有监督管理职责的行政机关违法行使职权或者不作为，致使国家利益或者社会公共利益受到侵害的，应当向行政机关提出检察建议，督促其依法履行职责。行政机关不依法履行职责的，人民检察院依法向人民法院提起诉讼。

11. 答案：ABC。解析：《行政诉讼法》第 26 条第 1、2 款规定，公民、法人或者其他组织直接向人民法院提起诉讼的，作出行政行为的行政机关是被告。经复议的案件，复议机关决定维持原行政行为的，作出原行政行为的行政机关和复议机关是共同被告。

12. 答案：BC。解析：《最高人民法院关于适用〈中华人民共和国行政诉讼法〉的解释》第 12 条规定：“有下列情形之一的，属于行政诉讼法第二十五条第一款规定的‘与行政行为有利害关系’……（一）被诉的行政行为涉及其相邻权或者公平竞争权的……”

根据《行政诉讼法》第 28 条的规定，当事人一方人数众多的共同诉讼，由当事人推选代表人。当事人推选不出的，可以由人民法院在起诉的当事人中指定代表人。

《最高人民法院关于适用〈中华人民共和国行政诉讼法〉的解释》第 29 条以及《行政诉讼法》第 28 条规定的“人数众多”，一般指十人以上。

《行政诉讼法》第 28 条规定的代表人为二至五人。代表人可以委托一至二人作为诉讼代理人。

原告的举证责任包括证明起诉符合法定的条件。

13. 答案：BC。解析：本案为委托行使行政职权的情况。甲县政府委托乙镇政府强制拆除，所以被告为甲县政府。如果复议，复议机关为甲县政府的上一级行政机关即市政府。

《行政诉讼法》第 28 条规定的“人数众多”，一般指十人以上。根据《行政诉讼法》第 28 条的规定，当事人一方人数众多的，由当事人推选代表人。当事人推选不出的，可以由人民法院在起诉的当事人中指定代表人。

14. 答案：BD。解析：进行委托的行政机关为被告，此案中某市城管执法局为被告。刘某的父亲和妻子共建该房屋，可以成为本案的原告。

15. 答案：BCD。解析：本案某镇自然资源所作为县自然资源和规划局的派出机构，题中并未提及其有法律授权，因此，该镇自然资源所不具有行政主体资格，没有对外作出具体行政行为的权力，其出具抵押证明的行为是超越职权的行为，所以本案的被告应当为县自然资源和规划局。法院应当确认某镇自然资源所超越职权的行为违法。

16. 答案：ACD。解析：陈某打人的行为的定性直接影响撤销决定是否合法的判断，陈某的行为是否是职务行为是本案的焦点。行政诉讼只能是“民告官”，在诉讼中不会出现反诉。本案复议机关撤销处罚属于改变原行政行为，因而被告是复议机关某区政府。李某是受害人，与行政处罚有法律上的利害关系，与行政复议决定有着法律上的利害关系。

17. 答案：BCD。解析：《最高人民法院关于适用〈中华人民共和国行政诉讼法〉的解释》第 31 条规定，当事人委托诉讼代理人，应当向人民法院提交由委托人签名或者盖章的授权委托书。委托书应当载明委托事项和具体权限。

复议机关某县政府撤销了某乡政府的决定属于复议改变，复议机关是被告。

乙是争议的一方当事人，与某县政府的撤销决定有法律上的利害关系，可以作为第三人。

原告提起诉讼要求撤销复议决定的，作出原行政行为的某乡政府与被诉的复议决定有利害关系，是必须参加诉讼的第三人。

18. 答案：ABCD。解析：《最高人民法院关于适用〈中华人民共和国行政诉讼法〉的解释》第 15 条规定，合伙企业向人民法院提起诉讼的，应当以核准登记的字号为原告。未依法登记领取营业执照的个人合伙的全体合伙人为共同原告；全体合伙人可以推选代表人，被推选的代表人，应当由全体合伙人出具推选书。个体工商户向人民法院提起诉讼的，以营业执照上登记的经营者为原告。有字号的，以营业执照上登记的字号为原告，并应当注明该字号经营者的基本信息。

《最高人民法院关于适用〈中华人民共和国行政诉讼法〉的解释》第 16 条规定，股份制企业的股东大会、股东会、董事会等认为行政机关作出的行政行为侵犯企业经营自主权的，可以企业名义提起诉讼。联营企业、中外合资或者合作企业的联营、合资、合作各方，认为联营、合资、合作企业权益或者自己一方合法权益受行政行为侵害的，可以自己的名义提起诉讼。非国有企业被行政机关注销、撤销、合并、强令兼并、出售、分立或者改变企业隶属关系的，该企业或者其法定代表人可以提起诉讼。

19. 答案：ABCD。解析：类似于原告地位的第三人：（1）行政处罚案件中的被处罚人或者受害人。(2) 在房地产、矿产、森林等行政确权案件中的被确权人或其他主张权利的人。(3) 行政许可案件中的被许可人或许可争议人。(4) 行政裁决案中一方不服裁决向法院起诉的。(5) 行政行为影响的未起诉的其他利害关系人。

四、不定项选择题

1. 答案：C。解析：《税收征收管理法》第 88 条第 1、2 款规定，纳税人、扣缴义务人、纳税担保人同税务机关在纳税上发生争议时，必须先依照税务机关的纳税决定缴纳或者解缴税款及滞纳金或者提供相应的担保，然后可以依法申请行政复议；对行政复议决定不服的，可以依法向人民法院起诉。当事人对税务机关的处罚决定、强制执行措施或者税收保全措施不服的，可以依法申请行政复议，也可以依法向人民法院起诉。

《行政诉讼法》第 44 条规定，对属于人民法院受案范围的行政案件，公民、法人或者其他组织可以先向行政机关申请复议，对复议决定不服的，再向人民法院提起诉讼；也可以直接向人民法院提起诉讼。法律、法规规定应当先向行政机关申请复议，对复议决定不服再向人民法院提起诉讼的，依照法律、法规的规定。

2. 答案：ABCD。解析：《行政诉讼法》第 26 条第 1、2 款规定，公民、法人或者其他组织直接向人民法院提起诉讼的，作出行政行为的行政机关是被告。经复议的案件，复议机关决定维持原行政行为的，作出原行政行为的行政机关和复议机关是共同被告；复议机关改变原行政行为的，复议机关是被告。

3. 答案：ACD。解析：在行政复议决定改为某厂缴纳税款的情形下，某厂和杨某与复议决定有利害关系，都可提起行政诉讼。如果某厂作为原告提起诉讼，杨某可以作为利害关系人以第三人身份参加诉讼。

4. 答案：A。解析：《行政诉讼法》第 35 条规定，在诉讼过程中，被告及其诉讼代理人不得自行向原告、第三人和证人收集证据。

5. 答案：ABCD。解析：由于复议机关（某市税务局）认定的事实与某县税务局认定的事实不一致，则原行政行为属于主要事实不清，因此复议机关可以作出撤销并责令重作的决定，在审查过程中查清事实的也可以作变更决定及确认违法决定。

五、填空题

1. 委托的行政机关。解析：《行政诉讼法》第 26 条第 5 款规定，行政机关委托的组织所作的行政行为，委托的行政机关是被告。

2. 继续行使其职权的行政机关。解析：《行政诉讼法》第 26 条第 6 款规定，行政机关被撤销或者职权变更的，继续行使其职权的行政机关是被告。

3. 同一 同类。解析：《行政诉讼法》第 27 条规定，当事人一方或者双方为二人以上，因同一行政行为发生的行政案件，或者因同类行政行为发生的行政案件、人民法院认为可以合并审理并经当事人同意的，为共同诉讼。

4. 维持 变更。解析：《行政诉讼法》第 26 条第 1、2 款规定，公民、法人或者其他组织直接向人民法院提起诉讼的，作出行政行为的行政机关是被告。经复议的案件，复议机关决定维持原行政行为的，作出原行政行为的行政机关和复议机关是共同被告；复议机关改变原行政行为的，复议机关是被告。

5. 处理结果。解析：《最高人民法院关于适用〈中华人民共和国行政诉讼法〉的解释》第 22 条第 1 款规定，行政诉讼法第 26 条第 2 款规定的“复议机关改变原行政行为”，是指复议机关改变原行政行为的处理结果。

6. 改变。解析：《最高人民法院关于适用〈中华人民共和国行政诉讼法〉的解释》第 22 条规定，复议机关确认原行政行为无效，属于改变原行政行为。

7. 当事人 其他诉讼代理人。解析：《行政诉讼法》第 32 条规定，代理诉讼的律师，有权按照规定查阅、复制本案有关材料，有权向有关组织和公民调查，收集与本案有关的证据。对涉及国家秘密、商业秘密和个人隐私的材料，应当依照法律规定保密。当事人和其他诉讼代理人有权按照规定查阅、复制本案庭审材料，但涉及国家秘密、商业秘密和个人隐私的内容除外。

8. 有权。解析：《行政诉讼法》第 29 条第 2 款规定，判决第三人承担义务或者减损第三人权益的，第三人有权依法提起上诉。

9. 检察建议 诉讼。解析：《行政诉讼法》第 25 条第 4 款规定，人民检察院在履行职责中发现生态环境和资源保护、食品药品安全、国有财产保护、国有土地使用权出让等领域负有监督管理职责的行政机关违法行使职权或者不作为，致使国家利益或者社会公共利益受到侵害的，应当向行政机关提出检察建议，督促其依法履行职责。行政机关不依法履行职责的，人民检察院依法向人民法院提起诉讼。

六、判断题

1. 答案：错。解析：因为同一行为产生的共同诉讼法院应当合并审理。

2. 答案：对。解析：在诉讼过程中，被告对原告作出新的行政行为，原告不服向同一法院起诉的，属于普通共同诉讼情形，法院可以合并审理。

3. 答案：错。解析：两个以上行政机关分别依据不同的法律、法规对同一事实作出行政行为，公民、法人或者其他组织不服向同一人民法院起诉的，属于普通共同诉讼的情形，法院可以合并审理，不是应当合并审理。

4. 答案：对。解析：行政机关在行政法律关系中作为行政主体权力行使的对象时，可以作为原告提起行政诉讼。

5. 答案：错。解析：《行政诉讼法》第 26 条第 3 款规定，复议机关在法定期限内未作出复议决定，公民、法人或者其他组织起诉原行政行为的，作出原行政行为的行政机关是被告；起诉复议机关不作为的，复议机关是被告。

6. 答案：对。解析：《行政诉讼法》第 2 条规定，公民、法人或者其他组织认为行政机关和行政机关工作人员的行政行为侵犯其合法权益，有权依照该法向人民法院提起诉讼。前款所称行政行为，包括法律、法规、规章授权的组织作出的行政行为。

7. 答案：错。解析：《行政诉讼法》第 26 条第 2 款规定，经复议的案件，复议机关决定维持原行政行为的，作出原行政行为的行政机关和复议机关是共同被告。

8. 答案：错。解析：《行政诉讼法》第 29 条第 1 款规定，公民、法人或者其他组织同被诉行政行为有利害关系但没有提起诉讼，或者同案件处理结果有利害关系的，可以作为第三人申请参加诉讼，或者由人民法院通知参加诉讼。

9. 答案：错。解析：《最高人民法院关于适用〈中华人民共和国行政诉讼法〉的解释》第 19 条规定，当事人不服经上级行政机关批准的行政行为，向人民法院提起诉讼的，以在对外发生法律效力的文书上署名的机关为被告。

10. 答案：错。解析：《最高人民法院关于适用〈中华人民共和国行政诉讼法〉的解释》第 22 条第 1 款规定，复议机关改变原行政行为所认定的主要事实和证据、改变原行政行为所适用的规范依据，但未改变原行政行为处理结果的，视为复议机关维持原行政行为。

七、名词解释

1. 行政诉讼的当事人是指因对行政行为发生争议，以自己的名义到人民法院起诉、应诉和参加诉讼，并受人民法院判决、裁定约束的公民、法人和其他组织以及行政机关。

2. 行政诉讼的原告是指认为行政机关和行政机关工作人员的行政行为侵犯其合法权益，依法向人民法院提起诉讼，请求人民法院司法保护的公民、法人或者其他组织。

3. 行政诉讼的被告是指被原告起诉指控侵犯其行政法上的合法权益和与之发生行政争议，而由人民法院通知应诉的行政主体。

4. 行政诉讼的第三人是指同被诉的行政行为有利害关系，或者同案件处理结果有利害关系，在行政诉讼过程中申请参加诉讼或由法院通知参加诉讼的公民、法人或其他组织。

5. 共同诉讼是当事人一方或者双方为二人以上，因同一行政行为发生的行政案件，或者因同样的行政行为发生的行政案件，人民法院认为可以合并审理的行政诉讼。

八、简答题

1. 答：共同诉讼是当事人一方或者双方为二人以上，因同一行政行为发生的行政案件，或者因同类行政行为发生的行政案件、人民法院认为可以合并审理并经当事人同意的诉讼。共同诉讼分为两种情形，即必要共同诉讼和普通共同诉讼。当事人一方或者双方为二人以上，因同一行政行为发生行政诉讼的，为必要共同诉讼；当事人一方或者双方为二人以上，因同一类行政行为发生诉讼的，为普通共同诉讼。

2. 答：公民、法人或者其他组织同被诉行政行为有利害关系但没有提起诉讼，或者同案件处理结果有利害关系的，可以作为第三人申请参加诉讼，或者由人民法院通知参加诉讼。

行政诉讼第三人的法律地位与原告、被告类似。第三人在诉讼中有提出与本案有关的诉讼主张的权利和对人民法院的一审判决不服提起上诉等权利。但是因第三人有类似于原告地位的第三人与类似于被告地位的第三人，因此，他们各自的法律地位均独立但不相同，类似于原告地位的第三人因大部分均具有原告资格，在诉讼中的权利、义务几乎和原告相同；而类似于被告地位的第三人，因行政诉讼被告不得反诉及不能在行政诉讼期间向原告和证人自行收集证据的限制，类似于被告的第三人因其在被诉行政行为中所处的地位，也可能有这样的限制。在应当追加被告而原告不同意追加；人民法院应当通知其以第三人的身份参加诉讼的情形下，第三人的法律地位与被告相同，在享有相应诉讼权利的同时也享受相应的限制。

九、案例分析题

1. 答案：（1）某市西城区自然资源和规划局和西城区城市管理局为共同被告。

解析：《行政诉讼法》第 26 条第 4 款规定，两个以上行政机关作出同一行政行为的，共同作出行政行为的行政机关是共同被告。

（2）本案应由西城区人民法院管辖。

解析：《行政诉讼法》第 20 条规定，因不动产提起的行政诉讼，由不动产所在地人民法院管辖。

2. 答案：（1）王某可以向上海市海关所在地的中级人民法院或者海关总署所在地的中级人民法院提起行政诉讼。

解析：《行政诉讼法》第 15 条规定："中级人民法院管辖下列第一审行政案件：（一）对国务院部门或者县级以上地方人民政府所作的行政行为提起诉讼的案件；（二）海关处理的案件；（三）本辖区内重大、复杂的案件；（四）其他法律规定由中级人民法院管辖的案件。”

所以对海关处理的案件不服的，由中级人民法院管辖。

《行政诉讼法》第 18 条第 1 款规定，行政案件由最初作出行政行为的行政机关所在地人民法院管辖。经复议的案件，也可以由复议机关所在地人民法院管辖。

（2）王某应以海关总署为被告。

解析：《行政诉讼法》第 26 条第 1、2 款规定，公民、法人或者其他组织直接向人民法院提起诉讼的，作出行政行为的行政机关是被告。经复议的案件，复议机关决定维持原行政行为的，作出原行政行为的行政机关和复议机关是共同被告；复议机关改变原行政行为的，复议机关是被告。

（3）由上海市海关所在地的中级人民法院管辖。被告是上海市海关。

解析：《行政诉讼法》第 18 条第 1 款规定，行政案件由最初作出行政行为的行政机关所在地人民法院管辖。

《行政诉讼法》第 26 条第 1 款规定，公民、法人或者其他组织直接向人民法院提起诉讼的，作出行政行为的行政机关是被告。

第十一章　行政诉讼程序、证据、法律适用及裁判、执行

一、知识导图

- 行政诉讼程序、证据、法律适用及涉外行政诉讼
  - 行政诉讼程序
    - 起诉和受理
      - 起诉条件
      - 受理
    - 一审
      - 审判组织形式和审理方式
      - 开庭审理的程序
    - 二审
      - 概念和意义
      - 上诉的提起
      - 审理和裁判
    - 再审
      - 概述
      - 提起
      - 审理制度
    - 执行程序
      - 执行的提起
      - 执行的措施
      - 执行回转
    - 裁判类型
  - 行政诉讼证据
    - 举证责任
      - 原告举证责任
      - 被告举证责任
    - 法院依职权收集和保全证据
  - 法律适用
    - 法院的审理法律适用
    - 法律规范冲突及适用规则
  - 涉外行政诉讼
    - 原则
    - 对外送达方式

二、单项选择题

1. 公民、法人或者其他组织直接向人民法院提起行政诉讼的，应当在知道或者应当知道作出行政行为之日起（　）内提出。法律另有规定的除外。

A. 15 日　B. 30 日　C. 2 个月　D. 6 个月

2. 行政诉讼过程中，（　）负有举证责任。

A. 作出行政行为的被告　　B. 当事人和被告

C. 被告上级机关　　D. 当事人

3. 经人民法院许可，当事人和其他诉讼代理人可以（ ），但涉及国家秘密和个人隐私的除外。

A. 向有关组织调查，收集证据　　B. 要求作出行政行为的机关提供材料

C. 向有关公民调查，收集证据　　D. 查阅本案庭审材料

4. 某动物卫生监督机构在监督检查过程中，发现甲某涂改了检疫证明的数量和日期，某动物卫生监督机构对其进行了行政处罚。被涂改的检疫证明在证据的分类上属于（ ）。

A. 书证　B. 物证　C. 视听资料　D. 当事人陈述

5. 当事人在二审期间提出行政赔偿请求的，二审人民法院可进行调解，调解不成，应当（ ）。

A. 依法判决　B. 裁定发回　C. 依法改判　D. 告知当事人另行起诉

6. 人民法院审理行政案件，可以参照（ ）。

A. 法律　B. 行政法规　C. 地方性法规　D. 规章

7. 行政行为有实施主体不具有行政主体资格或者没有依据等重大且明显违法情形，原告申请确认行政行为无效的，人民法院应当（ ）。

A. 驳回原告的诉讼请求

B. 判决确认无效

C. 判决撤销该行政行为

D. 判决有权的机关重新作出行政行为

8. 行政诉讼中，不可以上诉的裁定是（ ）。

A. 不予立案的裁定　　B. 不准许撤诉的裁定

C. 管辖异议的裁定　　D. 驳回起诉的裁定

9. 基层人民法院审理行政案件过程中，发生特殊情况需要延长审理期限的（ ）。

A. 报请高级人民法院批准　　B. 报请中级人民法院批准

C. 本法院自行决定　　D. 报请最高人民法院批准

10. 对行政裁判的执行案件，原则上由（ ）。

A. 第一审人民法院执行　　B. 第二审人民法院执行

C. 报请上级人民法院执行　　D. 请公安机关协助执行

11. 行政诉讼变更判决适用于（ ）。

A. 行政处罚证据不足　　B. 行政处罚显失公正

C. 行政处罚违反法定程序　　D. 行政处罚适用法律法规错误

12. 行政诉讼中，被告无正当理由拒不到庭应诉的，人民法院可以（ ）。

A. 要求原告撤诉　　B. 不予审理

C. 按缺席判决　　D. 通知其上一级机关应诉

13. 刘某对当地执法部门的行政行为不服，起诉到人民法院，人民法院作出了不予立案的裁定。原告对裁定不服的，可以向（　）提起上诉。

A. 当地执法部门　　B. 当地执法部门的主管机关

C. 上一级人民法院　　D. 当地执法部门和人民法院

14. 人民法院应当在立案之日起（　）内，将起诉状副本发送被告。

A. 3 日　B. 5 日　C. 7 日　D. 10 日

15. 行政诉讼过程中，被告应当在收到起诉状副本之日起（　）内向人民法院提交作出行政行为的有关材料，并提出答辩状。

A. 3 日　B. 5 日　C. 7 日　D. 15 日

16. 人民法院审理行政案件时，认为地方政府规章与国务院部、委规章不一的，（　）。

A. 参照地方行政规章

B. 参照国务院部、委规章

C. 由最高人民法院送请国务院作出解释或者裁决

D. 由最高人民法院作出解释

17. 行政诉讼案件，人民法院应当在立案之日起（　）内作出第一审判决。

A. 15 日　B. 1 个月　C. 3 个月　D. 6 个月

18. 当事人不服人民法院第一审判决的，有权在判决书送达之日起（　）内向上一级法院提起上诉。

A. 10 日　B. 15 日　C. 1 个月　D. 60 日

三、多项选择题

1. 行政诉讼中的起诉条件包括（　）。

A. 原告是认为行政行为侵犯其合法权益的公民、法人或者其他组织

B. 有明确的被告

C. 有具体的诉讼请求和事实根据

D. 属于人民法院受案范围和受诉人民法院管辖

2.《行政诉讼法》规定，人民法院审理上诉案件时，可以作出（　）等决定。

A. 判决驳回上诉，维持原判

B. 依法改判

C. 裁定撤销原判，发回原审人民法院重审

D. 终止上诉

3.（　）可以作为行政诉讼中的证据使用，经法庭审查属实的，可以作为

定案的根据。

A. 视听资料 B. 当事人的陈述 C. 鉴定结论 D. 证人证言

4.《行政诉讼法》规定，证据种类有（ ）。

A. 书证 B. 物证 C. 视听资料 D. 现场笔录

5. 下列说法正确的是（ ）。

A. 被告及其诉讼代理人在行政诉讼过程中不得自行向原告或者第三人调查、收集证据

B. 被告严重违反法定程序收集的证据不能作为被诉行政行为合法的依据

C. 被告应当在收到起诉状副本之日起 15 日内提交答辩状，并提供作出行政行为的根据

D. 被告在二审过程中向法院提交在一审过程中没有提交的证据，法院不予采纳

6. 行政诉讼法律适用中的“依据”包括（ ）。

A. 法律 B. 行政法规 C. 地方政府规章 D. 国际条约

7. 诉讼过程中，法庭证据的取得有（ ）等途径。

A. 作出行政行为的被告提供　　B. 当事人提供

C. 法院自行调查取证　　D. 代理人提供

8. 行政诉讼中被告对其作出的行政行为负有举证责任，应当提供（ ）。

A. 作出该行政行为的证据

B. 所依据的规范性文件

C. 行政机关及其公务员违法与不当的证据

D. 答辩状

9. 驳回诉讼请求判决适用于下列（ ）条件的行政行为。

A. 行政行为证据确凿　　B. 适用法律、法规正确

C. 事实清楚　　D. 符合法定程序

10. 行政诉讼期间，原则上不停止行政行为的执行。但有下列哪项情形之一的，行政行为即可停止执行？（ ）

A. 被告认为需要停止执行的

B. 人民法院认为应当停止执行的

C. 原告申请停止执行，人民法院经审查裁定停止执行的

D. 原告申请停止执行的

11. 行政诉讼中，人民法院对于妨碍诉讼行为采取的强制措施中，须经人民法院院长批准的有哪些？（ ）

A. 责令具结悔过　　B. 1 万元以下罚款

C. 拘留　　　　　　　　　　　　　D. 训诫

12. 下列选项中，不能作为定案根据的包括（　）。

A. 严重违反法定程序收集的证据材料

B. 以偷拍手段获取侵害他人合法权益的证据材料

C. 以利诱等不正当手段获取的证据材料

D. 被当事人进行技术处理而无法辨明真伪的证据材料

13. 甲商场出售伪劣商品给顾客乙，经乙举报，某县市场监督管理局对甲商场进行了罚款处罚，并责令其赔偿乙的损失，甲商场不服，提起行政诉讼。关于本案的说法正确的是（　）。

A. 乙可以作为第三人参加诉讼

B. 被告某县市场监督管理局有权提起反诉

C. 如果某县市场监督管理局的处罚显失公正，法院可以直接司法变更

D. 诉讼期间甲商场有权拒交罚款

14.《行政诉讼法》规定，行政行为（　），人民法院可以判决撤销或者部分撤销，并可以判决被告重新作出行政行为。

A. 适用法律、法规错误的　　　　B. 违反法定程序的

C. 超越职权的　　　　　　　　　D. 滥用职权的

15. 某环保联合会对某公司提起环境民事公益诉讼，因在诉讼中需要该公司的相关环保资料，遂向某县生态环境局提出申请公开该公司的排污许可证、排污口数量和位置等有关环境信息。某环保联合会向某县生态环境局提交的申请书中载明了单位名称、住所地、联系人及电话并加盖了公章、获取信息的方式等。某县生态环境局收到申请后，要求某环保联合会提供申请人的身份证明材料。某环保联合会提供了社会团体登记证复印件。某县生态环境局以申请公开的内容不明确为由拒绝公开，该某环保联合会遂提起行政诉讼。关于本案的起诉，下列说法正确的是（　）。

A. 本案由某县生态环境局所在地法院或者某环保联合会所在地的法院管辖

B. 起诉期限为 6 个月

C. 如法院当场不能判定起诉是否符合条件的，应接受起诉状，出具注明收到日期的书面凭证，并在 7 日内决定是否立案

D. 如法院当场不能判定起诉是否符合条件，经 7 日内仍不能作出判断的，应裁定暂缓立案

16.《反不正当竞争法》规定，当事人对监督检查部门作出的处罚决定不服的，可以自收到处罚决定之日起 15 日内向上一级主管机关申请复议；对复议决定不服的，可以自收到复议决定书之起 15 日内向法院提起诉讼；也可以直接向

法院提起诉讼。某县市场监督管理局认定某企业利用广告对商品作引人误解的虚假宣传，构成不正当竞争，处 10 万元罚款。该企业不服，申请复议。下列哪些说法是正确的？(　)

A. 复议机关应当为某县市场监督管理局的上一级市场监督管理局

B. 申请复议期间为 15 日

C. 如复议机关作出维持决定，该企业向法院起诉，起诉期限为 15 日

D. 对罚款决定，该企业可以不经复议直接向法院起诉

17. 交警大队以方某闯红灯为由当场对方某处以 50 元罚款，方某不服起诉。法院适用简易程序审理。关于简易程序，下列哪些说法是正确的？(　)

A. 由审判员一人独任审理

B. 法院应在立案之日起 30 日内审结，有特殊情况需延长的经批准可延长

C. 法院在审理过程中发现不宜适用简易程序的，裁定转为普通程序

D. 对适用简易程序作出的判决，当事人不得提出上诉

18. 关于行政诉讼简易程序，下列哪些说法是正确的？(　)

A. 对第一审行政案件，当事人各方同意适用简易程序的，可以适用

B. 案件涉及款额 2000 元以下的发回重审案件和上诉案件，应适用简易程序审理

C. 适用简易程序审理的行政案件，由审判员一人独任审理

D. 适用简易程序审理的行政案件，应当庭宣判

19. 余某拟大修房屋，向某县自然资源和规划局提出申请，该局作出不予批准答复。余某向某市自然资源和规划局申请复议，在后者作出维持决定后，向人民法院起诉。某县自然资源和规划局向法院提交某县政府批准和保存的余某房屋所在中心村规划布局图的复印件一张，余某提交了其房屋现状的录像，证明其房屋已破旧不堪。下列哪些说法是正确的？(　)

A. 某县自然资源和规划局提交的该复印件，应加盖某县政府的印章

B. 余某提交的录像应注明制作方法和制作时间

C. 如人民法院认定余某的请求不成立，可以判决驳回余某的诉讼请求

D. 如人民法院认定余某的请求成立，在对某县自然资源和规划局的行为作出裁判的同时，应对某市自然资源和规划局的复议决定作出裁判

20. 在行政诉讼中，针对下列哪些情形，法院应当判决驳回原告的诉讼请求？(　)

A. 起诉被告不作为理由不能成立的

B. 受理案件后发现起诉不符合起诉条件的

C. 被诉行政行为合法，但因法律变化需要变更或者废止的

D. 被告在一审期间改变被诉行政行为，原告不撤诉的

四、不定项选择题

1. 下列说法中正确的有（　）。

A. 行政诉讼证据种类广泛，包括了其他诉讼证据中所不具有的现场笔录与其他规范性文件

B. 行政诉讼证据中不包含其他规范性文件，但规范性文件在行政诉讼中同样具有证明作用

C. 行政诉讼证据主要来源于行政程序中，并且主要由被告行政机关来承担

D. 行政诉讼中被告对行政行为的合法性承担举证责任，原告只在特定情况下承担对特定事项的举证责任

2. 在司法审查中，行政法律规范冲突的选择适用原则是（　）。

A. 高层级法律规范优于低层级法律规范

B. 新的法律规范优于旧的法律规范

C. 特别法的规范优于普通法的规范

D. 送请或报送有权机关解释、裁决

3. 某公司提起行政诉讼，要求撤销某区教育局作出的《关于不同意申办花蕾幼儿园的批复》，并要求法院判令该局在20日内向花蕾幼儿园颁发独立的《办学许可证》。一审法院经审理后作出确认某区教育局批复违法的判决，但未就颁发《办学许可证》的诉讼请求作出判决。该公司不服一审判决，提起上诉。下列说法正确的是（　）。

A. 二审法院应当裁定撤销一审判决

B. 二审法院应当维持一审判决

C. 二审法院可以裁定发回一审法院重审

D. 二审法院应当裁定发回一审法院重审，一审法院应当另行组成合议庭进行审理

4. 某县政府以某化工厂不符合国家产业政策、污染严重为由，决定强制关闭该厂。该厂向人民法院起诉要求撤销该决定，并提出赔偿请求。一审人民法院认定某县政府决定违法，予以撤销，但未对赔偿请求作出裁判，某县政府提出上诉。下列说法正确的是（　）。

A. 本案第一审应由某县法院管辖

B. 二审人民法院不得以不开庭方式审理该上诉案件

C. 二审人民法院应对一审人民法院的判决和被诉行政行为进行全面审查

D. 如二审人民法院经审查认为依法不应给予该厂赔偿的，应判决驳回其赔偿请求

5. 某市公安局发现非诚勿扰高级休闲会所存在违法行为，责令其停业整顿并处以5000元的罚款，非诚勿扰高级休闲会所不服，向人民法院提起诉讼。下列说法符合法律规定的是（　）。

A. 该会所不必先申请行政复议再提起诉讼

B. 在诉讼过程中，某市公安局对该行政处罚的依据负举证责任

C. 在诉讼过程中，该会所对起诉符合法定条件负举证责任

D. 诉讼过程中，某市公安局可以继续取证，证明该会所的违法行为

五、填空题

1. 行政诉讼的举证责任主要由______一方承担。

2. 在行政诉讼中，对于第一审未生效判决的上诉期为______日。

3. 人民法院审理行政案件，对行政行为是否______进行审查。

4. 行政复议和______是行政相对人寻求救济的两个主要途径。

5. 行政复议中，复议机关改变原行政行为的，行政相对人如提起诉讼，被告是______。

6. ______在行政诉讼中不得自行向原告、第三人和证人收集证据。

7. 被告不提供或者无正当理由逾期提供证据，视为______相应证据。但是，被诉行政行为涉及第三人合法权益，第三人提供证据的除外。

8. 人民法院在接到起诉状时对符合法律规定的起诉条件的，应当______。

9. 人民法院______审理行政案件，但涉及国家秘密、个人隐私和法律另有规定的除外。

10. 调解应当遵循______、______原则，不得损害国家利益、社会公共利益和他人合法权益。

11. 行政行为有实施主体不具有行政主体资格或者没有依据等重大且明显违法情形，原告申请确认行政行为无效的，人民法院判决______。

12. 行政处罚明显不当，或者其他行政行为涉及对款额的确定、认定确有错误的，人民法院可以______。

13. 发回重审、按照审判监督程序再审的案件______简易程序。

14. 行政诉讼程序中，各级人民检察院对审判监督程序以外的其他审判程序中审判人员的违法行为，有权向同级人民法院提出______。

15. 外国法院对中华人民共和国公民、组织的行政诉讼权利加以限制的，人民法院对该国公民、组织的行政诉讼权利，实行______原则。

六、判断题

1. 行政诉讼过程中，被告不得自行向原告和证人收集证据。（　）

2. 经人民法院合法传唤，原告无正当理由拒不到庭的，可以缺席判决；被

告无正当理由拒不到庭的，视为申请撤诉。(　)

3. 人民法院有权要求当事人提供或者补充证据。(　)

4. 当事人对裁定撤销原判，发回原审人民法院重审的案件，再审案件作出的判决，不可以上诉。(　)

5. 当事人对已经发生法律效力的判决、裁定，认为确有错误的，可以向原审人民法院或者上一级人民法院提出申诉。(　)

6. 人民法院院长对本院已经发生法律效力的判决、裁定，发现违反法律、法规规定的，无权提出是否再审决定。(　)

7. 行政诉讼案件不适用于调解，但是行政赔偿诉讼案件可以调解。(　)

8. 二审人民法院审理上诉行政案件，不受上诉范围的限制。(　)

9. 公民、法人或其他组织对行政行为不服的，既可申请行政复议，也可同时提起行政诉讼。(　)

10. 人民法院审理行政案件，依据规章。(　)

11. 被告不提出答辩状的，不影响人民法院审理。(　)

12. 人民法院对上诉案件，可以组成合议庭，开庭审理。(　)

13. 人民法院判决变更，不得加重原告的义务或者减损原告的权益。但利害关系人同为原告，且诉讼请求相反的除外。(　)

14. 被告改变原违法行政行为，原告仍要求确认原行政行为违法的，人民法院应当依法作出确认判决。(　)

15. 外国人、无国籍人、外国组织在中华人民共和国进行行政诉讼，同中华人民共和国公民、组织有不同等的诉讼权利和义务。(　)

七、名词解释

1. 举证责任

2. 撤诉

3. 审判监督程序

4. 共同诉讼

5. 裁定

6. 判决

7. 涉外行政诉讼

八、简答题

1. 简述行政诉讼的起诉条件。

2. 简述简易程序适用情形。

3. 简述行政诉讼撤诉的种类。

4. 简述行政诉讼中原告应负的举证责任。

5. 简述我国行政诉讼法规定的证据种类。

6. 简述提起审判监督程序的几种方式。

九、案例分析题

1. 某化工厂自建厂以来，一直未经任何处理即向外排放污水，给甲村农业生产造成严重损失。某市环保部门了解情况后，对某化工厂处以 5 万元罚款，并责令限期达到排污环保标准。某化工厂不服，向人民法院提起行政诉讼。人民法院受理后认为某市环保部门的罚款太多，显失公平，改为罚款 2 万元。甲村村民认为这一判决不公，且未判决某化工厂赔偿村民损失，欲在第一审判决生效前上诉。

（1）甲村村民可否上诉？

（2）甲村村民的问题如何解决？

2. 2018 年 4 月 17 日，肖某在世纪商城购买了两盘空白录像带。使用数日后，发现质量低劣，便带着两盘录像带向某市市场监督管理局举报。某市市场监督管理局接到举报后派人到世纪商城检查，并立即查封了商场尚未售出的 3500 盘空白录像带。某市市场监督管理局同时将肖某提供的录像带送国家工商产品检测中心进行检验，经检验认定该空白录像带属不合格产品。某市市场监督管理局还查明世纪商城在 2018 年 3 月曾从深圳华某贸易公司购进空白录像带 4000 盘。2018 年 6 月 13 日，某市市场监督管理局以世纪商城出售劣质产品为由对其处以 5000 元的罚款。世纪商城不服处罚，向人民法院提起诉讼，要求撤销处罚决定，并赔偿由此造成的损失。在一审期间，人民法院以某市市场监督管理局仅有肖某提供的两盘录像带鉴定结论，并无其他证据，无法证明该商城的 3500 盘录像带是劣质品为由判决撤销处罚决定，由某市市场监督管理局重新作出处理决定。

（1）在行政诉讼中，被告应当提供哪些证据？

（2）法院判决某市市场监督管理局重新作出处理决定是否正确？

3. 李某在某市东城区开了一家大亨娱乐公司，2020 年文化和旅游局、公安局以该公司在经营活动中有色情活动为由，对其处以 5000 元的罚款，李某不服，以文化和旅游局为被告向人民法院提起行政诉讼。

（1）如果原告起诉后，文化和旅游局、公安局改为对该娱乐公司处以 1000 元罚款，原告同意但未申请撤诉，法院该如何处理？

（2）如果原告经传票传唤未到庭，法院该如何处理？

（3）如果被告经传票传唤未到庭，法院该如何处理？

（4）在一审中原告申请撤诉，被法院裁定准许后，在法定起诉期内又起诉的，法院如何处理？

参考答案及解析

二、单项选择题

1. 答案：D。解析：《行政诉讼法》第 46 条第 1 款规定，公民、法人或者其他组织直接向人民法院提起诉讼的，应当自知道或者应当知道作出行政行为之日起六个月内提出。法律另有规定的除外。

2. 答案：A。解析：《行政诉讼法》第 34 条第 1 款规定，被告对作出的行政行为负有举证责任，应当提供作出该行政行为的证据和所依据的规范性文件。

3. 答案：D。解析：《行政诉讼法》第 32 条规定，代理诉讼的律师，有权按照规定查阅、复制本案有关材料，有权向有关组织和公民调查，收集与本案有关的证据。对涉及国家秘密、商业秘密和个人隐私的材料，应当依照法律规定保密。

当事人和其他诉讼代理人有权按照规定查阅、复制本案庭审材料，但涉及国家秘密、商业秘密和个人隐私的内容除外。

4. 答案：B。解析：书证是指以文字、符号、图形所记录或表示的内容、含义来证明待证事实的证据，如证明、书信、罚款单等。物证是指用物品的外形、特征、质量等外部特征和物质属性等说明待证事实的物品。本题以“涂改”的外形来作为证明。

5. 答案：D。解析：《最高人民法院关于适用〈中华人民共和国行政诉讼法〉的解释》第 109 条规定，原审判决遗漏行政赔偿请求，第二审人民法院经审查认为依法不应当予以赔偿的，应当判决驳回行政赔偿请求。原审判决遗漏行政赔偿请求，第二审人民法院经审理认为依法应当予以赔偿的，在确认被诉行政行为违法的同时，可以就行政赔偿问题进行调解；调解不成的，应当就行政赔偿部分发回重审。当事人在第二审期间提出行政赔偿请求的，第二审人民法院可以进行调解；调解不成的，应当告知当事人另行起诉。

6. 答案：D。解析：《行政诉讼法》第 63 条规定，人民法院审理行政案件，以法律和行政法规、地方性法规为依据。地方性法规适用于本行政区域内发生的行政案件。人民法院审理民族自治地方的行政案件，并以该民族自治地方的自治条例和单行条例为依据。人民法院审理行政案件，参照规章。

7. 答案：B。解析：《行政诉讼法》第 75 条规定，行政行为有实施主体不具有行政主体资格或者没有依据等重大且明显违法情形，原告申请确认行政行为无效的，人民法院判决确认无效。

8. 答案：B。解析：《最高人民法院关于适用〈中华人民共和国行政诉讼法〉

的解释》第101条规定："裁定适用于下列范围：（一）不予立案；（二）驳回起诉；（三）管辖异议……"对第1、2、3项裁定，当事人可以上诉。

9. 答案：A。解析：《行政诉讼法》第81条规定，人民法院应当在立案之日起六个月内作出第一审判决。有特殊情况需要延长的，由高级人民法院批准，高级人民法院审理第一审案件需要延长的，由最高人民法院批准。

10. 答案：A。解析：《最高人民法院关于适用〈中华人民共和国行政诉讼法〉的解释》第154条规定，发生法律效力的行政判决书、行政裁定书、行政赔偿判决书和行政调解书，由第一审人民法院执行。

第一审人民法院认为情况特殊，需要由第二审人民法院执行的，可以报请第二审人民法院执行；第二审人民法院可以决定由其执行，也可以决定由第一审人民法院执行。

11. 答案：B。解析：《行政诉讼法》第77条规定，行政处罚明显不当，或者其他行政行为涉及对款额的确定、认定确有错误的，人民法院可以判决变更。人民法院判决变更，不得加重原告的义务或者减损原告的权益。但利害关系人同为原告，且诉讼请求相反的除外。

12. 答案：C。解析：《行政诉讼法》第58条规定，经人民法院传票传唤，原告无正当理由拒不到庭，或者未经法庭许可中途退庭的，可以按照撤诉处理；被告无正当理由拒不到庭，或者未经法庭许可中途退庭的，可以缺席判决。

13. 答案：C。解析：《行政诉讼法》第51条第1款、第2款规定："人民法院在接到起诉状时对符合本法规定的起诉条件的，应当登记立案。对当场不能判定是否符合本法规定的起诉条件的，应当接收起诉状，出具注明收到日期的书面凭证，并在七日内决定是否立案。不符合起诉条件的，作出不予立案的裁定。裁定书应当载明不予立案的理由。原告对裁定不服的，可以提起上诉。"

14. 答案：B。解析：《行政诉讼法》第67条第1款规定，人民法院应当在立案之日起5日内，将起诉状副本发送被告。被告应当在收到起诉状副本之日起15日内向人民法院提交作出行政行为的证据和所依据的规范性文件，并提出答辩状。人民法院应当在收到答辩状之日起5日内，将答辩状副本发送原告。

15. 答案：D。解析：《行政诉讼法》第67条第1款规定，人民法院应当在立案之日起5日内，将起诉状副本发送被告。被告应当在收到起诉状副本之日起15日内向人民法院提交作出行政行为的证据和所依据的规范性文件，并提出答辩状。人民法院应当在收到答辩状之日起5日内，将答辩状副本发送原告。

16. 答案：C。解析：人民法院审理行政案件，可参照规章。人民法院认为地方人民政府制定、发布的规章与国务院部委制定、发布的规章不一致的，以及国务院部委制定、发布的规章之间不一致的，由最高人民法院送请国务院作出解释或者裁决。

17. 答案：D。解析：《行政诉讼法》第 81 条规定，人民法院应当在立案之日起六个月内作出第一审判决。有特殊情况需要延长的，由高级人民法院批准，高级人民法院审理第一审案件需要延长的，由最高人民法院批准。

18. 答案：B。解析：《行政诉讼法》第 85 条规定，当事人不服人民法院第一审判决的，有权在判决书送达之日起 15 日内向上一级人民法院提起上诉。当事人不服人民法院第一审裁定的，有权在裁定书送达之日起 10 日内向上一级人民法院提起上诉。逾期不提起上诉的，人民法院的第一审判决或者裁定发生法律效力。

三、多项选择题

1. 答案：ABCD。解析：《行政诉讼法》第 49 条规定："提起诉讼应当符合下列条件：（一）原告是符合本法第二十五条规定的公民、法人或者其他组织；（二）有明确的被告；（三）有具体的诉讼请求和事实根据；（四）属于人民法院受案范围和受诉人民法院管辖。"

2. 答案：ABC。解析：《行政诉讼法》第 89 条规定："人民法院审理上诉案件，按照下列情形，分别处理：（一）原判决、裁定认定事实清楚，适用法律、法规正确的，判决或者裁定驳回上诉，维持原判决、裁定；（二）原判决、裁定认定事实错误或者适用法律、法规错误的，依法改判、撤销或者变更；（三）原判决认定基本事实不清、证据不足的，发回原审人民法院重审，或者查清事实后改判；（四）原判决遗漏当事人或者违法缺席判决等严重违反法定程序的，裁定撤销原判决，发回原审人民法院重审……"

3. 答案：ABCD。解析：《行政诉讼法》第 33 条规定："证据包括：（一）书证；（二）物证；（三）视听资料；（四）电子数据；（五）证人证言；（六）当事人的陈述；（七）鉴定意见；（八）勘验笔录、现场笔录。以上证据经法庭审查属实，才能作为认定案件事实的根据。"

4. 答案：ABCD。解析：《行政诉讼法》第 33 条规定："证据包括：（一）书证；（二）物证；（三）视听资料；（四）电子数据；（五）证人证言；（六）当事人的陈述；（七）鉴定意见；（八）勘验笔录、现场笔录。以上证据经法庭审查属实，才能作为认定案件事实的根据。"

5. 答案：BC。解析：《行政诉讼法》第 35 条规定，在诉讼过程中，被告及其诉讼代理人不得自行向原告、第三人和证人收集证据。但是经人民法院许可的某些情形下是可以收集证据的。被告在二审过程中向法院提交在一审过程中没有提交的证据，不能作为二审法院撤销或者变更一审裁判的依据，并非绝对不予采纳。

6. 答案：AB。解析：《行政诉讼法》第63条第1款规定，人民法院审理行政案件，以法律和行政法规、地方性法规为依据。地方性法规适用于本行政区域内发生的行政案件。

7. 答案：ABCD。解析：《行政诉讼法》第39条规定，人民法院有权要求当事人提供或者补充证据。《行政诉讼法》第40条规定，人民法院有权向有关行政机关以及其他组织、公民调取证据。但是，不得为证明行政行为的合法性调取被告作出行政行为时未收集的证据。《行政诉讼法》第41条规定："与本案有关的下列证据，原告或者第三人不能自行收集的，可以申请人民法院调取：（一）由国家机关保存而须由人民法院调取的证据；（二）涉及国家秘密、商业秘密和个人隐私的证据；（三）确因客观原因不能自行收集的其他证据。"

8. 答案：AB。解析：《行政诉讼法》第34条第1款规定，被告对作出的行政行为负有举证责任，应当提供作出该行政行为的证据和所依据的规范性文件。

9. 答案：ABCD。解析：《行政诉讼法》第69条规定，行政行为证据确凿，适用法律、法规正确，符合法定程序的，或者原告申请被告履行法定职责或者给付义务理由不成立的，人民法院判决驳回原告的诉讼请求。

10. 答案：ABC。解析：《行政诉讼法》第56条第1款规定："诉讼期间，不停止行政行为的执行。但有下列情形之一的，裁定停止执行：（一）被告认为需要停止执行的；（二）原告或者利害关系人申请停止执行，人民法院认为该行政行为的执行会造成难以弥补的损失，并且停止执行不损害国家利益、社会公共利益的；（三）人民法院认为该行政行为的执行会给国家利益、社会公共利益造成重大损害的；（四）法律、法规规定停止执行的。"

11. 答案：BC。解析：《行政诉讼法》第59条规定，诉讼参与人或者其他人有下列行为之一的，人民法院可以根据情节轻重，予以训诫、责令具结悔过或者处1万元以下的罚款、15日以下的拘留；构成犯罪的，依法追究刑事责任。罚款、拘留须经人民法院院长批准。当事人不服的，可以向上一级人民法院申请复议一次。复议期间不停止执行。

12. 答案：ABCD。解析：《最高人民法院关于行政诉讼证据若干问题的规定》第57条规定："下列证据材料不能作为定案依据：（一）严重违反法定程序收集的证据材料；（二）以偷拍、偷录、窃听等手段获取侵害他人合法权益的证据材料；（三）以利诱、欺诈、胁迫、暴力等不正当手段获取的证据材料；（四）当事人无正当事由超出举证期限提供的证据材料；（五）在中华人民共和国领域以外或者在中华人民共和国香港特别行政区、澳门特别行政区和台湾地区形成的未办理法定证明手续的证据材料；（六）当事人无正当理由拒不提供原件、原物，又无其他证据印证，且对方当事人不予认可的证据的复制件或者复制品；

（七）被当事人或者他人进行技术处理而无法辨明真伪的证据材料；（八）不能正确表达意志的证人提供的证言；（九）不具备合法性和真实性的其他证据材料。”

13. 答案：AC。解析：《最高人民法院关于适用〈中华人民共和国行政诉讼法〉的解释》第30条第2款规定，与行政案件处理结果有利害关系的第三人，可以申请参加诉讼，或者由人民法院通知其参加诉讼。乙可以作为第三人参加诉讼。行政诉讼是公民、法人或其他组织的救济制度，是“民”告“官”，只有原告享有诉权，被告没有反诉权。《行政诉讼法》第77条第1款规定，行政处罚明显不当，或者其他行政行为涉及对款额的确定、认定确有错误的，人民法院可以判决变更。《行政诉讼法》第56条第1款规定：“诉讼期间，不停止行政行为的执行。但有下列情形之一的，裁定停止执行：（一）被告认为需要停止执行的；（二）原告或者利害关系人申请停止执行，人民法院认为该行政行为的执行会造成难以弥补的损失，并且停止执行不损害国家利益、社会公共利益的；（三）人民法院认为该行政行为的执行会给国家利益、社会公共利益造成重大损害的；（四）法律、法规规定停止执行的。”

14. 答案：ABCD。解析：《行政诉讼法》第70条规定：“行政行为有下列情形之一的，人民法院判决撤销或者部分撤销，并可以判决被告重新作出行政行为：（一）主要证据不足的；（二）适用法律、法规错误的；（三）违反法定程序的；（四）超越职权的；（五）滥用职权的；（六）明显不当的。”

15. 答案：BC。解析：本案不属于地域管辖的三种特别情形：经过复议的案件、限制人身自由案件、不动产案件，所以，应遵守原告就被告的地域管辖一般逻辑，只能由被告某县生态环境局所在地法院管辖，故A选项表述错误。行政诉讼的起诉期限是知道或者应当知道作出行政行为之日起6个月内，可见，B选项表述正确。

法院当场不能判定是否符合起诉条件的，应当先接收起诉状，出具注明收到起诉状日期的书面凭证，并在7日内决定是否立案。如果法院认为符合起诉条件的，则应当立案；如果法院认为不符合起诉条件的，则作出不予立案的裁定；7日内仍不能作出判断的，应当先予立案。也就是说：第一，能够当场立案。第二，不能当场立案，法院被给予7日审查期。7日后，法院可以立案、不立案、先予立案。所以，C选项表述正确；D选项表述错误，在7日内无法判断是否立案的，并非裁定暂缓立案，而是应当先予立案，立案之后再交由行政审判庭作出进一步的审查，行政庭认为符合立案条件，可以继续审理，如果认为不符合立案条件，应当裁定驳回起诉。综上，本题答案为BC。

16. 答案：CD。解析：市场监督管理局为政府的工作部门，按照法律规定，当事人对某县市场监督管理局的处罚不服，可以向其上一级市场监督管理局或者县政府申请复议。A 项错误。《行政复议法》第 9 条第 1 款规定，公民、法人或者其他组织认为具体行政行为侵犯其合法权益的，可以自知道该具体行政行为之日起 60 日内提出行政复议申请；但是法律规定的申请期限超过 60 日的除外。也就是说，复议的申请期“大于等于 60 日”，《反不正当竞争法》要对复议期限作例外规定的，必须超过 60 日才会被遵照，B 项错误。《行政诉讼法》第 45 条规定，公民、法人或者其他组织不服复议决定的，可以在收到复议决定书之日起 15 日内向人民法院提起诉讼。复议后再起诉的起诉期为 15 日。故而 C 项正确。特别法《反不正当竞争法》规定了当事人不服的，可以直接提起行政诉讼，所以，D 项正确。综上，本题答案为 CD。

17. 答案：AC。解析：对于适用简易程序审理的行政案件，由审判员一人独任审理。审限为 45 日，法院应当在立案之日起 45 日内审结，且不存在延期的情形。所以，A 选项正确，B 选项错误。人民法院在审理过程中，发现案件不宜适用简易程序的，裁定转为普通程序，所以，C 选项正确。简易程序只是法院审理的程序简化，并没有改变行政诉讼两审终审的基本原理，当事人仍然享有上诉权，所以，D 选项错误。综上，本题答案为 AC。

18. 答案：AC。解析：第一审行政案件，当事人各方同意适用简易程序的，可以适用简易程序。A 项正确。发回重审案件不应适用简易程序，所以，B 项错误。适用简易程序审理的行政案件，由审判员一人独任审理，并应当在立案之日起 45 日内审结。C 项正确，法律只要求 45 日审结案件，并没有当庭宣判制度或定期宣判方面的具体要求，所以，D 项错误。综上，本题答案为 AC。

19. 答案：ABCD。解析：当事人向法院提供书证的，原则上应当提供书证的原件，提供原件确有困难的，可以提供与原件核对无误的复印件。提供由有关部门保管的书证原件的复制件、影印件或者抄录件的，应当注明出处，经该部门核对无异后加盖其印章。所以，被告提交的由某县政府保管的该复印件，应加盖保管部门某县政府的印章，A 项正确。当事人向人民法院提供视听资料的，应当注明制作方法、制作时间、制作人和证明对象等便于人民法院核实视听资料的真伪，所以，B 项正确。C 选项已交代余某的请求不成立，那么说明被告行为合法，被告胜诉，原告败诉，人民法院应判决驳回余某的诉讼请求，C 项正确。复议机关与作出原行政行为的行政机关为共同被告的案件，人民法院应当对复议决定和原行政行为一并作出裁判。D 选项表达正确。综上，本题答案为 ABCD。

20. 答案：AC。解析：行政行为证据确凿，适用法律、法规正确，符合法定程序的，或者原告申请被告履行法定职责或者给付义务理由不成立的，人民法院判决驳回原告的诉讼请求。所以 A、C 选项符合驳回判决的适用要求，当选。B

选项涉及的是程序问题，而非实体问题，应当适用裁定驳回起诉，而不是判决驳回原告的诉讼请求，这是和民诉相同的。根据《行政诉讼法》第69条和第74条规定，被告在一审期间改变被诉行政行为，原告不撤诉的，若被诉行政行为确实合法的，适用驳回原告诉讼请求的判决；若被诉行政行为是违法的，适用确认违法判决，D项没有区分合法、违法，因而是不正确的。综上，本题答案为AC。

四、不定项选择题

1. 答案：BCD。解析：《行政诉讼法》第34条第1款规定，被告对作出的行政行为负有举证责任，应当提供作出该行政行为的证据和所依据的规范性文件。

2. 答案：ABCD。解析：《立法法》第87~95条。

3. 答案：AD。解析：《最高人民法院关于适用〈中华人民共和国行政诉讼法〉的解释》第109条第3款规定，原审判决遗漏了必须参加诉讼的当事人或者诉讼请求的，第二审人民法院应当裁定撤销原审判决，发回重审。

4. 答案：CD。解析：《行政诉讼法》第15条规定："中级人民法院管辖下列第一审行政案件：（一）对国务院部门或者县级以上地方人民政府所作的行政行为提起诉讼的案件；（二）海关处理的案件；（三）本辖区内重大、复杂的案件；（四）其他法律规定由中级人民法院管辖的案件。"本题中起诉县政府所作的行政行为，应由中级人民法院管辖。

《行政诉讼法》第86条规定，人民法院对上诉案件，应当组成合议庭，开庭审理。经过阅卷、调查和询问当事人，对没有提出新的事实、证据或者理由，合议庭认为不需要开庭审理的，也可以不开庭审理。

《行政诉讼法》第87条规定，人民法院审理上诉案件，应当对原审人民法院的判决、裁定和被诉行政行为进行全面审查。

《最高人民法院关于适用〈中华人民共和国行政诉讼法〉的解释》第109条第4款规定，原审判决遗漏行政赔偿请求，第二审人民法院经审查认为依法不应当予以赔偿的，应当判决驳回行政赔偿请求。

5. 答案：ABC。解析：在没有特别法规定的情况下，当事人既可以直接选择行政诉讼，也可以直接选择行政复议。

《行政诉讼法》第34条第1款规定，被告对作出的行政行为负有举证责任，应当提供作出该行政行为的证据和所依据的规范性文件。某市公安局作为被告对其作出的行政处罚行为的依据负举证责任。

《最高人民法院关于行政诉讼证据若干问题的规定》第4条第1款规定，公民、法人或者其他组织向人民法院起诉时，应当提供其符合起诉条件的相应的证据材料。

《行政诉讼法》第35条规定，在诉讼过程中，被告及其诉讼代理人不得自行向原告、第三人和证人收集证据。

五、填空题

1. 被告。解析:《行政诉讼法》第 34 条第 1 款规定,被告对作出的行政行为负有举证责任,应当提供作出该行政行为的证据和所依据的规范性文件。

2. 15。解析:《行政诉讼法》第 85 条规定,当事人不服人民法院第一审判决的,有权在判决书送达之日起 15 日内向上一级人民法院提起上诉。

3. 合法。解析:《行政诉讼法》第 6 条规定,人民法院审理行政案件,对行政行为是否合法进行审查。

4. 行政诉讼。

5. 复议机关。解析:《行政诉讼法》第 26 条第 1、2 款规定,公民、法人或者其他组织直接向人民法院提起诉讼的,作出行政行为的行政机关是被告。

经复议的案件,复议机关决定维持原行政行为的,作出原行政行为的行政机关和复议机关是共同被告;复议机关改变原行政行为的,复议机关是被告。

6. 被告及其诉讼代理人。解析:《行政诉讼法》第 35 条规定,在诉讼过程中,被告及其诉讼代理人不得自行向原告、第三人和证人收集证据。

7. 没有。解析:《行政诉讼法》第 34 条规定,被告对作出的行政行为负有举证责任,应当提供作出该行政行为的证据和所依据的规范性文件。

被告不提供或者无正当理由逾期提供证据,视为没有相应证据。但是,被诉行政行为涉及第三人合法权益,第三人提供证据的除外。

8. 登记立案。解析:《行政诉讼法》第 51 条第 1 款规定,人民法院在接到起诉状时对符合该法规定的起诉条件的,应当登记立案。

9. 公开。解析:《行政诉讼法》第 54 条第 1 款规定,人民法院公开审理行政案件,但涉及国家秘密、个人隐私和法律另有规定的除外。

10. 自愿　合法。解析:《行政诉讼法》第 60 条规定,人民法院审理行政案件,不适用调解。但是,行政赔偿、补偿以及行政机关行使法律、法规规定的自由裁量权的案件可以调解。调解应当遵循自愿、合法原则,不得损害国家利益、社会公共利益和他人合法权益。

11. 确认无效。解析:《行政诉讼法》第 75 条规定,行政行为有实施主体不具有行政主体资格或者没有依据等重大且明显违法情形,原告申请确认行政行为无效的,人民法院判决确认无效。

12. 判决变更。解析:《行政诉讼法》第 77 条第 1 款规定,行政处罚明显不当,或者其他行政行为涉及对款额的确定、认定确有错误的,人民法院可以判决变更。

13. 不适用。解析:《行政诉讼法》第 82 条第 3 款规定,发回重审、按照审判监督程序再审的案件不适用简易程序。

14. 检察建议。解析：《行政诉讼法》第 93 条第 3 款规定，各级人民检察院对审判监督程序以外的其他审判程序中审判人员的违法行为，有权向同级人民法院提出检察建议。

15. 对等。解析：《行政诉讼法》第 99 条规定，外国人、无国籍人、外国组织在中华人民共和国进行行政诉讼，同中华人民共和国公民、组织有同等的诉讼权利和义务。

外国法院对中华人民共和国公民、组织的行政诉讼权利加以限制的，人民法院对该国公民、组织的行政诉讼权利，实行对等原则。

六、判断题

1. 对。解析：《行政诉讼法》第 35 条规定，在诉讼过程中，被告及其诉讼代理人不得自行向原告、第三人和证人收集证据。

2. 错。解析：《行政诉讼法》第 58 条规定，经人民法院传票传唤，原告无正当理由拒不到庭，或者未经法庭许可中途退庭的，可以按照撤诉处理；被告无正当理由拒不到庭，或者未经法庭许可中途退庭的，可以缺席判决。

3. 对。解析：《行政诉讼法》第 39 条规定，人民法院有权要求当事人提供或者补充证据。

4. 错。解析：《最高人民法院关于适用〈中华人民共和国行政诉讼法〉的解释》第 119 条第 1 款规定，人民法院按照审判监督程序再审的案件，发生法律效力的判决、裁定是由第一审法院作出的，按照第一审程序审理，所作的判决、裁定，当事人可以上诉；发生法律效力的判决、裁定是由第二审法院作出的，按照第二审程序审理，所作的判决、裁定，是发生法律效力的判决、裁定；上级人民法院按照审判监督程序提审的，按照第二审程序审理，所作的判决、裁定是发生法律效力的判决、裁定。

5. 错。解析：《行政诉讼法》第 90 条规定，当事人对已经发生法律效力的判决、裁定，认为确有错误的，可以向上一级人民法院申请再审，但判决、裁定不停止执行。

6. 对。解析：《行政诉讼法》第 92 条第 1 款规定，各级人民法院院长对本院已经发生法律效力的判决、裁定，发现有该法第 91 条规定情形之一，或者发现调解违反自愿原则或者调解书内容违法，认为需要再审的，应当提交审判委员会讨论决定。

7. 对。解析：《行政诉讼法》第 60 条第 1 款规定，人民法院审理行政案件，不适用调解。但是，行政赔偿、补偿以及行政机关行使法律、法规规定的自由裁量权的案件可以调解。

8. 对。解析：《行政诉讼法》第 87 条规定，人民法院审理上诉案件，应当对原审人民法院的判决、裁定和被诉行政行为进行全面审查。

9. 错。解析：《行政诉讼法》第 44 条第 1 款规定，对属于人民法院受案范围的行政案件，公民、法人或者其他组织可以先向行政机关申请复议，对复议决定不服的，再向人民法院提起诉讼；也可以直接向人民法院提起诉讼。

10. 错。解析：《行政诉讼法》第 63 条规定，人民法院审理行政案件，以法律和行政法规、地方性法规为依据。地方性法规适用于本行政区域内发生的行政案件。

人民法院审理民族自治地方的行政案件，并以该民族自治地方的自治条例和单行条例为依据。

人民法院审理行政案件，参照规章。

11. 对。解析：《行政诉讼法》第 67 条规定，人民法院应当在立案之日起 5 日内，将起诉状副本发送被告。被告应当在收到起诉状副本之日起 15 日内向人民法院提交作出行政行为的证据和所依据的规范性文件，并提出答辩状。人民法院应当在收到答辩状之日起 5 日内，将答辩状副本发送原告。被告不提出答辩状的，不影响人民法院审理。

12. 错。解析：《行政诉讼法》第 86 条规定，人民法院对上诉案件，应当组成合议庭，开庭审理。

13. 对。解析：《行政诉讼法》第 77 条规定，行政处罚明显不当，或者其他行政行为涉及对款额的确定、认定确有错误的，人民法院可以判决变更。

人民法院判决变更，不得加重原告的义务或者减损原告的权益。但利害关系人同为原告，且诉讼请求相反的除外。

14. 对。解析：《最高人民法院关于适用〈中华人民共和国行政诉讼法〉的解释》第 81 条规定，被告在一审期间改变被诉行政行为的，应当书面告知人民法院。

原告或者第三人对改变后的行政行为不服提起诉讼的，人民法院应当就改变后的行政行为进行审理。

被告改变原违法行政行为，原告仍要求确认原行政行为违法的，人民法院应当依法作出确认判决。

原告起诉被告不作为，在诉讼中被告作出行政行为，原告不撤诉的，人民法院应当就不作为依法作出确认判决。

15. 错。解析：《行政诉讼法》第 99 条规定，外国人、无国籍人、外国组织在中华人民共和国进行行政诉讼，同中华人民共和国公民、组织有同等的诉讼权利和义务。

外国法院对中华人民共和国公民、组织的行政诉讼权利加以限制的，人民法院对该国公民、组织的行政诉讼权利，实行对等原则。

七、名词解释

1. 举证责任是指行政诉讼当事人必须承担的证明案件事实的责任。举证责任的基本含义包括两个方面：一是指由谁提供证据证明案件事实，即提供证据责任的承担；二是指当不能提供证据证明案件时法律后果由谁承担。

2. 撤诉是指原告或上诉人自立案至法院作出裁判前，向法院撤回自己的诉讼请求，不再要求法院对案件进行审理的行为。

3. 审判监督程序是指人民法院对已经发生法律效力的判决、裁定，发现违反法律、法规的规定，依法进行重新审判的制度。

4. 共同诉讼是指当事人一方或者双方为两人以上的诉讼。

5. 裁定是指法院在审理行政案件或者执行案件的过程中，就程序问题所作出的判定。

6. 判决是指法院在审理行政案件终结时，对案件的实体问题作出的处理决定。

7. 涉外行政诉讼是指具有涉外因素的行政诉讼，在我国是指外国人、无国籍人、外国组织认为我国国家行政机关及其工作人员所作的行政行为侵犯其合法权益，依法向人民法院提起行政诉讼，由人民法院对行政行为进行审查并作出裁判的活动。

八、简答题

1. 答：《行政诉讼法》第 49 条规定，提起诉讼应当符合下列条件：

(1) 原告是符合《行政诉讼法》第 25 条规定的公民、法人或者其他组织；

(2) 有明确的被告；

(3) 有具体的诉讼请求和事实根据；

(4) 属于人民法院受案范围和受诉人民法院管辖。

2. 答：《行政诉讼法》第 82 条规定，人民法院审理下列第一审行政案件，认为事实清楚、权利义务关系明确、争议不大的，可以适用简易程序：

(1) 被诉行政行为是依法当场作出的；

(2) 案件涉及款额在 2000 元以下的；

(3) 属于政府信息公开案件的。

除前款规定以外的第一审行政案件，当事人各方同意适用简易程序的，可以适用简易程序。

3. 答：第一种：自愿撤诉。《行政诉讼法》第 62 条规定，人民法院对行政案件宣告判决或者裁定前，原告申请撤诉的，或者被告改变其所作的行政行为，原告同意并申请撤诉的，是否准许，由人民法院裁定。

第二种：视为撤诉。《行政诉讼法》第58条规定，经人民法院传票传唤，原告无正当理由拒不到庭，或者未经法庭许可中途退庭的，可以按照撤诉处理；

第三种：《最高人民法院关于适用〈中华人民共和国行政诉讼法〉的解释》第61条规定，原告或者上诉人未按规定的期限预交案件受理费，又不提出缓交、减交、免交申请，或者提出申请未获批准的，按自动撤诉处理。

4. 答：《行政诉讼法》第38条规定，在起诉被告不履行法定职责的案件中，原告应当提供其向被告提出申请的证据。但有下列情形之一的除外：(一) 被告应当依职权主动履行法定职责的；(二) 原告因正当理由不能提供证据的。

在行政赔偿、补偿的案件中，原告应当对行政行为造成的损害提供证据。因被告的原因导致原告无法举证的，由被告承担举证责任。

5. 答：《行政诉讼法》第33条第1款规定，证据包括：(1) 书证；(2) 物证；(3) 视听资料；(4) 电子数据；(5) 证人证言；(6) 当事人的陈述；(7) 鉴定意见；(8) 勘验笔录、现场笔录。

6. 答：《行政诉讼法》第90条规定，当事人对已经发生法律效力的判决、裁定，认为确有错误的，可以向上一级人民法院申请再审，但判决、裁定不停止执行。

《行政诉讼法》第92条规定，各级人民法院院长对本院已经发生法律效力的判决、裁定，发现有该法第91条规定情形之一，或者发现调解违反自愿原则或者调解书内容违法，认为需要再审的，应当提交审判委员会讨论决定。

最高人民法院对地方各级人民法院已经发生法律效力的判决、裁定，上级人民法院对下级人民法院已经发生法律效力的判决、裁定，发现有该法第91条规定情形之一，或者发现调解违反自愿原则或者调解书内容违法的，有权提审或者指令下级人民法院再审。

《行政诉讼法》第93条第1、2款规定，最高人民检察院对各级人民法院已经发生法律效力的判决、裁定，上级人民检察院对下级人民法院已经发生法律效力的判决、裁定，发现有该法第91条规定情形之一，或者发现调解书损害国家利益、社会公共利益的，应当提出抗诉。

地方各级人民检察院对同级人民法院已经发生法律效力的判决、裁定，发现有该法第91条规定情形之一，或者发现调解书损害国家利益、社会公共利益的，可以向同级人民法院提出检察建议，并报上级人民检察院备案；也可以提请上级人民检察院向同级人民法院提出抗诉。

九、案例分析题

1. 答案：(1) 本案的行政行为中，行政主体是某市环保部门，行政相对人是某化工厂，与甲村村民没有直接关系，没有直接关系就不应成为第三人。所以，甲村村民既不是本案原告或被告，也不是第三人，无权提起上诉。

（2）甲村村民的问题可通过以下方式解决：一是以某化工厂为被告，向人民法院提起侵权引起的损害赔偿民事诉讼。二是与某化工厂协商解决。三是请求环保部门对化工厂进行行政处罚，责令某化工厂赔偿甲村村民损失；如果环保部门拒不履行保护公民、法人和其他组织人身权和财产权的法定职责，可以环保部门为被告向人民法院提起行政诉讼。四是请求第三人居中调解，甲村村民与某化工厂达成调解协议，双方自愿履行，如果达成调解协议后一方反悔或不履行调解协议的，甲村村民可向人民法院提起民事诉讼。

2. 答案：（1）根据《行政诉讼法》规定，被告对作出的行政行为负有举证责任，应当提供作出该行政行为的证据和所依据的规范性文件。

（2）正确。《行政诉讼法》第 70 条规定："行政行为有下列情形之一的，人民法院判决撤销或者部分撤销，并可以判决被告重新作出行政行为：（一）主要证据不足的；（二）适用法律、法规错误的；（三）违反法定程序的；（四）超越职权的；（五）滥用职权的；（六）明显不当的。"

3. 答案：（1）法院应当继续审理改变前的行政行为，依法作出确认判决。

《最高人民法院关于适用〈中华人民共和国行政诉讼法〉的解释》第 81 条规定，被告在一审期间改变被诉行政行为的，应当书面告知人民法院。原告或者第三人对改变后的行政行为不服提起诉讼的，人民法院应当就改变后的行政行为进行审理。被告改变原违法行政行为，原告仍要求确认原行政行为违法的，人民法院应当依法作出确认判决。原告起诉被告不作为，在诉讼中被告作出行政行为，原告不撤诉的，人民法院应当就不作为依法作出确认判决。

（2）按撤诉处理。《行政诉讼法》第 58 条规定，经人民法院传票传唤，原告无正当理由拒不到庭，或者未经法庭许可中途退庭的，可以按照撤诉处理；被告无正当理由拒不到庭，或者未经法庭许可中途退庭的，可以缺席判决。

（3）缺席判决。理由同上。

（4）不予立案。但准予撤诉的裁定确有错误的，原告申请再审的，人民法院应当通过审判监督程序撤销原准予撤诉的裁定，重新对案件进行审理。

《最高人民法院关于适用〈中华人民共和国行政诉讼法〉的解释》第 60 条规定，人民法院裁定准许原告撤诉后，原告以同一事实和理由重新起诉的，人民法院不予立案。准予撤诉的裁定确有错误，原告申请再审的，人民法院应当通过审判监督程序撤销原准予撤诉的裁定，重新对案件进行审理。

第十二章 国家赔偿

一、知识导图

- 国家赔偿
  - 概述
    - 概念和特点
    - 与近似概念的比较
      - 国家赔偿与国家补偿
      - 行政赔偿与司法赔偿
  - 构成要件
    - （1）行为主体要件
      - 国家机关
      - 国家机关工作人员
    - （2）瑕疵行为要件
    - （3）损害结果要件
      - 损害的范围
      - 损害获得国家赔偿的条件
    - （4）因果关系要件
    - （5）法律要件
  - 归责原则
    - 过错责任原则
    - 无过错责任原则
    - 违法责任原则：以职务违法行为作为归责标准，不考虑行为人主观有无过错
  - 赔偿范围
    - 侵犯人身权的五种情形
    - 侵犯财产权的四种情形
    - 不予赔偿的三种情形
  - 行政赔偿范围
    - 一般范围
      - 侵犯人身权的赔偿范围
      - 侵犯财产权的赔偿范围
    - 不赔偿的情形
      - 个人行为
      - 自己致害行为
      - 第三人致害
      - 不可抗力致害
  - 行政赔偿义务机关：行政赔偿义务机关的确定，共 7 种情形
  - 行政赔偿程序：赔偿的提出→赔偿请求的处理→行政赔偿诉讼→赔偿时效
  - 赔偿方式和计算标准：赔偿方式 4 种；计算标准 3 类
  - 行政追偿
    - 含义：行政赔偿义务机关向受害人赔偿损失后，责令有故意或重大过失的工作人员或者受委托的组织或个人，承担部分或全部赔偿费用的制度
    - 成立条件：前提条件、客观条件、主观条件

二、单项选择题

1. 赔偿义务机关在规定期限内未作出是否赔偿的决定，赔偿请求人可以自期限届满之日起（　）内向赔偿义务机关的上一级机关申请复议。

A. 30 日　B. 15 日　C. 20 日　D. 10 日

2. 国家赔偿是指国家机关及其工作人员违法行使行政、侦查等职权，侵犯公民、法人和其他组织的合法权益并造成损害的，由法律规定的赔偿义务机关对受害人予以赔偿的法律制度。国家对下列行为承担赔偿责任的是（　）。

A. 司法机关的民事行为

B. 国家机关和国家机关工作人员违法行使职权的行为

C. 工作人员的个人行为

D. 省民政厅盖办公大楼，因违约而与包工方发生纠纷，导致的 20 万元经济损失

3. 《国家赔偿法》规定的侵犯公民人身自由的每日赔偿金应按下述哪一种方法计算？（　）

A. 本年度职工年平均工资除以全年天数

B. 本年度职工年平均工资除以全年法定工作日数

C. 上年度职工年平均工资除以全年天数

D. 上年度职工年平均工资除以全年法定工作日数

4. 某市公安局民警唐某在执行巡逻任务时，将一无辜群众李某非法殴打致残，此案中赔偿义务机关为（　）。

A. 唐某　B. 该市财政局　C. 该市公安局　D. 国家

5. 某市公安局刑事警察赵某下班期间发现有人斗殴，即予以制止。正巧打架的马某与赵某有隙，便对赵某出言不逊。赵某大怒，拔枪将马某击伤。下列关于赔偿责任的说法正确的是（　）。

A. 应由赵某赔偿，因其行为属于与行使职权无关的个人行为

B. 应由赵某赔偿，因其是刑事警察，无治安管理职权，且是在下班期间作出

C. 应由公安局赔偿，因赵某的行为是执行职务

D. 应由公安局赔偿，因赵某的行为属于违法使用武器、警械造成公民身体伤害的情形

6. 某市西区治安联防队行使该区公安分局委托的治安管理权。某日，联防队员周某抓获了有行窃嫌疑的盖某，因盖某拒不说出自己的真实姓名，周某用木棍将盖某殴打致伤。盖某向人民法院提起诉讼，依照《国家赔偿法》的规定，应由（　）承担国家赔偿义务。

A. 市公安局　B. 区公安分局　C. 区治安联防队　D. 联防队队员周某

7. 李某为某市场监督管理局干部，王某为某公安局干部，两人共同作出没收范某财产的决定，为此（　）。

A. 李某、王某共同赔偿　　　B. 某市场监督管理局与某公安局共同赔偿

C. 李某、王某分别赔偿　　　D. 某市场监督管理局与某公安局分别赔偿

8. 甲、乙两行政机关共同行使行政职权，造成侵权，赔偿请求人丙依法可以采取的解决方式是（　）。

A. 可择一机关提出赔偿请求，也可向甲、乙两机关同时提出赔偿请求，甲、乙两机关具有连带行政赔偿责任

B. 可择一机关提出赔偿请求，在此种情况下，另一机关便可免除赔偿责任

C. 必须向两机关同时提出赔偿请求，并由两机关共同进行赔偿

D. 不必向两机关提出赔偿请求，可直接向行政复议机关申请行政复议与向法院提起诉讼

9. 经复议机关复议的，最初造成侵权行为的行政机关为赔偿义务机关。但复议决定加重处罚的，复议机关（　）。

A. 承担全部的赔偿责任　　　B. 不承担赔偿责任

C. 承担一半的赔偿责任　　　D. 对加重的部分履行赔偿义务

10. 甲在某餐厅酒后闹事，砸坏部分餐具。经餐厅经理的朋友劝说，甲同意赔偿餐厅的损失。双方正对赔偿数额交涉时，某公安分局警察乙和丙巡逻至餐厅。乙欲将甲带回公安局处理，在推扭过程中，甲跌倒，头部撞在椅子角造成颅内出血死亡。甲父提出国家赔偿请求的时效如何计算？（　）

A. 从甲死亡之日起 1 年

B. 从乙的行为被确认为违法之日起 1 年

C. 从甲死亡之日起 2 年

D. 从甲父母知道或应当知道乙的违法行为之日起 2 年

11. 某法院以杜某逾期未履行偿债判决为由，先将其房屋查封，后裁定将房屋过户以抵债。杜某认为强制执行超过申请数额而申请国家赔偿，要求赔偿房屋过户损失 30 万元，查封造成屋内财产毁损和丢失 5000 元，误工损失 2000 元，以及精神损失费 1 万元。下列属于国家赔偿范围的是（　）。

A. 2000 元　B. 5000 元　C. 1 万元　D. 30 万元

12. 2015 年 4 月 5 日，县交通运输执法人员甲在整顿客运市场秩序的执法活动中，滥用职权致使乘坐在非法营运车辆上的孕妇乙重伤，检察机关对甲提起公诉。为保障自己的合法权益，乙的做法正确的是（　）。

A. 提起刑事附带民事诉讼，要求甲承担民事赔偿责任

B. 提起行政赔偿诉讼，要求甲所在行政机关承担国家赔偿责任

C. 提起刑事附带行政赔偿诉讼，要求甲所在行政机关承担国家赔偿责任

D. 提起刑事附带民事诉讼，要求甲及其所在的行政机关承担民事赔偿责任

13. 甲市乙县人民法院强制执行生效民事判决时执行了案外人李某的财产且无法执行回转。李某向乙县人民法院申请国家赔偿，遭到拒绝后申请甲市中级人民法院赔偿委员会作出赔偿决定。赔偿委员会适用质证程序审理。下列说法正确的是（ ）。

A. 乙县人民法院申请不公开质证，赔偿委员会应当予以准许

B. 李某对乙县人民法院主张的不利于自己的事实，既未表示承认也未否认的，即视为对该项事实的承认

C. 赔偿委员会根据李某申请调取的证据，作为李某提供的证据进行质证

D. 赔偿委员会应当对质证活动进行全程同步录音录像

14. 某县公安局以李某涉嫌盗窃为由将其刑事拘留，并经某县检察院批准逮捕。某县人民法院判处李某有期徒刑 5 年。李某上诉，某市中级人民法院改判李某无罪。李某向赔偿义务机关申请国家赔偿。下列说法正确的是（ ）。

A. 某县检察院为赔偿义务机关

B. 李某申请国家赔偿前应先申请确认刑事拘留和逮捕行为违法

C. 李某请求国家赔偿的时效自羁押行为被确认为违法之日起计算

D. 赔偿义务机关可以与李某就赔偿方式进行协商

15. 2017 年 2 月 10 日，王某因涉嫌诈骗被县公安局刑事拘留，2 月 24 日，某县人民检察院批准逮捕王某。4 月 10 日，某县人民法院以诈骗罪判处王某 3 年有期徒刑，缓期 2 年执行。5 月 10 日，某县公安局根据某县人民法院变更强制措施的决定，对王某采取取保候审措施。王某上诉，6 月 1 日，某市中级人民法院维持原判。王某申诉，12 月 10 日，某市中级人民法院再审认定王某行为不构成诈骗，撤销原判。对此，下列说法正确的是（ ）。

A. 因王某被判无罪，国家应当对王某在 2017 年 2 月 10 日至 12 月 10 日期间的损失承担赔偿责任

B. 因王某被判处有期徒刑缓期执行，国家不承担赔偿责任

C. 因王某被判无罪，国家应当对王某在 2017 年 6 月 1 日至 12 月 10 日期间的损失承担赔偿责任

D. 因王某被判无罪，国家应当对王某在 2017 年 2 月 10 日至 5 月 10 日期间的损失承担赔偿责任

16. 甲市乙区公安分局以孙某涉嫌诈骗罪为由将其刑事拘留，并经乙区人民检察院批准逮捕。后因案情特殊由丙区人民检察院提起公诉。2016 年，丙区人

民法院判处孙某有期徒刑 3 年，孙某不服上诉，甲市中级人民法院裁定发回丙区人民法院重新审理。重审期间，丙区人民检察院经准许撤回起诉，并最终作出不起诉决定。孙某申请国家赔偿。关于赔偿义务机关，下列选项正确的是（　）。

A. 乙区公安分局、乙区人民检察院和丙区人民法院

B. 乙区公安分局、丙区人民检察院和丙区人民法院

C. 乙区人民检察院和丙区人民法院

D. 丙区人民法院

17. 甲公司向某区人民法院起诉要求乙公司返还货款 15 万元，并请求依法保全乙公司价值 10 万元的汽车。在甲公司提供担保后，某区人民法院准予采取保全措施。二审人民法院最终维持某区人民法院要求乙公司返还货款 10 万元的判决。甲公司在申请强制执行时，发现诉讼期间某区人民法院在乙公司没有提供担保的情况下已解除保全措施，乙公司已变卖汽车、转移货款，致判决无法执行。甲公司要求某区人民法院赔偿损失。下列说法正确的是（　）。

A. 《国家赔偿法》未明确规定人民法院在民事诉讼过程中违法解除保全措施应承担赔偿责任，故甲公司的请求不成立

B. 违法采取保全措施应包括依法不应当解除而解除保全措施

C. 就某区人民法院的解除保全措施是否属国家赔偿范围问题，受理赔偿诉讼的人民法院可以进行调解

D. 甲公司应当先申请确认某区人民法院解除保全措施的行为违法

18. 李某被某县公安局以涉嫌盗窃为由刑事拘留，后被释放。李某向某县公安局申请国家赔偿，遭到拒绝，经复议后，向某市中级人民法院赔偿委员会申请作出赔偿决定。下列说法正确的是（　）。

A. 李某应向赔偿委员会递交赔偿申请书一式四份

B. 某县公安局可以委托律师作为代理人

C. 某县公安局应对李某的损失与刑事拘留行为之间是否存在因果关系提供证据

D. 李某不服某市中级人民法院赔偿委员会作出的赔偿决定的，可以向上一级人民法院赔偿委员会申请复议一次

19. 某市公安局以朱某涉嫌盗窃罪于 2018 年 7 月 25 日将其刑事拘留，经某市人民检察院批准逮捕。2020 年 9 月 11 日，某市中级人民法院判决朱某无罪，朱某被释放。2021 年 3 月 15 日，朱某以无罪被羁押为由申请国家赔偿，要求支付侵犯人身自由的赔偿金，赔礼道歉，赔偿精神损害抚慰金 200 万元。下列说法正确的是（　）。

A. 某市人民检察院为赔偿义务机关

B. 朱某不能以口头方式提出赔偿申请

C. 限制人身自由的时间是计算精神抚慰金的唯一标准

D. 侵犯朱某人身自由的每日赔偿金应按照2019年度职工日平均工资计算

20. 2016年5月李某被某县公安局刑事拘留，后某县人民检察院以证据不足退回该局补充侦查，2017年11月李某被取保候审。2019年，某县公安局撤销案件。次年3月，李某提出国家赔偿申请。某县公安局于2020年12月作出给予李某赔偿的决定书。李某以赔偿数额过低为由，于2021年先后向某市公安局和某市人民法院赔偿委员会提出复议和申请，二者均作出维持决定。对李某被限制人身自由的赔偿金，应按照下列哪个年度的国家职工日平均工资计算？（　）

A. 2017年度　B. 2018年度　C. 2019年度　D. 2020年度

三、多项选择题

1. 目前我国的国家赔偿分为（　）。

A. 行政赔偿　B. 司法赔偿　C. 民事赔偿　D. 刑事赔偿

2. 私营企业晓康公司经理柴某被公安机关工作人员在讯问中殴打致残，完全丧失劳动能力。按照《国家赔偿法》有关规定，国家对柴某应当支付（　）费用。

A. 医疗费

B. 残疾赔偿金

C. 受柴某扶养的无劳动能力人的生活费

D. 晓康公司因经理丧失劳动能力停业期间的利润损失

3. 2018年2月1日，出租汽车司机陈某被某公安局罚款1000元并扣车，陈某当场交纳了罚款。3月5日，某公安局提出只要陈某再交2000元押金就可以将出租车返还给陈某，陈某认为不合理而未交保证金。陈某向人民法院起诉。10月1日，人民法院以证据不足为由撤销了某公安局的罚款和扣车决定。依据《国家赔偿法》，对于陈某的损失，应赔偿（　）。

A. 退还罚款1000元

B. 返还出租车

C. 2018年2月1日至10月1日车辆被扣期间的直接经济损失

D. 2018年2月1日至10月1日车辆被扣期间应得的营运收入

4. 某区城管局工作人员王某在执法过程中，对路边卖烤红薯的流动商贩赵某实施殴打，导致赵某眼睛受伤，经鉴定为7级伤残。赵某申请国家赔偿，下列属于国家赔偿范围的是（　）。

A. 医疗费　　B. 未成年子女抚养费

C. 残疾器具费用　　D. 残疾赔偿金

5. 李某是某市场监督管理局工作人员，后因犯罪被开除。一日，李某假扮市场监督管理局人员，骗走某企业一笔巨款。下列说法正确的是（　）。

A. 李某应为诈骗行为承担一切法律责任

B. 国家应承担行政赔偿责任

C. 先由国家赔偿，然后再向李某进行追偿

D. 此案不属于国家赔偿范围

6. 2016 年 9 月 7 日，某县法院以销售伪劣产品罪判处杨某有期徒刑 8 年，并处罚金 45 万元，没收其推土机一台。杨某不服上诉，12 月 6 日，某市中级人民法院维持原判交付执行。杨某仍不服，向某省高级人民法院提出申诉。2020 年 9 月 9 日，某省高级人民法院宣告杨某无罪释放。2021 年 4 月，杨某申请国家赔偿。关于本案的赔偿范围和标准说法正确的是（　）。

A. 对杨某被羁押，每日赔偿金按国家上年度职工日平均工资计算

B. 返还 45 万元罚金并支付银行同期存款利息

C. 如被没收推土机已被拍卖的，应给付拍卖所得的价款及相应的赔偿金

D. 本案不存在支付精神损害抚慰金的问题

7. 根据《国家赔偿法》规定，属于行政赔偿诉讼受案范围的情形有（　）。

A. 李某遭到某公安机关工作人员殴打的行为被某公安机关确认违法，但某公安机关又决定不予赔偿，或者李某对赔偿数额有异议提起行政赔偿诉讼的

B. 赵某认为某市场监督管理局确定的赔偿数额太低，或者对分为几次赔偿的方式不满意，或者对某市场监督管理局逾期不予赔偿提出行政赔偿诉讼的

C. 田某认为某乡政府工作人员扣押其汽车和殴打自己的行为造成了损失，某乡政府对该工作人员行为不认为违法的

D. 法律规定由行政机关作出最终裁决的具体行政行为，被作出最终裁决的行政机关确认违法，赔偿请求人以赔偿义务机关逾期不予赔偿为由提起行政赔偿诉讼的

8. 丁某以其房屋作抵押向孙某借款，双方到某房管局办理手续，提交了房产证原件及载明房屋面积 100 平方米、借款 50 万元的房产抵押合同，该局以此出具房屋他项权证。后丁某未还款，法院拍卖房屋，但因房屋面积只有 70 平方米，孙某遂以某房管局办理手续时未尽核实义务造成其 15 万元债权无法实现为由，起诉要求认定该局行为违法并赔偿损失。对此案，下列说法错误的是（　）。

A. 法院可根据孙某申请裁定先予执行

B. 孙某应对某房管局的行为造成其损失提供证据

C. 法院应对某房管局的行为是否合法与行政赔偿争议一并审理和裁判

D. 孙某的请求不属于国家赔偿范围

9. 某区自然资源和规划局以一公司未经批准擅自搭建地面工棚为由，限期自行拆除。该公司逾期未拆除。根据自然资源和规划局的请求，某区政府组织人员将违法建筑拆除，并将拆下的钢板作为建筑垃圾运走。如该公司申请国家赔偿，下列说法正确的是（　）。

A. 可以向某区自然资源和规划局提出赔偿请求

B. 某区政府为赔偿义务机关

C. 申请国家赔偿之前应先申请确认运走钢板的行为违法

D. 应当对自己的主张提供证据

10. 某县地矿局认定甲公司存在非法采矿行为，责令其停产停业，甲公司不服，提起行政诉讼，法院认为某县地矿局认定错误，予以撤销，甲公司申请国家赔偿，下列属于国家赔偿范围的是（　）。

A. 设备租金　　B. 预期利润

C. 留守职工工资　　D. 缴纳的水资源费

11. 某市某县公安局于 2012 年 5 月 25 日以方某涉嫌合同诈骗罪将其刑事拘留，同年 6 月 26 日取保候审，8 月 11 日某县人民检察院决定批准逮捕方某。2013 年 5 月 11 日，某县人民法院以指控依据不足为由判决方某无罪，方某被释放。2014 年 3 月 2 日，方某申请国家赔偿。下列说法是错误的是（　）。

A. 某县公安局为赔偿义务机关

B. 赔偿义务机关可就赔偿方式和数额与方某协商，但不得就赔偿项目进行协商

C. 方某 2012 年 6 月 26 日至 8 月 11 日取保候审，不属于国家赔偿范围

D. 对方某的赔偿金标准应按照 2012 年度国家职工日平均工资计算

12. 某区公安分局以涉嫌故意伤害罪为由将方某刑事拘留，某区人民检察院批准对方某的逮捕。某区人民法院判处方某有期徒刑 3 年，方某上诉。市中级人民法院以事实不清为由发回某区人民法院重审。某区人民法院重审后，判决方某无罪。判决生效后，方某请求国家赔偿。下列说法错误的是（　）。

A. 某区人民检察院和某区人民法院为共同赔偿义务机关

B. 某区公安分局为赔偿义务机关

C. 方某应当先向某区人民法院提出赔偿请求

D. 如某区人民检察院在审查起诉阶段决定撤销案件，方某请求国家赔偿的，某区人民检察院为赔偿义务机关

13. 2016 年 12 月 5 日，王某因涉嫌盗窃被某县公安局刑事拘留，同月 11 日

被某县人民检察院批准逮捕。2018 年 3 月 4 日，王某被一审人民法院判处有期徒刑 2 年，王某不服提出上诉。2018 年 6 月 5 日，二审人民法院维持原判，判决交付执行。2019 年 3 月 2 日，人民法院经再审以王某犯罪时不满 16 周岁为由撤销生效判决，改判其无罪并当庭释放。王某申请国家赔偿，下列选项错误的是（　）。

A. 国家应当对王某从 2018 年 6 月 5 日到 2019 年 3 月 2 日被羁押的损失承担赔偿责任

B. 国家应当对王某从 2016 年 12 月 11 日到 2018 年 3 月 4 日被羁押的损失承担赔偿责任

C. 国家应当对王某从 2016 年 12 月 5 日到 2018 年 3 月 4 日被羁押的损失承担赔偿责任

D. 国家应当对王某从 2018 年 3 月 4 日到 2019 年 3 月 2 日被羁押的损失承担赔偿责任

14. 关于民事、行政诉讼中的司法赔偿，下列说法正确的是（　）。

A. 对同一妨害诉讼的行为重复采取罚款措施的，属于违法采取对妨害诉讼的强制措施

B. 执行未生效法律文书的，属于对判决、裁定及其他生效法律文书执行错误

C. 受害人对损害结果的发生或者扩大也有过错的，国家不承担赔偿责任

D. 因正当防卫造成损害后果的，国家不承担赔偿责任

15. 张某租用农贸市场一门面从事经营。因赵某提出该门面属于他而引起争议，某市场监督管理局扣缴张某的营业执照，致使张某停业 2 个月之久。张某在某市场监督管理局返还营业执照后，提出赔偿请求。下列属于国家赔偿范围的是（　）。

A. 门面租赁费　　B. 食品过期不能出售造成的损失

C. 张某无法经营的经济损失　　D. 停业期间张某依法缴纳的税费

四、不定项选择题

1. 某个体户被公安机关以不履行经济合同为由非法拘留，他被释放后，向赔偿义务机关提出下列哪些损害赔偿没有法律依据？（　）

A. 精神损害

B. 被拘留期间因无法开展正常业务导致的利润损失

C. 因被拘留导致名誉等无形的损失

D. 因人身自由被限制遭受的直接损害

2. 某县市场监督管理局工作人员孔某，在一次执行职务过程中违法将苗某打伤。苗某应当向（　）提出赔偿请求。

A. 某县市场监督管理局

B. 孔某

C. 某县市场监督管理局或孔某

D. 某县市场监督管理局和孔某

3. 某县市场监督管理局以某厂擅自使用专利申请号用于产品包装广告进行宣传、销售为由，向某厂发出扣押封存该厂胶片成品通知书。该厂不服，向法院起诉要求撤销某县市场监督管理局的扣押财物通知书，并提出下列赔偿要求：返还扣押财物、赔偿该厂不能履行合同损失 100 万元、该厂名誉损失和因扣押财物造成该厂停产损失 100 万元。后法院认定某县市场监督管理局的扣押通知书违法。针对该厂提出请求事项，不属于国家赔偿的范围的是（ ）。

A. 返还扣押财物
B. 某厂不能履行合同损失 100 万元
C. 某厂名誉损失
D. 某厂停产损失 100 万元

4. 某县公安局以涉嫌诈骗为由将张某刑事拘留，并经某县人民检察院批准逮捕。随后，某县公安局以证据不足为由撤销案件，张某遂申请国家赔偿。下列说法正确的是（ ）。

A. 赔偿义务机关为某县公安局和某县人民检察院

B. 张某的赔偿请求不属国家赔偿范围

C. 张某当面递交赔偿申请书，赔偿义务机关应当场出具加盖本机关专用印章并注明收讫日期的书面凭证

D. 如果赔偿义务机关拒绝赔偿，张某可向人民法院提起赔偿诉讼

5. 某县公安局以沈某涉嫌销售伪劣商品罪为由将其刑事拘留，并经某县人民检察院批准逮捕。后某县人民检察院决定不起诉。沈某申请国家赔偿，赔偿义务机关拒绝。下列说法正确的是（ ）。

A. 某县公安局为赔偿义务机关

B. 赔偿义务机关拒绝赔偿，应当书面通知沈某

C. 国家应当给予沈某赔偿

D. 对拒绝赔偿，沈某可以向某县人民检察院的上一级检察院申请复议

6. 甲市某县公安局以李某涉嫌盗窃罪为由将其刑事拘留，经某县人民检察院批准逮捕，某县人民法院判处李某有期徒刑 6 年，李某上诉，甲市中级人民法院改判无罪。李某被释放后申请国家赔偿，赔偿义务机关拒绝赔偿，李某向甲市中级人民法院赔偿委员会申请作出赔偿决定。下列选项正确的是（ ）。

A. 赔偿义务机关拒绝赔偿的，应书面通知李某并说明不予赔偿的理由

B. 李某向甲市中级人民法院赔偿委员会申请作出赔偿决定前，应当先向甲市人民检察院申请复议

C. 对李某申请赔偿案件，甲市中级人民法院赔偿委员会可指定一名审判员审理和作出决定

D. 如甲市中级人民法院赔偿委员会作出赔偿决定，赔偿义务机关认为确有错误的，可以向该省高级人民法院赔偿委员会提出申诉

7. 甲被某公安机关错误拘留，后又被某检察机关错误批准逮捕，甲应向（ ）请求赔偿。

A. 某公安机关　　B. 某检察机关

C. 某公安机关决定拘留的工作人员　　D. 某检察机关决定批准逮捕的检察人员

8. 赔偿义务机关是人民法院的，赔偿请求人可以依照规定向其（ ）赔偿委员会申请作出赔偿决定。

A. 同级人民法院　　B. 上一级人民法院

C. 同级人民政府　　D. 上级人民政府

9. 赔偿请求人或者赔偿义务机关对赔偿委员会作出的决定，认为确有错误的，可以向（ ）赔偿委员会提出申诉。

A. 同级人民法院　　B. 上一级人民法院

C. 同级人民政府　　D. 上级人民政府

10. 根据《国家赔偿法》规定，赔偿请求人请求国家赔偿的时效为两年。下列说法错误的是（ ）。

A. 无时效中止的规定

B. 羁押期间不计算在内

C. 无时效中断的规定

D. 自违法具体行政行为被确认为违法之日起计算

五、填空题

1. 我国国家承担赔偿责任采用的主要方式有______、______、______。

2. 从立法内容上看，我国国家赔偿包括______和司法赔偿两个部分。

3. 国家赔偿法上所说的侵权损害仅指______不包括______、______。

4. 根据国家赔偿法的规定，对人身权的损害包括______和______的损害。

5. 当受国家侵害的公民死亡后，其______和其他______的亲属有权要求赔偿。

6. 受害的法人或者其他组织终止，______的法人或者其他组织有权要求赔偿。

7. 法律授权的组织在行使授予的行政权力时侵犯公民、法人和其他组织的合法权益造成损害的，______为赔偿义务机关。

8. 行政赔偿义务机关不予赔偿的，赔偿请求人可以自期限届满之日起______

向人民法院提起诉讼。

9. 我国行政赔偿诉讼的举证责任方面，实行的是由______制度。

10. 对人民法院在民事诉讼、行政诉讼中，违法采取对妨害诉讼的______、______或者对______，造成损害的，国家应负赔偿责任。

六、判断题

1. 根据《国家赔偿法》规定，受害的公民死亡，有扶养关系的亲属无权要求赔偿。(　)

2. 根据《国家赔偿法》规定，赔偿请求人可以向共同赔偿义务机关中的任何一个赔偿义务机关要求赔偿，该赔偿义务机关视情况可以先予赔偿。(　)

3. 受行政机关委托的组织或者个人在行使受委托的行政权力时侵犯公民、法人和其他组织的合法权益造成损害的，受委托的行政机关为赔偿义务机关。(　)

4. 两个以上行政机关共同行使行政职权时侵犯公民、法人和其他组织的合法权益造成损害的，共同行使行政职权的行政机关协商其中一个为赔偿义务机关。(　)

5. 人民法院审理行政赔偿案件，由赔偿义务机关提供证据。(　)

6. 人民法院赔偿委员会应当自收到赔偿申请之日起三个月内作出决定；属于疑难、复杂、重大案件的，经本院院长批准，可以延长三个月。(　)

7. 赔偿义务机关采取行政拘留或者限制人身自由的强制措施期间，被限制人身自由的人死亡或者丧失行为能力的，赔偿义务机关的行为与被限制人身自由的人的死亡或者丧失行为能力是否存在因果关系，赔偿义务机关应当提供证据。(　)

8. 赔偿义务机关在规定期限内未作出是否赔偿的决定，赔偿请求人可以自期限届满之日起三个月内，向人民法院提起诉讼。(　)

9. 赔偿义务机关赔偿损失后，可以责令有故意或者重大过失的工作人员或者受委托的组织或者个人承担部分赔偿费用。(　)

10. 国家赔偿以支付赔偿金为主要方式。能够返还财产或者恢复原状的，予以返还财产或者恢复原状。(　)

11. 国家赔偿中，造成死亡的，应当支付死亡赔偿金、丧葬费，总额为国家上年度职工年平均工资的20倍。(　)

12. 中级以上的人民法院设立赔偿委员会，由人民法院五名以上审判员组成，组成人员的人数应当为单数。赔偿委员会作赔偿决定，实行少数服从多数的原则。(　)

13. 国家赔偿中，返还执行的罚款或者罚金、追缴或者没收的金钱，解除冻

结的存款或者汇款的，不支付银行同期存款利息。( )

14. 根据《国家赔偿法》规定，赔偿请求人请求国家赔偿的时效为两年，自其知道或者应当知道国家机关及其工作人员行使职权时的行为侵犯其人身权、财产权之日起计算，被羁押等限制人身自由期间不计算在内。( )

15. 赔偿请求人要求国家赔偿的，赔偿义务机关、复议机关和人民法院可以向赔偿请求人收取一定费用。( )

16. 国家赔偿中，对致人精神损害的，应当在侵权行为影响的范围内，为受害人消除影响，恢复名誉，赔礼道歉；造成严重后果的，应当支付相应的精神损害抚慰金。( )

17. 复议机关应当自收到赔偿请求人申请之日起三个月内作出决定。( )

18. 赔偿请求人凭生效的判决书、复议决定书、赔偿决定书或者调解书，向赔偿义务机关申请支付赔偿金。( )

19. 根据《国家赔偿法》规定，赔偿请求人或者赔偿义务机关对赔偿委员会作出的决定，认为确有错误的，可以向上一级人民法院赔偿委员会提出申诉。( )

20. 人民法院赔偿委员会处理赔偿请求，采取口头询问和书面审查的办法。必要时，可以向有关单位和人员调查情况、收集证据。( )

七、名词解释

1. 国家赔偿
2. 国家赔偿范围
3. 国家追偿
4. 行政追偿
5. 国家赔偿方式

八、简答题

1. 我国行政赔偿义务机关包括几类？
2. 提起行政赔偿请求的要件有哪些？
3. 如何确定赔偿请求人？
4. 我国《国家赔偿法》对国家赔偿范围是怎样规定的？
5. 在行政赔偿中，如何确定赔偿义务机关？

九、案例分析题

(一) 案情介绍

杨某从某公司购进笔记本电脑 50 台，已付 50%的货款，后发现有质量问题，拒付余款。某公司遂举报杨某诈骗，某区公安局决定对杨某拘留。经某区人民检察院批准，杨某被逮捕。某区人民检察院提起公诉，某区人民法院判决杨某构成诈骗罪，并追缴赃物，50 台笔记本电脑被法院拍卖共得款 15 万元。杨某不服提出上诉，后某市中级人民法院改判杨某无罪。杨某决定对司法机关错误羁押和追缴行为造成的损失提起赔偿请求。

问题：

1. 杨某应当依据什么法律提出赔偿要求？
2. 杨某应当向谁提出赔偿请求？
3. 鉴于 50 台笔记本电脑已被拍卖，所得款项应如何处理？
4. 对于杨某被错误羁押的损失如何计算赔偿金？

（二）案情介绍

犯罪嫌疑人李某，男，汉族，河北省石家庄市人，属于假释考验人员。2017 年 8 月 10 日，李某因涉嫌强奸罪经某检察机关批准由某公安机关逮捕，某检察机关对其提起公诉。公诉书认定：李某于 2017 年 8 月 6 日晚在河南省郑州市某宾馆住宿时，见来自山东省某市的女青年刘某独住该宾馆 203 房间，顿生歹意。当夜阑人静时，李某趁刘某熟睡之际，潜入 203 房间，先对刘某进行猥亵，后实施奸淫。其间，刘某曾被惊醒，但误认为是同住该宾馆的男友张某，故未反抗。李某实施强奸后匆匆离去，引起刘某怀疑，遂向公安机关告发。后经调查，实施强奸的是长相与李某酷似的夏某，因李某是假释人员而予以"优先考虑"故被捕。其间，李某被审讯时，被某公安机关民警用警械致伤，后因伤势过重不治而亡。

问题：

1. 本案中谁是赔偿义务机关？
2. 赔偿标准如何？
3. 谁是赔偿请求人？李某生前曾欠王某债务数万元，王某能否提起司法赔偿以抵其债务？

参考答案及解析

二、单项选择题

1. 答案：A。解析：根据《国家赔偿法》第24条第1款规定："赔偿义务机关在规定期限内未作出是否赔偿的决定，赔偿请求人可以自期限届满之日起三十日内向赔偿义务机关的上一级机关申请复议。"故A项正确。

2. 答案：B。解析：根据《国家赔偿法》第2条第1款规定："国家机关和国家机关工作人员行使职权，有本法规定的侵犯公民、法人和其他组织合法权益的情形，造成损害的，受害人有依照本法取得国家赔偿的权利。"主体：法律规定的赔偿义务机关；对象：国家机关及其工作人员；方式：当对象违法行使行政、侦查等职权，侵犯公民、法人和其他组织的合法权益并造成损害时，对受害人予以赔偿。A项司法机关没有违法行使职权；B项符合定义；C项是个人行为，与对象不符；D项并非违法行使职权，是违约行为。故B项正确。

3. 答案：D。解析：《最高人民法院关于人民法院执行〈中华人民共和国国家赔偿法〉几个问题的解释》第6条第2款规定，国家上年度职工日平均工资数额，应当以职工年平均工资除以全年法定工作日数的方法计算。故D项正确。

4. 答案：C。解析：本题涉及国家赔偿的赔偿主体。根据《国家赔偿法》第7条第1款规定："行政机关及其工作人员行使行政职权侵犯公民、法人和其他组织的合法权益造成损害的，该行政机关为赔偿义务机关。"公务人员执行职务时伤害他人，应由其所在行政机关赔偿。故C项正确。

5. 答案：D。解析：根据《国家赔偿法》第3条规定："行政机关及其工作人员在行使行政职权时有下列侵犯人身权情形之一的，受害人有取得赔偿的权利……（四）违法使用武器、警械造成公民身体伤害或者死亡的……"故D项正确。

6. 答案：B。解析：根据《国家赔偿法》第7条第4款："受行政机关委托的组织或者个人在行使受委托的行政权力时侵犯公民、法人和其他组织的合法权益造成损害的，委托的行政机关为赔偿义务机关。"故B项正确。

7. 答案：B。解析：根据《国家赔偿法》第7条第1、2款规定，行政机关及其工作人员行使行政职权侵犯公民、法人和其他组织的合法权益造成损害的，该行政机关为赔偿义务机关。两个以上行政机关共同行使行政职权时侵犯公民、法人和其他组织的合法权益造成损害的，共同行使行政职权的行政机关为共同赔偿义务机关。故B项正确。

8. 答案：A。解析：根据《国家赔偿法》第7条第2款规定，两个以上行政机关共同行使行政职权时侵犯公民、法人和其他组织的合法权益造成损害的，共同行使行政职权的行政机关为共同赔偿义务机关。第 10 条规定，赔偿请求人可以向共同赔偿义务机关中的任何一个赔偿义务机关要求赔偿，该赔偿义务机关应当先予赔偿。故 A 项正确。

9. 答案：D。解析：根据《国家赔偿法》第 8 条的规定，经复议机关复议的，最初造成侵权行为的行政机关为赔偿义务机关，但复议机关的复议决定加重损害的，复议机关对加重的部分履行赔偿义务。故 D 项正确。

10. 答案：D。解析：根据《国家赔偿法》第 39 条规定，赔偿请求人请求国家赔偿的时效为两年，自其知道或者应当知道国家机关及其工作人员行使职权时的行为侵犯其人身权、财产权之日起计算，但被羁押等限制人身自由期间不计算在内。在申请行政复议或者提起行政诉讼时一并提出赔偿请求的，适用行政复议法、行政诉讼法有关时效的规定。赔偿请求人在赔偿请求时效的最后 6 个月内，因不可抗力或者其他障碍不能行使请求权的，时效中止。从中止时效的原因消除之日起，赔偿请求时效期间继续计算。故 D 项正确。

11. 答案：B。解析：根据《国家赔偿法》第 36 条规定："侵犯公民、法人和其他组织的财产权造成损害的，按照下列规定处理……（二）查封、扣押、冻结财产的，解除对财产的查封、扣押、冻结，造成财产损坏或者灭失的，依照本条第三项、第四项的规定赔偿；（三）应当返还的财产损坏的，能够恢复原状的恢复原状，不能恢复原状的，按照损害程度给付相应的赔偿金；（四）应当返还的财产灭失的，给付相应的赔偿金……（八）对财产权造成其他损害的，按照直接损失给予赔偿。"本题中，属于查封造成的直接财产损坏和灭失为 5000 元；房屋过户损失 30 万元和误工损失 2000 元均不属于直接损失的范围。该法第 35 条规定，精神损害赔偿只针对侵犯人身权的行政行为。本题不涉及对杜某的人身侵害，故精神损失费 1 万元不属于国家赔偿的范围。故 B 项正确。

12. 答案：B。解析：根据《国家赔偿法》第 7 条第 1 款的规定，行政机关及其工作人员行使行政职权侵犯公民、法人和其他组织的合法权益造成损害的，该行政机关为赔偿义务机关。因此，本题中应由甲所在行政机关承担国家赔偿责任。故 AD 项错误，B 项正确。

在争议双方对行政行为的违法性没有争议的情况下赔偿请求人可以向赔偿义务机关单独提出行政赔偿诉讼。本题中，检察机关已经对甲提起公诉，在这种情况下，乙为了保障自己的合法权益，可以单独提起行政赔偿诉讼，要求甲所在行政机关承担赔偿责任。选项 C 提起刑事附带行政赔偿诉讼，系混淆项。

13. 答案：C。解析：依据《最高人民法院关于人民法院赔偿委员会适用质证程序审理国家赔偿案件的规定》第 3 条第 2 款规定："赔偿请求人或者赔偿义务机关申请不公开质证，对方同意的，赔偿委员会可以不公开质证。”据此可知，乙县法院申请不公开质证，还要经对方同意，并且赔偿委员会也不是“应当”而是“可以”予以准许，拥有裁量权。A 项说法过于绝对，故错误。

依据第 19 条第 1 款规定：“赔偿请求人或者赔偿义务机关对对方主张的不利于自己的事实，在质证中明确表示承认的，对方无需举证；既未表示承认也未否认，经审判员询问并释明法律后果后，其仍不作明确表示的，视为对该项事实的承认。”据此可知，李某对乙县法院主张的不利于自己的事实，既未表示承认也未否认的，尚需要经审判员询问并释明法律后果仍不作明确表示的，才视为对该项事实的承认。故 B 项错误。

依据第 18 条第 1 款规定：“赔偿委员会根据赔偿请求人申请调取的证据，作为赔偿请求人提供的证据进行质证。”故 C 项正确。

依据第 23 条第 2 款规定：“具备条件的，赔偿委员会可以对质证活动进行全程同步录音录像。”故 D 项错误。

14. 答案：D。解析：依据《国家赔偿法》第 21 条第 4 款规定，“……二审改判无罪，以及二审发回重审后作无罪处理的，作出一审有罪判决的人民法院为赔偿义务机关。”据此可知，某县人民法院为赔偿义务机关。故 A 项错误。

申请国家赔偿前应先申请确认行为违法是旧《国家赔偿法》规定的程序，新修正的《国家赔偿法》已经取消了这一程序。故 B 项错误。

依据《国家赔偿法》第 39 条第 1 款规定：“赔偿请求人请求国家赔偿的时效为两年，自其知道或者应当知道国家机关及其工作人员行使职权时的行为侵犯其人身权、财产权之日起计算，但被羁押等限制人身自由期间不计算在内……”故 C 项错误。

依据《国家赔偿法》第 23 条第 1 款规定，“……赔偿义务机关作出赔偿决定，应当充分听取赔偿请求人的意见，并可以与赔偿请求人就赔偿方式、赔偿项目和赔偿数额依照本法第四章的规定进行协商”。故 D 项正确。

15. 答案：D。解析：根据《国家赔偿法》第 17 条规定：“行使侦查、检察、审判职权的机关以及看守所、监狱管理机关及其工作人员在行使职权时有下列侵犯人身权情形之一的，受害人有取得赔偿的权利：（一）违反刑事诉讼法的规定对公民采取拘留措施的，或者依照刑事诉讼法规定的条件和程序对公民采取拘留措施，但是拘留时间超过刑事诉讼法规定的时限，其后决定撤销案件、不起诉或者判决宣告无罪终止追究刑事责任的；（二）对公民采取逮捕措施后，决定撤销案件、不起诉或者判决宣告无罪终止追究刑事责任的；（三）依照审判监督程序再审改判无罪，原判刑罚已经执行的……”从上述规定中可以看出，《国家赔偿法》对于限制人身自由时的司法赔偿范围仅限于拘留、逮捕及已经执行刑罚的情形，取保候审是责令相对人提供保证人或缴纳保证金，保证随传随到的强制措施，并不属于《国家赔偿法》规定的赔偿范围。

本案中，王某再审认定为无罪，则对其在拘留与逮捕期间人身自由受到限制，应当予以赔偿。对王某的赔偿期间应从 2017 年 2 月 10 日王某被刑事拘留时开始计算，至 5 月 10 日某县公安局变更强制措施，对王某采取取保候审措施为止。一审中某县法院判决王某 3 年有期徒刑缓期执行，说明刑罚尚未执行，故对此部分国家不需赔偿。所以 D 项正确，ABC 项错误。

16. 答案：D。解析：刑事赔偿义务机关的确定，实行彻底的“后置确定原则”。所谓后置确定，是指刑事赔偿义务机关就是最后一个实施违法行为的刑事司法机关，在此之前的司法机关因此不再履行国家赔偿义务，而由最后一个机关一并履行国家赔偿义务。

根据《国家赔偿法》第 21 条规定：“行使侦查、检察、审判职权的机关以及看守所、监狱管理机关及其工作人员在行使职权时侵犯公民、法人和其他组织的合法权益造成损害的，该机关为赔偿义务机关。对公民采取拘留措施，依照本法的规定应当给予国家赔偿的，作出拘留决定的机关为赔偿义务机关。对公民采取逮捕措施后决定撤销案件、不起诉或者判决宣告无罪的，作出逮捕决定的机关为赔偿义务机关。再审改判无罪的，作出原生效判决的人民法院为赔偿义务机关。二审改判无罪，以及二审发回重审后作无罪处理的，作出一审有罪判决的人民法院为赔偿义务机关。”本案中对孙某批准逮捕的是甲市乙区人民检察院，而提起公诉的是甲市丙区人民检察院，出现了“捕诉分离”问题。关于逮捕与起诉的赔偿问题，按照“后置确定原则”，应当由最后一个提起公诉的人民检察院作为赔偿义务机关。然而本案最后一个实施违法行为的机关为丙区人民法院，因而本案的赔偿义务机关最终应为丙区人民法院。故 D 项正确。

17. 答案：B。解析：依据《国家赔偿法》第 38 条规定：“人民法院在民事诉讼、行政诉讼过程中，违法采取对妨害诉讼的强制措施、保全措施或者对判决、裁定及其他生效法律文书执行错误，造成损害的，赔偿请求人要求赔偿的程序，适用本法刑事赔偿程序的规定。”据此可知，在民事诉讼过程中采取的保全措施，如果给公民、法人和其他组织的合法权益造成损害的，可以依法申请国家赔偿，故 A 项错误。

依据《最高院关于审理民事、行政诉讼中司法赔偿案件适用法律若干问题解释》第 3 条的规定：“违法采取保全措施，包括以下情形……（二）依法不应当解除保全措施而解除，或者依法应当解除保全措施而不解除的……”B 项的说法属于司法解释中规定的第 3 项的内容，故 B 项正确。

依据《国家赔偿法》第 23 条第 1 款规定：“赔偿义务机关应当自收到申请之

日起两个月内，作出是否赔偿的决定。赔偿义务机关作出赔偿决定，应当充分听取赔偿请求人的意见，并可以与赔偿请求人就赔偿方式、赔偿项目和赔偿数额依照本法第四章的规定进行协商。”依据第 38 条规定：“人民法院在民事诉讼、行政诉讼过程中，违法采取对妨害诉讼的强制措施、保全措施或者对判决、裁定及其他生效法律文书执行错误，造成损害的，赔偿请求人要求赔偿的程序，适用本法刑事赔偿程序的规定。”据此可知，国家赔偿的范围不能进行调解，故 C 项错误。

新修订的国家赔偿法已全面取消了赔偿之前的确认违法程序。故 D 项错误。

18. 答案：A。解析：根据《最高人民法院关于人民法院赔偿委员会审理国家赔偿案件程序的规定》第 1 条规定，赔偿请求人向赔偿委员会申请作出赔偿决定，应当递交赔偿申请书一式四份。赔偿请求人书写申请书确有困难的，可以口头申请。口头提出申请的，人民法院应当填写《申请赔偿登记表》，由赔偿请求人签名或者盖章。据此可知，李某应向赔偿委员会递交赔偿申请书一式四份，故 A 项正确。

根据《最高人民法院关于人民法院赔偿委员会审理国家赔偿案件程序的规定》第 5 条第 2 款规定：“赔偿义务机关、复议机关可以委托本机关工作人员一至二人作为代理人。”据此可知，某县公安局可以委托本机关工作人员一至二人作为代理人，但不能委托本机关以外的其他人作为代理人。故 B 项错误。

根据《国家赔偿法》第 26 条规定：“人民法院赔偿委员会处理赔偿请求，赔偿请求人和赔偿义务机关对自己提出的主张，应当提供证据。被羁押人在羁押期间死亡或者丧失行为能力的，赔偿义务机关的行为与被羁押人的死亡或者丧失行为能力是否存在因果关系，赔偿义务机关应当提供证据。”据此可知，李某作为赔偿请求人应对自己提出的主张提供证据，证明某县公安局的拘留行为与自己遭受的损失之间存在因果关系。某县公安局作为赔偿义务机关，只有在被羁押人在羁押期间死亡或者丧失行为能力的情况下，才应当对其行为与被押人的死亡或者丧失行为能力是否存在因果关系提供证据。故 C 项错误。

根据《国家赔偿法》第 30 条第 1 款规定，赔偿请求人或者赔偿义务机关对赔偿委员会作出的决定，认为确有错误的，可以向上一级人民法院赔偿委员会提出申诉。据此可知，若李某对赔偿委员会的决定不服，应向上一级人民法院赔偿委员会提出申诉，而不是申请复议。故 D 项错误。

19. 答案：A。解析：根据《国家赔偿法》第 21 条第 3 款规定，对公民采取逮捕措施后决定撤销案件、不起诉或者判决宣告无罪的，作出逮捕决定的机关为赔偿义务机关。本题中，朱某经某市人民检察院批准逮捕，故某市人民检察院为赔偿义务机关，A 项正确。

根据《国家赔偿法》第 12 条第 2 款规定，赔偿请求人书写申请书确有困难的，可以委托他人代书；也可以口头申请，由赔偿义务机关记入笔录。故 B 项错误。

根据《最高人民法院关于人民法院赔偿委员会审理国家赔偿案件适用精神损害赔偿若干问题的意见》有关规定："四、依法认定'致人精神损害'和'造成严重后果'人民法院赔偿委员会适用精神损害赔偿条款，应当严格依法认定侵权行为是否'致人精神损害'以及是否'造成严重后果'。一般情形下，人民法院赔偿委员会应当综合考虑受害人人身自由、生命健康受到侵害的情况，精神受损情况，日常生活、工作学习、家庭关系、社会评价受到影响的情况，并考量社会伦理道德、日常生活经验等因素，依法认定侵权行为是否致人精神损害以及是否造成严重后果。受害人因侵权行为而死亡、残疾（含精神残疾）或者所受伤害经有合法资质的机构鉴定为重伤或者诊断、鉴定为严重精神障碍的，人民法院赔偿委员会应当认定侵权行为致人精神损害并且造成严重后果。"由此，侵权行为是否致人精神损害以及是否造成严重后果，是适用精神损害赔偿条款的标准。故 C 项错误。

根据《最高人民法院关于人民法院执行〈中华人民共和国国家赔偿法〉几个问题的解释》有关规定："六、赔偿法第二十六条关于'侵犯公民人身自由的，每日的赔偿金按照国家上年度职工日平均工资计算'中规定的上年度，应为赔偿义务机关、复议机关或者人民法院赔偿委员会作出赔偿决定时的上年度；复议机关或者人民法院赔偿委员会决定维持原赔偿决定的，按作出原赔偿决定时的上年度执行。国家上年度职工日平均工资数额，应当以职工年平均工资除以全年法定工作日数的方法计算。年平均工资以国家统计局公布的数字为准。"本题中，朱某申请国家赔偿的时间是 2021 年 3 月 15 日，其上一年度至少应是 2020 年，因此，侵犯朱某人身自由的每日赔偿金不可能按照 2019 年度职工日平均工资计算。故 D 项错误。

20. 答案：C。解析：本题考查国家赔偿金额的确定。根据《国家赔偿法》第 33 条规定，侵犯公民人身自由的，每日赔偿金按照国家上年度职工日平均工资计算。本题中，某县公安局于 2020 年作出赔偿决定，那么上年度就是 2019 年度，故 C 项正确。

三、多项选择题

1. 答案：AB。解析：考查要点是我国公民的取得赔偿权，取得赔偿的权利，是指公民在受到国家机关不对的处罚而得到昭雪后，或者是在受到国家机关和国家工作人员侵权而得到纠正后，公民要求国家负责赔偿的权利。我国《宪法》第 41 条第 3 款规定，由于国家机关和国家工作人员侵犯公民权利而受到损失的人，有依照法律规定取得赔偿的权利。目前，我国的国家赔偿分为行政赔偿和司法赔偿两种形式。因此，AB 项正确，CD 项错误。

2. 答案：ABC。解析：根据《国家赔偿法》第 34 条第 2 项规定："造成部分或者全部丧失劳动能力的，应当支付医疗费、护理费、残疾生活辅助具费、康复费等因残疾而增加的必要支出和继续治疗所必需的费用，以及残疾赔偿金。残疾赔偿金根据丧失劳动能力的程度，按照国家规定的伤残等级确定，最高不超过国家上年度职工年平均工资的二十倍。造成全部丧失劳动能力的，对其扶养的无劳动能力的人，还应当支付生活费。"故 ABC 项正确。

3. 答案：ABC。解析：根据《国家赔偿法》第 36 条规定："侵犯公民、法人和其他组织的财产权造成损害的，按照下列规定处理：（一）处罚款、罚金、追缴、没收财产或者违法征收、征用财产的，返还财产；（二）查封、扣押、冻结财产的，解除对财产的查封、扣押、冻结，造成财产损坏或者灭失的，依照本条第三项、第四项的规定赔偿；（三）应当返还的财产损坏的，能够恢复原状的恢复原状，不能恢复原状的，按照损害程度给付相应的赔偿金；（四）应当返还的财产灭失的，给付相应的赔偿；（五）财产已经拍卖或者变卖的，给付拍卖或者变卖所得的价款；变卖的价款明显低于财产价值的，应当支付相应的赔偿金；（六）吊销许可证和执照、责令停产停业的，赔偿停产停业期间必要的经常性费用开支；（七）返还执行的罚款或者罚金、追缴或者没收的金钱，解除冻结的存款或者汇款的，应当支付银行同期存款利息；（八）对财产权造成其他损害的，按照直接损失给予赔偿。"故 ABC 项正确。

4. 答案：ACD。解析：根据《国家赔偿法》第 34 条第 1 款规定："……（二）造成部分或者全部丧失劳动能力的，应当支付医疗费、护理费、残疾生活辅助具费、康复费等因残疾而增加的必要支出和继续治疗所必需的费用，以及残疾赔偿金。残疾赔偿金根据丧失劳动能力的程度，按照国家规定的伤残等级确定，最高不超过国家上年度职工年平均工资的二十倍。造成全部丧失劳动能力的，对其扶养的无劳动能力的人，还应当支付生活费……"

根据司法鉴定伤残标准等级相关规定，造成公民身体伤残的赔偿，应当根据司法鉴定人的伤残等级鉴定确定公民丧失劳动能力的程度，并参照以下标准确定残疾赔偿金：第一，按照国家规定的伤残等级确定公民为 1 级至 4 级伤残的，视为全部丧失劳动能力，残疾赔偿金幅度为国家上年度职工年平均工资的 10 倍至 20 倍；第二，按照国家规定的伤残等级确定公民为 5 级至 10 级伤残的，视为部分丧失劳动能力。5 级至 6 级的，残疾赔偿金幅度为国家上年度职工年平均工的 5 倍至 10 倍；7 级至 10 级的，残疾赔偿金幅度为国家上年度职工年平均工资的 5 倍以下。

可见，本案中，赵某所受伤害构成7级伤残，只属于部分丧失劳动能力，而不是全部丧失劳动能力，对其赔偿范围里，不包含未成年子女的抚养费。而A、C、D项中的医疗费、残疾器具费用、残疾赔偿金，都属于国家赔偿金的范围。故，A、C、D项为正确选项。

5. 答案：AD。解析：根据《国家赔偿法》第2条第1款规定："国家机关和国家机关工作人员行使职权，有本法规定的侵犯公民、法人和其他组织合法权益的情形，造成损害的，受害人有依照本法取得国家赔偿的权利。"李某不是国家工作人员，此案不属于国家赔偿范围，应由其个人承担，故AD项正确。

6. 答案：AB。解析：根据《国家赔偿法》第33条规定："侵犯公民人身自由的，每日赔偿金按照国家上年度职工日平均工资计算。"故A项正确。

根据《国家赔偿法》第36条规定："侵犯公民、法人和其他组织的财产权造成损害的，按照下列规定处理……（五）财产已经拍卖或者变卖的，给付拍卖或者变卖所得的价款；变卖的价款明显低于财产价值的，应当支付相应的赔偿金……（七）返还执行的罚款或者罚金、追缴或者没收的金钱，解除冻结的存款或者汇款的，应当支付银行同期存款利息……"故B项正确。根据该条第5项规定，财产被拍卖的，仅给付拍卖所得的价款，不存在支付赔偿金的问题，只有在财产被变卖且所得价款明显低于财产价值时才应当支付相应的赔偿金。故C项错误。

根据《国家赔偿法》第17条规定："行使侦查、检察、审判职权的机关以及看守所、监狱管理机关及其工作人员在行使职权时有下列侵犯人身权情形之一的，受害人有取得赔偿的权利……（三）依照审判监督程序再审改判无罪，原判刑罚已经执行的……"本案中，杨某于2016年12月6日被交付执行，后依照审判监督程序再审改判无罪，因此杨某有权要求国家赔偿。依据《国家赔偿法》第35条规定："有本法第三条或者第十七条规定情形之一，致人精神损害的，应当在侵权行为影响的范围内，为受害人消除影响，恢复名誉，赔礼道歉；造成严重后果的，应当支付相应的精神损害抚慰金。"本案中，杨某从2016年12月6日一直被关押到2020年9月9日，应当认定为"造成严重后果"，故杨某可以要求支付精神损害抚慰金。故D项错误。

7. 答案：ACD。解析：根据《最高人民法院关于审理行政赔偿案件若干问题的规定》第3条规定："赔偿请求人不服赔偿义务机关下列行为的，可以依法提起行政赔偿诉讼：（一）确定赔偿方式、项目、数额的行政赔偿决定；（二）不予赔偿决定；（三）逾期不作出赔偿决定；（四）其他有关行政赔偿的行为。"故A项正确。该规定第4条规定："法律规定由行政机关最终裁决的行政行为被确认违法后，赔偿请求人可以单独提起行政赔偿诉讼。"故D项正确。

根据《国家赔偿法》第 24 条第 2 款规定："赔偿请求人对赔偿的方式、项目、数额有异议的，或者赔偿义务机关作出不予赔偿决定的，赔偿请求人可以自赔偿义务机关作出赔偿或者不予赔偿决定之日起 30 日内，向赔偿义务机关的上一级机关申请复议。"据此可知，对分为几次赔偿的方式不满意，不属于行政赔偿诉讼受案范围的法定情形。故 B 项错误。

根据《最高人民法院关于审理行政赔偿案件若干问题的规定》第 13 条第 1 款规定："行政行为未被确认为违法，公民、法人或者其他组织提起行政赔偿诉讼的，人民法院应当视为提起行政诉讼时一并提起行政赔偿诉讼。"据此可知，C 项正确。

8. 答案：ACD。解析：《行政诉讼法》第 57 条第 1 款规定："人民法院对起诉行政机关没有依法支付抚恤金、最低生活保障金和工伤、医疗社会保险金的案件，权利义务关系明确、不先予执行将严重影响原告生活的，可以根据原告的申请，裁定先予执行。"本案不属于先予执行的范围。故选项 A 错误。

根据《国家赔偿法》第 15 条第 1 款规定："人民法院审理行政赔偿案件，赔偿请求人和赔偿义务机关对自己提出的主张，应当提供证据。"题中，孙某应对某房管局的行为造成其损失提供证据。故选项 B 正确。

根据《最高人民法院关于审理行政赔偿案件若干问题的规定》第 14 条规定："原告提起行政诉讼时未一并提起行政赔偿诉讼，人民法院审查认为可能存在行政赔偿的，应当告知原告可以一并提起行政赔偿诉讼。原告在第一审庭审终结前提起行政赔偿诉讼，符合起诉条件的，人民法院应当依法受理；原告在第一审庭审终结后、宣判前提起行政赔偿诉讼的，是否准许由人民法院决定。原告在第二审程序或者再审程序中提出行政赔偿请求的，人民法院可以组织各方调解；调解不成的，告知其另行起诉。"因此，法院可以对房管局的行为是否合法与行政赔偿争议一并审理和裁判并非必须。故选项 C 错误。

根据《国家赔偿法》第 4 条规定："行政机关及其工作人员在行使行政职权时有下列侵犯财产权情形之一的，受害人有取得赔偿的权利……（四）造成财产损害的其他违法行政行为……"孙某因房管局办理手续时未尽核实义务造成其财产损害，有权要求国家赔偿，属于国家赔偿范。故选项 D 错误。

9. 答案：BD。解析：根据《国家赔偿法》第 7 条第 1 款规定："行政机关及其工作人员行使行政职权侵犯公民、法人和其他组织的合法权益造成损害的，该行政机关为赔偿义务机关。"强制拆除的行为是某区政府作出的，应以某区政府为赔偿义务机关。故 A 项错误，B 项正确。新《国家赔偿法》取消了确认程序。故 C 项错误。根据《最高人民法院关于行政诉讼证据若干问题的规定》第 5 条规定："在行政赔偿诉讼中，原告应当对被诉具体行政行为造成损害的事实提供证据。”故 D 项正确。

10. 答案：ACD。根据《国家赔偿法》第 36 条的规定：“侵犯公民、法人和其他组织的财产权造成损害的，按照下列规定处理……（六）吊销许可证和执照、责令停产停业的，赔偿停产停业期间必要的经常性费用开支……”据此可知，企业被责令停产停业期间造成损害的国家赔偿范围：停产停业期间必要的经常性费用开支，是指法人、其他组织和个体工商户为维系停产停业期间运营所需的基本开支，包括留守职工工资、必须缴纳的税费、水电费、房屋场地租金、设备租金、设备折旧费等必要的经常性费用，故 A、C、D 项属于国家赔偿范围，B 项的预期利润不属于直接的物质损失，不属于国家赔偿范围。

11. 答案：ABD。解析：依据《国家赔偿法》第 21 条第 3 款规定：“对公民采取逮捕措施后决定撤销案件、不起诉或者判决宣告无罪的，作出逮捕决定的机关为赔偿义务机关。”本案中，2012 年 8 月 11 日，某县检察院决定批准逮捕方某，2013 年 5 月 11 日，某县人民法院以指控依据不足为由判决方某无罪，可见，本案属于批捕并起诉后被人民法院宣判无罪的情形，依法应当由决定逮捕的某县检察院赔偿，而不是由某县公安局赔偿。故 A 选项错误。

依据《国家赔偿法》第 13 条第 1 款规定：“赔偿义务机关应当自收到申请之日起两个月内，作出是否赔偿的决定。赔偿义务机关作出赔偿决定，应当充分听取赔偿请求人的意见，并可以与赔偿请求人就赔偿方式、赔偿项目和赔偿数额依照本法第四章的规定进行协商。”可见，赔偿义务机关既可以就赔偿方式和数额与方某协商，也可以就赔偿项目进行协商。故 B 选项错误。

依据《国家赔偿法》第 17 条规定：“行使侦查、检察、审判职权的机关以及看守所、监狱管理机关及其工作人员在行使职权时有下列侵犯人身权情形之一的，受害人有取得赔偿的权利……（二）对公民采取逮捕措施后，决定撤销案件、不起诉或者判决宣告无罪终止追究刑事责任的……”此处国家赔偿的是因逮捕措施而限制人身自由造成当事人的损害。而取保候审是指在刑事诉讼中公安机关、人民检察院和人民法院等司法机关对未被逮捕或逮捕后需要变更强制措施的犯罪嫌疑人、被告人，为防止其逃避侦查、起诉和审判，责令其提出保证人或者交纳保证金，并出具保证书，保证随传随到，对其不予羁押或暂时解除其羁押的一种强制措施。可见，取保候审期间当事人并未被羁押，不属于国家赔偿的范围。故 C 选项正确。

依据《国家赔偿法》第 33 条规定：“侵犯公民人身自由的，每日赔偿金按照国家上年度职工日平均工资计算。”最高人民法院、最高人民检察院《关于办理刑事赔偿案件适用法律若干问题的解释》第 21 条规定：“国家赔偿法第三十三条、第三十四条规定的上年度，是指赔偿义务机关作出赔偿决定时的上一年度；

复议机关或者人民法院赔偿委员会改变原赔偿决定，按照新作出决定时的上一年度国家职工平均工资标准计算人身自由赔偿金。作出赔偿决定、复议决定时国家上一年度职工平均工资尚未公布的，以已经公布的最近年度职工平均工资为准。”2014年3月2日，方某申请国家赔偿，赔偿义务机关某县检察院应当在2个月内作出赔偿决定，如果方某接受了该决定不申请复议，此时如果上一年度（即2013年）的国家职工日平均工资标准已经公布，则以2013年度为准，如果尚未公布，则以2012年度为准。当然，如果方某对某县检察院的赔偿决定不服，向某市检察院申请复议，或者对复议仍不服而向某市中级人民法院的司法赔偿委员会申请赔偿的话，则应以复议决定或赔偿决定作出时的上一年度标准为准。故D选项错误。

12. 答案：AB。解析：根据《国家赔偿法》第21条规定：“行使侦查、检察、审判职权的机关以及看守所、监狱管理机关及其工作人员在行使职权时侵犯公民、法人和其他组织的合法权益造成损害的，该机关为赔偿义务机关。对公民采取拘留措施，依照本法的规定应当给予国家赔偿的，作出拘留决定的机关为赔偿义务机关。对公民采取逮捕措施后决定撤销案件、不起诉或者判决宣告无罪的，作出逮捕决定的机关为赔偿义务机关。再审改判无罪的，作出原生效判决的人民法院为赔偿义务机关。二审改判无罪，以及二审发回重审后作无罪处理的，作出一审有罪判决的人民法院为赔偿义务机关。”本案属于一审判决有罪，上诉后发回重审改判无罪的情形，依法应当由一审人民法院作为赔偿义务机关。故AB项错误。

根据《国家赔偿法》第21条第3款规定，对公民采取逮捕措施后决定撤销案件、不起诉或者判决宣告无罪的，作出逮捕决定的机关为赔偿义务机关。据此可知，某区公安局不需承担赔偿责任，应由某区人民检察院作为赔偿义务机关。故D项正确。

《国家赔偿法》第22条第1、2款规定：“赔偿义务机关有本法第十七条、第十八条规定情形之一的，应当给予赔偿。赔偿请求人要求赔偿，应当先向赔偿义务机关提出。”故C项正确。

13. 答案：BCD。解析：依据《最高人民法院关于人民法院执行〈中华人民共和国国家赔偿法〉几个问题的解释》第1条规定：“根据《中华人民共和国国家赔偿法》（以下简称赔偿法）第十七条第（二）项、第（三）项的规定，依照刑法第十四条、第十五条规定不负刑事责任的人和依照刑事诉讼法第十五条规定不追究刑事责任的人被羁押，国家不承担赔偿责任。但是对起诉后经人民法院判处拘役、有期徒刑、无期徒刑和死刑并已执行的上列人员，有权依法取得赔偿。判决确定前被羁押的日期依法不予赔偿。”由此可知，国家应对王某被判刑并已执行造成的损害依法予以赔偿，而对判决确定前被羁押的日期则依法不予赔偿。本案中，对王某判决确定的时间为 2018 年 6 月 5 日，所以国家应当对王某从 2018 年 6 月 5 日到 2019 年 3 月 2 日被羁押的损失承担赔偿责任。由此可见 A 项正确，BCD 项错误。故本题正确答案为 BCD。

14. 答案：ABD。解析：根据《最高人民法院关于审理民事、行政诉讼中司法赔偿案件适用法律若干问题的解释》第 2 条规定："违法采取对妨害诉讼的强制措施，包括以下情形：(一) 对没有实施妨害诉讼行为的人采取罚款或者拘留措施的；(二) 超过法律规定金额采取罚款措施的；(三) 超过法律规定期限采取拘留措施的；(四) 对同一妨害诉讼的行为重复采取罚款、拘留措施的；(五) 其他违法情形。" 由此可知，A 项中的情况属于法条中的第 4 项。故 A 项正确。

根据《最高人民法院关于审理民事、行政诉讼中司法赔偿案件适用法律若干问题的解释》第 5 条："对判决、裁定及其他生效法律文书执行错误，包括以下情形：(一) 执行未生效法律文书的；(二) 超出生效法律文书确定的数额和范围执行的；(三) 对已经发现的被执行人的财产，故意拖延执行或者不执行，导致被执行财产流失的；(四) 应当恢复执行而不恢复，导致被执行财产流失的；(五) 违法执行案外人财产的；(六) 违法将案件执行款物执行给其他当事人或者案外人的；(七) 违法对抵押物、质物或者留置物采取执行措施，致使抵押权人、质权人或者留置权人的优先受偿权无法实现的；(八) 对执行中查封、扣押、冻结的财产不履行监管职责，造成财产毁损、灭失的；(九) 对季节性商品或者鲜活、易腐烂变质以及其他不宜长期保存的物品采取执行措施，未及时处理或者违法处理，造成物品毁损或者严重贬值的；(十) 对执行财产应当拍卖而未依法拍卖的，或者应当由资产评估机构评估而未依法评估，违法变卖或者以物抵债的；(十一) 其他错误情形。" 由此可知，B 项中的情况属于法条中的第 1 项，故 B 项正确。

根据《最高人民法院关于审理民事、行政诉讼中司法赔偿案件适用法律若干问题的解释》第 9 条规定，受害人对损害结果的发生或者扩大也有过错的，应当根据其过错对损害结果的发生或者扩大所起的作用等因素，依法减轻国家赔偿责任。由此可知，C 项受害人对损害结果的发生或者扩大也有过错的，国家不是不承担责任，而是要根据其过错对损害结果的发生或者扩大所起的作用等因素，依法减轻国家赔偿责任。所以 C 项错误。

根据《最高人民法院关于审理民事、行政诉讼中司法赔偿案件适用法律若干问题的解释》第 7 条："具有下列情形之一的，国家不承担赔偿责任：(一) 属于民事诉讼法第一百零五条、第一百零七条第二款和第二百三十三条规定情形的；(二) 申请执行人提供执行标的物错误的，但人民法院明知该标的物错误仍予以执行的除外；（三）人民法院依法指定的保管人对查封、扣押、冻结的财产违法动用、隐匿、毁损、转移或者变卖的；（四）人民法院工作人员与行使职权无关的个人行为；（五）因不可抗力、正当防卫和紧急避险造成损害后果的；（六）依法不应由国家承担赔偿责任的其他情形。”D 项所述的情形属于法条的第 5 项。因而 D 项说法正确。

15. 答案：AD。解析：依据《国家赔偿法》第 36 条规定：“侵犯公民、法人和其他组织的财产权造成损害的，按照下列规定处理：（一）处罚款、罚金、追缴、没收财产或者违法征收、征用财产的，返还财产；（二）查封、扣押、冻结财产的，解除对财产的查封、扣押、冻结，造成财产损坏或者灭失的，依照本条第三项、第四项的规定赔偿；（三）应当返还的财产损坏的，能够恢复原状的恢复原状，不能恢复原状的，按照损害程度给付相应的赔偿金；（四）应当返还的财产灭失的，给付相应的赔偿金；（五）财产已经拍卖或者变卖的，给付拍卖或者变卖所得的价款；变卖的价款明显低于财产价值的，应当支付相应的赔偿金；（六）吊销许可证和执照、责令停产停业的，赔偿停产停业期间必要的经常性费用开支；（七）返还执行的罚款或者罚金、追缴或者没收的金钱，解除冻结的存款或者汇款的，应当支付银行同期存款利息；（八）对财产权造成其他损害的，按照直接损失给予赔偿。”因此，A 和 D 属于停产停业期间必要的经常性费用开支，应当赔偿；B 和 C 则均属于间接损失，不予赔偿，食品过期变质并非行为直接造成而是间接造成的。故 AD 项正确，BC 项错误。

四、不定项选择题

1. 答案：ABC。解析：根据《国家赔偿法》第 3 条规定：“行政机关及其工作人员在行使行政职权时有下列侵犯人身权情形之一的，受害人有取得赔偿的权利：（一）违法拘留或者违法采取限制公民人身自由的行政强制措施的；（二）非法拘禁或者以其他方法非法剥夺公民人身自由的；（三）以殴打、虐待等行为或者唆使、放纵他人以殴打、虐待等行为造成公民身体伤害或者死亡的；（四）违法使用武器、警械造成公民身体伤害或者死亡的；（五）造成公民身体伤害或者死亡的其他违法行为。”据此可知，D 项是有法律依据的。精神损害和一些间接损害，如 B 项被拘留期间因无法开展正常业务导致的利润损失，在国家赔偿法中是没有规定的。因此，ABC 项没有法律依据。故 ABC 正确。

2. 答案：A。解析：根据《国家赔偿法》第 7 条第 1 款规定：“行政机关及其工作人员行使行政职权侵犯公民、法人和其他组织的合法权益造成损害的，该行政机关为赔偿义务机关。”据此可知，苗某应当向某县市场监督管理局提出赔偿请求。故 A 项正确。

3. 答案：BCD。解析：依据《国家赔偿法》第 4 条规定：“行政机关及其工作人员在行使行政职权时有下列侵犯财产权情形之一的，受害人有取得赔偿的权利……（二）违法对财产采取查封、扣押、冻结等行政强制措施的……”由此可知，对于某县市场监督管理局的违法扣押行为，属于国家赔偿的范围。故 A 项错误。

根据《国家赔偿法》第 36 条第 8 项的规定：“对财产权造成其他损害的，按照直接损失给予赔偿。”该厂不能履行合同的损失属于可期待利益，不属于直接损失，因此不给予赔偿。B 项不属于国家赔偿范围，故 B 项正确。

根据《国家赔偿法》第 35 条的规定：“有本法第三条或者第十七条规定情形之一，致人精神损害的，应当在侵权行为影响的范围内，为受害人消除影响，恢复名誉，赔礼道歉；造成严重后果的，应当支付相应的精神损害抚慰金。”C 项该厂的名誉损失则不属于此范围。故 C 项正确。

根据《国家赔偿法》第 36 条第 6 项的规定，吊销许可证和执照、责令停产停业的，赔偿停产停业期间必要的经常性费用开支。国家只赔偿停产停业期间必要的经常性费用开支，而不赔偿所有的停产损失。故 D 项正确。

4. 答案：C。解析：《国家赔偿法》第 21 条第 3 款规定：“对公民采取逮捕措施后决定撤销案件、不起诉或者判决宣告无罪的，作出逮捕决定的机关为赔偿义务机关。”可见，赔偿义务机关为某县人民检察院。所以，A 项错误。

《国家赔偿法》第 17 条规定：“行使侦查、检察、审判职权的机关以及看守所、监狱管理机关及其工作人员在行使职权时有下列侵犯人身权情形之一的，受害人有取得赔偿的权利：（一）违反刑事诉讼法的规定对公民采取拘留措施的，或者依照刑事诉讼法规定的条件和程序对公民采取拘留措施，但是拘留时间超过刑事诉讼法规定的时限，其后决定撤销案件、不起诉或者判决宣告无罪终止追究刑事责任的；（二）对公民采取逮捕措施后，决定撤销案件、不起诉或者判决宣告无罪终止追究刑事责任的；（三）依照审判监督程序再审改判无罪，原判刑罚已经执行的；（四）刑讯逼供或者以殴打、虐待等行为或者唆使、放纵他人以殴打、虐待等行为造成公民身体伤害或者死亡的；（五）违法使用武器、警械造成公民身体伤害或者死亡的。”本题中，对张某决定撤销案件，其有权取得国家赔偿。故 B 项错误。

《国家赔偿法》第 22 条第 3 款规定：“赔偿请求人提出赔偿请求，适用本法第十一条、第十二条的规定。”根据《国家赔偿法》第 12 条第 4 款规定：“赔偿请求人当面递交申请书的，赔偿义务机关应当当场出具加盖本行政机关专用印章并注明收讫日期的书面凭证。申请材料不齐全的，赔偿义务机关应当当场或者在五日内一次性告知赔偿请求人需要补正的全部内容。”故 C 项正确。

《国家赔偿法》第 24 条规定：“赔偿义务机关在规定期限内未作出是否赔偿

的决定，赔偿请求人可以自期限届满之日起三十日内向赔偿义务机关的上一级机关申请复议。赔偿请求人对赔偿的方式、项目、数额有异议的，或者赔偿义务机关作出不予赔偿决定的，赔偿请求人可以自赔偿义务机关作出赔偿或者不予赔偿决定之日起三十日内，向赔偿义务机关的上一级机关申请复议。赔偿义务机关是人民法院的，赔偿请求人可以依照本条规定向其上一级人民法院赔偿委员会申请作出赔偿决定。"《国家赔偿法》第 25 条第 2 款规定："赔偿请求人不服复议决定的，可以在收到复议决定之日起三十日内向复议机关所在地的同级人民法院赔偿委员会申请作出赔偿决定；复议机关逾期不作决定的，赔偿请求人可以自期限届满之日起三十日内向复议机关所在地的同级人民法院赔偿委员会申请作出赔偿决定。"如果赔偿义务机关拒绝赔偿，张某可以向某县人民检察院的上一级机关申请复议，对复议决定不服的，可以在收到复议决定之日起 30 日内向复议机关所在地的同级人民法院赔偿委员会申请作出赔偿决定，而不是不经过复议直接起诉。故 D 项错误。

5. 答案：BCD。解析：《国家赔偿法》第 21 条第 3 款规定："对公民采取逮捕措施后决定撤销案件、不起诉或者判决宣告无罪的，作出逮捕决定的机关为赔偿义务机关。"据此，沈某经某县人民检察院批准逮捕后又被作出不起诉决定，赔偿义务机关应为某县人民检察院，故 A 项错误。

《国家赔偿法》第 23 条第 3 款规定："赔偿义务机关决定不予赔偿的，应当自作出决定之日起十日内书面通知赔偿请求人，并说明不予赔偿的理由。"据此，赔偿义务机关拒绝赔偿的，应当书面通知沈某，故 B 项正确。

《国家赔偿法》第 17 条规定："行使侦查、检察、审判职权的机关以及看守所、监狱管理机关及其工作人员在行使职权时有下列侵犯人身权情形之一的，受害人有取得赔偿的权利：（一）违反刑事诉讼法的规定对公民采取拘留措施的，或者依照刑事诉讼法规定的条件和程序对公民采取拘留措施，但是拘留时间超过刑事诉讼法规定的时限，其后决定撤销案件、不起诉或者判决宣告无罪终止追究刑事责任的；（二）对公民采取逮捕措施后，决定撤销案件、不起诉或者判决宣告无罪终止追究刑事责任的；（三）依照审判监督程序再审改判无罪，原判刑罚已经执行的；（四）刑讯逼供或者以殴打、虐待等行为或者唆使、放纵他人以殴打、虐待等行为造成公民身体伤害或者死亡的；（五）违法使用武器、警械造成公民身体伤害或者死亡的。"沈某的情况符合上述第 2 项的规定，有权获得国家赔偿，故 C 项正确。

《国家赔偿法》第 24 条第 2 款规定："赔偿请求人对赔偿的方式、项目、数额有异议的，或者赔偿义务机关作出不予赔偿决定的，赔偿请求人可以自赔偿义务机关作出赔偿或者不予赔偿决定之日起三十日内，向赔偿义务机关的上一级机关申请复议。”若赔偿机关拒绝赔偿，沈某可以向其上一级机关申请复议，故 D 项正确。

6. 答案：AD。解析：根据《国家赔偿法》第 23 条第 2、3 款规定：“赔偿义务机关决定赔偿的，应当制作赔偿决定书，并自作出决定之日起十日内送达赔偿请求人。赔偿义务机关决定不予赔偿的，应当自作出决定之日起十日内书面通知赔偿请求人，并说明不予赔偿的理由。”故 A 项正确。

根据《国家赔偿法》第 21 条对赔偿义务机关的确定作了规定，其第 4 款规定：“……二审改判无罪，以及二审发回重审后作无罪处理的，作出一审有罪判决的人民法院为赔偿义务机关。”第 24 条第 1、2 款对赔偿复议作了规定，而其第 3 款规定：“赔偿义务机关是人民法院的，赔偿请求人可以依照本条规定向其上一级人民法院赔偿委员会申请作出赔偿决定。”李某可以直接向甲市中级人民法院赔偿委员会申请作出赔偿决定，而无须先向甲市人民检察院申请复议。故 B 项错误。

《国家赔偿法》第 29 条规定了赔偿委员会的设立及其决定程序，其第 1 款规定：“中级以上的人民法院设立赔偿委员会，由人民法院三名以上审判员组成，组成人员的人数应当为单数。”故 C 项错误。

《国家赔偿法》第 30 条规定了申诉与复查程序，其第 1 款规定：“赔偿请求人或者赔偿义务机关对赔偿委员会作出的决定，认为确有错误的，可以向上一级人民法院赔偿委员会提出申诉。”本题中，甲市中级人民法院赔偿委员会的上一级人民法院赔偿委员会是该省高级人民法院赔偿委员会，故 D 项正确。

7. 答案：AB。解析：根据《国家赔偿法》第 21 条的规定：“行使侦查、检察、审判职权的机关以及看守所、监狱管理机关及其工作人员在行使职权时侵犯公民、法人和其他组织的合法权益造成损害的，该机关为赔偿义务机关。对公民采取拘留措施，依照本法的规定应当给予国家赔偿的，作出拘留决定的机关为赔偿义务机关。对公民采取逮捕措施后决定撤销案件、不起诉或者判决宣告无罪的，作出逮捕决定的机关为赔偿义务机关。再审改判无罪的，作出原生效判决的人民法院为赔偿义务机关。二审改判无罪，以及二审发回重审后作无罪处理的，作出一审有罪判决的人民法院为赔偿义务机关。”故 AB 项正确。

8. 答案：B。解析：根据《国家赔偿法》第 24 条规定：“赔偿义务机关在规定期限内未作出是否赔偿的决定，赔偿请求人可以自期限届满之日起三十日内向赔偿义务机关的上一级机关申请复议。赔偿请求人对赔偿的方式、项目、数额有异议的，或者赔偿义务机关作出不予赔偿决定的，赔偿请求人可以自赔偿义务机关作出赔偿或者不予赔偿决定之日起三十日内，向赔偿义务机关的上一级机关申请复议。赔偿义务机关是人民法院的，赔偿请求人可以依照本条规定向其上一级人民法院赔偿委员会申请作出赔偿决定。” 故 B 项正确。

9. 答案：B。解析：根据《国家赔偿法》第 30 条规定：“赔偿请求人或者赔偿义务机关对赔偿委员会作出的决定，认为确有错误的，可以向上一级人民法院赔偿委员会提出申诉。赔偿委员会作出的赔偿决定生效后，如发现赔偿决定违反本法规定的，经本院院长决定或者上级人民法院指令，赔偿委员会应当在两个月内重新审查并依法作出决定，上一级人民法院赔偿委员会也可以直接审查并作出决定。最高人民检察院对各级人民法院赔偿委员会作出的决定，上级人民检察院对下级人民法院赔偿委员会作出的决定，发现违反本法规定的，应当向同级人民法院赔偿委员会提出意见，同级人民法院赔偿委员会应当在两个月内重新审查并依法作出决定。” 故 B 项正确。

10. 答案：A。解析：根据《国家赔偿法》第 39 条规定：“赔偿请求人请求国家赔偿的时效为两年，自其知道或者应当知道国家机关及其工作人员行使职权时的行为侵犯其人身权、财产权之日起计算，但被羁押等限制人身自由期间不计算在内。在申请行政复议或者提起行政诉讼时一并提出赔偿请求的，适用行政复议法、行政诉讼法有关时效的规定。赔偿请求人在赔偿请求时效的最后六个月内，因不可抗力或者其他障碍不能行使请求权的，时效中止。从中止时效的原因消除之日起，赔偿请求时效期间继续计算。” 据此可知，A 选项属于国家赔偿法规定的范围，说法错误。B、C、D 选项说法正确。故本题选 A 项。

五、填空题

1. 金钱赔偿　返还财产　恢复原状

2. 行政赔偿

3. 直接损害　间接损害　精神损害

4. 人身自由权　生命健康权

5. 继承人　有抚养关系

6. 承受其权利

7. 被授权组织

8. 三个月内

9. 举证责任合理分配

10. 强制措施　保全措施　判决、裁定及其他生效法律文书执行错误

六、判断题

1. 错。解析：根据《国家赔偿法》第 6 条规定：“受害的公民、法人和其他组织有权要求赔偿。受害的公民死亡，其继承人和其他有扶养关系的亲属有权要求赔偿。受害的法人或者其他组织终止的，其权利承受人有权要求赔偿。”

2. 错。解析：根据《国家赔偿法》第 10 条规定：“赔偿请求人可以向共同

赔偿义务机关中的任何一个赔偿义务机关要求赔偿，该赔偿义务机关应当先予赔偿。”

3. 错。解析：根据《国家赔偿法》第 7 条第 4 款的规定：“受行政机关委托的组织或者个人在行使受委托的行政权力时侵犯公民、法人和其他组织的合法权益造成损害的，委托的行政机关为赔偿义务机关。”

4. 错。解析：根据《国家赔偿法》第 7 条第 2 款的规定：“两个以上行政机关共同行使行政职权时侵犯公民、法人和其他组织的合法权益造成损害的，共同行使行政职权的行政机关为共同赔偿义务机关。”

5. 错。解析：根据《国家赔偿法》第 26 条第 1 款的规定：“人民法院赔偿委员会处理赔偿请求，赔偿请求人和赔偿义务机关对自己提出的主张，应当提供证据。”

6. 对。解析：根据《国家赔偿法》第 28 条的规定：“人民法院赔偿委员会应当自收到赔偿申请之日起三个月内作出决定；属于疑难、复杂、重大案件的，经本院院长批准，可以延长三个月。”

7. 对。解析：根据《国家赔偿法》第 15 条第 2 款的规定：“赔偿义务机关采取行政拘留或者限制人身自由的强制措施期间，被限制人身自由的人死亡或者丧失行为能力的，赔偿义务机关的行为与被限制人身自由的人的死亡或者丧失行为能力是否存在因果关系，赔偿义务机关应当提供证据。”

8. 对。解析：根据《国家赔偿法》第 14 条第 1 款的规定：“赔偿义务机关在规定期限内未作出是否赔偿的决定，赔偿请求人可以自期限届满之日起三个月内，向人民法院提起诉讼。”

9. 错。解析：根据《国家赔偿法》第 16 条的规定：“赔偿义务机关赔偿损失后，应当责令有故意或者重大过失的工作人员或者受委托的组织或者个人承担部分或者全部赔偿费用。对有故意或者重大过失的责任人员，有关机关应当依法给予处分；构成犯罪的，应当依法追究刑事责任。”

10. 对。解析：根据《国家赔偿法》第 32 条的规定：“国家赔偿以支付赔偿金为主要方式。能够返还财产或者恢复原状的，予以返还财产或者恢复原状。”

11. 对。解析：根据《国家赔偿法》第 34 条的规定：“侵犯公民生命健康权的，赔偿金按照下列规定计算……（三）造成死亡的，应当支付死亡赔偿金、丧葬费，总额为国家上年度职工年平均工资的二十倍。对死者生前扶养的无劳动能力的人，还应当支付生活费……”

12. 错。解析：根据《国家赔偿法》第 29 条第 1、2 款的规定：“中级以上的人民法院设立赔偿委员会，由人民法院三名以上审判员组成，组成人员的人数应当为单数。赔偿委员会作赔偿决定，实行少数服从多数的原则。”

13. 错。解析：根据《国家赔偿法》第 36 条的规定："侵犯公民、法人和其他组织的财产权造成损害的，按照下列规定处理……（七）返还执行的罚款或者罚金、追缴或者没收的金钱，解除冻结的存款或者汇款的，应当支付银行同期存款利息；（八）对财产权造成其他损害的，按照直接损失给予赔偿。"

14. 对。解析：根据《国家赔偿法》第 39 条的规定："赔偿请求人请求国家赔偿的时效为两年，自其知道或者应当知道国家机关及其工作人员行使职权时的行为侵犯其人身权、财产权之日起计算，但被羁押等限制人身自由期间不计算在内……"

15. 错。解析：根据《国家赔偿法》第 41 条的规定："赔偿请求人要求国家赔偿的，赔偿义务机关、复议机关和人民法院不得向赔偿请求人收取任何费用。对赔偿请求人取得的赔偿金不予征税。"

16. 对。解析：根据《国家赔偿法》第 35 条的规定："有本法第三条或者第十七条规定情形之一，致人精神损害的，应当在侵权行为影响的范围内，为受害人消除影响，恢复名誉，赔礼道歉；造成严重后果的，应当支付相应的精神损害抚慰金。"

17. 错。解析：根据《国家赔偿法》第 25 条第 1 款的规定："复议机关应当自收到申请之日起两个月内作出决定。"

18. 对。解析：根据《国家赔偿法》第 37 条第 1、2 款的规定："赔偿费用列入各级财政预算。赔偿请求人凭生效的判决书、复议决定书、赔偿决定书或者调解书，向赔偿义务机关申请支付赔偿金。"

19. 对。解析：根据《国家赔偿法》第 30 条第 1 款的规定："赔偿请求人或者赔偿义务机关对赔偿委员会作出的决定，认为确有错误的，可以向上一级人民法院赔偿委员会提出申诉。"

20. 错。解析：根据《国家赔偿法》第 27 条的规定："人民法院赔偿委员会处理赔偿请求，采取书面审查的办法。必要时，可以向有关单位和人员调查情况、收集证据……"

七、名词解释

1. 国家赔偿是指国家机关及其工作人员因行使职权给公民、法人及其他组织的人身权或财产权造成损害，依法应给予的赔偿。国家赔偿由侵权的国家机关履行赔偿义务。

2. 国家赔偿范围是指国家对国家机关及其工作人员在行使职权时的侵权行为承担赔偿责任的范围。

3. 国家追偿是指国家赔偿义务机关代表国家向受害人支付了赔偿金以后，依法责令实施侵权行为的机构或者工作人员承担部分或者全部赔偿费用的法律制度。

4. 行政追偿是指国家在行政赔偿义务机关对行政赔偿请求人支付赔偿费用以后，依法责令有故意或重大过失的工作人员、受委托的组织或个人承担全部或部分赔偿费用的法律制度。

5. 国家赔偿方式是指国家对国家机关及其工作人员违法行使职权或不依法履行职责的行为承担赔偿责任的具体形式。

八、简答题

1. 答：（1）实施侵害的行政机关；（2）法律、法规授予行政权的组织；（3）委托的行政机关；（4）行政复议机关；（5）继续行使被撤销的赔偿义务机关；（6）没有继续行使其职权的行政机关、撤销该赔偿义务机关的行政机关为赔偿义务机关。

2. 答：（1）请求人的赔偿请求必须是向赔偿义务机关提出，其他任何机关均无权直接受理；（2）请求人必须具有请求权；（3）必须在法定期限内请求；（4）所提出的赔偿请求必须是法律规定应在赔偿损害范围或我国《国家赔偿法》对行政赔偿的范围有明确规定的。

3. 答：（1）受害的公民、法人和其他组织有权要求赔偿；

（2）受害的公民死亡，其继承人和其他有抚养关系的亲属有权要求赔偿；

（3）受害的法人或者其他组织终止的，其权利承受人有权要求赔偿。

4. 答：（1）行政赔偿范围：行政机关及其工作人员违法行使职权，侵犯相对的人身权和财产权的，受害人有权依法取得赔偿。主要包括：采取违法拘留等行政强制措施，非法拘留、非法拘禁等非法剥夺公民人身自由；殴打、唆使殴打，以及违法使用警械、武器造成公民伤害或死亡的。侵犯相对的财产权的行为主要有违法实施行政处罚，违法对财产采取强制措施，违法征收财物、摊派费用等。

（2）刑事赔偿范围：行使侦查、检察、审判、监狱管理职权的机关及其工作人员违法行使职权，侵犯受害人人身权、财产权的，受害人有权依法取得赔偿。主要有：错误拘留、错误逮捕错判并执行刑罚的，刑讯逼供致人伤害、死亡的；违法使用武器等。侵犯受害人财产权的行为主要有违法查封、扣押、执行罚金、没收等财产刑的。

（3）民事诉讼、行政诉讼赔偿范围：国家对人民法院在审理、执行民事案件、行政案件中的下列违法行为承担赔偿责任：违法采取对妨碍诉讼的强制措施；违法采取保全措施；对生效法律文书执行错误。

5. 答：（1）行政机关及其工作人员行使行政职权侵犯公民、法人和其他组织的合法权益造成损害的，该行政机关为赔偿义务机关。

（2）两个以上行政机关共同行使行政职权时侵犯公民、法人和其他组织的合法权益造成损害的，共同行使行政职权的行政机关为共同赔偿义务机关。

（3）法律、法规授权的组织在行使授予的行政权力时侵犯公民法人和其他组织的合法权益造成损害的，被授权的组织为赔偿义务机关。

（4）受行政机关委托的组织或者个人在行使受委托的行政权力时侵犯公民、法人和其他组织的合法权益造成损害的，委托的行政机关为赔偿义务机关。

赔偿义务机关被撤销的，继续行使其职权的行政机关为赔偿义务机关；没有继续行使其职权的行政机关，撤销该赔偿义务机关的行政机关为赔偿义务机关。

（5）经复议机关复议的，最初造成侵权行为的行政机关为赔偿义务机关，但复议机关的复议决定加重损害的，复议机关对加重的部分履行赔偿义务。

九、案例分析

（一）1. 答案：在我国，国家赔偿是指国家机关及其工作人员因违法行使职权，给公民、法人、其他组织的人身权或财产权造成损害，依法应给予赔偿。本案属于因国家机关（司法机关）行使职权造成损害的赔偿，符合国家赔偿的特征。因此，杨某应根据《国家赔偿法》第 17 条规定："行使侦查、检察、审判职权的机关以及看守所、监狱管理机关及其工作人员在行使职权时有下列侵犯人身权情形之一的，受害人有取得赔偿的权利……（三）依照审判监督程序再审改判无罪，原判刑罚已经执行的……"提出赔偿要求。

2. 答案：本案属于一审判决有罪，二审改判无罪引起的国家赔偿，根据《国家赔偿法》第 21 条第 4 款规定："再审改判无罪的，作出原生效判决的人民法院为赔偿义务机关。二审改判无罪，以及二审发回重审后作无罪处理的，作出一审有罪判决的人民法院为赔偿义务机关。"由此可知，本案的赔偿义务机关是某区人民检察院和某区人民法院，杨某应当向某区人民检察院和某区人民法院提出赔偿请求。

3. 答案：根据《国家赔偿法》第 36 条规定："……（五）财产已经拍卖或者变卖的，给付拍卖或者变卖所得的价款；变卖的价款明显低于财产价值的，应当支付相应的赔偿金……"

4. 答案：《国家赔偿法》第 33 条规定："侵犯公民人身自由的，每日赔偿金按照国家上年度职工日平均工资计算。"据此可知，杨某被错误羁押的损失的赔偿金为被错误羁押的天数乘以上年度职工日平均工资。

（二）1. 答案：根据《国家赔偿法》第 21 条第 3 款规定："对公民采取逮捕措施后决定撤销案件、不起诉或者判决宣告无罪的，作出逮捕决定的机关为赔偿义务机关。"由此可知，本案中的赔偿义务机关是某检察机关。

2. 答案：赔偿标准按《国家赔偿法》第 34 条第 1 款第 3 项规定："造成死

亡的，应当支付死亡赔偿金、丧葬费，总额为国家上年度职工年平均工资的二十倍。对死者生前扶养的无劳动能力的人，还应当支付生活费。”

3. 答案：根据《最高人民法院关于审理行政赔偿案件若干问题的规定》第7条第1款规定：“受害的公民死亡，其继承人和其他有抚养关系的人可以提起行政赔偿诉讼……”据此可知，因不符合赔偿请求人资格转移的范围，王某不能提起司法赔偿。